思想的・睿智的・獨見的

經典名著文庫

學術評議

丘為君 吳惠林 宋鎮照 林玉体 邱燮友
洪漢鼎 孫效智 秦夢群 高明士 高宣揚
張光宇 張炳陽 陳秀蓉 陳思賢 陳清秀
陳鼓應 曾永義 黃光國 黃光雄 黃昆輝
黃政傑 楊維哲 葉海煙 葉國良 廖達琪
劉滄龍 黎建球 盧美貴 薛化元 謝宗林
簡成熙 顏厥安（以姓氏筆畫排序）

策劃 楊榮川

五南圖書出版公司 印行

經典名著文庫

學術評議者簡介（依姓氏筆畫排序）

- 丘為君　美國俄亥俄州立大學歷史研究所博士
- 吳惠林　美國芝加哥大學經濟系訪問研究、臺灣大學經濟系博士
- 宋鎮照　美國佛羅里達大學社會學博士
- 林玉体　美國愛荷華大學哲學博士
- 邱燮友　國立臺灣師範大學國文研究所文學碩士
- 洪漢鼎　德國杜塞爾多夫大學榮譽博士
- 孫效智　德國慕尼黑哲學院哲學博士
- 秦夢群　美國麥迪遜威斯康辛大學博士
- 高明士　日本東京大學歷史學博士
- 高宣揚　巴黎第一大學哲學系博士
- 張光宇　美國加州大學柏克萊校區語言學博士
- 張炳陽　國立臺灣大學哲學研究所博士
- 陳秀蓉　國立臺灣大學理學院心理學研究所臨床心理學組博士
- 陳思賢　美國約翰霍普金斯大學政治學博士
- 陳清秀　美國喬治城大學訪問研究、臺灣大學法學博士
- 陳鼓應　國立臺灣大學哲學研究所
- 曾永義　國家文學博士、中央研究院院士
- 黃光國　美國夏威夷大學社會心理學博士
- 黃光雄　國家教育學博士
- 黃昆輝　美國北科羅拉多州立大學博士
- 黃政傑　美國麥迪遜威斯康辛大學博士
- 楊維哲　美國普林斯頓大學數學博士
- 葉海煙　私立輔仁大學哲學研究所博士
- 葉國良　國立臺灣大學中文所博士
- 廖達琪　美國密西根大學政治學博士
- 劉滄龍　德國柏林洪堡大學哲學博士
- 黎建球　私立輔仁大學哲學研究所博士
- 盧美貴　國立臺灣師範大學教育學博士
- 薛化元　國立臺灣大學歷史學系博士
- 謝宗林　美國聖路易華盛頓大學經濟研究所博士候選人
- 簡成熙　國立高雄師範大學教育研究所博士
- 顏厥安　德國慕尼黑大學法學博士

經典名著文庫 199

哲學史講演錄 第三卷

Vorlesungen über die Geschichte der Philosophie

Dritter Band

黑格爾（Georg Wilhelm Friedrich Hegel）著

賀麟、王太慶等 譯

楊植勝 導讀

經典永恆・名著常在

五十週年的獻禮・「經典名著文庫」出版緣起

總策劃 楊榮川

閱讀好書就像與過去幾世紀的諸多傑出人物交談一樣——笛卡兒

五南，五十年了。半個世紀，人生旅程的一大半，我們走過來了。不敢說有多大成就，至少沒有凋零。

五南忝為學術出版的一員，在大專教材、學術專著、知識讀本出版已逾壹萬參仟種之後，面對著當今圖書界媚俗的追逐、淺碟化的內容以及碎片化的資訊圖景當中，我們思索著：邁向百年的未來歷程裡，我們能為知識界、文化學術界做些什麼？在速食文化的生態下，有什麼值得讓人雋永品味的？

歷代經典・當今名著，經過時間的洗禮，千錘百鍊，流傳至今，光芒耀人；不僅使我們能領悟前人的智慧，同時也增深加廣我們思考的深度與視野。十九世紀唯意志論開創者叔本華，在其〈論閱讀和書籍〉文中指出：「對任何時代所謂的暢銷書要持謹慎的態度。」他覺得讀書應該精挑細選，把時間用來閱讀那些「古今中外的偉大人物的著作」，閱讀那些「站在人類之巔的著作及享受不朽聲譽的人們的作品」。閱讀就要「讀原著」，是他的體悟。他甚至認爲，閱讀經典原著，勝過於親炙教誨。他說：

「一個人的著作是這個人的思想菁華。所以，儘管一個人具有偉大的思想能力，但閱讀這個人的著作總會比與這個人的交往獲得更多的內容。就最重要的方面而言，閱讀這些著作的確可以取代，甚至遠遠超過與這個人的近身交往。」

爲什麼？原因正在於這些著作正是他思想的完整呈現，是他所有的思考、研究和學習的結果；而與這個人的交往卻是片斷的、支離的、隨機的。何況，想與之交談，如今時空，只能徒呼負負，空留神往而已。

三十歲就當芝加哥大學校長、四十六歲榮任名譽校長的赫欽斯（Robert M. Hutchins, 1899-1977），是力倡人文教育的大師。「教育要教眞理」，是其名言，強調「經典就是人文教育最佳的方式」。他認爲：

「西方學術思想傳遞下來的永恆學識，即那些不因時代變遷而有所減損其價值的古代經典及現代名著，乃是眞正的文化菁華所在。」

這些經典在一定程度上代表西方文明發展的軌跡，故而他爲大學擬訂了從柏拉圖的《理想國》，以至愛因斯坦的《相對論》，構成著名的「大學百本經典名著課程」。成爲大學通識教育課程的典範。

歷代經典‧當今名著，超越了時空，價值永恆。五南跟業界一樣，過去已偶有引進，但都未系統化的完整舖陳。我們決心投入巨資，有計劃的系統梳選，成立「經典名著文庫」，希望收入古今中外思想性的、充滿睿智與獨見的經典、名著，包括：

- 歷經千百年的時間洗禮，依然耀明的著作。遠溯二千三百年前，亞里斯多德的《尼各馬科倫理學》、柏拉圖的《理想國》，還有奧古斯丁的《懺悔錄》。
- 聲震寰宇、澤流遐裔的著作。西方哲學不用說，東方哲學中，我國的孔孟、老莊哲學，古印度毗耶娑（Vyāsa）的《薄伽梵歌》、日本鈴木大拙的《禪與心理分析》，都不缺漏。
- 成就一家之言，獨領風騷之名著。諸如伽森狄（Pierre Gassendi）與笛卡兒論戰的《對笛卡兒沉思錄的詰難》、達爾文（Darwin）的《物種起源》、米塞斯（Mises）的《人的行爲》，以至當今印度獲得諾貝爾經濟學獎阿馬蒂亞・森（Amartya Sen）的《貧困與饑荒》，及法國當代的哲學家及漢學家朱利安（François Jullien）的《功效論》。

梳選的書目已超過七百種，初期計劃首爲三百種。先從思想性的經典開始，漸次及於專業性的論著。「江山代有才人出，各領風騷數百年」，這是一項理想性的、永續性的巨大出版工程。不在意讀者的眾寡，只考慮它的學術價值，力求完整展現先哲思想的軌跡。雖然不符合商業經營模式的考量，但只要能爲知識界開啓一片智慧之窗，營造一座百花綻放的世界文明公園，任君遨遊、取菁吸蜜、嘉惠學子，於願足矣！

最後，要感謝學界的支持與熱心參與。擔任「學術評議」的專家，義務的提供建言；各書「導讀」的撰寫者，不計代價地導引讀者進入堂奧；而著譯者日以繼夜，伏案疾書，更是辛苦，感謝你們。也期待熱心文化傳承的智者參與耕耘，共同經營這座「世界文明公園」。如能得到廣大讀者的共鳴與滋潤，那麼經典永恆，名著常在。就不是夢想了！

二〇一七年八月一日 於

五南圖書出版公司

目次

第一部　希臘哲學（續）

第二篇　第二期：獨斷主義和懷疑主義

第三篇　第三期：新柏拉圖學派

第二部 中世紀哲學

第一篇 阿拉伯哲學

第二篇　經院哲學

第一部

希臘哲學（續）

第二篇

第二期：獨斷主義和懷疑主義

在亞歷山大里亞哲學之前的這第二個時期裡，我們要考察獨斷主義和懷疑主義。獨斷主義分爲斯多噶和伊比鳩魯兩派哲學；第三派是懷疑主義，和前兩派有其一致之處而又與它們不同。我們省略不談亞里斯多德的門徒及逍遙學派哲學的傳播，甚至像德奧弗拉斯特、斯特拉陀這些有名的人物也都不講了。這派哲學對於我們不復有什麼興趣，而且後來也大半變成了一種通俗的哲學；這也是因爲這種本來是思辨的哲學必然要在最大的範圍內與現實相結合。柏拉圖的承繼者學園派，我們將和懷疑主義在一起討論。

在上一時期的結尾，我們看到了對於理念或共相的意識，這本身就是目的，意識到一個普遍的，但同時又是自身規定的原則，因而能夠以這個原則統攝特殊，並應用到特殊上去。這種把共相應用到特殊上的關係，在這裡是主導的事物；因爲從共相本身發展出全體的特殊化，這種思想，這時還沒有出現。但是在這種關係裡正包含著對於系統和系統化的要求，也就是說，必須以一個原則貫徹到底，應用到特殊上，使一切特殊的事物的眞理都可以按照這一個原則得到認知。這就產生了所謂獨斷主義。而現在，主要的問題是尋求一個標準。柏拉圖和亞里斯多德思辨的卓越性已經沒有了；這乃是一種理智的哲學思考。這個原則是抽象的，因此是理智的原則。由於這種關係，哲學的任務便被規定爲尋求一個眞理的標準——因爲眞理是思想與實在的一致，或作爲主觀事物的概念與客觀事物的同一，也就是說尋求一個判斷這種思想與實在的一致的標準。這個問題和尋求一個原則的問題，其意義是相同的。眞理是具體的，不是抽象的。我們憑什麼去認識眞理、判斷眞理是眞的呢？標準和原則，因此是同一的事物。但是對這個問題人們只是形式地、獨斷地加以解答的。因此懷疑主義的辯證法便立刻出現了，這是一種認識，見到這種原則的片面性，並從而一般地認爲原則就是一個獨斷的事物。在所有這許多發展出來的蘇格拉底學派中，有兩個概念具有主要的意義；第一個概念就是據以規定一切、評判一切的標準、原則，這一個原則本身是普遍的，而同時又是規定特殊事物的原則。在早期，我們已經有過這樣一種抽象的原則：例如：「純有」，就是說，「純有」只是「有」，而從否定性開始的、和他物有區別的特殊者是不存在的，是被設定爲不存在的。與此相反，那種要求卻導致一個共相，這個共相同時也是對於特殊的規定，是在特殊之中；所以特殊並不是被放在一邊，而是被當作由共相所規定的特殊。

這種哲學思想還有一個結果，就是：它的原則，由於是形式的，所以是主觀的；因此它具有自我意識的主觀性這一重要意義。由於這樣形式地、外在地去處理一般雜多的材料，因此思想以最確定的方式把握自己的最高點，就是自我意識。自我意識對於自身的純粹關係，就是所有這幾派哲學的原則。理念只有在自我意識中才得到滿足；正如現時所謂哲學思想的那種理智的形式主義反而在主觀心情中、在內心的情感和信仰內去求得它的滿足和具體內容。自然界和政治活動當然是具體的，但只是外在的具體的事物；而那眞正具體的事物卻不是在特定的普遍觀念裡，而只是在自我意識和個人人格裡。第二個占統治地位的概念就是哲人的概念。他們的首要問題是：什麼樣的人是哲人？哲人做些什麼？不僅理性，舉凡一切事物，都必須認作被思維的事物，也就是認作主觀的我的思想。一個事物如何才是一個被思維的事物呢？他們答道：要採取自我意識與自己形式上同一的方式。什麼事物自在地就是那樣的被思維的事物，亦即本身就是那樣的客觀的事物呢？他們答道：思想。對於標準的思想，對於唯一原則的思想，在作爲直接現實性時，就是主體自身；思想和思想者直接地結合在一起。這種哲學的原則不是客觀的，而是獨斷的、是建立在自我意識自求滿足的要求上的。這樣主體就成爲應該被關心的事物。主體爲自己尋求一個自由的原則、不動心的原則，它應該遵照這個標準，亦即遵照這個完全一般性的原則，它應該把自己提高到這種抽象的自由和獨立性。這種自我意識生活在自己的思想之孤寂中，而在這種孤寂生活中得到滿足。這就是下面這幾派哲學的基本興趣、基本特徵。以下就要闡述它們的主要原則，但深入細節是既不需要，也沒有趣味的。

這樣哲學就轉入了羅馬世界。雖然這幾派哲學還是屬於希臘人的，它們的偉大導師也都是希臘人（它們是在希臘本土興起的），在羅馬統治時期，這些體系卻特別構成了**羅馬世界的哲學**；但是這種哲學與羅馬世界相反對，並不適合於（羅馬人）那種理性的實踐的**自我意識**，因而被迫從外面的現實世界退回到自身，只是在自身內、爲著自己個人而尋求合理性，只關心自己，正如抽象的基督徒只關心自己靈魂的拯救一樣。在光輝的希臘世界裡，主體和它的國家、它的世界有較多的聯繫，比較更現實地存在在世界裡。在現實世界的悲苦中，人退回到了自身，並在那裡去尋求現實世界中已經再也找不到的諧和。羅馬世界是一個抽象的世界，在那裡是一個（冷酷的）統治、一個霸主支配著文明的世界。各族人民的個性被壓抑著；一個異己的權力、一個抽象的共相沉重地壓在每個人頭上。在這樣沉重痛苦的境地中，便有了尋求和獲得滿足的要求。由於有權力的乃是一個抽象的意志，所以世界的統治者的個人意志也是抽象的事物：那思想的內在原則也必定是一個抽象的事物，這個抽象的原則只能帶來形式的、主觀的和解。羅馬只有抽象統治的原則；羅馬精神只適合於一種建立在一個原則上面的獨斷主義，這個原則是透過理智的形式而建立起來並取得有效性的。因此哲學和世間觀念如此緊密地結合在一起。那個扼殺了各族人民的活生生的個性的羅馬世界誠然也產生了一種形式的愛國主義，一種與之相適應的道德以及一個相當發展的法律體系，但從這種死氣沉沉的世界中不可能產生出思辨的哲學，所有的只是一些長於辭令、善於辯護的律師和塔西佗式的世俗道德。這些哲學的出現在羅馬人中也正好和他們的古老迷信相對立；〔正如現在〕[1]哲學代替了宗教的地位。

這裡要考察的是三派哲學：斯多噶主義、伊比鳩魯主義和懷疑主義。柏拉圖的哲學當然還純粹地保持著，特別是在老學園派裡；新學園派便完全轉變成懷疑主義了。西塞羅時代以前的逍遙學派也是這樣；這種後期的逍遙學派哲學已不再是亞里斯多德的哲學，而變成通俗的哲學，像我們在西塞羅那裡所看見的那樣。亞里斯多德採取了經驗的出發點和推理的途徑。但是亞里斯多德在概念這個焦點上對推理做了綜合的了解，所以他是思辨的。思辨是他的精神所特有的，但他還不能把它發展成為方法；思辨還沒有被自由地、單獨地提出來，它還不能成為原則。

獨斷哲學是這樣一種哲學，它樹立一個特定的原則，一個標準，並且只樹立這樣一個原

[1] 據英譯本，第二卷，第二三五頁增補。——譯者

則。這樣就有三個原則是必然的：（一）思維的原則，即普遍性本身的原則，而這個普遍性本身是確定的；思維是眞理的標準，是規定眞理的事物。（二）與思維對立的一方是特定的事物本身，是個別性的原則，也就是一般的感覺、知覺、直觀。以上就是斯多噶學派哲學和伊比鳩魯學派哲學的原則。這兩個原則都是片面的，如果把它們絕對化了，就成了理智的知識。抽象的思維在它本身並不是具體的。特殊性是在思維之外的，必須就它本身去把握，把它當成一個原則；因爲特殊性有絕對的權利對抗抽象的思維。這是關於一般與個別（的對立）。（三）在斯多噶主義和伊比鳩魯主義以外，存在著第三者——懷疑主義，這是前面兩種片面性的否定。前面兩派都是片面的，這種片面性是必然會被意識到、被認識到的；因此這第三個原則就是對任何標準的否定，對一切確定的原則的否定，不管是什麼樣的原則：感性的、反省的或思維的表象、知識。斯多噶學派哲學把抽象思維當成原則，伊比鳩魯學派把感覺當成原則；而懷疑主義則是對於一切原則持否定態度，而且是行動性的否定。其結果首先就是原則不可能被認識。前面我們也看到過這些原則表現爲犬儒學派和昔蘭尼學派的哲學。而當我們在西塞羅那裡看到這些原則時，我們感到要把斯多噶學派的原則和犬儒學派的原則，以及和逍遙學派的道德的原則區別開來，是極其困難的。

因此一方面是原則、標準；另一方面是主體使自己遵循這原則，因而贏得了精神的自由和獨立。這是主體本身的內心的自由；這種精神的自由、這種不動心、漠不關心、寧靜不搖、平靜不擾、精神上的等視一切，不受外物干擾、不受外物牽連，乃是所有這幾派哲學的共同目的，所以不論人們以爲懷疑主義是如何悲觀絕望，以爲伊比鳩魯學派是如何卑鄙下流，它們卻都是哲學。個人得到了滿足，保持著不動心，他既非快樂、亦非痛苦、亦非另外的束縛所能左右；眞正的伊比鳩魯學派也同樣是超出一切特殊的束縛之外的。認爲精神的滿足僅在於超出一切、對一切漠不關心，是所有這幾派哲學的共同觀點。它們誠然是希臘哲學，但卻轉移到羅馬世界了。像柏拉圖那裡的那種具體的倫理生活，以及那種透過法制把原則貫徹到世界裡面的要求，像在亞里斯多德那裡的那種具體科學，在這裡卻看不見了；在羅馬世界的悲苦中，精神個性的一切美好、高尚的品質都被冷酷、粗暴的手掃蕩淨盡了。在這種抽象的世界裡，個人不得不用抽象的方式在他的內心中尋求現實世界中找不到的滿足；他不得不逃避到思想的抽象中，並把這種抽象當作實存的主體，這就是說，逃避到主體本身的內心自由中去。這樣的哲學是和羅馬世界的精神非常適合的。

壹、斯多噶學派哲學

我們必須概括地指出：斯多噶學派與伊比鳩魯學派哲學分別代替了犬儒學派和昔蘭尼學派哲學（正如懷疑主義代替了學園派一樣），或者可以說，它們採取了犬儒主義和昔蘭尼主義，不過把它們的原則更提高到了科學思維的形式。不過由於在前者和後者裡面，內容都是固定的、確定的事物，都是把自我意識孤立地放在一邊，所以這種情況的確扼殺了思辨，因爲思辨是不承認這種固定的事物的，它毋寧要加以廢除，並且將它的對象當作絕對概念，當作在它的差別中之不可分的整體。因此事實上在斯多噶學派和伊比鳩魯學派哲學裡，我們只看見片面的有限的原則之應用，而遇不到眞正的思辨思維。在亞里斯多德那裡，作爲根本的絕對理念是無限的，並不被設定爲在一個規定性中，具有一個差異性。他的缺點只是在實現過程中的缺點，即沒有和一個概念相結合。在斯多噶學派這裡，將唯一的概念設定爲本質，並且將一切事物都歸結到它，這是表現了所要求的聯繫；但是那個在其中一切是一的本質，卻並不是眞實的事物。在亞里斯多德那裡，每一個概念都是在其規定性裡以絕對的方式予以考察、予以分別研究的。而在斯多噶學派哲學裡，概念與個體的關係並不是絕對地、自在自爲地予以考察的。因爲個別並沒有得到絕對的考察，而只是相對地考察的，所以事實上對於整體的發揮就沒有什麼意義了；個別與全體的關係只是一種外在的關係。在亞里斯多德那裡，誠然個別是被接受了，不過這種對於個別的接受透過思辨的考察又被取消了。但在斯多噶學派這裡，個別只是被接受了，而對於個別的處理卻是外在的。當有了某種事物，要對它的本性本身加以考察時，我們所得到的，每每正是這種外在的聯繫。這種考察沒有抓住自在自爲的本質，只是根據一些不確定的原則，或者只是根據一些順便拾取的原則予以形式的推論。

對於這兩個學派，我們只想對它們的原則作一般性的考察，首先提出幾個斯多噶學派著名人物來講講。

關於斯多噶學派哲學的歷史　斯多噶學派的創立人**芝諾**（是季蒂昂人芝諾，不是愛利亞人芝諾），生於賽普勒斯島上的一個城邦季蒂昂，大約在第一〇九屆奧林匹克賽會時。他的父親是一個商人，經商到了雅典。雅典在當時和相當長時間內還是哲學和一大批哲學家的中心，他從那裡帶回許多書籍給他的兒子，特別是蘇格拉底學派的書籍，因此便引起他對於哲學的渴求和愛好。芝諾本人也曾旅行到雅典。[1]據說他因爲在那次旅行中船沉了，喪失了所有的財物，反而更加強了他爲哲學而生活的信念。[2]他沒有喪失的，是他精神上受過教養的高尚品質和他對於理性知識的愛好。芝諾訪問了好幾類的蘇格拉底學派中人，特別是克塞諾格拉底，[3]這是一個屬於柏拉圖學派的人，由於他的道德的謹嚴和態度的眞誠而很著名。據說他也像阿西西的聖佛蘭西斯一樣，[4]遭受過類似的考驗，[5]而沒有屈服。當時在雅典，不經過宣誓，是不發給居留證的，而對他卻免除了宣誓。因爲單憑他的話就取得了信任。據說他的老師柏拉圖常常向他說，他應當爲美神犧牲。[6]以後芝諾又訪問了一個麥加拉人斯底

---

1 第歐根尼．拉爾修，第七卷，第一、十二、三十一—三十二節；坦納曼，第四冊，第四頁；第二冊，第五三二頁。

2 第歐根尼．拉爾修，第七卷、第五節；布魯克爾，《批評的哲學史》，第一冊，第八九五頁。

3 第歐根尼．拉爾修，第七卷，第二節。

4 這是一八〇五—一八〇六年的講演。

5 第歐根尼．拉爾修，第四卷，第七節。

6 第歐根尼．拉爾修，第七卷，第六節。

爾波，這個人我們曾提到過。他在斯底爾波那裡學習了辯證法十年。[7]哲學一般被他視爲終身的事業，他並不像那種匆匆瀏覽一下哲學講義、便慌忙轉到其他事物上的人。雖說芝諾主要是研究辯證法和實踐哲學，他也像其他蘇格拉底學派一樣，並不忽視自然哲學，而且特別學習了赫拉克利特關於自然的著作，[8]最後他本人當了獨立的教師，在一個叫做畫廊（στοά ποικίλη）的大廳裡講學，這大廳是用波呂格諾特的繪畫加以裝飾的；因此他的學派得到「斯多噶」這一名稱。[9]他像亞里斯多德一樣，主要的出發點是把哲學綜合成一個整體。正如他的方法特別以辯證法的技巧和教養以及敏銳的論證著稱，同樣地，他的人格也以接近犬儒學派的嚴肅的道德著稱，不過他不像犬儒們那樣故意吸引別人的注意。他沒有虛榮心，對滿足必要的需求的節制力是很大的。他只靠（清水）、麵包、無花果、蜂蜜生活。[10]所以他在與他同時代的人中獲得了普遍的尊敬；甚至馬其頓的國王安提貢也常常拜訪他並和他共餐。據第歐根尼所引證的一封信說，國王曾邀請過他到他那裡去，他回信拒絕這個邀請，說他已經

7 第歐根尼．拉爾修，第七卷，第二節。

8 布魯克爾，《批評的哲學史》，第一冊，第八九九頁；參看法布里修，《希臘叢書》，第二冊，第四一三頁。

9 第歐根尼．拉爾修，第七卷，第五節。〔按：στοά 的發音是「斯多亞」——譯者〕

10 布魯克爾，《批評的哲學史》，第一冊，第八九七—八九八頁；第歐根尼．拉爾修，第七卷，第一、第十三節。

八十歲了。[11]至於他所獲得的公眾的信任，從以下的情況即可說明，即雅典人曾把他們的城堡的鑰匙託付給他，據第歐根尼說，雅典人民曾做出如下的決議：「因爲謨納塞阿的兒子芝諾，作爲一個哲學家在我們的城市中居住了許多年，表明了他自己是一個善良的人，使得和他接近的少年人走上道德和節制的正軌，而且以他自己最好的範例作爲他們的先導：所以公民們爲了他的德行和節制，決定給予他公開的表揚，贈給他金冠。此外他將被公葬在克拉米科。爲了金冠和墳墓的建築，應推出一個五人委員會來主持。」[12]芝諾的全盛年約在第一二〇屆奧林匹克賽會時（約公元前三百年），和伊比鳩魯、新學園學派的阿爾克西拉烏斯等人同時。他在很高齡過世（七十二或七十八歲），約在第一二九屆奧林匹克賽會時（亞里斯多德則死於第一一四屆奧林匹克賽會第三年），由於對生命的厭倦，他乃自縊而死，一說他是絕食而死，因爲他摔破了足趾。[13]

在繼起的斯多噶學派中，克雷安特特別有名。他是芝諾的學生和廊下講學的繼承者，是一首著名的頌神詩的作者，這篇頌神詩曾由斯托拜烏斯保存下來。他並且由於這個軼事而聞

11 第歐根尼．拉爾修，第七卷，第七—九節。

12 第歐根尼．拉爾修，第七卷，第六、十—十一節。

13 第歐根尼．拉爾修，第七卷，第二十八—二十九節；布魯克爾，《批評的哲學史》，第一冊，第八九八頁，第九〇一頁；坦納曼，第二冊，第五三四頁。

名：據說他曾依法被傳至雅典法庭中，要他敘述他維持自己的生活的方法。於是他指出，他晚上爲園丁汲水，由於這個職業，他賺得足夠的錢，因而可以在白天參加芝諾的團體學習。很難設想，在這樣的情形下如何去研究哲學，由於這樣，人們曾經決議從國庫中撥出津貼贈送給他，在芝諾的指示下，他拒絕接受。與他的老師一樣，克雷安特也於八十一歲時絕食而自願地死去。[14]（在以後的斯多噶學派中還可以舉出許多著名的人。）

在科學方面比較傑出的還有**克律西波斯**。他是西里西亞人，生於第一二五屆奧林匹克賽會的第一年（羅馬建城後四七四年；耶穌降生前二八〇年），是克雷安特的學生，也同樣住在雅典。他特別致力於斯多噶學派哲學的多方面的發揮和擴充。他的邏輯學和辯證法使得他最著名。所以有人說過，如果諸神要應用辯證法的話，他們也不會運用克律西波斯的辯證法以外的事物。他在著述方面的勤勞也同樣是令人驚訝的。據第歐根尼．拉爾修告訴我們，他的著作的數目多至七〇五種（提德曼說有五千種）。據說他每天要寫五百行。但由他著書的方式看來，他的著作大部分都是些編纂和重複，這就減低了我們對於他寫作的敏捷的驚嘆。他所寫的常常是關於同一件事情。偶然想起的事物，他也全把它寫在紙上，援引大堆的例證。所以他幾乎把別人的書整本地照抄，因此有人甚至相信，假如從他的著作中把屬於別人的事物拿走，那麼所剩下的將會只是一些白紙。當然不至於這麼糟，因爲我們從全部引

14 第歐根尼．拉爾修，第七卷，第一六八—一六九頁，第一七六節。

自斯多噶學派的話裡可以看見克律西波斯總是被放在首位的，他的規定和闡述是主要被引用的。至少可以正確地說：他特別發揮了斯多噶學派的邏輯學。第歐根尼·拉爾修曾列舉了一長串他的著作目錄，但是這些著作已全部散失了。如果有人感到遺憾，說他的一些最好的著作沒有保存下來，那麼，也許一切事物不完全保存下來倒是一件幸事，這是很難抉擇的。他死於第一四三屆奧林匹克賽會時（公元前二一二年）。[15]

在往後的時期中，巴比倫的塞路西亞的**第歐根尼**是一傑出人物，據說著名的學園派卡爾內阿德斯曾從他學習過辯證法，他又因如下的事值得注意，即他同著名的學園派卡爾內阿德斯和一個逍遙學派思想家克里托勞於羅馬建城後五九八（第一五六屆奧林匹克賽會第二年）奉派到羅馬作雅典的使節，第一個讓羅馬人認識希臘哲學、辯證法和修辭學的使者。[16]此外有**巴奈修**，因為是西塞羅的老師而著名，西塞羅模仿他的老師的著作，寫出了他的《論義務》一書。[17]最後還有**波希多尼**，也是一個有名的教師，在西塞羅的時代也在羅馬居住很久。[18]

---

15 第歐根尼·拉爾修，第七卷，第一七九—一八一節，一八四節，一八九—二〇二節；坦納曼，第四冊，第四四三頁。

16 第歐根尼·拉爾修，第六卷，第八十一節；西塞羅，《學園問題》，第四卷，三十；《論演說》，第二卷，三十七—三十八；《論選擇》，第七章；坦納曼，第四冊，第四四四頁。

17 西塞羅，《論義務》，第三卷，二。

18 西塞羅，《論神的本性》，第一卷，第三章；蘇以達，《波希多尼傳》，第三冊，第一五九頁。

稍晚我們又可看到斯多噶學派哲學傳播到羅馬人那裡；就是說，它變成了許多羅馬人的哲學，雖說斯多噶學派哲學並沒有因此便獲得多少科學性。正相反，像在塞內卡和晚期的斯多噶學派愛比克泰德、馬可·奧理略·安東尼等人那裡，眞正的思辨興趣完全失掉了，大半採取一種修辭學的和勸諭的色彩，這類東西正如我們牧師的說教一樣，在哲學史裡面是用不著提說的。愛比克泰德是弗里吉亞的希拉波利斯人，生於公元第一世紀末，最初是愛巴佛羅底特的奴隸，後來獲得自由，於是他便來到羅馬。當多米提安皇帝驅逐哲學家、毒害者、數學家出羅馬的時候（公元九四年），他到了愛彼魯的尼可波利，在那裡公開講學。阿里安根據他的講義編撰了多卷的《愛比克泰德言論集》（*Dissertationes Epicteteae*），這書我們還保有著，也是斯多噶主義的綱要。[19] 哲學家馬可·奧理略·安東尼皇帝最初從公元一六一到一六九年和盧基烏斯·維魯斯共同執政，然後從一六九到一八〇年獨自統治；他領導過對馬可曼人的戰爭。我們現在還保有著他的《沉思錄》（十二卷）（*Meditatianes ad se ipsum*）；在《沉思錄》中，他老是自己對自己談話。這些思想卻並不是思辨性的，而只是教人如何從事一切道德修養。

我們沒有早期斯多噶學派的別的原著。關於斯多噶學派哲學我們本來以爲可以得到的原

19 奧拉·格利烏，《雅典紀事》，第一卷，第二章，格羅諾維對該書的注；第二卷，第十八章；第十五卷，第十一章；第十九卷，第一章。

始資料是斷絕了。同時，我們可藉以尋求關於斯多噶學派哲學的知識的資料是大家所熟知的。那就是西塞羅，他本人是一個斯多噶學派；特別是塞克斯圖斯．恩丕里柯（懷疑主義特別和斯多噶主義有密切關係），他對於斯多噶學派哲學的闡述大半涉及理論方面，因此從哲學觀點看來是很重要的。此外主要必須參考的是塞內卡、馬可．奧理略．安東尼、阿里安、愛比克泰德的「綱要」和第歐根尼．拉爾修。

斯多噶主義最初表現爲犬儒主義的模仿和完成。犬儒主義把直接的自然意識當作意識的本質。它的單純性是單純的自然性、個人的直接性，它認爲個人有其單獨的存在，認爲個人許許多多的意欲、享樂、意見的多樣性活動是本質的事物，也把個人行爲的多樣性活動當作本質的事物，而主要地保持著外在的簡單的生活。斯多噶主義把這種單純性提高到思想；它不以直接的自然性爲意識的眞實存在的內容和形式，而以透過思想把握自然的合理性爲意識的本質，因爲這種合理性在思想的單純性中是眞的或善的。

就哲學本身而論，斯多噶學派明確地把它分成三個部分，這在前面我們已經見過，並且一般講來，哲學總是可以分爲這樣三部分的，即：（一）物理學或自然哲學；（二）邏輯學；（三）道德學即特別關於實踐方面的精神哲學。他們的哲學的內容沒有多少獨特的、有創造性的事物。

一、物理學

首先就他們的物理學而論，其中並沒有包含許多獨到的事物。它大半是從古代自然哲學家綜合得來的、按照赫拉克利特的物理學構成的一個體系。我們現在討論到的三個學派中，每一個學派都各有一套很特殊的一定的術語，這一點，對於柏拉圖和亞里斯多德的哲學我們就沒有什麼可以說的；因此對於他們的特殊名詞及其意義我們現在必須搞清楚。我們必須進一步考察他們的物理學的基本原理。主要的思想是這樣的：邏各斯、規定著的理性，是主宰的、統治的、產生的、瀰漫一切的、作爲一切自然形態——自然形態被視爲邏各斯的產物——的本源的實體和動力。就這個實體之爲理性的推動活動而言，他們稱它爲神。它是一個理智的世界靈魂。就他們稱它爲神看來，這種學說便是泛神論；其實一切哲學都是泛神論，因爲它們都認爲概念、理性是在世界之中。克雷安特的頌神詩就包含有這種意思：「啊，神呀！要是沒有你，無論在地上、在天上、在海洋裡，就都不會有事物發生，除了惡人由於自身的愚蠢而做出的事情。可是你知道如何使歪曲變爲正直，使紊亂的事物有秩序，並且你能夠化敵爲友。因爲你將萬物結合爲一體，把善的和惡的統一起來；這樣只有一個永存不朽的理性（邏各斯）貫穿在萬物之中，在有死的眾生中只有那些惡人才逃避理性。可那些永遠企求獲得幸福、還沒有看見或沒有聽從神的普遍規律的人，是如何的不幸啊！可是如果他們能夠依照理性聽從神的規律，他們就會獲得一個善良幸福的生活！」[20]因此斯多噶學派認爲對於自然的研究是重要的而且是有益的，因爲由此我們可以認識自然的普遍規律、普遍理性，並且藉此又可以認識我們的職責和人們的法律，並且按照邏各斯、按照自然規律來生活，使得我們同那個普遍規律諧和一致。他們並不是爲了理性（邏各斯）而認識理性。自然只是一個共同的規律之表現或顯示。

進一步指出斯多噶學派物理學的一些觀念。他們把有形體的世界分爲「能動的環節」（能動的「邏各斯」，斯賓諾莎所謂能動的自然）和「被動的環節」（被動的邏各斯，被動的自然）。後者是物質，沒有質的實體（*τό ποιόν* 是希臘文的質，質〔beschaffenheit〕出於創造〔schaffen〕，質是被建立的、被造成的，是否定的環節）。質，一般說來，形式、「能動的事物，乃是物質中的聯繫（邏各斯）；這就是神」，是造作者或賦予事物以質者，亦即把一般物質造成某種特殊事物者。[21]

關於自然的較詳的形式、關於自然的普遍規律，他們主要地採取了赫拉克利特的思想；芝諾特別對於他做了很多研究。所以他們把火當作根本原則，當作眞實的邏各斯。「世界是這樣起源的，即：自身獨立存在的神推動著整個實體（一切物質）使其〔由火〕[2]變成

20 斯托拜烏斯，《自然的牧歌》，第一卷，第三十二頁。

21 第歐根尼．拉爾修，第七卷，第一三四節。

[2] 據英譯本，第二卷，第二四五頁增補。——譯者

空氣，由空氣變成水；正如在一切產生裡，那包圍著種子的」溼潤是最先的東西（ὣ σπερ ἐν τῇ γονῇ τὸ σπέρμα περιέχεται，當然是較後的）、是一切個別事物之產生者：「同樣邏各斯就其爲種子產生者說來，存在於水中，它並且作用於物質，於是引起其餘一切事物的興起。那在先的東西就是這些元素：火、水、空氣、土。」[22]他們並且還進一步以赫拉克利特的方式這樣說：「實體」亦即一般的物質，一般的不確定的存在，「從火，透過空氣，轉變成溼潤。物質中的重濁部分凝聚起來便成爲土；清輕的部分成爲空氣，空氣再經過稀薄化就成爲火。由於這些元素的混合就產生了植物、動物和別的族類。」[23]能思維的「**靈魂**」也是一種火性的事物；並且舉凡人們的「靈魂」、生命性的動物原則，以及植物都是世界靈魂的各個部分，亦即普遍的邏各斯、普遍的火的各個部分；這是統治一切、推動一切的中心。或者說：「靈魂是一種火的噓氣（πνεῦμα，呼吸）。」[24]「視覺是統治著的」邏各斯的「噓氣之被傳達到眼睛裡；同樣聽覺是一種擴張的、深入的噓氣，由統治著的邏各斯傳達到耳朵裡」。[25]

22 第歐根尼．拉爾修，第七卷，第一三六節。
23 第歐根尼．拉爾修，第七卷，第一四二節。
24 第歐根尼．拉爾修，第七卷，第一五六—一五七節。
25 普魯塔克，《哲學家紀事》，第四卷，第二十一章。

關於自然運動的過程還可作如下的說明：「火被斯多噶學派稱爲基本的元素，因爲從那作爲最初者的火中，別的一切都透過轉化過程而發生，而且一切又消解於這作爲最後者的火中。」[26]這樣，赫拉克利特和斯多噶主義正確地理解了普遍的永恆的自然過程。這個思想已經被西塞羅做了膚淺的、錯誤的理解，他竟在這個思想中看出了在時間中的世界大燃燒和世界的末日——這完全是另外一回事。在《論神的性質》一書中他讓一個斯多噶學派這樣說：「到了最後一切都會爲火所吞噬；因爲如果一切水氣皆消耗淨盡時，土既不能得到滋養，空氣也不復能存在。這樣除了只剩下火外，便沒有任何東西，透過火的重新喚起世界的生命；透過神，世界將可以更新，同一的秩序將可以回復。」[27]這是用表象的方式在說話。因此在斯多噶學派看來，一切事物都只是在生成中。火在這裡被視爲能動的原則。由於火把不確定的物質轉變成確定的元素，所以植物、動物都是這些元素的混合；這種說法是有缺點的。但是神一般是自然、火的一切活動，因此是世界靈魂。這樣斯多噶學派的自然觀就是完全的泛神論。神、世界靈魂是火性的，同時是邏各斯，是自然的合理的秩序和活動。這個邏各斯、這個秩序的規定者他們便叫做神，也叫做自然、命運、自然性、物質世界的推動力

26 斯托拜烏斯，《自然的牧歌》，第一卷，第三一二頁。

27 西塞羅，《論神的性質》，第二卷，第四十六章。

量；作爲一個能產生的邏各斯，它又是預見。這些都是同義的。[28]邏輯的事物產生一切；推動的力量被比作種子。他們說：「一個能產生合理的事物的種子，本身就是合理的。世界產生合理的事物的種子，因此這世界本身即是合理的」，就全體一般來說，或就每一個特殊的存在形態來說，都是這樣。「在任何一個自然和靈魂裡，一切運動的開始皆起源於一個統治著（領導著）的原則，並且一切能達到全體中每一個別部分的力量，都是從這個統治著的原則分發出來的，如像從一個源泉流出一樣；這樣，每一個在部分（官能）中的力量也是在全體中，因爲這個力量是從全體中的統治著的原則分發出來的。全體圍繞著合理的有生命的事物的種子」，即一切特殊原則；「全體是一個合理的事物」。[29]這種物理學是赫拉克利特的，而邏輯思想卻完全和亞里斯多德相一致；因而我們也可以認爲他們是這樣的。

對於神和神靈，他們也是以通常表象的方式來說話的：「神是整個秩序和體系的不被產生的、永不消逝的工程師，它時常又把整個實體吞沒在它自身之內，然後又從它自身重新把它產生出來。」[30]這裡他們並沒有達到明確的見解。有時他們談到世界的形成、談到四個元

28 西塞羅，《論神的性質》，第一卷，第十四章；第歐根尼．拉爾修，第七卷，第一三五節；斯托拜烏斯，《自然的牧歌》，第一卷，第一七八頁。

29 塞克斯圖斯．恩丕里柯，《反數學家》，第九卷，第一〇一—一〇三節。

30 第歐根尼．拉爾修，第七卷，第一三七節。

素，一部分是依照赫拉克利特，認爲火爲諸元素中的能動者，火過渡到別的元素，而以它們作爲火的不同形式，諸如此類，所採取的方式一點哲學興趣也沒有。關於神、絕對形式和物質的聯繫，他們也沒有明晰的發揮。有時認爲宇宙是形式和質料的統一，神是世界的靈魂，有時[31]宇宙又被認作自然、被形成的物質的存在，世界靈魂與它正相反對，神的作用在於使物質的原始形式具有秩序。[32]但卻缺乏最主要的事物，即這個對立的聯合與分離的過程。一般而言，只有在早期斯多噶學派的哲學中，才有物理學的方面。晚期的斯多噶學派完全忽視了物理學，僅從事於邏輯學和道德的研究。

這就是斯多噶學派的一般表象。斯多噶學派總是停留在一般表象裡。這是一般的目的：每個個體是根據一個概念去加以理解，而這個概念又根據一個普遍的概念去加以理解，這個普遍的概念就是宇宙本身。由於斯多噶學派把邏輯的概念視爲一般自然的能動原則，因此他們把自然現象中的個別事物當作神的表現。於是他們的泛神論便與一般群眾關於神靈的觀念，以及與此連在一起的迷信、對奇蹟的信仰，和對占卜的尋求相結合了。即認爲：在自然中有種種所謂預兆，人們必須用祈禱和禮拜來對待這些預兆，伊比鳩魯學派主要就是把人們從迷信中解放出來；反之，斯多噶學派是非常迷信的。所以西塞羅的《論占卜》一書裡，

31　關於有意識的靈魂是如此說的，依據塞克斯圖斯，《反邏輯家》，第一卷，第二三四節。

32　參看第歐根尼．拉爾修，第七卷，第一三八—一四〇、一四七—一四八節。

大部分材料是從斯多噶學派那裡採取來的，並且他明白指出有許多事物是斯多噶學派的論證。西塞羅曾說到人事方面的預兆，所有這些都是同斯多噶學派哲學相適合的。譬如，一隻老鷹向著右邊飛，他們便當成神意的表示；並因而相信那是對於人的預兆，暗示他在某種情形下他最合宜於做什麼。正如我們看見，斯多噶學派把神說成是具有普遍的必然性，對於特殊的神靈他們也是那樣說。神作爲邏各斯與人及其目的也有著聯繫，就這方面說來，神就是天意，於是他們就達到特殊神靈的觀念。西塞羅[33]說過：「克律西波斯、第歐根尼和別的斯多噶學派是這樣推論的：如果有神靈，而神靈又不能預先暗示將來要發生的事情，則它們便不愛人們；或者它們自己就不能預知未來；或者它們以爲未來的事，不論人知道或不知道，是無關緊要的；或者它們認爲做出那樣的啟示有失它們的尊嚴；或者它們不能夠使人們了解未來的事。」所以這些可能的設想，他們都根據「沒有任何事物超出神靈的仁惠」的理由，盡皆加以駁斥。於是他們做出結論道：「神靈使人們知道未來」；這種推論包含著神靈對於人的所有特殊目的都感到興趣。時而神靈讓人知道未來、干預人間的事情，時而又不，這是不一貫的地方，也是很難理解的地方。但是這種不可理解性、這種曖昧難知性正是迷信、宗教取得勝利的關鍵。這樣，整個羅馬的宗教迷信在斯多噶學派這裡得到強有力的支持；一切外在的、認爲神靈有目的的迷信，皆在斯多噶學派這裡得到保護和辯護。由於斯多

---

33 《論占卜》，第二卷，第四十九章。

噶學派從主張理性是神出發（理性誠然是神聖的，不過理性並不能窮盡神性），於是他們立刻一躍便由一般轉到特殊。無疑地，眞正的理性事物是作爲神的法則啟示給人的；但是那適合於個別目的、有用的事物，卻不是在眞正的神意中啟示出來。而斯多噶學派卻一躍認爲對於個別目的有用的事物也可以得到神的啟示。

二、邏輯學

第二：斯多噶學派哲學的精神方面。我們必須進一步考察斯多噶學派在回答「什麼是眞理和理性？」時所持的原則。就當時哲學上感興趣的關於眞理或標準的認識源泉而論，斯多噶學派認爲知識的原則是被思維的表象；被思維的表象是眞和善。或者眞和善是洞見到的、合於理性的事物；不過合於理性也正是被思維、被把握。因爲眞理和善被設定爲一種內容、一種存在；理性只是單純的形式，並不是內容本身的區別。這就是「理性的眞理」（ὀρθὸς λόγος），芝諾又把它叫做標準。[34]

這種「被理解的表象」（φαντασία καταληπτική），是斯多噶學派有名的眞理的標準，[35]像當時他們開始以此稱謂、並加以討論的那樣，這就是判斷一切眞理的標準和根據。

34　第歐根尼·拉爾修，第七卷，第五十四節。

35　塞克斯圖斯·恩丕里柯，《反數學家》，第七卷，第二二七節；第歐根尼·拉爾修，第七卷，第四十六節。

這些說法無疑地都是很形式的。他們是想建立一個理解的思維和存在的統一，沒有其一也就沒有其他，他們所著重的不是感性的表象本身，而是要回復到思想、回復到意識所特有的事物。「單純的表象（φαντασία）本身就是想像（τύπωσις），克律西波斯用『變化』（ἑτεροίωσις）這個名詞去表示它」。[36]因此要使表象成爲眞理，必須加以理解、把握。表象從感覺開始；其次就是把握。〔在表象裡〕別的事物的模型被帶進我們的意識；其次，我們必須把它轉變成我們所有的事物：這只有透過思維才做得到。「芝諾對於認識的這個據爲己有的環節，曾經很形象化地用一隻手的運動來說明：當他指著那張開的手時，他便說，這是一個感性直觀」——看見、知覺、直接的意識；「當他把手指略微彎曲時，他又說，這是心靈方面的一種承諾，」這樣，這個表象就可以說是我的了；「當他把手指完全捏成一團，形成一個拳頭時，他說，這就是把握（κατάληψις），」正如在德文裡，當我們用同樣的方式接觸感性事物時，我們也用「把握」（begreifen）這個字；「接著當他又伸出左手，並用力緊緊地和右手的拳頭捏在一起時，他說道，這就是科學知識，除了哲人外，沒有人可以享有這種知識」，我重複地握緊我的手，我意識到思維和內容的同一性，這就是證明，那被把握著的事物也還和另一隻手緊握在一起。「但誰是哲人？或誰曾經是哲人？這一點斯多噶學派卻從來

[36] 塞克斯圖斯·恩不里柯，《反數學家》，第七卷，第二二八、二三九節。

沒有說過」西塞羅[37]於報導給我們這個軼事時，又補充說：關於這一點，以後還要討論到。其實單憑芝諾這種手勢並沒有把事情說明白。那第一隻張開的手是表示感性認識，直接的看見或聽見；右手的第一次運動是表示一般的自發的接受或承諾。這種第一次的接受就是愚人也會做；這種認識是薄弱的，而且可能錯誤。更進一步的環節是握緊拳頭，把握、融會。這就形成了由表象到眞理，這樣表象便可以和思維同一了。這樣一來，我和這個規定的同一性誠然建立起來了，但這還不是科學知識，而乃是透過理性或思維、透過靈魂的統治的和主導的部分而得到的一種固定的、確定的、不變的認識。在科學知識和愚昧之間，存在著眞的概念；不過這眞的概念，作爲被把握的表象，本身還不是科學知識。在眞的概念裡思維對存在的事物表示同意，並認識了它自己；因爲同意正是事物和它自身的一致。但是在知識裡包含著對於根據的認識和透過思維對於對象的確定的認識。那被把握的表象是思維；而科學知識是對於思維的意識、對於思維與對象的一致的認識。

斯多噶學派的這些規定以及他們對於認識的階段的看法，我們可以表示贊同。單單思維本身並不是眞理，換句話說，眞理本身並不在思維內（思維只是對於眞理的理性意識）；反之，眞理的標準是一個中間的事物，被把握的表象，或我們所同意或承諾的表象。我們看見，在這裡，關於眞理的一般有名的定義「眞理是對象和意識的一致」，是被他們提出來

[37]《學園問題》，第四卷，第四十七章。

了。但同時必須指出，所謂對象與意識的一致，意思並不是說，意識具有著一個表象，而另一邊又有一個對象在那裡，這兩個事物彼此相一致，因而便必須有一個第三者，去對這兩方面加以比較。須知這第三者就是意識本身；而那能夠比較的主體仍不外是意識自己的表象，而且——不是同對象——是與它自己的表象相比較。這是因爲意識接受了對象的表象；這種接受、這種同意也就是表象之所以獲得眞理性的主要的憑藉，這是精神對於客觀的邏各斯和世界的合理性的證驗。這並不是通常所表象的那樣，認爲這裡有一個圓球被印在蠟塊上，另外有一個第三者來比較圓球的形式和蠟塊的形式，因而發現兩者是相同的，這個模印是正確的，表象同事物是一致的。反之，思維的活動乃在於思維必須自在自爲地給予同意，認識到那對象與自身相適合；眞理的力量就在這裡，或者也可以說，這種同意正是表達、判斷了這種一致。斯多噶學派說，眞理就包含在這裡面。它是一個對象，同時也是被思維的對象，因而思維給予了它的同意；它是主體與對象的一致——內容與思維的一致，因而思維統治著。

說某物存在或有眞理性，並不是因爲它存在（因爲存在這個環節只是表象）；而是因爲它存在、它在意識的同意中得到自己的力量。但是單單意識本身並不就是眞理或概念，還需要有對象。對象的眞實性在於對象符合思維，不在於思維符合對象；因爲對象可能是感性的、變化的、錯誤的、偶然的。斯多噶學派的主要思想就是如此。我們看到的斯多噶學派的思辨學說，多半是從他們的反對者方面，很少是從他們的創始人和辯護人方面得來。但無論如何，這種統一的觀念是由他們提出來的；雖說這個統一的兩個方面彼此是互相反對的，兩方面都是必要的，不過思維才是本質。塞克斯圖斯．恩丕里柯[38]是這樣了解這點的：「在可感覺的和被思維的事物中，只有一些事物是眞的，但並非直接地就是眞的；反之，被感覺的事物只有透過它和與它相符合的思想的關係，才是眞的。」由此足見直接的思維也不是眞理，只有當它與理性（邏各斯）相符合、透過理性的發揮而被認識到，並且作爲與理性思維相符合的事物時，它才是眞理。〔斯多噶學派的邏輯思想〕大體就是這樣。

這個思想是斯多噶學派學說中唯一有興趣的事物；不過這裡面也有其局限性。他們只是把眞理視爲潛存在對象中的被思維的事物。這種意義的眞理仍然還是形式的，也可以說，並不是本身眞實的理念。在這個原則本身內即已經包含著它的形式主義。說某物是眞的，是因爲它被思維著，說它被思維著，是因爲它是某種事物，這樣互相推論。[39]這意思是說，思維需要一個對象作爲外在者，並對它給予自己的同意。這並不是說，在這種批判裡，好像意味著思維的意識、精神爲了取得存在，爲了成爲意識，並不需要對象；這是包含在它的概念之內的。但是意識需要一個對象作爲外在者，這只是認識的一個環節，不是唯一的或主要的環節。對於對象的意識，乃是精神的表現，而精神之所以存在，只有當它表現的時候。這個過程必須出現在精神裡，擁有一個對象作爲外在者，並且對它給予自己的同意，這就是說，精

38　塞克斯圖斯．恩丕里柯，《反數學家》，第八卷，第十節。

39　塞克斯圖斯．恩丕里柯，《反倫理學家》，第一八三節。

神必須從這種關係中回復到自己，並在這種關係中認識到自己的統一：但是，同樣地，精神一回復到自己之後，它就從自身之內產生它的對象，給予自己自身以內容，它從它自身湧現出內容。斯多噶主義就僅僅是這種精神回復到自身，建立它自身和它的對象的統一，認識這種一致性：但是卻沒有重新從自身向外走出，達到展開科學知識的內容。我們看見，斯多噶學派不能向前再進一步了，而老是停留在那裡；對於這種統一的意識，也必須當作對象來把握，並對這種統一加以發展，但是這一點我們在斯多噶學派那裡找不著。

當然，斯多噶學派的這種學說始終是形式的，因而也是有缺點的。因爲最高的概念是作爲思維的思維。它給予對象以同意，把對象融會成自己的內容，轉變成共相，使其中也有規定和內容。但是這些規定是被給予的。最後的標準只是思維的形式的同一性，即思維找到了一致性。但必須問：與什麼事物一致？因爲從思維本身是不能產生絕對的自身規定和內容的。這一點，斯多噶學派是正確地看見了的；但是他們的標準是形式的，只是基於矛盾律的。在絕對本質裡當然是沒有矛盾的；因爲絕對本質是自身等同的；但是因而也就是空洞的。一致性必須是一個較高者。眞正的一致必須是在自己的對方裡、在內容裡、在規定性裡達到的自己和自己的一致，這就是和一致相一致。說一個內容是眞的，由於它與思維相符合，這乃是一個很形式的看法。因爲即使思維是主導的，它卻始終只是一般的形式。除了一般性和自身同一性的形式外，思維再不能提供什麼了；因此一切都可以與我的思想相一致。

正如上面已經指出的，斯多噶學派還進一步從事於邏輯規定的研究。由於他們把思維當作原則，他們便發揮了**形式邏輯**。必須按照對於他們的原則的這種認識來評判他們的邏輯學和道德學。其一正如其他，皆沒有達到內在的自由的科學。他們的邏輯學是這樣意義的邏輯學，即把理智的活動表明爲意識著的理智；已不再像在亞里斯多德那裡那樣，至少就範疇來說，對究竟理智的形式是否同時即是事物的本質這一問題是不做決定了。他們已把思維的形式設定爲獨立自存的了。這樣一來，於是那關於思維與對象一致的一般問題又出現了，也可以說，要求揭示出思維特有的內容的問題便提出來了。一切給予的內容皆可被接受、被設定在思想之內，作一個被思維著的事物。不過在思想之內，這內容便當作一個特定的內容。內容在它的特殊性裡便和思想的單純性相矛盾，不能忍受思想的單純性。因此，思想之接受內容，對思想並沒有什麼幫助。因爲思想也可以接受與此相反的內容，並把它設定爲被思維者。這個對立現在只是以不同的形式重新出現：從前外部的感覺由於不屬於思維〔按：即不與思維相一致——譯者〕，所以是不眞的，而現在這個外部的感覺屬於思維了，但是由於它的特殊性，又不與思維相一致；因爲思維是單純的事物。從前從單純的概念中排斥出去的事物，現在又走進來了；這裡便造成了理智活動和對象的分裂，但是對於被思維著，並且僅僅被思維著的對象，也同樣必須指出它的統一性。

懷疑主義特別譴責斯多噶學派的正是這種對立，而在斯多噶學派人自己當中，也被迫不斷地改進他們的概念。塞克斯圖斯．恩丕里柯也用種種方式與他們爭論。最中肯的一點和下面所說的有關：斯多噶學派沒有明確了解到，他們應該把想像、表象規定爲印象、變化或別的事物。[40]如果這種表象被接受在靈魂的主導方面，在純意識中，則思維抽象地說來就是這種單純者，「它是非物質性的；它既不被動，也不主動」，是自身等同的。「那麼，又如何可以使它接受印象、發生變化呢？現在思維形式本身是非物質性的。但是依斯多噶學派看來，只有物質性的事物才可以給予印象、引起變化。」[41]這就是說，（甲）物質性不能影響非物質性的事物，和它不相同，不能與它成爲一體；（乙）非物質性的思維形式不能夠發生變化，只有物質性的事物才能發生變化，這就是說，非物質性的思維形式不是內容。如果事實上思維形式獲得了某種形態的內容，則這種形態的內容將會是思維本身的內容。

所以這些思維形式便僅被當作**思維的規律**。[42]誠然斯多噶學派曾經列舉了思維的諸內在規定，並且實際上有許多成就；特別是克律西波斯發揮了邏輯學的這一方面，並且曾當作大師被引證著。不過這種發揮都是從形式出發的。有幾種普通的熟知的**推論**形式，「有的人說多些，有的人說少些，而克律西波斯認爲有五種。」如：「假如是白天，則天就是明亮的：但現在是夜晚，所以天不是明亮的」，這是透過排除的假言推論，諸如此類。「這種邏輯形

40 塞克斯圖斯·恩丕里柯，《反邏輯學家》，第一卷，第二二八節以下。

41 塞克斯圖斯·恩丕里柯，《反邏輯學家》，第二卷，第四〇三節以下，參看塞內卡，《書信集》一〇七：只有物體能動，聲音是物體。

42 第歐根尼·拉爾修，第七卷，第六十三節；塞克斯圖斯·恩丕里柯，《反數學家》，第七卷，第七十節。

式被視爲未經證明的，不需要證明的」；[43]不過這些推論也只是很形式的形式，不能規定任何內容。斯多噶學派曾這樣說過，「哲人主要地掌握了辯證法；因爲一切事物，不論物理的或道德的事物，都可透過邏輯知識而被認識。」[44]但是他們卻把這種認識歸給一個主體，而沒有指明，誰是這個哲人。由於這種說法同時缺乏客觀的規定的根據，所以對於眞理的規定便落在主體上，必須依靠主體作最後的決定。這種關於哲人的說法，除了根據他們所說的那種標準的無確定性以外，是沒有什麼別的根據的，從它出發我們是無法進行對於內容的規定的。

關於他們的邏輯學以及關於他們的判斷論是毋須再多的，他們的判斷論一部分即是邏輯學，一部是文法學和修辭學。因此這是沒有什麼特別的科學內容的。不過這種邏輯學並不像柏拉圖的辯證法是關於絕對理念的思辨科學，而乃是像我們在上面所看見的形式邏輯，一種對於理由或根據的固定的、確定的、不變的了解或認識，並且停留在這種認識上。在這種邏輯裡，占上風的乃是這樣的邏輯成分，即其本質主要地在於只尋求表象的單純性、尋求那自身沒有對立面、不陷於矛盾的事物。這種自身內不包含否定性、不包含內容的單純性，需要一個外面給予的、爲它所不能揚棄的內容，因此它也不能夠透過自身達到一個眞正的對方。

斯多噶學派常常以極其個別或瑣碎的方式發揮他們的邏輯學。主要的事情是對象符合於

43 第歐根尼．拉爾修，第七卷，第七十九—八十節。

44 第歐根尼．拉爾修，第八十三節。

思維。對於這種思維他們曾作過詳細的研究；但結果顯示，這只是一個極其形式的原則。說共相是眞理，說思維有一個內容、一個對象，而這個內容是和思維相符合的，大體說來，這都是很正確的，而且也是具體的；不過這仍然是一種形式的規定性；規定性是應該有的，不過太形式了。塞克斯圖斯·恩丕里柯也是從這一方面來斥責斯多噶學派。斯多噶學派說，某個事物是不存在的，因爲只有透過思維，它才存在。不過意識之所以取得存在，有需要一個對方。思維本身只是抽象的、片面的。揭示出這個主要困難，如何從一般演繹出特殊、規定，一般如何自身發揮成爲特殊，同時並在特殊中達到自身同一，這在懷疑學派那裡已經被意識到了。在斯多噶學派這裡，基本上在某一意義下是很正確的，不過同時又是很形式的；這就是斯多噶學派哲學的主要觀點。同樣的原則在他們的物理學中也充分表現其形式主義。

三、道德學

〔斯多噶學派〕精神的理論及認識的理論在於尋求一個標準，前面已經說過了。而斯多噶學派的道德學說是最爲著名的。然而他們的倫理學也同樣沒有超出形式主義。雖說不容否認，他們對於倫理學的闡述曾採取了對於表象似乎很可取的途程，但事實上仍然大半是外在的和經驗的。

（一）**道德的概念**　關於一般實踐，第歐根尼．拉爾修[45]詳盡地引證了克律西波斯的一些很好的闡述，〔也可說是〕**心理學**的發揮；克律西波斯堅持他和自身的形式的一致。他們這樣說：「動物最初的欲望趨向於**自我保存**，依照它固有的」（內在的）「原始的特定的本性。」它透過調和的過程（ἡγεμονικόν）而達到這點。「那最初的本性」（這種衝動的主要特性、它的目的）因此「就是動物和它自己的諧和，以及對於這種諧和的意識，自己不異化自己的自我感。由於這種自我感，動物排斥對它有害的東西，採納對它有利的東西。」這正是亞里斯多德關於自然、關於適應目的的概念，這是一個能動性的原則，這原則包含著對立和對立的揚棄。「快樂不是第一性的，反之快樂」（滿足的情緒）「只有當」一個動物的「那種透過自己尋求自己的本性把那和它自身相一致的東西採納進它自身時，才附加上去的。」同樣值得贊許的是：自我意識、快樂正是這種自身回復和對這種統一的意識，即在我享受某種事物之時，作爲個別的自我在這個客觀成分中獲得我的統一。就人來說，情形也是一樣。他的天職是保存自己，不過具有意識到的目的、具有思慮、遵循理性罷了。「在植物裡是自然發揮著作用，沒有衝動和欲望；但是衝動和欲望是與動物分不開的，雖說如此，在我們人裡面，也有一些事物是按照植物的方式而活動的。」在植物裡面也有作爲種子的理性，潛在的理性（λόγος σπερματικός），不過在植物那裡，理性並不是作爲目的而出現，理性

45 第歐根尼．拉爾修，第七卷，第八十五—八十六節。

也不是植物的對象；植物對於理性是毫無所知的。「在動物裡便有了衝動；在動物裡，是自然使按照衝動而活動的行爲符合於原始的本性。」這就是說，衝動的目的正是它自己的原始本性，它企求它的自我保存。「但是理性的動物也同樣以本性爲目的；在人裡面有著理性，他以理性的事物作爲他的目的。而理性之在人裡面就成爲（陶鑄）衝動的藝術家」，理性把人裡面僅僅是衝動的事物予以加工，形成藝術品。（這種說法看起來好像是斯多噶學派所開的藥方，他們似乎發現了道德的推動原則。）

因此斯多噶學派的原則一般而言是這樣的：「人必須依照本性而生活，這就是說，依照道德而生活；因爲（理性的）本性引導我們走向道德。」這就是最高的善、一切活動的目的；依照本性而生活即是過理性的生活。但是就在這裡我們也立刻看得出，他們只是在那裡形式地繞圈子。道德就在於依照本性而生活，依照本性的事物就是道德。據說思維應該規定什麼是依照本性的事物；但依照本性的事物只是爲理性所規定的事物。這完全是形式的。因爲，什麼是依照本性的事物？理性。什麼是理性？依照本性的事物就是理性。他們進一步規定什麼是依照理性的事物，說「這是經驗和識見所教導給我們的關於一般自然和我們的本性的規律」。「這個本性是普遍的規律、是浸透一切的正確的理性」——我們的正確理性和普遍規律——「在宙斯、在整個事物體系的統治者那裡是同一的事物。幸福的人的德性在於每個人按照他的天才（δαίμονος）所做的一切能夠和全體秩序的意志相一致」。[46]所有這些話仍然是停留在一般性的形式主義裡面。

由於道德一般是適合於事物的本質或規律的事物，所以斯多噶學派認爲在一般意義下，每一行職業中都有適合於該職業的規律的道德。因此他們說到「邏輯的、物理的道德」；[47]他們的這種倫理學闡述了個別的義務，詳細研究了人的個別的自然的關係，並揭示出這些關係中的合理成分，不過採取的是抽象推理、尋求形式理由的途徑，像我們在西塞羅那裡所看見的那樣。

道德在於遵循思想，亦即遵循普遍的法則、正確的理性。一件事情只有在其中實現了並且表明了一個普遍的使命，是道德的和正當的。普遍的使命是本質的事物，是一個關係的本性；這才是實質。這是只在思想之中的。行爲中的共相必須是最後的使命；這是正確的。這個共相不是抽象的共相，而是在這個關係中的共相。譬如，在財產裡特殊便被拋在一邊。因此人必須作爲一個有思想的、有教養的人而行動。他必須依照他的見解而行動，並使衝動、嗜欲從屬於共相；因爲衝動、嗜欲乃是個別的事物。人的每一個行爲中都有個別的事物，行爲是特殊的；不過這裡有一種分別：究竟堅持特殊本身，或是在特殊之中堅持共

46　第歐根尼・拉爾修，第七卷，第八十七—八十八節。

47　第歐根尼・拉爾修，第七卷，第九十二節。

相。斯多噶哲學中的推動力量是在於堅持共相。

但是這個共相仍然沒有內容，是無確定性的；因此他們的道德學說是有缺陷的、空洞的、令人厭煩的。他們誠然曾經有力地、活躍地、使人感動地宣揚了道德，但是這個普遍的法則、道德究竟是什麼，卻缺乏明確的規定。

（二）善的**另一**方面是外部的存在，以及環境、外部自然與人的目的的調和。他們把善說成是意志對於規律的遵循；善被當成實踐的對象。但同時他們又把善定義為**有用**的對象：「不是自在自為地直接地有用，就是距有用不遠。」所以一般而言，有用似乎是道德的一個偶性。「本身善的事物即按照理性的本性是完善的事物」（滿足他的目的的事物）「即是道德；快樂、享樂等等都是附加上去的事物。」只有道德才是個人的目的、才是他自身的滿足。他們又區別多方面的善為「靈魂的善和外在的善；前者指道德和道德的行為，後者指例如屬於一個光榮的祖國，擁有有品德的朋友等等。〔第三種善〕[3]既不是外在的，也不僅僅在自我意識之內，而是指一個人既是道德的又是幸福的。」[48]這些見解是很好的。就有用性而論，道德用不著對它太冷淡；因為每一個好的行為事實上都是有用的，這就是說，這個

456

[3] 據英譯本，第二卷，第二六一頁；俄譯本（根據米希勒本第二版翻譯。）），第二卷，第三四七頁增補。——譯者

48 第歐根尼．拉爾修，第七卷，第九十四—九十五頁。

行爲有其現實性，能夠帶來一些好的事物。一個沒有用的好的行爲就不是行爲，就沒有現實性。說善裡面包含本身沒有用的成分，乃是對於善的一種抽象、一種非現實性。人不僅必需而且應該具有有用性的意識；因爲這是一條眞理：知道善是有用的。有用性不外是知道我們所做的事，對於我們的行爲具有意識。如果這個關於有用性的意識應受譴責的話，那麼關於行爲的善的知識應同樣受到更多的譴責，因爲它沒有在必然性的形式內去考察行爲。這種道德和幸福的統一，這種中道，〔被斯多噶學派正確地〕[4]當成完善的事物，它既不僅僅屬於自我意識，亦不僅僅屬於外部的存在。道德與幸福的結合在近代也被視爲一個大問題：道德本身是否能給予自在自爲的幸福，或者幸福的概念是否被包含在道德的概念之內。

(1)對這個問題的一般回答。我們記得，上面所說的自我保存原則，認爲道德和理性的本性不可分。人的目的實現就是幸福，因爲在實現目的的過程中人看見自己得到了實現，並且認識到、感覺到自己作爲一個外在的東西，這是他的概念、他的天才與他的存在、他的現實性相一致。這種一致性，我們已經看見，就是幸福。現在道德與幸福是否一致這個問題也就是：道德行爲是不是能夠自在自爲地實現其自身？在道德行爲中，人是不是直接地成爲自己的對象？是不是會認識到自己作爲一個客觀的東西，或者認識到客觀的東西作爲他自己？這包含在行爲的概念裡，特別是在善的行爲的概念裡。因爲惡的行爲摧毀人的本質，是

[4] 據英譯本，第二卷，第二六一頁；俄譯本，第二卷，第三四八頁增補。——譯者

和自我保存相違反的。善的行爲正是導致自我保存，並且促成自我保存的。這樣就得到對於這個問題的一般回答：好的目的就是那在行爲中得到實現的目的。不過像這樣看來，那自身存在的目的的意識既不確切地具有道德的意義，從這目的產生的行爲也不確切地具有道德行爲的意義，而且這種目的所達到的實在性也沒有幸福的意義。其所以如此，區別在於斯多噶學派僅僅停留在這種一般的概念裡，而把一般的概念直接地當作現實；而在他們所假想的這種現實性裡，也只表明了道德行爲的概念，沒有表明這個概念的實在性。斯多噶學派就停留在這種道德行爲的一般概念裡。

(2)其次需要回答的問題是：道德和幸福相互間的關係如何？這個論題伊比鳩魯學派也曾討論過。道德在於依照本性、遵循普遍法則而生活。但主體本身在其特殊性中的滿足卻與這種道德和實現這種道德的意志正相反對。〔首先，〕我只是形式的性格，實現共相的力量；我只是法則的形式的能動性。我是作爲能思維者、作爲共相的追求者而和我一致。其次，我又是一個特殊的個人，我要和前者一致。這樣我就是抽象的這個人。這種特殊性多方面地存在於我之中。在個別裡是以特定的衝動爲前提，我的定在與我的特殊性的要求是一致的，這是第二點。快感、享樂便屬於這方面。現在兩方面彼此發生衝突；並且當我尋求這一個或那一個滿足時，我便和我自己在衝突中，因爲我又是一個個人。斯多噶學派說，本身的善、依照本性的完善是道德。快感、享樂可以附加上去，不過即使沒有快感和享樂，也是無關緊要的。因爲這種滿足並不是目的，同樣可以有痛苦與之相隨。這個對立在西塞羅那裡叫做「德與用」（honestum et utile）的對立，他曾經討論了兩者的結合。[49] 斯多噶學派說：只應該追求道德，單在道德本身便可獲得幸福，道德本身就可以給人以幸福。即使人處於不幸情況中，這種幸福也是眞實的、不可動搖的。[50]

從倫理學看來，西塞羅還提出了一個主要的形式，即善與惡的目的，至善（finis bonorum et malorum, summum bonum）；這在斯多噶學派那裡是正確的理性、最高的原則，並且是本身值得堅持的事物。這裡於是立刻就出現道德和幸福的對立，用抽象形式講來，這就是思維（λόγος）和思維的規定的對立。我們在斯多噶學派那裡所看見的和他們所擅長的，就是人或哲人只是按照理性做事。這種按照理性本身做事的原則進一步包含著把人自身加以抽象化孤立化，把人向內集中到自身。因此它產生了一種消極逃避的作用，對於一切事物、一切直接的欲望、感情等等一概漠不關心。在這個極其抽象的原則裡，在這種單純的自我集中裡，在這種只是在思維中保持自己與自己的純粹一致裡，包含著摒棄一切、對一切特殊的享樂、愛好、情欲、興趣漠不關心。這裡又包含著斯多噶學派哲學家所特有的力量、內心的獨立和性格的自由。現在我們進一步要多說一點在何處去尋求幸福和享樂。除了和自己一致的感情外，無所謂一般的幸福。在感性享樂方面，舒適的事物使得我們適意，在

49　西塞羅，《論義務》，第一卷，第三章；第歐根尼．拉爾修，第七卷，第九十八—九十九節。

50　第歐根尼．拉爾修，第七卷，第一二七—一二八節；西塞羅，《疑難》，第二章。

這裡面就包含著和我們自己的一致性；反之，那乖戾的、不舒適的事物是一種否定，和我們的意願不相適合。斯多噶學派所設定爲本質的事物正是這種內心中的和自己相一致，並且以對這種一致性的意識或一致感爲快樂。不過在斯多噶學派那裡這種一致性主要地僅被設定爲內心中和自己的一致；所以像這樣的快樂便被當成包含在道德之內。不過這種快樂他們卻認爲是次要的事物、一種從屬的事物，並不當成目的，而只是被當成一種附加。斯多噶學派的這種學說認爲人只應該尋求道德，人必須變成、保持自己和自己相同一，並獲得自由，這是他們學說中的優秀成分。至於這種學說與形式主義是聯繫著的，前面已經提到過了。

因此斯多噶學派道德學的原則是精神和自身的一致；不過應該努力，不要讓這個原則老是形式的。因爲這裡立刻就產生自身的一致與那被排斥在外、不復在這種一致之中的事物的對立。〔不要讓那些不在這一致性之中的事物老被排斥在外。〕[5]人們說，人是自由的，而他和他的對方是有聯繫的；不過這樣他便不自由了，而有所依賴了，而幸福正是落在這一方面。我的獨立性只是一方面，我的另一方面，我的生存的特殊的一方面還不能和我的獨立性那一方面相適合。所以在這個時期出現的仍然是道德和幸福相諧和的老問題。我們說道德而不說倫理，因爲在倫理裡，我的行爲所遵循的，乃是基於風俗習慣，而不是依照我的意志所應該做的；道德主要地包含著我的主觀反省、我的信念，我所作的遵循普遍的理性的意志

[5] 據英譯本，第二卷，第二六五頁；俄譯本，第二卷，第三五一頁增補。——譯者

決定，或普遍的義務。這個問題是一個必要的問題，也是在康德的時代我們曾進行研究過的問題。必須予以解決的關鍵之點在於如何去理解幸福。關於這點我們可以聽見許多瑣碎無聊的事物：譬如說，有道德的人往往得壞結果、而荒淫的人反而很好，很快樂等等。這樣他們把一切外在的情況都包括在幸福裡面，整個講來幸福的內容是庸俗的：它是普通的目的、願望、利益的獲得等所構成的。不過類似這樣的願望和利益只顯示是偶然的、外在的；人們很快就可以超出這種接近問題的觀點，而認爲外在的享樂、財產、出身高貴等等並不是眞正的道德、幸福。於是問題就歸結到：如何去理解幸福。但無論如何人必須立刻從被奴役於外在情境和偶然性中解放出來。

斯多噶學派曾經說過，幸福是對一致性的享樂或感覺，不過這只是一種內心的自由、內心的必然性、自己和自己的內心的一致性。斯多噶學派曾由於說過痛苦並不是惡而受到嘲笑。[51]在這個問題裡面所說的並不是牙齒疼之類的痛苦。必須知道：人必須撇開這類的事物。這樣的痛苦和人生的不幸完全是兩回事。這個問題必須完全這樣理解，即必須在理性的意志與外在的實在之間求得一種和諧。當然特殊的定在、主觀性、個人的、特殊的利益都屬於外部實在的範圍。但是在這些利益中也只有共相才眞正屬於實在性。因爲只有具普遍性的事物才能夠和意志的合理性相諧和。斯多噶學派說：痛苦災難不是惡，這話是很對的。因

51 西塞羅，《論目的》，第三卷，第十三章；《杜斯古里問題》，第二卷，第二十五章。

為它並不能夠摧毀我和自己的一致及自由。它不能使我在自己裡面二元化。我和自己相結合便超出了這類惡的事物：我當然可以感受到惡，不過它不能使我二元化。體驗到和我自己的這種內心的統一就是幸福；而這種幸福是不能為外在的惡所摧毀的。斯多噶學派哲學的偉大處即在於當意志在自身內堅強集中時，沒有事物能夠打得進去，它能把一切別的事物擋在外面，因為即使痛苦的消除也不能被當作目的。

(3) **另外一個對立是在道德本身之內的**。由於正確的理性獨自便是行為的決定者，因此真正講來就不復有固定的使命了。普遍的法則應該被當作一個輪廓。一切義務永遠是特別的內容，它們誠然可以在普遍的形式內得到理解，但這並不與內容相干。關於什麼是善的最後的決定性的標準是無法被提示出來的。每一個根本原則都同時是一個特殊的事物；只要這個根本原則是沒有規定性的，即仍必須依靠主體來做最後的決定。正如在早期人們依靠神諭來做決定，所以在這個深刻的內在性的開始時期，主體便被當作正當與否的決定者。在雅典憑藉禮俗來規定什麼是正當的、合乎倫理的；禮俗自蘇格拉底以來已停止作為決定是非善惡的最後標準了。在斯多噶學派這裡一切外在的規定都被廢除了；做最後決定的力量只能是一個主觀的事物，這個主觀的事物作為最後的關頭（良心）依靠它自身決定。

只有一個道德；[52] 哲人是有道德的人。我們又可以看見最高的規定是放在主體本身裡

52 普魯塔克，《關於斯多噶的論辯》，第一〇三四頁（克須蘭本）；斯托拜烏斯，《倫理的牧歌》，第二部，第一一〇頁；第歐根尼·拉爾修，第七卷，第一二五節。

面。雖說他們在這個基礎上面建築起來許多崇高的和有教益的事物因而總缺乏一種現實的規定。但是斯多噶主義的長處和力量即在於主張：意識向內去求眞理，並且遵循它的理性的規定。這種遵循理性是和享樂相違反的。因此他們認爲人除了依照他的理性、自己在自身中尋求他的目的或滿足外，不應該在任何事物裡面去尋求，特別不應該在某些外在的有條件的事物裡面去求滿足。雖說這種自由和獨立性只是形式的，但我們卻必須承認這個原則的偉大。

關於**情欲**是一種矛盾的事物這個論點，斯多噶學派曾做了許多論證。塞內卡和馬可·奧理略·安東尼的著作中包有許多眞的事物。對於那些還沒有達到較高的自信心的人，他們的著作也許可以很有教益地予以支持。我們可以承認塞內卡的才能，但也必須相信，那是非常不夠的。馬可·奧理略·安東尼[53]從心理方面指出快感、享樂不是善。「後悔是一種對自己的責備，因爲人貽誤了某種有用的事物；善必定是某種有用的事物，一個美的和善的人必定要把捉住有用的事物」（使之對他有利）。「但是沒有一個美的和善的人會感到失悔，說他曾貽誤了（放過了，沒有把捉住）任何享樂；因此享樂並不是有用的事物，也不是善。」——「一個渴求死後聲名的人沒有仔細想一想，每一個記起他的人本身也都要死的，再則，那些繼此而來的人也是要死的，直到一切回憶都隨這些讚頌他的人和死去的人而全歸消滅。」

53 安東尼，第八卷，第七節。

（三）斯多噶學派又喜歡展示出一個哲人的理想；這個理想不外是主體的意志，這個意志只是以自己爲對象，老停留在關於善的思想，因爲關於善的思想就是善的，堅決保持自身使不爲別的事物、欲望、痛苦等所動搖，只是要求它自己的自由，而準備放棄一切別的事物，而且當它感受到外在的痛苦和不幸時，它又把這種痛苦和不幸同它自己的內心意識分割開。

現在問題是爲什麼斯多噶學派用哲人的理想這樣的形式來表達道德。這由於在他們看來，那追求自在的目的的道德意識和行爲的單純概念是個人意識，是倫理的實在性的要素，因此我們看見在斯多噶學派那裡，實在的倫理被說成是哲人的理想。如果斯多噶學派超出了追求自在目的的行爲的單純的概念，達到了對於內容的知識，則他們就沒有必要把它說成是一個主體。在他們看來，道德是理性的自我保存。如果試問：理性的保存會產生什麼樣的結果呢？他們答道，其結果正是理性的自我保存。這還是一個繞圈子的形式的說法。倫理的實在並沒有被表明爲一個常住的、被產生的、同時又永遠能產生的事業。倫理的實在正是這樣的存在。正如自然界是一個常住的實存的體系，同樣精神的實在本身也應該是客觀的世界。斯多噶學派卻沒有達到這樣的實在。或者我們也可以這樣來理解這個問題：他們的倫理的實在只是哲人、理想，而不是實在。這個理想事實上只是單純的概念，它的實在性並沒有被發揮出來。

這種主觀性已經表現在這個事實裡，即倫理的實在性既被說成是道德，因而形式上立刻就會以爲它僅僅是指個人的德性，個人的品質而言。像這樣意義的道德當然絕不能達到自在自爲的幸福。不過幸福就其是一種實現來說，也只是個人的實現。因爲幸福正是個人的享受、生存的諧和、存在與作爲個人的個人的一致；但是幸福與作爲個人的個人是不能一致的，而只能與普遍的人一致。因此作爲個別的人，絕不能妄想幸福會與他一致：反之他必須對他的存在的個別性採取漠不關心的態度，甚至對於幸福與個人一致或不一致，均同樣抱漠不關心的態度，他必須能夠沒有幸福，或擁有幸福而不爲它所束縛地生活下去。換言之，這就是他與作爲普遍的人的他自己的一致。這裡所包含的也只是倫理的概念，或主觀的倫理。但雖說是主觀的，它卻表明了倫理的眞性質。它是自在自依、獨立於對象而享受著的意識的自由；這是斯多噶學派倫理學的優點和偉大之處。我們還可以把這種幸福和別的幸福區別開，而稱之爲眞正的幸福，但一般而言幸福仍然是一個不恰當的名詞。理性意識的自我享受是一個如此直接的共相；它是透過幸福這一概念而被表象出來的一種存在。因爲即在幸福這一概念裡便包含著自我意識作爲個體性那一環節。不過這種有區別性的意識並不包含在那種自我享受裡，反之在那種自由境界裡個人享受其自身作爲一個共相，或者自己感覺到他的共性。對於幸福、對於精神享樂的追求，和侈談科學、藝術的享樂如何美妙，都是很淺薄的；因爲進行科學、藝術活動所涉及的內容實質已不復具有享樂的形式，換言之，它正是揚棄了享樂這個觀念。事實上這種關於享樂的侈談已經過去，現在已不復有任何興趣了。眞正的精神，其特徵在於所關心的是內容實質，不是快樂，這就是說，不是那不斷地考慮自己作爲個人，反之，所關心的是內容實質，是本身具有普遍性的事物。人必須努力，使得他作爲個人不要受苦；他的生活愈快樂，那就愈好。不過關於這點不可說得太多、太過吹噓，彷彿這裡面包含著好多合理的和重要的事物似的。

斯多噶學派的自我意識也沒有採取認眞對待個體性的形式。反之，它只是自己意識到自己的自由。但是斯多噶學派的意識僅停留在概念裡，沒有達到對於內容的認識，而認識內容才是它所應該完成的工作。而內容對於這作爲個人的意識說來，對於它的個體性又並不相干。因此它卻並不能超出這個個體性，並不能達到共相的實在性，只是採取這樣的形式，把眞實者說成是一個個人、哲人。在哲人這個概念裡恰好包含著這樣一種自由，即從生存中抽離出來的一個否定的環節；一種足以揚棄一切事物的獨立性，這種獨立性並不是一種空虛的被動性、一種無我的狀態，因而可以採納一切到它裡面，而乃是一種它可以自由放棄而又不致失掉其本質的獨立性，而它的本質正是它的單純的合理性，它自己的純粹思想。這裡理性達到了它自己，作爲對象，這就是說，純粹的意識本身就是對象；因爲對於它只有這單純的對象是本質，因此這對象便消除了一切存在或一切生存的方式，本身成爲無物，而只是以一個被揚棄了的形式存在於意識裡。這就是亞里斯多德的最高概念、對於思維的思維。斯多噶主義中也有這個概念。不過亞里斯多德的最高概念並不是像它彷彿那樣個別地存在著，有別的事物與它並列，而乃是唯一的實在。

一切回復到這裡，概念與一切事物的關係的單純性便被設定了，換言之，概念的純粹否定性便被設定了。但是缺乏眞正的實現和客觀的存在方式。爲了深入下去，斯多噶主義還需要把內容發揮出來。

關於哲人的理想他們也曾特別做了一些雄辯的描繪，說哲人是如何完全地自足和自立。

466

凡是哲人所做的，都是對的。斯多噶學派對於理想的描寫是很富於辭藻的，也可說是一般性的，甚至是毫無興趣的；在這些描寫中，值得注意的是否定的一面。「哲人即使在鎖鏈中也是自由的；因爲他是完全由自身而行動，不爲恐懼或情欲所左右。」凡是屬於情欲和恐懼的事物，他不計算在他自身之內，給予它一個反對自己的異己者的地位，因爲任何特殊的存在在他看來都是不堅固的。「唯有哲人才是國王；因爲唯有他不爲法律所束縛，唯有他沒有義務對任何人說明理由。」[54]對於特定的法律哲人又有自主和獨裁之權，他僅僅遵循理性，對於一切規定的法律他是沒有遵守的義務的，法律在他們看來，其本身是說不出什麼理性的理由的，或者似乎只是建築在一種自然的恐懼或本能上面的。即就實際行爲說來，規定的法律對於他是沒有眞正的實在性的，至少似乎也只是屬於自然範圍的。例如：「禁止血族通婚、禁止男性與男性同居；但照理性看來，其一和其他都同樣是正當的。同樣哲人也可以吃人肉」等等。[55]但是一般的理由是極其模糊的事物。於制定法律時斯多噶學派仍然停留在抽象理智裡，並且容許他們的國王做許多不道德的事。一方面例如血族通婚、男色、吃人肉固然顯得爲自然本能所禁止，但須知另一方面即在理性的裁判前面也還是站不住的。因此在這個

54 第歐根尼．拉爾修，第七卷，第一二二節、第一一六—一一七節、第一二三節。

55 塞克斯圖斯．恩丕里柯，《反數學家》，第九卷，第一九〇—一九四節；第歐根尼．拉爾修，第七卷，第一二九、一二二節。

意義下哲人也可以說是開明的，即對於純粹自然的事物，即當他知道他對於自然的本能不能給予理性根據的形式時——他便對自然的事物加以踐踏。因此在斯多噶這裡所謂自然律或自然本能便和他們所設定的直接的、普遍的合理的事物正相反對。譬如上面所提到的那些行爲似乎是建築在自然的情緒上面，而情緒不是被思維之物，反之財產卻是一種被思維之物，是得到公認的個人的所有權，是一種本身有普遍性的事物，因而是屬於理智的範圍。哲人之所以不應該受那些行爲的束縛，是因爲它們不是直接的被思維之物，但是這只是無知的缺點。正如我們上面已看見過那樣，在眞理的理論範圍內，被思維的、簡單的事物可以採取各式各樣的內容；同樣在實踐範圍內，善、被思維的事物亦可以採取各式各樣的內容，而本身沒有〔任何確定的內容〕。[6]爲這種內容說出一個理由加以辯護，就混淆了對個別事物的見解和對全部實在的見解。這種見解是淺薄的，它不承認某種事物，即是因爲它在這一或那一觀點下不認識那種事物。但是正由於它只是去尋求並認識最切近的理由，因而不知道是否還有其他方面、其他理由。類似這樣的理由可以找出來贊成一切和反對一切：一方面，對某種事物的關係被當作必要的，同樣其必要性也可以被取消；或者，另一方面，對某種事物的一個否定的關係，一種被視爲沒必要的事物也同樣可以被視爲有價値的，或停止其爲無價値的事物。

[6] 根據俄譯本，第二卷，第三五七頁增補。——譯者

斯多噶學派雖說把道德放在思維中，認爲善（即理性的遵循）是被思維者（共相）；但就其爲一個被思維者而言，卻找不出具體的原則，而只是形式的、抽象的原則，找不出理性的自我決定的原則，沒有一個從其中可以推演出或發展出規定性、差別性的原則。

所以他們有這樣的特點：（一）依據一些理由來作形式的推論；他們要爲道德尋出理由。根據某種情況、聯繫、後果，他們推出矛盾或發現對立。這樣馬可．奧理略．安東尼、塞內卡以很大的機智說了不少有教益的話。不過理由乃是一個蠟製的假鼻，對於任何事物都可以說出好的理由；例如「這種衝動是天性生就的」、「生命是短促的」等等理由。什麼理由應當成好的理由須視目的、利益爲轉移。目的、利益是在先的事物，能夠給予理由以力量。因此理由乃是一般的主觀的事物。對於我應該做的事加以這種方式的反思或抽象推論，足以導致由於機智而給予自己的目的以散漫的思慮和煩冗的意識；而我也就是一個善於說出一些聰明的、好的理由的人。這些好的理由卻並不是實質、客觀事物的本身，而只是屬於我的任性、任意的事情，瑣碎無聊的事情；憑藉這些理由我就可以長篇大論地欺騙自己，以爲我具有高尚的意向。這正是忘懷自我投身於事情本身的反面。在塞內卡那裡我們看見很多憤世嫉俗的浮誇的道德思慮，他好像是眞正地練達人情的樣子。一方面，他的財富、他的生活的豪華奢侈卻正與他的道德說教相反對。他曾經讓尼祿贈送給他無限量的財富；[56]另一方面，我們可以把他和他的學生尼祿並列起來看，尼祿曾經發表了一篇模仿塞內

56　塔西佗，《編年史》，第十四卷，第五十三章；第十三卷，第四十二章。

卡而寫成的演說。[57]這篇演說的論證是光輝的，常常富於雄辯，像塞內卡的那樣。人們可以被激動，但常常不會感到滿足。我們可以叫這種東西爲詭辯；必須承認其機智和公正的意見，但卻缺乏足以引起信心的最後基礎。

（二）同時在斯多噶學派觀點中包含著一個較高的、雖說消極的、形式的原則，即唯有被思維的事物才是目的和善，因此人必須單獨在這種沒有別的內容的抽象形式裡（像康德的純義務原則）去建立並鞏固他的自我意識的基礎——在思想的形式裡，亦即在它自身、在它的抽象裡去求歸宿，而對於它本身的任何內容均不予注意、不去追尋。[58]孤立於一切事物的精神的形式的固執，並不給我們闡明客觀原理的發展，而只是一個主體保持其自身於——不是愚笨的而是意願的——漠視一切、始終不變的狀態中；這就是他們所謂自我意識的**無限性**。

由於斯多噶學派的倫理原則停留在這種形式主義裡面，因此他們所有的演說和議論均封閉在形式主義的圈子裡。他們的思想正是意識：不斷地回復到與它自身的統一。他們這種蔑視存在的力量是很大的，他們這種否定態度的強度是崇高的。斯多噶學派的原則是絕對意識

57　塔西佗，《編年史》，第十三卷，第三章。

58　參考塞內卡，《論幸福生活》，第五章中所說：「故幸福的生活是在正確和確定的判斷中，是穩定的和不變的。」

的理念中一個必然的環節；它也是一個必然的時間上的現象。因爲像羅馬世界那樣，當世界的實在性趨於喪失的時候，實在的精神、生活就消失在抽象的共相裡：那已經破壞了眞實的共性的意識必會退回到它的個體性，在它的思想裡力圖保持它自身。

這裡面便包含著抽象自由和抽象獨立的規定。如果自由的意識是我的目的，則在這個一般的目的裡一切特殊的規定均消失了。而自由的這些特殊規定構成了義務、法律；它們作爲特殊的規定消失在自由的共性裡、在我的自我獨立的純粹意識裡。這樣我們就看見了他們這種意志的堅強性，他們不把特殊的事物算在意志的本質裡，而使自身從特殊中逃避出來。我們看見，一方面這是一個眞實的原則，但另一方仍然是很抽象的。這原則包含著這樣的思想：即世界的情況並不是合理的、正當的；不過只是主體本身應該堅持它的自由。因此舉凡一切來自外面的事物、世界、情況等等，在這裡獲得一個可以被揚棄者的地位。所以它所要求的不是一般的合理性與生存、定在的和諧，換言之，它所包含的不是我們可以叫做客觀的倫理、客觀的正當事情的事物。柏拉圖曾經提出了一個共和國的理想，這就是說，一個人類的合理的情況。人類在國家中的這種情況、這種法律、倫理、風俗習慣的有效性，構成了理性的現實的一面。只有透過世界的這樣的合理的情況，那外部世界與內心相適合的原則才具體地發揮出來。於是這種和諧才在這種具體意義下達到了。爲了道德修養、善良意志的堅強性、自我沉思起見，讀一讀馬可．奧理略．安東尼所寫的事物實在是再好不過的了。他是那時全部著名的文明世界的皇帝，就他私人而論，他的行爲也是高尚的、正直的。不過羅馬帝國的情況卻沒有透過這個哲學的皇帝得到改變。他的繼承者性格與他不同，不受任何事物的約束，他的主觀任性和邪惡心情，更無法阻止那些壞情況不出現。那乃是一個異常之高的、內在的精神原則，理性意志的原則，這原則實現其自身，從而可以形成一種合理的法制情況，一種有教養的、有秩序的情況來。只有透過這樣的合理性的客觀性，那些集中在哲人理想中的諸規定才可以鞏固起來。這樣，就會有一個倫理關係的體系，倫理關係即是義務，各個義務形成一個體系。如是則每一個規定都有它一定的地位，這一個從屬於另一個，而較高的規定則統治著。這樣一來，良心（這比起斯多噶學派的自由還更高）就有了約束，各個規定在精神中鞏固起來，我們叫做義務的客觀關係也按照正當情況的方式得到堅持，而且這些義務也可以在良心中具有固定的規定的效力。從良心看來，這些義務不僅僅顯得有效而已，還必須確定地對於我有效，必須在我之內具有共相的性格，必須爲我的內心所承認。這就是合理的意志與現實性的諧和。這一方面是倫理的——法律的、正當的情況，客觀的自由、作爲必然性而存在著的自由的體系；另一方面，由於良心出現了，所以合理的事物在我的內心中成爲現實的。斯多噶學派的原則還沒有達到這樣一種具體的事物，一方面作爲一個抽象的倫理性，另一方面作爲在我之內的良心。自我意識本身的自由是基本原則，不過還沒有達到它的具體形態，而那足以造成幸福的關係又僅僅被規定爲不相干的、偶然的事物，必須予以放棄的事物。在理性的具體原則裡，世界的情況和良心的情況都不是不相干的。

這就是斯多噶學派哲學的大概。對於我們最至關重要的是知道他們的觀點、知道他們的

（思想與當時的時代的）[7]主要聯繫。在羅馬世界中，意識傾向於斯多噶學派哲學是完全可以理解的，並且和當時的情況相適合的；因此在羅馬世界裡，斯多噶學派哲學特別投合。那些高貴的羅馬人在他們自己的生活裡僅表明了那否定的一面，即對生活、對一切外界事物的漠不關心。他們只是在主觀的或消極的方式下，就私人生活的方式而論，可以說是偉大。再則羅馬的法律學者據說都是斯多噶學派哲學家；不過一方面我們發現，我們的羅馬法教師們對於哲學大說其壞話，另一方面他們又陷於不一貫，因爲他們稱讚羅馬的法律學者，說他們曾經是哲學家。就我所了解的法律而言，我在羅馬人那裡找不到思想、哲學、概念。如果把理智的一貫、一貫思維叫做邏輯的思維的話，則我們也相當可以把他們叫做哲學家；胡果先生的情形就是如此，不過他卻似乎沒有自詡爲一個哲學家。理智的一貫和哲學的概念完全是兩回事。在塞內卡那裡我們找到許多有教益的事物，足以喚醒並加強人的心情的事物，和富於機智的辯駁、修辭學、敏銳的區別。但是在閱讀這些道德的演說時，我們同時感覺到冷淡無情、令人厭倦。

現在我們過渡到斯多噶學派哲學的對立面、伊比鳩魯學派。

[7] 據俄譯本，第二卷，第三六一頁增補。——譯者

貳、伊比鳩魯哲學

伊比鳩魯學派哲學和斯多噶學派哲學是同樣地流行，或者可以說還要更加流行。因爲希臘的政治生活和倫理風俗已經沒落，而後來羅馬帝國治下的世界對當時的現實也不能滿意，於是人們便回到自己的內心，在那裡尋找道義和倫理生活，尋找一般生活中已經不復存在的那些事物。伊比鳩魯的哲學是斯多噶主義的反面：斯多噶學派把作爲思維對象的存在——概念——視爲眞實的事物；伊比鳩魯並不把存在視爲一般的存在，而當成感覺到的事物，把以個體的形式出現的意識當成本質的事物，從而賦予昔蘭尼學派的學說較多的科學性。這樣也就很明顯：既然把被感覺到的存在當作眞實的事物，那麼概念的必要性也就根本被取消了，一切便分崩離析而失去了思辨的意義，而是肯定了對於事物的一般流俗的觀點；這樣，事實上它並未超出一般普通人的常識，或者毋寧說是把一切都降低到一般普通人的常識觀點。前此作爲特殊的學派出現的，如犬儒學派和昔蘭尼學派，現在前者轉爲斯多噶學派，後者轉爲伊比鳩魯學派：斯多噶學派和伊比鳩魯學派是科學化了的犬儒學派和昔蘭尼學派。犬儒學派同樣曾經說過，人應當把自己限制於單純的本性；他們曾經在生活必需的範圍內尋找這個事物。但是斯多噶學派則把這個事物安放在普遍的理性裡面；他們把犬儒學派的原則提高爲思想。同樣，伊比鳩魯也把「享樂即是目的」這個原則提高成爲思想：快樂要透過思想去求得，要在一個由思想所規定的普遍的事物裡去尋找。如果說在斯多噶學派的哲學裡面，原則在於對於「邏各斯」、對於「普遍」的思維，以及對此的堅持，那麼在伊比鳩魯的哲學裡則正相反，原則是感覺，是直接的個體的事物。但是在考察這種哲學的時候，我們必須把一切關於伊比鳩魯學派的流行觀念拋開。

生平：伊比鳩魯學派的創立者伊比鳩魯，生於第一〇九屆奧林匹克賽會的第三年（公元前三四二年）；因此是生於亞里斯多德逝世（第一一四屆奧林匹克賽會第三年）之前。他是雅典地區的伽格特村人。[59]他的對手們，特別是斯多噶學派，不知說了他多少壞話、捏造了多少可鄙的軼事。他的父母貧窮，父親奈奧克勒是一個鄉村教師，母親凱勒絲特拉妲是一個女巫，就是說，她和色雷斯、帖撒利的婦女們一樣，爲人畫符念咒，賺取錢財，這在當時是非常普通的事。[60]他的父親帶著伊比鳩魯隨同一個雅典殖民團體到了薩摩斯，在那裡，他的父親仍然必須教授兒童，因爲他擁有的那塊土地不足以養家活口。[61]十八歲時，（大約）當亞里斯多德正住在加爾西斯的時候，伊比鳩魯重返雅典。他在薩摩斯時已經特別研究了德謨克利特的哲學，現在在雅典更做進一步的研究；此外他還與許多當時的哲學家往還，如

59　第歐根尼．拉爾修，第十卷，第一節、第十四節。
60　第歐根尼．拉爾修，第十卷，第三—八節。
61　第歐根尼．拉爾修，第十卷，第一節；西塞羅，《論神靈的性質》，卷一，第二十六章。

柏拉圖學派的克塞諾格拉底，亞里斯多德的學生德奧弗拉斯特。伊比鳩魯十二歲時，曾經與他的教師誦讀海希奧德關於產生萬物的混沌的詩章。[62]此外，他也曾自稱爲自學者（αὐτοδίδακτος），[63]意思是說，他的哲學完全是他自己創立的；不過這並不意味著他沒有聽過別的哲學家講學、沒有讀過別人的著作。這一點也不能了解爲他的哲學在內容方面完全是獨創的；尤其是他的自然哲學就是留基伯和德謨克利特的，這一點以後將要提到。他首先在米底勒尼的雷斯博，然後在小亞細亞的蘭普薩克講授一種獨特的哲學，但是聽眾並不很多，他在那裡流浪好多年。後來他在約三十六歲時回到雅典這一個眞正的哲學中心，在一段時間後買了一座花園，和他的朋友們住在園中，並在那裡講學。他身體很孱弱，有好多年不能離開圈椅站起來，但是他生活非常有規律，並且非常節儉，他全心全意地從事學術工作，不做他事。[64]甚至於西塞羅這個對他盡說無聊話的人，也給他作證，說他是一個熱忱的朋友；並且說沒有人能否認他是一個善良、友愛、仁厚、溫和的（bonum, comem et humanum）

62 第歐根尼·拉爾修，第十卷，第一、二、十二—十三節；布魯克爾，《批評的哲學史》，第一冊，第一二三〇—一二三一頁；塞克斯圖斯·恩丕里柯，《反數學家》，第十卷，第十八節。

63 塞克斯圖斯·恩丕里柯，《反數學家》，第一卷，第三節；第歐根尼·拉爾修，第十卷，第十三節。

64 第歐根尼·拉爾修，第十卷，第二、七、十—十一、十五節；布魯克爾，前引書，第一冊，第一二三三—一二三六頁。

人。[65]第歐根尼．拉爾修特別稱讚他的溫和、對長輩的尊敬、對兄弟的慷慨，以及對所有的人的仁厚。他七十一歲時死於結石；臨死之前他洗了一個熱水浴，喝了一盅酒，並且囑咐他的朋友們謹記他的學說。[66]

沒有一個教師像伊比鳩魯那樣，受到他學生們那麼多的愛戴和尊敬。他們彼此推心置腹，因而決意把財產合併在一起，繼續生活在一個永久性的團體裡面，就像一種畢達哥拉斯學派的盟會一樣。但是伊比鳩魯本人禁止他們這樣做，因爲這樣做本身就表明一種對於彼此互相幫助的不信任；而在這樣一些不能互相信任的人之間，是不會有友誼、團結、忠誠的。[67]他死後一直受到他的學生們的高度尊敬和懷念；他們到處都帶著刻有他的肖像的指環和杯子，並且始終忠於他的學說，甚至稍稍改變他的學說在他們便認爲是一種罪過（斯多噶學派哲學與此相反，是繼續向前發展的），他的學派在學說方面很像一個固定的，閉關自守的國家。[68]之所以如此，我們將可以看到，在他的體系中有其根源。因此我們提不出一個伊比鳩魯學派的著名門徒在學術方面有進一步的貢獻；他的哲學沒有進步，也沒有發展，自然

65　西塞羅，《論目的》，第二卷，第二十五章。

66　第歐根尼．拉爾修，第十卷，第十、十五節。

67　第歐根尼．拉爾修，第十卷，第十一節。

68　西塞羅，《論目的》，第五卷，第一章；歐瑟比，《福音的準備》，第十四卷，第五章。

也沒有退化。有一句讚揚伊比鳩魯學派哲學的話：「只有一個唯一的伊比鳩魯的學生梅特羅多羅，曾經轉而投到卡爾內阿德斯門下；除此以外，伊比鳩魯學派哲學由於它在學說上和授受上的一脈相傳，可以說勝過了一切哲學，因爲其他的哲學都終結了、中斷了。」[69]當有人提醒卡爾內阿德斯注意這種對伊比鳩魯的忠誠時，他說：「一個男人誠然可以變成太監，可是一個太監卻絕不會重新變成男人。」[70]伊比鳩魯沒有什麼著名的弟子以獨特的方式研討和發展過他的學說；只有某一個梅特羅多羅，據說曾在某些方面有過一些發展。[71]

伊比鳩魯本人在活著的時候寫下了大量的著作，因此，如果我們把克律西波斯所編纂的別人和自己的著作排除不算，伊比鳩魯和克律西波斯相比是一個更爲多產的作家。他的著作的總量據說達到三百種（克律西波斯眞正說來乃是爲了與伊比鳩魯較量而寫作的）；[72]這些著作都沒有傳下來，我們對於這些著作的散佚實在不必過於惋惜。感謝上蒼，這些著作已經不存在了！否則文字訓詁學家又要花費很大的氣力。

《哲人言行錄》（第十卷）是主要的史料來源，不過頗爲乾燥無味；如果我們有伊比

69 第歐根尼．拉爾修，第十卷，第九節。

70 第歐根尼．拉爾修，第四卷，第四十三節。

71 第歐根尼．拉爾修，第十卷，第二十四節。

72 第歐根尼．拉爾修，第十卷，第二十六節。

鳩魯本人的著作，當然更好，但是我們對他的了解已經足以對他有一個全盤的評價。若干年前在赫爾古朗發現了他的一部著作的殘篇，並且印出來了（Epicuri Fragmenta libri II et XI de Natura, illustr. Orellius, Lipsiae, 1818〔伊比鳩魯論自然卷二及卷十一殘篇，奧勒利印，萊比錫一八一八年版〕；翻印拿坡里版）；但是這裡面並沒有多少可學習的事物，只是使我們徒然對它的殘缺不全惋惜而已。關於伊比鳩魯的哲學，我們透過西塞羅、塞克斯圖斯·恩丕里柯、塞內卡和第歐根尼·拉爾修（他用整整一卷書非常詳細的寫他），已經知道得夠多了，而且都陳述得如此清楚，因此對於我們說來，那在赫爾古朗發現的、由奧勒利翻印的伊比鳩魯本人的著作，並沒有提供我們什麼新的說明，也沒有豐富我們的知識。

至於伊比鳩魯學派的哲學，事實上我們絕不可以把它看成是主張一個概念系統的，相反的，它乃是主張表象、主張被了解爲感性存在的感性存在、主張平常的看法的。與斯多噶學派哲學相反，伊比鳩魯把感性存在、感覺當作眞理的基礎和準則。進一步規定感覺怎樣是眞理的準則，他在他的所謂「**準則學**」中有所說明。正如在斯多噶學派那裡一樣，我們首先要講伊比鳩魯如何規定眞理的標準；**其次**講到他的**自然哲學**，最後，**第三**要講到他的**道德學**。

一、準則學

所謂標準，眞正說來，就是伊比鳩魯的邏輯學，他曾經稱他的邏輯學爲準則學；其內容在於規定、辨明那些構成檢驗眞理的尺度的環節。在知識方面，他提出了**三個階段**，

「眞理的標準應當憑這三個階段來規定：這些階段就是一般的感覺，其次是各種預想（προλήψεις），」這是在理論的方面；「然後是感情」，衝動和欲念，這是實踐的方面。[73]

甲、依照伊比鳩魯的說法，標準共有三個環節。知識的三個階段乃是：第一，感覺，〔這是外在的方面；〕第二，πρόληψις（預想）、表象，〔這是內在的方面；〕第三，意見（δόξα）。〔這是兩者的結合。〕[8]

479

（一）**外在的方面**。「感覺是非理性的，沒有理由的，」它是自在自爲的存在，只是一種被給予的東西。「因爲它既不是自己推動自己的，也不是爲另一個事物所推動的，它也不能」從它之爲它「去掉一些什麼或添上一些什麼；」相反地，它就是它那個樣子。「也不能有什麼東西評判它或擯斥（ἐλέγξαι）它。因爲相似的感覺不能判斷相似的感覺」（形狀相同）；「因爲兩者的力量相等，」因此兩者有效的程度相等。因此每一個自爲的感覺必須承認任何一個別的感覺的有效性。「不相似的感覺也不能判斷不相似的感覺；因爲兩者各自是一個不同的東西（οὐ τῶν αὐτῶν κριτικαί），」〔例如〕紅色和藍色〔就各自是一個不同的東西〕。[9]每個東西是一個個別的東西，這是沒錯的。而感覺也確乎就是這樣，每一

73　第歐根尼·拉爾修，第十卷，第三十一節。

[8]　以上三處根據英譯本，第二八一頁增補。——譯者

[9]　根據英譯本，第二八三頁增補。——譯者

個感覺都是一個自爲的感覺；任何一個感覺都不能是另一個感覺的準則、不能是評判另一個感覺的標準。不相似的感覺沒有權利反對另一個感覺；因爲它們全都是自爲的感覺。「一個相異的感覺不能判斷另一個相異的感覺；因爲我們對它們的注意相等。同樣，思維也不能評判感覺；因爲一切思維本身都依據感覺，」感覺是思維的內容。但是感覺可能錯誤。「被感覺到的事物的眞理性，只有憑以下的條件才得到證實，就是：那感覺持續地存在，」那感覺變成了一個固定的基礎，它在不斷的重複出現中證實並繼續證實它自身。「視覺和聽覺，就與痛覺一樣，是一種持續存在的事物。」這個持續存在、重複出現的事物是一個固定的、確定的事物；這是一切我們認爲眞實的事物的基礎。現在，這個持續地存在的感覺被我們所表象；這就是 *πρόληψις*（預想）。「因此那未知的（*τὰ ἄδηλα*，未顯現的，未被感覺到的）事物也可以透過顯現出來的事物（感覺）而得到表達；」也就是說，一個未知的事物可以按照已知感覺的方式來予以表象。至於那不是可以直接感覺的事物，這一點以後著重在物理學中去講。「一切」不被認識的、不可能被感覺的「思想，都是產生於感覺的（由感覺轉變來的），或者是依據感覺突然產生的那種偶然狀態，或者是依據感覺之間的關係、相似和聯結；而在這一過程中，思維也發揮一定的作用。（精神錯亂的人或夢中的那些想像，也都是眞的；因爲它們是動的，而不存在的事物是不動的。）」固定、確實的是感覺；未知的事物，必須由已知的感覺來加以規定和理解。每一個感覺都是自爲的，每一個感覺都是固定、確實的；只要它表現爲一個固定、確實的事物，它就是一個眞實的感覺。[74]我們聽伊比鳩魯說的話，正如我們在日常生活中所聽到的一樣：在凡是我所見所聞的事物中，或者一般地說，在我的感性直觀中，都包含著存在；每一件這樣被感性直觀到的事物，都是自爲的事物。這個紅的就是這個紅的，那個藍的就是那個藍的；這一個並不擯斥、否定另一個：一切都是平等有效的，都是同等的。這些被感覺到的事物是思維本身的材料和內容；思維本身永遠利用著這些圖像。同樣，在聯結這些表象上，思維也發揮著作用；思維是這些表象的形式的聯結。

（二）內在的方面。「預想差不多也就是概念」（內在的事物），「或正確的意見，或思想，或普遍的內涵的思維；也就是對於經常出現的事物的回憶，」——即圖像。「例如：當我說這是一個人時，我就透過預想，立刻認識到他的形象，因爲之前已經有過種種感覺了。」透過這樣的反復出現，預想在我之中就變成了一個固定的表象；這些表象是我們之中的某種確定的、普遍的事物。當然伊比鳩魯學派並沒有把普遍性提高到思維的形式，他們只是說，普遍性的產生，是因爲有某種事物經常出現。這個事物後來透過名稱而被固定下來，於是這個在我們之中像這樣產生的圖像，便取得了一個名稱。「每一個事物都是憑藉

---

74 第歐根尼·拉爾修，第十卷，第三十一—三十二節。

第一次加在它身上的那個名稱而得到它的明確性、明晰性、明瞭性的。」[75]名稱是對於同一性、對於「一個」事物的確認和設定。而明確性，伊比鳩魯稱之為ἐνάργεια的，就正是這樣一種——透過把感性事物歸納在已經掌握的、憑藉名稱而固定的表象之下——對感性事物的再認識。所謂一個表象的明確性，就是我們肯定某一感性事物和那圖像相符。這就是贊同，這種贊同，我們曾經在斯多噶學派那裡看到，是作為思維的同意的，這種同意提供出一個內容：思維把事物當成它自己的事物，把它採納到自己裡面；在斯多噶學派這還只是形式的。在伊比鳩魯這裡，對象的表象的自身同一性，也是作為一種意識中的回憶，不過這個回憶是從感性事物出發的；圖像、表象乃是同意一個感覺的事物。對於對象的再度認識就是理解；不過不是作為被思維的，而是作為被表象的事物。理解屬於回憶、記憶。最高的觀念性的事物是名稱。名稱是一種普遍的事物，它屬於思維，它使雜多的事物成為單純的事物；不過是這樣的：名稱的意義和內容是感性的事物，而且這個意義和內容之所以有效，並非由於它是這個單純的事物，而是由於它是感性的事物。像這樣一來，〔在伊比鳩魯的哲學中，〕所建立的就並不是認識，而是意見了。

（三）最後，意見不是別的，就是我們把我們心中所具有的那個一般的表象（和那個圖像）聯繫到一個對象（一個感覺或直觀）上去；判斷。因為在πρόληψις（預想）中我們已

75 第歐根尼·拉爾修，第十卷，第三十三節。

經設想過那個在直觀中出現的事物；並且根據這個設想，我們說某物是一個人，一棵樹，或者不是。「意見依據於一個在先的明晰的事物，當我們問何以知道這是一個人或者不是一個人時，我們就把一個事物聯繫到這個在先的明晰的事物上了。這種概括 δόξα（意見）或 ὑπόληψις（概念），可以是眞的，也可以是假的：直觀如果藉助那個證據」（預想）「而得到肯定，或者和這個證據不矛盾，便是眞的；否則便是假的。」[76] 也就是說，意見是一個表象，把這個表象，一個事先具有的表象、範型應用在一個當前對象上，然後再查究這個對象，看關於它的表象是否與它相符。如果它的表象得到證實是和範型相符的，意見就是眞的。意見的標準在於感覺，要看感覺重複出現時是否始終如一。這正好完全是常識的看法：當我們具有一個表象時，便必須有某種證據來證明我們看見過這個事物或我們現在看見這個事物。

這是三個非常簡單的環節。從感覺形成一個圖像；圖像是普遍方式的感覺；它在預想之中進行概括，便產生出一個意見，一個 δόξα 我們有許多感覺，例如：藍、酸、甜等等；由這些感覺形成一些普遍的表象，我們具有這些普遍的表象；而如果又有一個對象重新出現於我們之前，於是我們就認識這個圖像是符合於這個對象的。這就是全部的標準。這是一個很瑣碎膚淺的過程；因爲它只是停留在感性意識的最初階上，停留在對一個對象的直觀、直接

76 第歐根尼．拉爾修，第十卷，第三十三—三十四節。

的直觀的階段上。其次的一個階段無疑是：最初的直觀形成一個圖像，一個普遍的事物，然後是把某一當前呈現的對象歸屬於這個普遍的圖像之下。因此在這裡，是從外在的感覺開始的；情緒，內在的感覺則與這種對存在著的、外在的事物的感覺不同。

乙、「情緒」、內在的感覺提供實踐生活的標準。「它們分爲兩類」，有愜意的、不愜意的，有「快樂」（滿足）「和痛苦；快樂是爲感覺者所固有的，」「痛苦則是感覺者以外的，」是消極的。它們是決定我們行爲的事物。這些感覺乃是一些材料，由這些材料形成關於那使我痛苦或快樂的事物的普遍表象（這些普遍表象又同樣是持續存在的預想，意見也同樣是表象之聯繫到感覺上）；我便是根據這些普遍表象來判斷對象、喜好、欲望等等。然後憑著這個意見，做出「做什麼和避免什麼的決定」。[77]這就組成了伊比鳩魯的全部準則學，普遍的眞理標準。它是非常簡單的，不可能有比它更簡單的了，它是抽象的，同時又很瑣碎；它或多或少是在那開始去進行反思的通常意識之內的。這是一些普通的心理表象；它們是完全正確的。我們由感覺造成種種表象，作爲普遍的事物；這樣它就成爲持久的事物。表象本身（在意見中）受感覺的檢驗，證明它們是不是持續存在的、重複出現的事物。這些，總的說來是正確的，但是非常膚淺；這是第一步的開端，是對於那些最初的知覺所進行的表象作用的制式說明。而在這以上，還有另一個完全不同的範圍、完全不同的

[77] 第歐根尼·拉爾修，第十卷，第三十四節。

領域，在這個領域中包含著種種規定；這些規定乃是伊比鳩魯所發揮的這個領域的標準。現在即使懷疑論者們也高談意識；這些說法根本沒有超出伊比鳩魯的這個準則學的範圍。

二、形上學

第二是形上學。我們感覺到事物，這些事物給予我們圖像；這些圖像不是我們的概念，而是表象。我們把這些表象聯繫或應用到事物上，如果這些事物的感覺與事物相合，那麼這些表象就是眞的；否則便是假的。如果感性事物的證據與它們不矛盾，則它們也是眞的；關於那種看不見的事物，它們的表象所具有的便是後面的這一類眞理性。例如理解天文現象就是如此：天文現象我們是不能作比較靠近的觀察的，我們只能看見某一些，但是並不能得到這些現象的全部感性知覺。因此我們把在其他情形下從另外一些感覺所認識的事物應用到這些現象上，因爲在這些現象中所呈現的一種情況，也出現在這種感覺、表象之中。我們是如何達到那種不被感覺的事物表象的呢？看來這是由於思維活動所造成的，這種思維活動從另一個事物引申出這一個事物；下面我們就可以進一步看到，靈魂是怎樣做到這一點的。同時我們把感覺和直觀視爲一種我們和外物之間的關係，並且把它們分開，感覺和直觀是我之中，而有一個對象則是在我之外。現在問題成了：我們是如何取得這個表象的；換句話說，感覺並不就等於表象，它們需要有一個外在的對象。關於那個在我們以外的事物如何達到我們之內的一般客觀方式，我們自身和對象的關係，由這種關係而產生出表象，關於這方面，伊比鳩魯提出了如下的形上學：

他說：「從事物的表面上，發出一種恆定的流，這個流是感覺所覺察不到的」（因爲否則事物就一定要變小了），並且是非常精細的；「這是因爲由於對立物的互相補充，事物本身永遠總是充實的，」（持久的）「並且在固體的事物中這種補充長期地維持著原子之間的同一的秩序和地位」（不變化，不衰退）。「這些自行分解的表面物的運動，在空氣中是特別迅速的，因爲分解下來的事物無須有一個厚度，」無須是某種堅實的事物；它只是平面。伊比鳩魯說：「如果我們注意」（認眞注視一下）「圖像產生怎樣的作用，我們就會看到感覺與這樣一個表象是不矛盾的；圖像把一種符合一致、一種同感從那個外在的事物帶給我們。因此是從外物傳進來一個事物，」（精細的事物）「因而在我們之內有一個事物，和外面的那個事物一樣。」因此這個事物是以思想的方式（透過表面）而進入我們之內的。「正是由於有一個流進入我們之內，所以我們認識到一個感覺中的那個固定的事物，那個固定的事物存在於對象之中，並以這種方式流入我們之內。」[78]這樣去設想感覺，乃是一種非常瑣碎膚淺的方式。關於不被看見的事物，伊比鳩魯所採取的眞理標準，是一個極輕率而現在也是很習見的標準，即：與所見、所聞的事物不矛盾。因爲這樣一些思想中的事物，如原子、表面的分解物，諸如此類，事實上我們並不能看到。誠然我們可以看到和聽到某種別的

---

78 第歐根尼·拉爾修，第十卷，第四十八—四十九節。

事物；但是那被看到的事物，和那被表象、被想像的事物，兩者之間是有距離的。既然把兩者分開，那就不會有矛盾了；因爲矛盾要在關係中才發生。

伊比鳩魯進而說：「**錯誤**的產生，是由於透過我們自身之中作用於被引起的表象的運動，發生了這樣一種變化，以致」感覺成爲不純粹的感覺，因而「表象不能再成爲感覺的證據。例如：我們在看畫的時候、在做夢的時候，或者在任何其他並無可供我們知覺的事物存在的情況之下，所得到那些表象就既沒有什麼眞理性，也沒有什麼相似性可言。如果不是我們在自身之中感覺到另一個運動，而這個運動雖然和那個表象進入我們之內是相應的，並且是相適合的，但是同時卻包含著一個**中斷**，那麼，也就沒有什麼非眞理性可言。」錯誤不是別的，只是我們之中的圖像的顚倒錯亂。「錯誤不是產生於運動，而是產生於我們在運動中造成了一個中斷，表象受到一個中斷。」[79]因此，他講到一種運動，這種運動是我們在自身之中開始的，同時也是表象的流入的一個中斷。這一種獨特的運動，伊比鳩魯稱之爲一種中斷；至於這個運動是怎麼來的，下面將詳細地講到。**伊比鳩魯**的認識論歸結起來便只是這樣一些十分貧乏的章節；其中有些部分講得很晦澀，也可能是第歐根尼．拉爾修摘錄得不很高明；不可能有比這更貧乏的認識論了。認識，從思維方面說，只是某一種造成一種中斷的、獨特的運動。上面我們曾經把事物稱爲充實的事物，這種充實的事物，伊比鳩魯把它

79 第歐根尼．拉爾修，第十卷，第五十—五十一節。

視爲一堆原子。和原子相對的另一個環節是虛空、中斷、孔隙，否定的事物也是肯定的，靈魂；當原子的流爲虛空所中斷時，才有可能阻斷這個流。伊比鳩魯只是達到了這種否定性；我們看到一個東西，又從這個東西看出去，就是說，我們打斷了那個流。至於這個產生中斷作用的運動本身是什麼，伊比鳩魯就無所知了。這個中斷（透過我們、思維而造成的）是和伊比鳩魯的那些其他的學說相聯繫的。要更詳細地說明這種獨特的運動，這種中斷，必須更進一步回溯到伊比鳩魯體系本身，或者說他的體系的基礎。

普遍的形上學。伊比鳩魯進一步說明原子本身；但是他的學說並沒有超出留基伯和德謨克利特的範圍。伊比鳩魯的本質，事物的眞理，和留基伯與德謨克利特一樣，乃是**原子與虛空**。原子是有形體的自在之物；虛空是運動的原則，一般說來是他的否定原則，這個否定原則在他的學說中是必須出現的。「原子除了形象、重量和大小外，沒有任何屬性。」原子作爲原子，必須永遠是無規定的；可是原子論者卻不得不陷入矛盾，給予原子以各種屬性，量的方面如大小和形象、質的方面如重量。重量還可以是抽象的、自爲的事物；但是形象、大小卻不再是原子。那本身絕不可分的事物既不能有形象，也不能有大小；甚至重量、引向另一個事物的傾向性，也是和原子的斥力相反的。「凡是屬性都可以變化；但是原子是不變化的。在各種結合物的分解中，必定有一個固定的、不分解的東西存留著，這個東西，任何變化都不能使它化爲烏有，也不能使它從無變爲有。這個不變的東西具有若干體積和形象，而屬性則是原子與原子之間的某種一定的關係。」[80]可觸性，我們在亞里斯多德[81]那裡已經看到被當作各種屬性的基礎；有一種區別，過去以各種不同的方式被做出，並且將來還會一直做下去，乃是一種慣常會出現的區別，即：基本屬性——重量、形象、大小——與派生的或感性的屬性之間的對立，後者只是就它與我們的關係說的。這一點常常被了解爲：好像重量是在事物之中，而其他的屬性則只是存在於我們的感官裡；但是，一般而言，前者乃是自在的事物的環節，或者說是它的抽象的本質，而後者卻是它的具體的本質，表明它和另一個事物的關係。

現在主要的問題是要指出本質、原子和感性現象的關係。但是在這一點上，伊比鳩魯漂泊在一些什麼也不能說明的不定的說法中。在這裡有一個衝擊，必須讓那抽象的自在之物過渡到現象中，必須讓本質過渡到否定的方面去；關於這一點，伊比鳩魯和其他自然哲學家一樣，我們在他那裡看不到別的，只看到他把概念、抽象和實在毫無意識地紛然雜陳在一起。一切特殊的形象、一切事物、對象、光、顏色等等，甚至靈魂，都不是別的，只是這些原子的某種一定的安排、排列。這一點洛克也是這樣說的。作爲基礎的東西是分子（molécules），分子排列在空間中。這些都是空話。屬性，照這樣的說法，乃是原子與原

80　第歐根尼．拉爾修，第十卷，第五十四—五十五節。

81　見本書第二卷，邊碼 366-367。

子之間的某些特定的關係；因此，現在也就當然可以說：一個結晶體是部分之間的某一特定的排列，這個排列提供了這樣一個形象。關於這種原子之間的關係，我們不值得花費力氣去講它；這是一種完全形式的說法。伊比鳩魯[82]把形象和大小歸之於原子，但是又認為「形象和大小，就其屬於原子而言，不同於它們在事物之中所表現的。兩者並不是完全不相似；而是其中之一，即自在地存在的大小，和那表現出來的大小有某種共同之處。後者是在轉化消逝中的，變化著的；前者沒有互相斷隔的部分，」沒有否定性的事物。

這種中斷是和原子相對的另一面，虛空。上面我們看到：思維的運動是這樣一種運動，它具有中斷（思維在人之中，正如原子和虛空之在事物裡一樣，是人的內在的事物）；也就是說，原子和虛空同樣屬於思維的運動，或者說，原子和虛空之於思維運動，就像自在的事物一樣。因此思維的運動是靈魂的原子固有的；因此在思維運動中會發生一種中斷，以對抗那從外面流進來的原子。因此在這裡面，除掉那一般的肯定與否定的原則以外，並看不到其他的事物；所以思維也就同樣具有著一個否定的原則，即中斷的環節。這個伊比鳩魯體系的基本原則，再進一步應用和發揮到事物的區別上，就成為人們所能想像出來的最任意，因而也最無聊的事物。

原子有不同的形象、不同的運動；從這些原始的不同更產生出各種派生的不同，後者稱

82 第歐根尼·拉爾修，第十卷，第五十五—五十八節。

爲屬性。至於原始的形象和大小，或者說，原子的形象和大小究竟如何產生的，他的說法只是一種任意的虛構。由於重量，原子也具有一種運動；但是這種運動的方向稍稍離開直線。伊比鳩魯認爲原子有曲線運動，因此它們可以相撞等等。[83]這樣一來，便產生了特殊的集合、組成；這就是事物。不同的物理屬性、味道、香氣，以分子的不同排列爲基礎。但是在後者與前者之間並沒有一座橋梁；或者可以說，有的只是一句重複的空話：各部分的安排和結合正是這樣，就像所必需的那樣，所以它們的現象成爲這樣的現象。但是對如此構造起來的那些原子的所做的規定，卻是一種極端任意的虛構。至於向具體現象、具體物體的過渡，伊比鳩魯或者根本不講，或者講到一些十分空疏、貧乏的事物。我們聽人說到伊比鳩魯的哲學時，在別的方面尚不無好評；因此我們有必要再對它進一步的考察。

既然這種分崩離析的事物和虛空是本質，那就可以直接得出結論：伊比鳩魯否認原子的統一和聯繫在普遍的目的意義下自在地存在著。一切我們稱之爲形構和組織（有機體）的，或者一般說，那自然目的的統一，在伊比鳩魯看來都屬於屬性，都屬於原子的結合，因此這種結合只是偶然的，是透過原子的偶然運動而產生的。伊比鳩魯以重量爲原子的基本性質，但是他不讓原子做直線的運動，而是使它沿著一種從直線稍稍偏出的曲線而運動；這樣

83 第歐根尼·拉爾修，第十卷，第四十三—四十四、六十—六十一節；西塞羅，《論命運》，第十章；《論目的》，第一卷，第六章；普魯塔克，《論靈魂的產生及「蒂邁歐篇」》，第一〇一五頁。

原子便在曲線上相撞，並造成一種只是表面的、對於原子來說並不是本質的統一。換句話說，伊比鳩魯一般地否認概念和普遍的事物是本質。一切產生都是偶然的結合，這些結合又都偶然地分解。因爲那被分割開的事物是第一性的、眞實地存在的事物；而偶然性則是這種結合的法則。而偶然既是支配一切的事物，因此一切目的性以至世界的整個最終目的也就一起消失了。伊比鳩魯舉一個極不相干的例子來證明這一點，說：例如蠕蟲就是透過太陽的溫暖而從泥土中偶然生出的。把蠕蟲作爲一個整體看，就它對他物的關係說，誠然可以說它是偶然的；但是它的自在之物、概念、本質現在卻是一個有機的事物，問題就在於理解這個有機的事物。伊比鳩魯不承認思想是一個自在的存在，他沒有想到他的原子本身便具有這種思想的事物的性質，它是這樣一種存在，不是直接的，而是本質上透過中介的、否定的，或者說普遍的；這是伊比鳩魯的根本的和唯一的矛盾，也是經驗主義者的全部矛盾。相反，斯多噶學派把被思維的事物，把普遍的事物當作本質，但是也同樣不能達到存在和內容；而是以更矛盾的方式去處理這個問題。

這就是伊比鳩魯的形上學；他的形上學的其他方面並沒有什麼意義。

三、物理學

自然哲學是建立在這個基礎上的；不過這裡面有一個有趣的方面，因爲眞正說來它今天依然還是我們的方法。伊比鳩魯之所以反對世界有一個普遍的目的，否定有機體本身有任何目的關係、目的性，更否認那些認為世界之中存在著一位創世主的智慧，否認創世主統治世界等等目的論的觀念，這是很容易理解的，因為他取消了統一，不管對這個統一是怎麼了解的，把它了解成一個存在於自然自身之內的目的也好，或把它了解成一個存在於另一個事物裡面對自然產生作用的目的也好。世界的最終目的，創世主的智慧，是斯多噶學派所接受的，目的論的看法，在斯多噶學派中間是很發達的，而這些在伊比鳩魯那裡都不存在；一切都是透過原子種種形象的偶然的、外在的湊合而產生的事項。一切相互關係的結合的原則乃是**偶然性**，乃是外在的必然性。

他關於自然界各個個別方面的那些思想，本身很可憐，是一種各式各樣觀念的、無思想的混合，因此完全是一些**可有可無**的思想。伊比鳩魯自然觀的詳細原則，就在我們前面已經看到過的那些學說裡面。這就是許多知覺相互結合而成為一個固定的想像：透過感覺，我們具有若干普遍的表象、圖像、關於相互結合的表象；意見就是把這樣一些知覺聯繫到這些已有的圖像上。伊比鳩魯然後更進一步說明，人們如何必須在表象中處理我們所不能直接感覺的事物。我們已經具有的這些表象、預想，我們把它們應用到某個事物上，這個事物我們對它是不能有精確的感覺的，但是它與那些表象、預想有某種共同之處。這樣，我們就有可能根據這樣一些圖像去把握未知的、不能直接被感覺的事物：也就是說，我們從已知的事物推到未知的事物。這就是說，伊比鳩魯[84]把類比法當作自然觀的原則，或者說把所謂說明當作自然觀的原則；這個原則甚至今天在自然科學裡還在繼續使用。我們具有某些特定的表象，不是由感覺得來的事物，我們便透過這些表象加以規定；這是近代物理學的一般原則。人們有所經驗、有所觀察；這些是感覺，這些感覺我們就輕輕帶過去了，因爲我們立即就講到從那些感覺所產生的表象。這樣我們就進到普遍的表象；這就是各種規律、力量、存在方式。因此電、磁等等是以經驗、感覺爲基礎的；然後我們又把這些普遍的表象應用到那些本身不能直接被感覺的對象和作用上。因此我們是根據類比來判斷這些對象和作用的。例如：我們知道神經以及它和腦的聯繫；我們說，爲了感覺，從指尖到大腦有一種傳播作用。可是我們應該如何去設想這個作用呢？我們無法觀察它。透過解剖我們誠然可以揭示神經，但是並不能揭示神經的活動方式；這種活動的方式我們是根據類比、根據類似的傳播現象去設想的，例如一根繩索的振動，這種振動振盪神經直達大腦。又如一種大家熟知的，特別表現在一串彈子的現象，當我們把許多彈子緊密排成一行並打擊第一顆彈子時，最後一顆彈子便滾出去，而中間的那些彈子這時很少表現運動：由此我們設想，神經是由一些很小的小球組成的，這些小球即使用最強的放大鏡也看不見，而每當被觸及或受其他作用的時候，最後的一顆小球便立即躍出去碰擊靈魂。因此我們把光設想成線、射線，或者設想成乙

84 第歐根尼．拉爾修，第十卷，第七十二節。

太的波動，或者設想成有衝擊力的乙太小球。這完全是伊比鳩魯的類比法的方式。或者我們說：閃電是一種電的現象。在電氣中我們看到一種火花，閃電也是一種火花；透過這兩者的共同點，我們推斷到兩者的類似。

而關於這一點，伊比鳩魯是頗不嚴格的。他說：「我們不能親身觀察的事物，我們就根據類比來把握；但是這種事物可以和許多別的表象有共同之點。因此可以有各種不同的表象——當然是任意地——應用到這種事物之上；不可以斷定某一種方式，是可以有各種不同的方式的。」[85]伊比鳩魯說：例如：月亮發光，因此我們看見它；但是我們對它不能有更貼近的經驗。「月亮可以具有它本身的光，也可以是具有從太陽借來的光；因爲同樣在地上我們也可以看到許多事物，是『憑本身的光（火焰）』自己發光的，也有許多事物，是『借分得的光，』被其他事物所照耀的。因此並不妨礙我們可以根據許多不同的回憶來考察天體，並按照這些不同的回憶來做出假設和尋找原因。」我們看到伊比鳩魯處處使用他所喜愛的類比方法；回憶就是預想，就是我們所經驗到的事物的表象，這些表象我們又在類似的現象中重新予以應用。「因此下弦月和上弦月同樣是」我們不能直接觀察的；而根據類比，這可以是「由於這一星體的運行而產生的，或者是由於」每當雲氣發生不同的變化以後，「空氣的不同形構而造成的」，「或者是由於增加和減少而造成的，總而言之，凡是在我們這裡

---

[85] 第歐根尼·拉爾修，第十卷，第七十八—八十、八十六—八十七節。

呈現的事物，都可以用一切方式表現出這樣一些形象，」在地上我們便看到大的事物會變小等等。「因爲我們可以選擇其中的一種方式而放棄其他的方式；」這裡伊比鳩魯表現得很公平、很寬容。伊比鳩魯在這裡，把凡是我們在感性對象的關係中所見到的一切表象，都加以應用了；他在這一方面說了一堆冗長的空洞的話，這些空話炫人耳目，但是認眞去考察一下，便消失不見。因此在他那裡就可以看到摩擦、相撞之類的玩意兒。例如閃電便可以比附我們平常所見的火的產生來加以判斷。「因此閃電就可以透過一大堆可能的表象而得到說明；例如由於雲的摩擦和相撞而從其中迸出火的形構來，於是產生閃電；」閃電是一系列的原子。我們同樣說：摩擦生火、生火花；這個道理我們也把它應用在雲上。「或者，閃電的產生也可以是由於一種由風狀物體從雲裡衝出，是這種風狀物體造成閃電，是由於雲層相壓或被風力所壓時所發生的一種擠出作用」等等。順帶一提，在斯多噶學派那裡，情形也沒多好。感性表象的應用，根據類比所作的假想，往往被稱爲理解或說明；事實上，在這樣的做法裡，並沒有絲毫思想或理解的氣息。「因此一個人也可能在這些方式中選擇了某一種而放棄了其他的方式，卻並沒有去考慮什麼是人所可能認識的，而什麼是人所不可能認識的，從而力圖去認識那不可能的事物。」[86]

這正是和我們的物理學相同的類比方法：也就是說感性圖像在類似的事物上的應用、推

86　第歐根尼·拉爾修，第十卷，第九十三—九十七、一〇一節。

移，並且就把這當作是理由，當作是對於原因的認識，因爲感性圖像在這樣一種對象上的應用，並不能透過證據而得到證實，我們不可能擁有直接的感覺。因此就只能像諺語所說的那樣：可以是這樣，也可以是那樣。斯多噶學派的那種從思想中推出原因的方法，始終受到排斥。在有機體的物理學中就是這樣。一切都依靠神經。在一些緊張的弦索上，我們看到，當我們敲擊一根弦索時，振動便傳到所有的弦索，因此神經也可能是許多緊張的弦索；或是許多彈子，一個彈子被打擊，它便打擊在它之後整行中的其他彈子。因此一個人如果是物理學家，就大可不必對伊比鳩魯的觀點板起面孔。有一種情況，也許使我們一見之下吃驚的，就是他對於物體之間的相互關係缺乏觀察、缺乏經驗；不過他的要點、原則和我們一般自然科學的原則並無二致。人們曾對伊比鳩魯的這種方法多所攻擊，表示輕蔑不滿；但是從這一方面說，人們並不應當對它引以爲恥，因爲它一直還是我們近代自然科學以之爲根據的方法。伊比鳩魯所說的，並不比近代人所說的更壞些：例如由於雲的摩擦而產生電，就像玻璃與絲綢摩擦時那樣；因爲雲既並不是什麼堅硬的物體，而電也毋寧爲溼氣所散發。因此在這裡，我們的觀念和伊比鳩魯的一樣空洞。

在伊比鳩魯那裡，[87]主要之點在於他強調：正是因爲缺乏證據，因此我們不應該執著於某一個類比；重視這一點用意還是好的。而在其他方面，伊比鳩魯的態度就更是不認眞

87　第歐根尼·拉爾修，第十卷，第一一三—一一四節。

了：如果一個人採取這一種可能，另一個人採取另一種可能，他便稱讚第二個人聰明；這裡似乎沒有任何必然性。這種方法是毫無概念的方法，它所達到的只是一些普遍的表象。伊比鳩魯的說明方式，從這一方面起，是與斯多噶學派完全對立的。我們常常聽說伊比鳩魯的物理學有它的優點。如果物理學被認爲是這樣一種學問，一方面關係到直接的經驗，另一方面，在不能直接經驗的事物方面，關係到如何根據未經驗和已經驗的事物之間的相似（類比），而應用直接經驗於不能直接經驗的事物，那麼，事實上伊比鳩魯如果不是創始者的話，可以被認爲是這種方法的主要宣揚者，並且無疑是這樣一個人，他斷言這種方法也就是知識。關於（伊比鳩魯哲學的）這一種方法，一般地應當說，它也同樣具有一個方面，使它具有一定的價值。亞里斯多德和古代的哲學家們，在自然哲學中是先驗地從普遍的思想出發的，並從思想中發展出概念來；這是一個方面。而另外還有一個必要的方面，則是使經驗上升而成爲普遍，找出各種規律；這也就是說，從抽象的理念中得出的事物，與那由經驗和觀察所準備起來的普遍的表象相會合。例如先驗的成分，在亞里斯多德那裡就是非常出色的，但是並不充分，因爲在亞里斯多德那裡就缺少與經驗、觀察相結合、聯繫的這一方面。這個從特殊到普遍的回溯，也就是去發現種種規律、自然力等等的過程。因此我們可以說，伊比鳩魯是經驗自然科學、經驗心理學的創始人。和斯多噶學派所謂的目的、理智的概念等等相反的是經驗，是感性的現實。在斯多噶學派那裡是抽象的、局限的理智，本身並沒有眞理，因此也沒有自然的現實性和眞實性；在伊比鳩魯這裡——則是比那些假設更爲眞實的自然的感覺。

伊比鳩魯的哲學，就它被用來反對任意地捏造事物的原因這一點說，它在它的時代發揮了自然法則等等知識的興起在近代世界所發揮的同一的作用。在後世，人們愈是認識各種自然法則，迷信、奇蹟、占星術等等也就愈是銷聲匿跡；所有這一切都由於自然法則的認識而黯然失色了。在伊比鳩魯那裡，採取的方法主要具有反對占星術等等**無思想的迷信的傾向**，這種思想方法也同樣不是理性的，並不是在思想中，而是也同樣在表象中的，不過乾脆是虛構，或者可以說，是說謊。與此相反，伊比鳩魯的那種方法，如果就表象而不就思維來說，是合乎眞理的，它只依據那些看見的、聽見的、呈現於精神之前、而對精神不陌生的事物，而不談那種據說應當如此、據說應當被看見、被聽見，但是卻並不能被看見並不能被聽見的事物，因爲這些事物只是虛構的。因此，伊比鳩魯哲學對它的時代所產生的影響是：它反對了希臘、羅馬人的各種迷信，使人們超出了這一類迷信。[88]所有這一類的胡說八道，如同鳥向左或向右飛、兔子橫穿道路，根據動物的臟腑，或是根據雞是否活潑決定人的行動等等，這一切迷信都被伊比鳩魯的哲學所粉碎，因爲它只承認那種根據預想透過感覺而證實的事物；尤其是那些完全否定超感性事物的思想，是從伊比鳩魯哲學而來的。

他的物理學以驅除占星術的迷信和對神靈的恐懼而聞名；它啟發了對於物理的事物的**開明**的解釋。迷信是從直接的現象立即過渡到神、天使、精靈；也就是說，它期待有限的事物

88　西塞羅，《論神靈的本性》，第一卷，第三十節。

產生異於環境所許可的結果，期待發生一種更高的方式下的事項。這種看法是伊比鳩魯的物理學所根本反對的，因爲在有限事物的範圍內它謹守有限事物；它只接受有限的原因。始終不逾越有限事物的範圍，這就是所謂的開明的解釋。它在另一個有限的事物中，在各種條件中尋求聯繫，而這些條件本身又是有條件的（迷信則正確或不正確地一下就過渡到更高的事物上）；但是，這種方式儘管在有條件的事物的範圍內是正確的，在其他的範圍中卻不是這樣。如果我說電是從上帝那裡來的，我說的就既是正確而又不正確。我詢問一個和這有限事物同一範圍之內的原因。如果我說出上帝來作爲答覆，這樣就是說得太多。上帝是一切事物的原因，而我要知道的是這一個現象的特定的原因和特定的聯繫；上帝這個答覆適合於一切事物。而另一方面，在前一個範圍內，即使概念，也已經是一種過高的事物；因此，我們在哲學家們那裡見到的那種高一層的考察方式，也就完全被砍掉。迷信是破除了，但是一種植根於其自身之內的聯繫以及那理想的世界也就一同被去掉了。

屬於他的自然哲學的還有他的**靈魂**的學說。說到靈魂的本性，伊比鳩魯同樣把靈魂當作一個事物，正如我們現代的假設把它當成神經纖維、繃緊的弦子或者一串小球一樣。「靈魂由一些最精緻、最渾圓的原子構成，不過與火還是完全不同，」——「它是一種精緻的精神，這種精神分布在身體的整個積聚物中，並且分享著體溫。」（伊比鳩魯因此只建立一種量的區別：這些最精緻的原子爲一批較粗糙的原子所包圍，並且透過這一個更大的積聚物擴展著。）——「不具理性的部分」（生命原則）「分布在軀體中，自覺的部分（*τὸ λογικον*）則分布在胸膛裡，這一點從喜樂和憂愁就可以覺察得出來。」——「靈魂由於它的部分的精微性，在它之中有許多變化，這些部分可以很快地運動；它與這一積聚物的其餘部分有所感應（συμπαθὶς），這是我們從思想、情緒等等中可以看到的：我們的靈魂被剝奪，我們就死亡。但是靈魂從它這一面說，也同樣在感覺中起著極大的作用；但是靈魂不能產生感覺，如果它不被這個積聚物的其他部分」（其他身體部分）「在以某種方式所覆蓋的話，」——這是完全沒有思想的說法。「因此，爲靈魂提供（感覺）原則的這個積聚物的其餘部分，在它那一方面，也分享這種狀態，」（感覺）「但並不是分享靈魂所具有的一切；因此，當靈魂逃走的時候，它也就沒有感覺。積聚物本身並不具有這種力量，而是那另一個和它結合在一起的事物給它這種力量；而感覺的運動是透過那共同的流和共同的感應而產生的。」[89]對於這樣一些看法沒有什麼可說。外在的事物的圖像與我們的感官的會合的中斷，上面說過是錯誤的根源，這種中斷的根據就在於靈魂是由獨特的原子構成的，而原子與原子之間又爲虛空所分隔。我們不想再糾纏在這些無謂的事物上了，這是些空話。對於伊比鳩魯的哲學思想我們不能有什麼敬意，毋寧說這些根本不是什麼思想。

四、道德學（精神哲學）

伊比鳩魯的道德學是他的學說中最受人非難（因而最有興趣）的部分；不過也可以說，

89 第歐根尼·拉爾修，第十卷，第六十三、六十四—六十六節。

這是他的學說中的最好的部分。誠然他描述了靈魂、精神，但是這些並沒有很大意義；這是用類比法推論出來而和他的原子的形上學結合在一起的。我們的靈魂的理性部分是一堆精緻的原子的積聚，這些原子在這個積聚中只有透過感覺才獲得一種力量、一種活動性，也就是說只有透過相互感應、透過那種由外在原子流入這個積聚而產生的共同性才獲得的；這是一個淺薄的、無意義的學說，它不足以引起我們多加注意。伊比鳩魯的**實踐**哲學的目的，和斯多噶學派哲學一樣，在於自我意識的個別性；因此他的道德學也是懷著同一目的，就是精神的安然不動，說得更確切一點，就是一種圓滿無虧的、純粹的自我享受。

如果我們考察伊比鳩魯道德學的**抽象原則**，我們的判斷只能說它很不高明。如果感覺、愉快和不愉快可以作爲衡量正義、善良、眞實的標準，可以作爲衡量什麼應當是人生的目的的標準，那麼，眞正說來，道德學就被取消，或者說，道德的原則事實上也就成了一個不道德的原則了；我們相信，如果這樣，一切任意妄爲將都可以通行無阻。如果說現在有人肯定感覺是行爲的根據（「因爲我覺得我心裡有這個衝動，所以這個衝動是正當的」），這就正是伊比鳩魯主義。每個人都可以有不同的感覺，同是一個人，在不同的時候也可以有不同的感覺；因此在伊比鳩魯那裡，個體的行爲完全可以聽從他的主觀來自由決定。但是有一點很重要，必須加以注意：如果說伊比鳩魯把目的定爲快樂，那這只是就享受這個快樂乃是哲學的後果而言。如果一個人只是一個沒有思想的、放蕩的人，只是毫無理智地沉溺在享樂之中，過著放縱的生活，絕不可以說他是一個伊比鳩魯的信徒，也不可以設想伊比鳩魯的生活目的在這裡就已經得到了實現。前面我們曾經指出，儘管一方面感覺被當成原則，但是仍然與λόγος、理性、理智、思想結合在一起，所有這些名稱現在還用不著加以區別。在伊比鳩魯[90]就有這樣一種情形，就是：一方面他把善的標準規定爲快樂，同時他要求一種思維的涵養（一種具有高度修養的自覺），用以考量快樂，看它是否和更大的不愉快結合在一起，並以此爲根據，對它做出正確的判斷。由於λόγος，由於思維的涵養、由於理性的考慮、由於考量快樂的後果，於是開始反省到：有些事物雖然當下是令人愉快的，可是卻會產生惡劣的後果；[91]正是這種反省曾使人們放棄了很多種享樂。只有從全體來看個別的快樂：「謹慎是最高的善」，這種善只有透過哲學才能得到；謹慎恰恰不是直接的，而是在對全體的關係中。「沒有謹慎、美德和正義，我們就不可能幸福地生活。」[92]但是另一方面，伊比鳩魯學派既把享受當作原則，同時也把福祉、精神的歡暢當作原則；因此這種福祉就應當以這樣一種方式去尋求，使它成爲一個擺脫了外在的偶然性、擺脫了感覺的偶然性的獨立的事物。所以，伊比鳩魯學派的目的和斯多噶學派是相同的。伊比鳩魯又以一種哲人境界、一種ἀταραξία（不動心）、一種擺脫了恐懼和欲望的精神自持和平靜爲目的。因此伊比鳩魯[93]爲了

90 第歐根尼·拉爾修，第十卷，第一四四節。
91 第歐根尼·拉爾修，第十卷，第一四一節。
92 第歐根尼·拉爾修，第十卷，第一三二節。
93 第歐根尼·拉爾修，第十卷，第一四二—一四三節。

這一點（爲了擺脫迷信），也特別需要物理科學，以求擺脫一切使人極度地不安的意見：如關於神靈、神靈的懲罰，特別是關於死亡的意見，[94]死亡並不是什麼壞事，因爲它只是一種單純的欠缺，並不是什麼正面的事物。人們以爲自己的本質在某種特定的事物之中，懷著種種恐懼和想像，哲人則擺脫了這一切恐懼和想像，僅僅追求作爲普遍的事物的快樂，僅僅把這種快樂當成正面的事物；這裡，普遍與特殊相會合；或者說，特殊被提高成爲普遍，特殊只是在整體中被考察的特殊。因此才有這樣的情形——由於伊比鳩魯物質的方式（或者說在內容上）把個別當成原則，相反地他就在另一方面要求思維的普遍——從而他的哲學與斯多噶學派哲學相一致。伊比鳩魯用來刻畫哲人的那些特性（都是一些消極的），和斯多噶學派正是一樣的。

如果我們抽象地去考察原則，那麼，一方面是普遍的事物——思維，另一方面是個別的事物——感覺；這兩個原則是絕對地互相對立的。但是，感覺並不是伊比鳩魯學派的全部原則，他們的原則是透過理性而取得，並且只有透過理性去取得的福祉；所以這兩個原則具有同一的目的。第歐根尼．拉爾修[95]講到這個觀點時引證說：「寧可有理性而不幸，不願無理性而幸運。因爲我們在行動中寧可失去幸福的寵遇，但不能不正確地判斷事物」——也就

94　第歐根尼．拉爾修，第十卷，第一二五節。

95　第歐根尼．拉爾修，第十卷，第一三五節。

是說，在行動中正確地判斷，要勝過受幸福的偏愛；也就是說，正確的判斷乃是首要的事物。「日夜記掛在心的是：」——遵從理性，正確地判斷。「不要因爲任何事物而讓你失去靈魂的安寧，這樣你就會像一個神一樣生活在人間；因爲生活在不死的（不朽的）善裡面的人和一個有死的生物沒有絲毫共同之處。」

塞內卡是以一個堅決、褊狹的斯多噶學派著稱的；他也站到伊比鳩魯學派這一邊來說話。在塞內卡那裡，有一條無可爭辯的關於伊比鳩魯道德學的**證據**。塞內卡在他的作品《論幸福的生活》中說：「然而我的見解是（並且我的說法和我的許多同鄉正相反）：伊比鳩魯的道德誡命規定了一種神聖而又嚴正的生活，並且，如果仔細加以考察的話，甚至可以說是一種悲哀的生活。因爲那樣的享樂只適合於某一點極有限、極貧乏的事物。我們爲德行所制定的那個法則，他把它說成是快樂。他要求它順乎自然；但是由自然享受的卻只有極少的一點點快樂。」一個伊比鳩魯主義者，如果他恪守伊比鳩魯的告誡，和一個斯多噶主義者的生活方式沒有什麼兩樣。「如果一個人過一種懶惰、饕餮、淫蕩的生活，卻把這種生活稱爲幸福」，並且把它稱爲伊比鳩魯主義（從而以伊比鳩魯爲自己的護符），「那他只是爲一件壞事尋找一個好的權威，並不是追求一種他從伊比鳩魯聽來的快樂，而是追求某些他自己提出來的事物。」[96]「這些人只是企圖把自己的壞事掩蓋在哲學的外衣之下；因爲伊比鳩魯的快

96 塞內卡，《論幸福的生活》，第十三章。

樂是節制的、淡泊的。」並且，被加在一件壞事上的也正是這個「名字」（因爲有很多人是「憑著這個名字去做那壞事的」）。「他們只是爲自己的放蕩尋找一個藉口、一種托詞、一個名義，」如果他們把這種生活稱之爲伊比鳩魯的哲學的話。[97]因此如果把快樂當成原則，理性和涵養就必須時刻保持警覺；並且，凡是有快樂的地方就會有一種考量，例如考量一種快樂是否與危險、恐怖、憂愁等等不快樂的事物結合在一起。這樣一來，能夠產生純粹的、乾淨的快樂的事物就變得很少了。保持心境寧靜，這是伊比鳩魯的原則；這條原則也正包含著：放棄那種以及那許多種一方面使人快樂，但是另一方面支配著人的事物，自由、輕快、恬靜、沒有不安、沒有欲望地生活著。

昔蘭尼學派比較把快樂看作一個個別的事物，而伊比鳩魯則把它當成一種方法：「沒有痛苦就是快樂」；沒有中間狀態。[98]起初我們也許以爲，昔蘭尼學派所抱持的原則與伊比鳩魯學派是一樣的。但是第歐根尼·拉爾修提出這樣的區別：「昔蘭尼學派並不認爲安靜中的快樂（τὴν ἡδονήν，τὴν καταστηματικήν，constitutivam）也是快樂，而只承認運動中的快樂，」或者說認爲快樂是一種積極的事物，也就是說，在享受一種快樂中，必須有一種令人愉快的事物；「與此相反，伊比鳩魯兩種都承認，既承認肉體的快樂，也承認心靈的

97　塞內卡，《論幸福的生活》，第十二章。
98　第歐根尼·拉爾修，第十卷，第一三九節。

快樂。」伊比鳩魯一方面也同樣把積極的享樂方式與使人愉快的感覺聯繫在一起，但是另一方面在他的原則中也有安靜中的快樂；這種快樂是消極的快樂，是一種內在的滿足，精神的安於自身。「伊比鳩魯說：脫離恐懼和欲望（ἀταραξία），不感到沉重（ἀπονία），乃是最高的快樂（καταστηματηκαὶ ἡδοναί），」擺脫憂慮和辛勞，無所記掛，不執著於任何事情，丟掉我們可能遭遇的危險。感官的享受，「愉快，喜悅」（χαρὰ δεὐφροσύνη，laetitia）、激情「乃是僅僅追求運動的快樂（κατὰ κίνησιν ἐνεργείᾳ βλέπονται）。」[99] 昔蘭尼學派正是把他們的原則建立在這上面。伊比鳩魯把兩種都建立爲原則，但是把前一種看成主要的。「此外，昔蘭尼學派把肉體的痛苦看成比靈魂的痛苦更壞；但是伊比鳩魯的看法則相反。」[100]

伊比鳩魯關於道德方面的主要學說包含在一封給美諾寇的信裡，這封信由第歐根尼·拉爾修保存下來了。他在一些地方以以下的方式表示：「既不應當在年輕的時候耽擱（μελλέτω，延遲）哲學研究，也不應當在年老的時候對它厭倦。因爲一個人要使自己的精神健康，絕不會有時機未到（ἄωρος）或時機已過（πάρωρος）——既不會有過早，也不會有過晚——的問題。應當努力去尋求生活幸福之道，」這是要透過思想、透過哲學去認識，

99 第歐根尼·拉爾修，第十卷，第一三六節。

100 第歐根尼·拉爾修，第十卷，第一三七節。

去體驗的。「下面是他的要點：」[101]

「**首先**，要肯定**神**是一個不滅的（ἄφθαρτον）和幸福的生物，像一般關於神的信仰所承認的那樣；並且要肯定神不缺乏永恆性和幸福。而神靈是存在的，關於神靈的知識是明白的（ἐναργής）。無神的人（ἀσεβής）並不是否認或拋棄多數人（τῶν πολλῶν）的神靈的人，而是以多數人的意見加之於神靈的人」：無神的人是接受群氓關於神靈的俗見的人。[102] 這種神性所指的不是什麼別的，就是一般的普遍性。一三九節一開頭就說：「幸福的和永恆的事物，本身既沒有煩勞，也不使別人煩勞。因此它既不會有憤怒，也不會有寵愛的干擾；因為這一類的事只有在弱者才會發生。在別處他又說，神靈可以透過理性去認識。」伊比鳩魯說，「神靈有一部分（有一些）在於**數目**，」——像**數目**、是數目；也就是說，完全抽離了感性的、可見的事物，是感性的事物裡的抽象的事物。當我們說最高的實體時，我們以為大大地超過了伊比鳩魯的哲學，可是事實上並沒有超過多少。因此神靈有一部分像數目，「有一部分（另外一些）則是達於完善之境的人形的事物」（以人的方式達於完善之境的），「它的產生，是由於那些相似的圖像連續地匯流在同一個事物上，造成了圖像的相似」，我們接受了這些圖像——我們心中的完全普遍的圖像。這些事物就是神靈；他們在我

---

101 第歐根尼．拉爾修，第十卷，第一二三—一二三節。

102 第歐根尼．拉爾修，第十卷，第一二三節。

們的睡夢中個別地落到我們身上。[103]這一個普遍的圖像，一個具體的，並且表現爲人形的事物，也就是我們所謂的理想；只是在這裡，它的起源被解釋爲由於許多圖像的重合。

我們還需要再講一講**伊比鳩魯學派的神靈**，因爲這些神靈表現了他的哲學中的一個思想；與此相反，斯多噶學派比較不脫離常識的看法，對於神的本質沒有這麼許多的想法；在伊比鳩魯學派，神靈毋寧是表明一個直接的系統觀念。在伊比鳩魯看來，神靈乃是**幸福生活**的理想。因爲自我享受的結果就是無所作爲，這是因爲在行爲中總包含有一種異己的事物，包含著自己的對立面，一種現實；在行爲中，勞動、辛苦總毋寧是對於對立面的一種意識，而不是對於已經實現的事物的意識。神靈就是純粹的、無所作爲的自我享受的事物。神靈也是存在著的事物，由最精緻的原子構成；他們是純粹的靈魂，不與粗糙的原子混合在一起，因此完全不受勞動、辛苦和煩惱的影響。他們自我享受著，並不關心世界和人的事情。[104]伊比鳩魯接著說：這種幸福的、普遍的事物，具體形象中的普遍的事物，人形的事物，本身是既無工作（*πρά γματα*），也沒有不安，也不與別人爲難的；它並不發怒，也不爲敬禮和獻祭所動。人應該向神靈致敬，這是由於神靈的本性卓越，由於神靈的幸福，而不

103 西塞羅，《論神靈的本性》，第一卷，第十八、三十八章。

104 西塞羅，《論神靈的本性》，第一卷，第十九—二十章。

是爲了從神靈那裡得到特別的東西，不是爲了某種好處。[105]

伊比鳩魯把神靈說成有形體的、像人的實體，對於這種說法，人們的嘲笑是很多的。西塞羅拿伊比鳩魯來開玩笑，說：神靈只有好像身體的身體、好像血的血、好像肉的肉（quasi sanguinem, carnem）等等。[106]但是，也由此可見，神靈只是好像自在的東西，就像我們在靈魂和感性的東西上也看到這樣一種好像自在之物那樣；感性知覺的對象是眞實的東西，但是，在它們之後還有一個自在之物。關於屬性，我們的說法也並不好些。公正和善應當**in seusu eminentiori**（就更高一層的意義）來講，而不是像我們這樣，說些好像公正等等。

伊比鳩魯[107]讓神靈住在空的空間裡，住在世界的隙縫（思想）裡，他們在那個地方不受風霜雨雪的吹打；住在隙縫裡，這是因爲虛空是原子的運動原則，自在的原子是在虛空中。顯現出來的事物是充實的、連續的；但是它的內部這樣或那樣地聯繫著。所以諸多的世界都是這樣一些原子的凝結，不過這些凝結只是外在的關係。在它們之間作爲虛空的事物中，也有這種自在之物，也有這樣一些實體，儘管它們本身也是原子的凝結，但是它們仍是自在的事物。（如果進一步去追問的話，在這裡就要搞糊塗了；因爲凝結造成感性的事

105　西塞羅，《論神靈的本性》，第一卷，第十七章。
106　西塞羅，《論神靈的本性》，第一卷，第十八章。
107　西塞羅，《論迷信》，第二卷，第十七章；《論神靈的本性》，第一卷，第八章。

物。而如果說神靈也是一些凝結，他們卻並不是這些一般的現實的事物。這個普遍的事物正是以無思想的方式提升出來的，這個從現實中提升出來的自在的事物並不被當成原子，而是本身又被當成是這些原子的一種結合；因此這個結合本身不是感性的事物。）這些說法令人感到好笑，但卻是與所謂中斷、與虛空對充實、對原子的關係聯繫在一起的。在這個意義下，因此神靈屬於與感性的事物對立的否定的方面；而這個否定的事物就是思維。以上伊比鳩魯關於神靈所說的這些話，有一部分還是可以說的。誠然，屬於神的性質的還該有更多的客觀性，但是說神是這樣一種幸福的事物，是只能就其本身而加以尊敬的，這話卻是完全正確的。伊比鳩魯把認識神是普遍的等等看作自明的、有力的認識。因此首要的是尊敬神靈，而不是出於恐懼或希冀。

在伊比鳩魯那裡，第二點是考察死亡、考察對生存、對人的自我感的否定；對於死亡必須有一個正確的看法，否則它就會擾亂我們的安寧。他說：「因此你要經常熟悉這樣一個思想：」否定的事物、「死與我們毫無關係。因爲一切善和惡都在感覺中：」如果有「不動心」、「無痛苦」等等的話，那也還是屬於感覺；「但是死是感覺的一種剝奪，」一種無有，一種停止（στέρσις）。「因此這個正確的思想：死與我們無關，就使我們得以充分享受（ἀπολαυστόν）有限的生命——死亡，這個否定的表象不再來干預我們的生活，「這個思想」（在表象中）「不想去增添無限長的時光，它取消了對長生不老的渴望。死啊！我爲什麼要在你面前懼怕呢？死與我們毫無關係。因爲當我們存在的時候，死亡並不在；而當死亡在這裡的時候，我們就不在。因此死亡與我們完全無關。」[108]對於當下直接的事物來說，這是正確的；這是一種聰明的思想，它袪除了恐懼。不應當把否定的、消極的事物帶進生命裡來，不應當在生命裡執著這些事物，生命是積極的；因此不應當以此來使自己痛苦。「一般地說來，未來的事物既不是我們的，也並非不是我們的；我們既不該把它當作一種將要來的事物而期待，也不該絕望，似乎它是不會來的。」[109]不論它存在，或是它不存在，都與我們無關；我們不可以因此而有絲毫不安。這是對於未來的正確思想。

然後伊比鳩魯轉到欲望上面。他說：「其次應當有這樣一個思想：在欲望（ἐπιθυμιῶν）中有一些是自然的，但是另外有一些只是空虛的；在自然的欲望中有一些是必要的，而另外一些則僅僅是自然的。必要的欲望有一部分是爲了福祉，有一部分關於身體的安適，」以便不使身體引起我們任何憤怒、厭煩，「又有一部分是有關一般的生命的。」[110]

「正確無誤的理論」（伊比鳩魯哲學）「教人挑選那些適宜於身體的健康和靈魂的寧靜的事物，或者拋棄阻礙它們的事物，因爲幸福生活的目的就是」身體健康，靈魂沒有不安，沉著安詳。「我們」（伊比鳩魯學派）「的一切活動，是爲了使我們沒有痛苦，也不要在精

108 第歐根尼．拉爾修，第十卷，第一二四—一二五節。
109 第歐根尼．拉爾修，第十卷，第一二七節。
110 第歐根尼．拉爾修，第十卷，第一二七節。

神上引起不安。我們一旦做到了這一點時，靈魂的全部風波就都平息了，因爲生命再不用去追求某一個它所需要的事物，也不用去尋找另一個事物，憑藉這個事物來實現靈魂和身體的善」（心靈和身體的目的）。[111]

「但是，即使快樂是基本的、天賦的（σὐ μφυτον）善，我們也並不因此就把所有的快樂都挑出來；反之，我們放棄很多快樂，如果有更多的痛苦隨之而來的話；我們寧願接受許多痛苦，如果有更大的快樂從而產生的話。——適度（αὐτάρκειαν，知足）我們認爲是一種善，並不是爲了像犬儒學派那樣，[112]極度（πάντως），克減自己的享用，而是爲了使我們在得不到許多事物的時候知道滿足；要知道，那些不要求富裕的人，是充分地享受了富裕（πολυτελείας）的人，」（那些不要求財富的人，就是富人）：「而且，自然的東西是容易得到的，空虛的東西卻很難得到，〔我們只需要〕簡單的食品。所以，如果我們把快樂當作目的，那麼，就不可以像一般誤解的那樣，把快樂當作享受珍饈，而是既沒有身體上的不安適，也沒有精神上的煩擾，」[113]而是要使精神保持安定。

「只有清醒的」（正確的、冷靜的）「理性（νήφων λογισμός）才能使我們得到這種

111　第歐根尼·拉爾修，第十卷，第一二八節。
112　第歐根尼·拉爾修，第十卷，第一一九節。
113　第歐根尼·拉爾修，第十卷，第一二九—一三二節。

幸福的生活（ἡδὺν βίον），它考查一切挑選和拋棄（φυγῆς）的理由，」（根據）「驅除θόρυβος（眾人的呼喊）最能持以蠱惑靈魂的那些意見」。寧可有理性而不幸，不願無理性而幸運；因爲寧可在行動中判斷得正確，而不要僅僅生活得幸運。這樣，你就在人中間像一個神一樣活著，因爲那種生活在像精神安寧這樣一些善之中的人，和有死的人是毫無共同之處的。「在這一切之中，善的開端，最大的善，是合乎理性（φρόνησις），它是哲學裡最優越的部分，其他的美德都是由此產生的。因爲它們表明，如果我們沒有合理性，不是美的（καλῶς）和公正的（δικαίως），我們就不能幸福地生活；而如果沒有使人快樂的事物（τοῦ ἡδέως），我們也不能是合理的、美的和公正的，」[114]一邊是快感，一邊是無痛苦；只有透過合理性，才能產生快樂。因此不論初看起來如何難以袒護伊比鳩魯的原則，但是透過把合理的思想當作指導，這條原則就一轉入於斯多噶主義了，塞內卡本人也承認了這一點。

因此，眞正說來，就得出了與斯多噶學派同一的結果；至少伊比鳩魯學派爲他們的哲人做了和斯多噶學派同樣美好的描寫。在斯多噶學派，本質是普遍的事物，而不是快樂，不是個人之爲個人的自我意識；但是，這種自我意識的現實正是一種使人快樂的事物。在伊比鳩魯學派，快樂是本質的事物，但是要去尋求、要去嘗味的：要是純粹的、不混雜的、理智的、不會引起更大的災禍而損害自己的，要在全體中去考察，也就是說，本身要被看成普遍

114 第歐根尼·拉爾修，第十卷，第一三二節。

的事物。只是伊比鳩魯學派所理想的哲人[115]性格更加溫和些，他比較尊重現行的法律；斯多噶學派的哲人與此相反，是不理會這些的。伊比鳩魯學派的哲人沒有斯多噶學派的哲人那麼倔強，因爲斯多噶學派的哲人從獨立性這個思想出發，這種獨立性一方面自我否定，一方面積極行動；伊比鳩魯學派相反，從存在這個思想出發，這種思想比較易於遷就，並不像那樣追求向外活動，而是追求安靜。它的目的是精神的 ἀταραξία（不動心），一種安寧，但是這種安寧不是透過魯鈍，而是透過最高的精神修養而獲得的。伊比鳩魯學派哲學的內容，就它的整體、就它的目的說，是很高的，因此是和斯多噶學派哲學的目的完全平行的。

我們還記得，伊比鳩魯的學生們是不出色的；因爲要出色就必須超過伊比鳩魯。超過伊比鳩魯，就正是陷入概念的理解，而這樣只會混亂了伊比鳩魯的系統；因爲那無思想的事物透過概念就弄亂了，而這種無思想性正是被視爲原則的。這種無思想性本身並非無思想，而正是應用了思想來限制思想，思想對自己採取否定態度；這就是伊比鳩魯的哲學活動，也就是說，由那種使感性的事物發生混亂的概念出發，來確立和鞏固感性的事物。

斯多噶學派的系統與伊比鳩魯的系統是對立的，但是每一個系統都是片面的，因此這兩種獨斷主義都由於概念的必然性而陷於矛盾，也就是說，各自採取了與它自己相反的原則。(1)斯多噶學派從存在、從感性事物取得他們的思維的內容，要求思維是對一種存在物

115 第歐根尼·拉爾修，第十卷，第一一七—一二一節。

的思維。(2)相反地，伊比鳩魯學派把他們的存在的個別性一直推廣到原子，而原子只是思想上的事物，並且推廣到快樂上，而快樂被當作一種普遍的事物；但是根據這兩派的確定的原則，他們知道他們是堅定地互相對立的。和這些片面的原則相對立的，有一個作爲它們的否定的中介概念，它揚棄了這樣一些一成不變的規定，揚棄了這種規定的極端性，並且把這些事物僅僅作爲對立物置於運動和消解中。

這種概念的運動，這種辯證法的復興——反對抽象的思維與感覺這兩個片面的原則，現在我們看到，首先作爲一種否定，一方面在新學園學派，一方面在懷疑學派裡出現了。斯多噶學派，由於把思維作爲他們的原則，已經發展了辯證法，但是，像我們所見到的那樣，是作爲一種普通的邏輯，對於這樣一種邏輯來說，單純性被看成是概念，然而並不是這樣一種表露它自身的否定方面、並把那個單純性中所包含的各種規定消解掉的概念。這是辯證法的概念的一種更高的表現，辯證法不僅及於感性的存在，而且及於特定的概念，並且把概念與存在的對立作爲思維與存在的對立帶進意識裡來；而且並不是把共相宣布爲一種簡單的理念、一種普遍性，相反地，在其中一切都作爲本質的環節返回到意識之中。

我想把新學園學派哲學與懷疑論結合在一起講。在懷疑論裡面，我們看到上述兩種片面性的揚棄，但是這個否定性的事物僅只是否定，並不能轉化爲肯定的事物。此外我們還要講到兩種特別和斯多噶學派對立的形式，這兩種形式特別是從學園派裡面產生的。

參、新學園學派哲學

與斯多噶學派和伊比鳩魯學派的獨斷論相對立的，首先是**新學園學派**。新學園學派是柏拉圖學園的繼續。人們[116]把柏拉圖的後繼者們分爲老學園派、中學園派和新學園學派，還有分出第四學園派以至第五（最新）學園派的。最值得注意的人物是**阿爾克西拉烏斯**和**卡爾內阿德斯**。中學園派被歸之於阿爾克西拉烏斯，新學園學派則包括卡爾內阿德斯的思想。我發現有些人把卡爾內阿德斯說成新學園學派的創立人，把阿爾克西拉烏斯說成中學園派的創立人，這種分別是毫無意義的。這兩派都與懷疑論有密切的關係，懷疑學派要把懷疑論與學園派的原則區別開來，常常很費氣力。懷疑學派固然把這兩派都當作懷疑論者看待，然而與純粹的懷疑學派還是有一種區別，這種區別當然是很形式的，並且也沒有什麼意義，可是那些如此細緻的懷疑論者們卻確實認爲有這種區別。這種區別往往只是在名詞的定義上、只是在一些完全外在的分別上。

學園派的**一般主張**，就在於他們把眞理說成自我意識的一種主觀信念；這是與近代的主觀唯心論相一致的。眞理由於只是一種主觀信念，所以新學園學派只是稱之爲**或然性**。他們

116 塞克斯圖斯·恩丕里柯，《皮浪學說概略》，第一卷，第三十三章，第二三〇節。

是柏拉圖的繼續，所以是柏拉圖學派。但是他們並沒有停留在柏拉圖的觀點上，他們也不能這樣做。像我們在前面所看到的那樣，柏拉圖是停留在抽象的理念裡面：哲學上的大事僅僅在於把無限和有限結合起來。柏拉圖的理念是由於理性的需要，由於對眞理的熱望而設想出來的；但是理念本身是沒有運動的、普遍的事物。亞里斯多德則要求隱德來希，要求自身規定的活動性。爲了要求所建立的根據具有科學性，就必然要超出柏拉圖的這種方式。學園派反對斯多噶學派和伊比鳩魯學派，這兩派正是要求建立柏拉圖還不知道的這種科學，即給予理念的共相內容，掌握一定的確定性。例如柏拉圖在《蒂邁歐篇》裡曾進而達到了確定的事物，達到了有機生命，但是他卻變得無限瑣碎，完全缺乏思辨，亞里斯多德則完全不同。柏拉圖的理念或共相透過思維被拉出了它的靜止狀態、拉出了這種普遍性，在這種靜止和普遍性中，思維是並沒有把自己認作自我意識的。自我意識帶著更大的要求與理念相對立，一般的現實性則擴張自己的勢力以對抗普遍性；於是理念的靜止就必須過渡到思維的運動中去了。

如果我們想起在柏拉圖那裡，理念——普遍性的理念——乃是原則，那麼我們就很容易就這一點看出〔學園派〕與柏拉圖哲學的聯繫了。柏拉圖的後繼者們特別堅持這個普遍性，並且還把柏拉圖的辯證法與這種普遍性結合起來，這種辯證法已經進而認爲共相是實有的，把特定的、特殊的事物指爲虛無。這樣一種辯證法除了抽象的普遍性以外，是沒有留下任何東西的。在柏拉圖那裡，對於具體概念的發展，有時是進行得很不夠的；他的辯證法常常只得到一種消極結果，透過這種消極的結果，只是把各種規定性揚棄了，整個說來他的理念大半是停留在普遍性的形式上。新學園學派一般地是採取這樣的態度，就是：以辯證的方式反對斯多噶學派和伊比鳩魯學派的確定性；並且因而在說到眞理的時候，他們只是承認或然性和主觀信念。我們曾經看到過，斯多噶學派和伊比鳩魯學派的哲學都是進而把一種確定的事物當作原則，當作眞理的標準的；所以這個標準應當是一個具體的事物。在斯多噶學派那裡，存在著有思維性的想像，存在著一種表象，一種一定的內容；不過這個內容也是思維到、理解到的，也是一種同時充滿著內容的思想。這就是具體概念，就是內容與思想的結合，不過這個結合本身還是形式的。現在新學園學派的辯證法就是反對這個具體概念。

一、阿爾克西拉烏斯

阿爾克西拉烏斯堅持著理念的抽象性以反對標準。在柏拉圖的理念中，亦即在《蒂邁歐篇》及其辯證法中，存在著關於具體概念的一個完全不同的來源；但是這個來源到了新柏拉圖學派才被採納了。阿爾克西拉烏斯則是堅持著抽象概念，這個時代有一道鴻溝。阿爾克西拉烏斯與獨斷論者的對立並不是由懷疑學派的辯證法而來，而是由堅持抽象性而來的。

所以阿爾克西拉烏斯是中學園派的創立人；他是愛奧利亞的皮坦人，生於第一一六屆奧林匹克賽會時（公元前三一八年），是伊比鳩魯和芝諾同時代的人。[117]他本來屬於學園

117 第歐根尼．拉爾修，第四卷，第二十八節；布魯克爾，《批評的哲學史》，第一冊，第七四六頁；坦納曼，第一冊，第四四三頁。

派；但是時代的精神和哲學的進一步發展不再容許保持單純的柏拉圖方式了。他具有出色的才幹，[118]並且完全獻身於一個高尚的希臘人的教養所需要的那些研究，如雄辯術、詩學、音樂、數學等等；尤其是雄辯術。他來到雅典，特別是爲了練習雄辯，他在雅典認識了哲學，從此就只是爲哲學而生活了；他與德奧弗拉斯特和芝諾等人交遊，至於他是否也聽過皮浪講學，則是人們爭論的問題。[119]阿爾克西拉烏斯熟悉當時的全部哲學，被與他同時的人們一般地稱頌爲既是一個高尚的人，又是一個優秀並且智慧的哲學家，他並不驕傲，承認別人的功績。[120]他生活在雅典；他（以及新學園學派的人們）反對斯多噶學派和伊比鳩魯學派，他們給這兩派找了許多麻煩。當時針對的問題是：檢驗眞理的標準是什麼？學園派尤其反對斯多噶學派，特別是阿爾克西拉烏斯。他擔任了學園裡的講席，因此是柏拉圖的一個後繼者。在克拉底（斯珀西波斯的後繼者）死後，索西格拉底取得了學園中的講席，然而索西格拉底有鑒於阿爾克西拉烏斯在才能和哲學上的優長，所以自願把位置讓給他。[121]他擔任教職一直到身故，卓有聲譽。（他的教學方式是辯論法。）[122]他死於第一三四屆奧林匹克賽會後

118　第歐根尼．拉爾修，第四卷，第三十八節。

119　第歐根尼．拉爾修，第四卷，第二十九—三十三節；布魯克爾，《批評的哲學史》，第一冊，第七四六頁。

120　第歐根尼．拉爾修，第四卷，第三十七、四十二、四十四節。

121　第歐根尼．拉爾修，第四卷，第三十二節。

122　第歐根尼．拉爾修，第四卷，第二十八、三十六節；西塞羅，《論目的》，第二卷，第一章。

第四年（公元前二四四年），享壽七十四歲。[123]至於這一次讓位於他人的詳情，我們是不知道的。「傳說他作過一次很漂亮的回答，說是有人問他：爲什麼有那麼多的人離開別的哲學家而投奔伊比鳩魯學派，而從未聽到一個人離開伊比鳩魯學派投奔另一個哲學家？阿爾克西拉烏斯答道：男人誠然可以變成太監，太監卻不會再變成男人。」[124]

他的哲學的主要環節是特別由西塞羅在《學園問題》中保存下來給我們，不過塞克斯圖斯．恩丕里柯對於我們更可以當作史料來源看待；塞克斯圖斯．恩丕里柯要比較透闢、確定，哲學意義較多，並且比較有系統。

甲、他的哲學特別以反對斯多噶學派而爲我們熟知，阿爾克西拉烏斯的哲學的結論，亦即他的**主要原則**，可以表述如下：「智慧的人必須保留自己的贊成和同意」[125]（ἐποχή）。這個原則和懷疑學派的原則是相同的；另一方面，這個原則與斯多噶學派有如下的聯繫。這個說法似乎首先是根據斯多噶學派的哲學而發的，斯多噶學派哲學認爲眞理之所以存在，就在於思維對某一存在物表示贊同，或者把這個存在物變成一個被思維的事物。它的原則

123 第歐根尼．拉爾修，第四卷，第四十四節；坦納曼，第四冊，第四四三頁。

124 第歐根尼．拉爾修，第四卷，第四十三節。

125 塞克斯圖斯．恩丕里柯，《皮浪學說概略》，第一卷，第三十三章，第二三二節〈論一切目的〉；第歐根尼．拉爾修，第四卷，第三十二節。

就是：眞理是思維表示同意的一個觀念，一個內容；有思維性的想像就是內容與思維的結合，思維宣布這個內容是它自己的事物。新學園學派所特別反對的，就是這個具體思維。我們的觀念、原則、思想確實有這樣一種性質：它們具有一個內容，藉這個內容而得以存在，同時這個內容也採取著思維的形式；內容表現爲不同於思維的內容，而〔兩者的〕結合則造成思想、具體思維。由此得出的結論便是：任何一個一定的內容都被採納進思維，並且這個內容被宣布爲眞理。只有阿爾克西拉烏斯看出了這個結論；他那個「必須保留贊成」的說法，就有這樣多的意義：透過這個「採納」並不產生任何眞理，這是正確的，這是現象，並不是作爲存在的事實。斯多噶學派在有思維性的想像中建立了他們的原則；阿爾克西拉烏斯則正好相反，他要求人們把表象與思想分開，不要把它們合併起來。說這個意識的內容是這樣一個具體的事物，這一點阿爾克西拉烏斯是承認的，這一點沒有問題；可是他說，從這裡面並不產生任何眞理，這個結合只是提供出一些好的根據，而沒有提供他稱之爲眞理的事物。由此建立的，只是對於一個好的根據的一種見識。阿爾克西拉烏斯其餘的看法是：只有對一個好的根據的見識是可能的，這種見識可以用「或然性」這個名詞來表達，不過並不完全合適，所想的事物透過思維的形式乃是一個共相，因此只是形式的共相，並不是絕對眞理。塞克斯圖斯[126]很確定地對這一點表述道：「阿爾克西拉烏斯把涉及部分的保留贊

520

126《皮浪學說概略》，第一卷，第三十三章，第二三三節。

成說成是一件好事，而把對於部分的同意說成是一件壞事」，因爲這種同意只涉及**部分**。

但是這個原則與柏拉圖的學說是如何聯繫的呢？這個原則可能與柏拉圖的辯證法相似，是一種辯證的態度，這種態度絕不進而做出任何肯定，而是像柏拉圖的許多對話裡一樣，只是把目的搞得混亂。不過在柏拉圖那裡肯定的方面還是主要的，所以從辯證法本身中得出了肯定的事物；而這一點也不是阿爾克西拉烏斯那個原則的出發點。我們在柏拉圖那裡還發現了理念、類、共相。但是現在在這整個時代裡方向是朝著抽象的理解；正如這一點表現在斯多噶學派和伊比鳩魯學派的哲學裡一樣，它也擴展到了柏拉圖的理念上面，所以理念也被降低爲理智的形式。至於具體思維之重新爲柏拉圖掌握到，這一點我們以後在新柏拉圖學派那裡將可以看到，柏拉圖的原則和亞里斯多德的原則的統一基本上是爲新柏拉圖學派認識到了。斯多噶學派現在誠然把思維當成了原則，但是思維應當成爲標準，就是說，應當成爲一個特定的原則；所以思維應當採納一個觀念、一個固有的內容於自身之中。可是如果堅持思維是一個共相，思維就不能成爲一個標準了，這就是阿爾克西拉烏斯的看法；哲人必須停留在共相上，而不可以進到特定的事物上，以致這個特定的事物成爲眞理。

關於與斯多噶學派的對立，塞克斯圖斯[127]給我們保存下來了**更確定**的發展情況，他說：「他反對斯多噶學派，主張一切都是不可理解的（ἀκατάληπτα）」；反對斯多噶學派透過思

127《反數學家》，第七卷，第一五○節以下。

維的理解、了解。在斯多噶學派那裡，概念、表象、有思維性的想像乃是主要的事物；阿爾克西拉烏斯就攻擊這些事物。那種在思維中把握的表象、思維性的想像，在斯多噶學派看來就是具體的眞理。阿爾克西拉烏斯更進一步攻擊斯多噶學派說：可是「他們自己說：有思維性的表象（καταλ ηπτικὴφαντασία）」正「是一個中介，這個中介可能同等地接近單純的意見和知識、哲人；它是作爲眞理的，意見與知識即由這個眞理而得到區別」，內容是同一的，形式造成一切區別。因爲知識應當是從一般根據而來的一種發展了的意識；但是這些根據本身只不過是這樣一種在思維中把握到的存在，所以對於哲人和愚人是一樣的，而另外的一種基礎卻是沒有的：換句話說，那個中介正是單純的意見與知識之間的判別者，正是直接知識、感覺與抽象思維之間的標準。阿爾克西拉烏斯是這樣駁辯的：

（一）「那麼它是既在哲人心中，也在愚人心中；在哲人心中是知識，在愚人心中則是意見；如果它在這兩種人心中是共同的事物，那麼它除了是空洞的名詞以外，就什麼也不是了。」它在這兩種人心中是同一的，然而就其爲眞理說，卻應當把哲人與非哲的人區別開來。換句話說，兩種人都有思想，就其爲思想說，其中存在著眞理；但是哲人應當有某種有區別的事物，而他的根據卻又正是這種思想，和愚人所具有的一樣。哲人並沒有任何獨特的特殊眞理。哲人把思想到的事物與並非思想到的事物區別開來：眞理是存在的，因爲它是被思想到的。意見對於這種區別毫無意識，所以沒有任何標準，兩者混雜在一起；被思想到的事物是可以當作眞的看待，也同樣可以當作想像的事物看待的，換句話說，也是可以當作不眞的事物看待的。[128]還不止此。阿爾克西拉烏斯說，如果這個觀念對於愚人和對於哲人一樣，都是眞理，那麼它就不是眞理了。斯多噶學派說：想像之爲眞，是由於根據。阿爾克西拉烏斯說：可是那些根據本身就是直覺的想像；想像被提出來作爲判別意見和知識的事物，然而它卻是這兩者所共有的。哲人和愚人都有觀念；他們應當有某種區別，可是哲人的根據是這樣一些思想，而非哲人也有這種思想。這個中介同樣地屬於愚人和哲人，它可以同樣是錯誤而又是眞理。知識、發展了的思維意識只是一個由根據而來的意識；因此斯多噶學派把眞正的科學放在有思維性的想像上。阿爾克西拉烏斯則說，這些根據、這種有思維性的想像本身就是一種觀念、一種原則、一種一般的內容；這個內容是由科學發展出來的，所以它被設想到，是透過另一個事物爲中介，這就是它的根據。但是這些根據只不過是這樣一種有思維性的想像，因此也就是一種透過思維而把握到的內容。然而這個中介始終是理性與意見的判別者；所以哲人並沒有任何事物作標準，正和愚人一模一樣。

（二）阿爾克西拉烏斯進一步認爲區別是有效的，並且以區別爲立足點，這些區別在近代是特別被強調的。「理解（思維的把握）更應當是被理解的表象中的概念環節；如果表象是這樣一種同意，那它就是不存在的。」

128 參看西塞羅，《學園問題》，第四卷，第二十四節「如果眞的和假的是一樣的話，那麼假的既不能被認知，眞的也不能被認知。」

「因爲(1)」哲人的「同意並不是用在表象（φαντασία）、形象上的，而是」應當「用在一個根據」本身上的。而這樣一個絕對的根據只是一個公理；「因爲只有對於公理才有這種」思維的「同意存在」。這是好的；在這裡面存在著與近代世界的對立。進一步的發展便是：公理是純粹的思想，思維是主觀的，思維做出同意，思維對什麼事物同意呢？思維乃是對一個存在物（表象物——這是一回事）的同意者。具體思維、有思維性的想像應當是一個表象，思維對於這個表象是同意的。這就涉及一個思想了，具體思維只是一個思想，它是適合著思想而存在著；只有一個普遍的公理才能夠做出這種同意——也就是說，一般地它又是一個思想，同意存在於思想之中。那麼我們就只有這思想，而沒有確定的內容的思維了；這個內容是一個存在物，是一個本身還不是思想、還沒有被採納進思維的內容。但是思維不能對想像作同意。因爲這個存在物、表象物或形象乃是感性的，乃是一種異於思維的事物，一種與思維迥異的事物；因此它不能對思維同意。而公理只是抽象的；所以只有對一個公理、原則，對一個共相，思維才能同意，也就是說，思維只能對直接純粹的思想本身做出同意。想像、個體是與思維不同的。思維不能對與它不同的事物做出同意；相反地，思維與這種事物各不相謀；因爲這種事物是迥異於它的。這是一個抓住事物內在本質的思想。阿爾克西拉烏斯在這裡做出了這個有名的區別，這個區別在近代又重新帶著那麼大的重要性出現，即是思維與存在的對立，理想性與實在性的對立，主觀與客觀的對立。事物是與我不相同的。我如何能達到事物呢？思維是一個作爲共相的內容的自動規定；而一個特定的內容則是個別的，對這樣一個事物是不能做出同意的。一個是在這裡，另一個是在彼岸，主觀與客觀，是不能互相達到對方的。有很長一個時期，近代哲學的整個文化就是環繞著這一點。對這個區別有所意識，並且強調這個意識來反對斯多噶學派的原則，是很重要的。關於思想與實在的統一，斯多噶學派是應當加以闡明的；這一點他們沒有做，這一點在古代通常是沒有做到的。因爲他們沒有指出，思維的主觀與客觀在它們的區別中本質上是這樣：它們互相過渡，建立起它們的同一性；這一點在柏拉圖那裡已經以抽象的方式出現萌芽了。思維與想像的統一正是困難的問題；如果作爲思維的思維是原則，那麼思維就是抽象的。斯多噶學派的邏輯還依然是純粹抽象的；還沒有能夠指出來，思維如何達到一種內容。更進一步將涉及證明，要證明這種客觀內容與主觀思維是同一的，並且這個同一性就是客觀內容與主觀思維的眞理。但是思維與存在本身是這樣一些抽象的事物，人們在這一方面可以徘徊很久，而沒有達到一個確定的見解。因此這個普遍與特殊的統一不能作爲標準。在斯多噶學派那裡，出現了有思維性的想像，被認爲是直接的事物；這是一種具體思維，但是他們沒有指出具體思維是這些不同的事物的眞理。反對這個直接採取的具體思維，因而堅持〔主觀與客觀〕兩者的差別，是很自然的。這種思想形式與我們今天還找得到的思想形式是相同的。

被理解的表象應當是眞理。但是阿爾克西拉烏斯說：「(2)沒有一個被理解的表象不同時是假的，因爲從許多不同的方面都得到了證實」，正如斯多噶學派自己所說的那樣，有思維性的想像可以是眞的，也可以是假的。一般說來，一定的內容是有一個一定的內容與它對立的，而這一個一定的內容也同樣必須是被思維的眞實內容；這就把自己毀了。在這裡面存在著一種無意識的徬徨，徬徨於這些思想、根據之中，這些思想和根據並沒有被理解爲理念，理解為對立面的統一，而是主張對立面中的一面，而相反的一面也同樣得到主張。他反對斯多噶學派，認為被思想的表象、原則既可以是眞的，也同樣可以是假的，並且本身之中包含著矛盾，即是：觀念應當是對另一個事物的思維，而思維卻只能思維其自身。世界的眞理正好是另一回事，乃是 *νοῦς*（心靈）、法則、共相、思想所固有的事物。阿爾克西拉烏斯說，我們意識的主要內容是這樣一些根據，但是這樣一些根據卻並不是眞理；它們是具體的，是產生支配作用的，但是並沒有證明它們是眞理。因為這樣一些表象既接近愚人，也接近哲人，也就是說，既接近知識，也接近意見，也就是說，既可以是眞理，也可以是非眞理。有一些根據，這些根據相對於一個內容說是最後的，但是並不是絕對最後的。這些根據可以被看成良好的根據，被看成或然性，像學園派所表述的那樣；但是它們並不是眞正最後的事物。這是一個偉大的認識，阿爾克西拉烏斯達到了這個認識。但是因為這樣一來便不能從其中產生出統一，所以他便正好從這一點得出以下的結論：「由此可見，哲人必須保留自己的同意」，這就是說，並不是說哲人不應當思想，而是說哲人不可因此便將所想到的事物當作眞的；「只要他像斯多噶學派那樣理解，由於這是一個被思維的事物便把它當作眞的，那他就是陷於意見了。」我們現在還可以聽到這樣的話：人們思維，可是並不能藉此達到眞理；眞理始終在彼岸。

乙、阿爾克西拉烏斯[129]在論到**實踐**時說，我們並沒有由於「如果不確定某件事的眞或

526

129 塞克斯圖斯·恩不里柯，《反數學家》，第七卷，第一五八節。

假，就不可能有行爲的規範」，因而拋棄行爲的規範，不承認某件事是正當的等等；「生活的目的、幸福，只是透過規定、透過這些根據而得到確定。一個保留自己的贊成的人，在決定做什麼事情、不做什麼事情的時候，是依據那（或然的事）、依據那具有良好理由的事（εὔλογον）」，作爲主觀確信的觀念，「來指導生活的。」說良好的理由不夠眞理的資格，這是正確的。「幸福是透過謹愼（透過理智、理性）而產生的，合理的態度活動於允當的、正當的行爲之中（κατορθώμασι）；做得正當的事，乃是可以說得出良好的根據的事」，因此這事看起來好像就是眞理。「一個人如果尊重有良好根據的事，就會行爲正當、就會得到幸福」；不過此外還要加上教養和理智的思維。他一直停留在這種不定的看法上：信念的主觀性、或然性藉良好的理由而得到辯解。因此我們見到，在現實生活方面，阿爾克西拉烏斯一般說來並沒有超過斯多噶學派多少；至於形式則不相同。阿爾克西拉烏斯所說的和斯多噶學派是相同的，只是斯多噶學派稱之爲眞理的，阿爾克西拉烏斯則稱之爲有良好的根據。整個說來，他有一種比斯多噶學派爲高的認識：任何一件有根據的事都不能有自在的存在物的意義，而只是在意識之中，並非自在，其中只包括一種相對的眞理，意識的環節對於它則具有絕對本質的意義。

二、卡爾內阿德斯

卡爾內阿德斯也是同樣有名的，他是阿爾克西拉烏斯在學園中的後繼者之一，不過生活的時期要晚得多。他在第一四一屆奧林匹克賽會後第三年（公元前二一七年）生於昔蘭尼，死於第一六二屆奧林匹克賽會後第四年（公元前一三二年），享年八十五歲，[130]或九十歲。[131]他生活在雅典，其所以在歷史上聞名，據說是由於他和另外兩個哲學家奉雅典人之命出使羅馬。在老伽圖的時代，雅典曾派學園派的卡爾內阿德斯、斯多噶學派的第歐根尼、逍遙學派的克里托勞於羅馬建城五九八周年（公元前一五六年）來到羅馬。當時羅馬人已經在羅馬本地知道了希臘哲學；這三位哲學家都在羅馬演講。卡爾內阿德斯的智慧、辯才和證明的力量，以及他的巨大的聲名，曾在羅馬引起了很多的注意和很大的贊許。他在羅馬以學園派的方式做了兩次論公正的演說：一次是擁護公正的，一次是反對公正的。這兩個演講的一般的根據，是很容易闡明的：在對公正的辯護中，他以共相爲原則；而在對公正的駁斥中，他則強調個別性的原則、自利的原則。年輕的羅馬人對概念的對立知道得很少，這種說法對他們是很新鮮的：他們沒有想到過這一類思想的轉折，他們受這些方法所吸引，馬上就採納了；卡爾內阿德斯的演講吸引了許多人。然而老年的羅馬人，特別是那時還活著的老伽圖（監察官），對這種情況是很不樂見的，於是憤然大加反對，因爲這樣一來，青年就被引

130 第歐根尼．拉爾修，第四卷，第六十二、六十五節；坦納曼，第四冊，第三三四、四四三—四四四頁。

131 西塞羅，《學園問題》，第二卷，第六章；瓦萊里烏斯．馬克西姆斯，《善言懿行錄》，第七卷，第七章，附五。

誘得離開羅馬傳統的固定觀念和道德了。由於災禍流行，於是阿西利烏斯在元老院中提出建議，要把所有的哲學家驅逐出境，自然不用說也包括那三位使節在內。老伽圖慫恿元老院盡速結束對使節的事務，好讓他們離開，讓他們回到學校裡去，以後只教希臘人的兒子，而羅馬青年則和從前一樣，服從他們的法律和官長，從與元老們的交遊中學得智慧。[132]但是這種墮落——對知識的欲望——是無法避免的，正如〔亞當〕在天堂裡的墮落之不可避免一樣。知識是各個民族文化中的必要環節，竟然表現爲敗壞、表現爲墮落了。這樣一個思想轉折的時代，是一定要來到一個民族的文化中的；這種轉折對於古老的法制、古老的固定性說來，是被看成災難的。但是這種思想的災難不能用法律等等來防止；這種災難只有透過思維自身才能治好，也一定能夠治好，如果思維透過思維自身以眞正的方式得到了完成的話。

甲、關於卡爾內阿德斯的哲學，我們在塞克斯圖斯·恩丕里柯那裡得到了一個陳述。至於卡爾內阿德斯的其他學說，也同樣是反對斯多噶學派和伊比鳩魯學派的獨斷論的。他特別重視意識的本性，這一個方面使他的那些命題富有興趣。在阿爾克西拉烏斯那裡我們看到了良好的根據。卡爾內阿德斯所主張的原則，則可以表述如下：「絕對沒有眞理的標準，既

132 普魯塔克，《老伽圖》，第二十二章；格利烏，《雅典紀事》，第七卷，第十四章；西塞羅，《演說》，第二卷，第三十七—三十八節；愛利安，《史話》，第三卷，第十七章；布魯克爾，《批評的哲學史》，第一冊，第七六三頁。

沒有感覺，也沒有表象、也沒有思維，更沒有任何這一類的事物。第一：這一切——λόγος（理性），φαντασία（想像），αἴσθησις（感覺）——都聯合起來欺騙我們」；[133]——這個普遍的命題是一直流行的，這是經驗論。

「第二」，他進一步從根據來證明。在進一步的發展中，我們將看到意識的本性，一般地可以較確切地說明如下：「他指出，如果有這樣一個標準，它也不得不帶著意識的感受性（πάθος 被動性）而存在，這種感受性是由知覺而來的。」[134]一般地說這就是他的主要思想，即認爲任何一個標準都必定是這樣建立起來的：它有兩個環節，一個是客觀的、存在的、直接決定的，另一個環節則是一種感受性、一種活動性，乃是意識的規定，並且屬於感覺的、表象的、思維的主體；這樣，一個確定的事物，如感覺、表象、思維的事物便不能作爲標準了。意識的這個活動性就在於它會改變對象，所以本來面目的對象是不能直接達到我們的。在這裡也和在前面一樣，假定著同樣的分離、同樣的狀況：理智被看成最後的和絕對的狀況。塞克斯圖斯以最確切的方式留傳了他的思想給我們。

（一）他反對伊比鳩魯學派，持以下的主張：「因爲活的東西與死的東西的區別在於感性活動，所以活的東西是憑藉感性而把握自身與外物的」，它是雙重的、兩面的；它不僅

133　塞克斯圖斯・恩丕里柯，《反數學家》，第七卷，第一五九節。

134　塞克斯圖斯・恩丕里柯，《反數學家》，第七卷，第一六〇節。

是這個外物，而且是它自身。「但是這個感性」，像伊比鳩魯所想的那樣，「是保持不動的、無感覺的、不變的」（據說是如此），並不憑藉意識的活動性而受到任何感動，「它既不是感性，也把握不了什麼東西。只有在由於實物侵入而被改變和規定的時候，感性才表示事物。」[135]伊比鳩魯的感性是一個存在物，但不是一個能作判斷的東西；每一個感覺都是自爲地存在著，因此其中並無作判斷的原則。但是感覺必須加以分析，一方面，靈魂在其中被規定，而另一方面，規定者同時又爲主體、意識的能力所規定。當我作爲一個活的東西、有意識的東西而感覺時，便有一種變化在那裡進行著；感覺並不是不變的。意識中的一切，都根據外界和內部的情況而包含著一種變化，一種被規定的過程。因此標準便不能是單純的規定性，而毋寧是一種與自身的關係，感覺與思維這兩個環節是必須區別開的。

（二）「因此應當在靈魂受實物（作用）規定的過程（感受）中去尋找標準」：另一方面則是靈魂的作用；標準只能落在這個範圍裡。這樣的內容、感覺、意識的規定物（這個規定物同時又爲意識所規定）、意識的這種被動性與能動性、這個第三者，他稱之爲表象。在斯多噶學派那裡，表象構成了思維的內容。他說：「但是這個規定過程必須既是它自身的表徵，又是作用於它的呈現者或事物的表徵；這個 πάθος（感受性）不是別的，就是表象。」表象一方面是主觀的認識，另一方面又有一個內容，這個內容就是客觀的東西，就是呈現

135　塞克斯圖斯·恩丕里柯，《反數學家》，第七卷，第一六〇—一六一節。

者。「因此表象是生命體中的某種東西，它表現著（παραστατικόν）自身和對方；」而對方只存在於意識的規定性之中。「如果我們看見某物，就是視覺有了一個感受；而這個某物的構造已經和被看見以前有所不同。透過這種變化，在我們之內便產生了兩個方面：一方面是變化本身，即是表象」，亦即主觀方面；「另一方面是由變化所引起的東西」，客觀，「所看見的東西。」（萊茵霍德曾經發揮了這一點。）意識是一個分爲兩部分的東西；卡爾內阿德斯說，感覺只是第一個部分。他說：「正如光表現其自身，而一切都在光中，同樣地，表象作用是動物中間意識和意志的首腦（ἀρχηγος），必須揭示其自身，並且表現那作用於它的現實（ἐναργές）」（即規定意識的事物）。這是對於意識的完全正確的觀點，是很明白的；不過這只是呈現出來的精神。哲學文化曾經停留在這個觀點上。在近代也是如此。表象作用就是這個在自身之中作區別的作用：表現自身，又表現對方。卡爾內阿德斯接著又說，但是表象作用乃一個共同的東西，它包括感覺和直覺的想像，它是一個中點：「不過這一點它並不是經常按照眞理而表現的。」我們現在要期待這種對立的進一步發展，但是他過渡到了經驗事物，並沒有提供出對立的進一步發展。「正如不好的報信人一樣，表象作用常常說謊，不符合它所通報的事情；由此可見，並不是每一個表象都可以作爲眞理的標準，而只有眞實的表象才能作爲標準。」（我確信這就是**我的**表象，永遠只是**我的**表象；這些表象以爲說出了**某種東西**，以致**它們**具有這種確信。見識、客觀的科學知識只不過是別人的確信；而內容就其本性說來卻是普遍的。）「但是正因爲任何一個表象都可以也是假的，所以表象可以同樣是眞理和虛妄的共同標準；或者表象根本就不是標準。」[136]通俗的說法則是：也有對於非眞理的表象。卡爾內阿德斯的根據是：「一個表象也可以是對某種不存在的東西而發的。然而斯多噶學派卻說：被思維的東西就是一個存在物，它是我們對客觀的東西的理解；然而被理解的東西也可以是假的。」[137]

（三）最後思維也不是眞的：「因爲既然表象不是一個標準，所以表象也就不是思維。」作爲感覺的感覺並不是標準，它並不是不變的，並不是不受影響的；表象也同樣不是標準；因此第三，表象也不是思維。「因爲思維是依靠表象的」，所以也一定比表象更不可靠。「因爲首先它」（進一步的思維）「進行判斷的對象必須是表象」，表象是必須先有的；「但是如果沒有那無思想的感覺，表象也不能存在」，而感覺卻可以是眞的，也可以是假的。[138]學園派哲學的基本特色是：一方面把思維與存在區別開來；然後認爲表象是這兩者的統一，但是並不是這個自在自爲的統一。

乙、卡爾內阿德斯對標準的肯定的說法是在下面這些話裡：誠然我們應當尋找標準，「確立標準，以便指導生活和取得幸福」；但是不應當在對自在自爲者的思辨靜觀中去找，

---

136 塞克斯圖斯·恩不里柯，《反數學家》，第七卷，第一六一—一六四節。

137 塞克斯圖斯·恩不里柯，《反數學家》，第七卷，第四〇二節。

138 塞克斯圖斯·恩不里柯，《反數學家》，第七卷，第一六五節。

而應當過渡到心理方面，過渡到意識的有限形式裡。因此這個標準也並不是對於眞理的標準，而是主觀的習慣；主觀的眞理，理智的意識。這個標準所能應用的範圍是有限的內容，以及對有限內容的正確認識。這個標準只是爲主體而設的，只是對個體的關係。具體的目的是永遠不變的，就是：人應當怎樣指導他的生活呢？個人必須尋找這種目的。卡爾內阿德斯所規定的指導原則和阿爾克西拉烏斯差不多，一般說來，所取的形式是一般的「使人確信的表象」；也就是說，必須把表象當作某種主觀的事物。「表象是：(1)一個使人確信的表象，而同時是(2)從各方面都將自身規定了的固定的表象，並且是(3)發展了的表象」，[139]如果表象是一個生活的標準的話。這些分別整個說來是一種正確的分析。這種分析在形式邏輯裡也以相似的方式出現；在這裡，是和在烏爾夫那裡處在相同的階段，在烏爾夫那裡，分別是出現在明白、清楚和恰當的觀念中的。

「分別。表象是它從而產生的事物」（對象）「與它在其中產生的事物」（主體）「的表象」；「它從而產生的事物，是外部的被感覺的事物，它在其中產生的事物，是人這樣的事物」，這種區分是毫無趣味的。「表象以這種方式具有兩個關係，一方面是根據對象說的，另一方面是對於表象者（主體）說的。(1)根據對象說，表象可以是眞的，也可以是假的：如果它與所表象者（對象）符合，那就是眞的；如果不符合，那就是假的。」但是在這

139　塞克斯圖斯．恩丕里柯，《反數學家》，第七卷，第一六六節。

裡所注意的完全不是這個面，因爲對於這種符合所作的判斷正是與所表象的事情不能分開的事情。(2)「根據對表象者的關係，一種被表象者表現爲眞，另一種被表象者不表現爲眞。」只有這一點才是學園派所注意的，即是對表象者的關係；前一種關係我們知道，並不是他們所注意的。「表象之被表象爲眞者，學園派稱之爲『強調』（ἔμφασις）、信念、使人深信的表象」；這樣的意識中的表象、信念，學園派稱之爲強調的表象。「表象之不被表象爲眞者，則稱爲『非強調』（ἀπέμφασις）、非信念、不使人深信的表象。因爲或者是透過其自身而被表象爲不眞的，或者是眞的，而我們沒有表象它，它沒有使我們深信」（無表象的眞理）。[140]信念分爲三等：

（一）有一種一般的**使人深信的**表象，「它看起來是眞的，而且是夠清楚的；它也有一個適當的範圍，可以用許多方式應用在很多場合：它」經常透過重複出現「而得到證實」，正如在伊比鳩魯那裡那樣，「它總是使自己更能說服人，更有可信的價値。」[141]對這種表象的內容並沒有更進一步的規定；常常出現的事物乃是經驗的普遍性。但是這只是一種個別的表象，一般而言是一種直接的表象，絕對單純的表象。

（二）「可是因爲一個表象並不只是自爲的，而是像鏈條一樣，一環依靠另一環，

140 塞克斯圖斯．恩丕里柯，《反數學家》，第七卷，第一六七—一六九節。

141 塞克斯圖斯．恩丕里柯，《反數學家》，第七卷，第一七三節。

所以又有第二個標準，就是：表象同時既是使人深信的，又是牢固的」、聯繫的，因爲它有抽象的確定性；而且它在各方面都是規定了的，是不變化的、是不能來回拉的（ἀπερίσπαστος），並且別的表象是與它不矛盾的，因爲它是與其他表象聯繫在一起被認知的。這是一個完全正確的規定，這個規定一般而言是到處呈現的。沒有一件事物是單獨地被看見或說出的，而是還有許多的情況，這些情況是與它聯繫著的。「例如：在一個人的表象中有許多的事物產生，既有與這個人本身有關的，也有他周圍的事物：前者如顏色、六小、形象、運動、衣服等；後者如空氣、光、朋友之類。如果這些情況中沒有一個使我們感到不確定，或者致使我們把它們當作假的，如果所有的情況都相吻合的話，那麼，這個表象就是非常令人信服的了。」[142] 一個表象，如果與它所處的繁複的周圍情況相吻合，那它就是可靠的。我們可以把一根繩子當作是一條蛇，可是周圍的一切情況卻並不是看起來都像那個樣子的。[143]

（三）最後表象還應當是發展了的。是這樣講的：「此外，正如在判斷一種疾病的時候，要考慮到所有的症狀，如果所有的情況都吻合了，一個表象就有了說服力；所以又加上了第三個環節，這個環節可以使說服力加強，如果這個表象的所有的部分和環節都一一得

142 塞克斯圖斯．恩丕里柯，《反數學家》，第七卷，第一七六—一七七節。

143 塞克斯圖斯．恩丕里柯，《反數學家》，第七卷，第一八七—一八九節。

到了充分的研究的話」；這些部分和環節是不能予以直接假定的。「第二個環節只是各種情況直接自然的吻合；第三個環節所涉及的，則是對於這些與表象聯繫在一起的情況本身的研究，注意的是這幾個環節：判斷者、被判斷者、以及判斷的途徑。」一個人要判斷，就要確證。「正如我們在判斷一件不重要的事情的時候，一個證人就足夠了，在判斷一件比較重要的事情的時候，就需要有更多的證人，在判斷一件更加必要的事情的時候，就要透過比較各種證詞，研究各個證人本身」（證人們的資格）；「所以，在判斷微小的事情時，一個一般的令人信服的表象就夠了；在判斷有點重要性的事情的時候，就要有一個可靠的表象，一個不會在各種情況中造成搖擺不定的表象，而在判斷那些涉及公正而幸福的生活的事情時，則要有一個研究過它的各個部分的表象」，[144]這就是充分的表象，這個表象是可以引導我們指導生活的。我們看到（與那些把眞理放在直接的事物中的人相反，尤其與近代的直觀相反），直接的認識，內在的啟示或外在的知覺，這一種確定性，在卡爾內阿德斯那裡，是有理由占據最低級的地位的；發展了的表象是必然的表象，然而這種表象卻只是以一種形式的方式表現的。事實上，眞理只是在認識中，認識的本性是不可窮盡的；可是認識的主要環節卻是發展，以及各個環節的判斷活動。

我們看到，在新學園學派中，是說出了信念的主觀方面，換句話說，眞理並不是作為意

144　塞克斯圖斯・恩丕里柯，《反數學家》，第七卷，第一七九—一八四節。

識中的眞理，而是呈現於意識的現象，或者對於意識說基本上如此，亦即意識中的表象。因此要求的只是信念，只是主觀的確定性；眞理是不談的，要求的只是相對於意識的事物。學園派的原則把自己嚴格地局限在信念的表象上，走向表象的主觀方面。眞正說來，斯多噶學派也是把自在者放在思維裡，伊比鳩魯則把自在者放在感覺中；可是他們卻把這個叫做眞理。學園派把自在者與眞理對立起來，宣布眞理並不是存在者本身。眞理是一種意識，自在者本質上便具有著對於自在者的意識這個環節，沒有這意識它就不存在；這個看法是早先的哲學家們也有的，不過他們自己並沒有意識到。自在者與意識有本質的聯繫；自在者還是與眞理相對立的，還不就是作爲自在自爲者。自爲者的環節是意識；自在者是處在意識的後面，還在意識之先，但是卻把自爲者作爲本質環節牽引來與自在者對立。

推到極端，於是便產生了這樣的看法，認爲歸根結底一切都是相對於意識的，認爲一個一般的存在的形式也作爲形式而整個消滅。如果說，學園派還寧取一個信念、一個被假想爲眞實的事物，以爲勝於存在，彷彿其中有一個目的存在著，有一個關於自在的眞理的目標浮現著，那麼，這個單純的立定仍然還是處在無分別的一般的被假想爲眞實的事物之中，換句話說，一切事物只是以同樣的方式與意識發生關聯，只是被視爲一般的現象。學園派並沒有很牢固地持續下去，眞正說來，它從此就已經過渡到懷疑學派去了，懷疑學派是只主張有現象，只主張有主觀地被假想爲眞實的事物，可是這樣一來，一般的客觀眞理就被否定了。

肆、懷疑學派哲學

懷疑論完成了一切認識皆屬主觀的看法，將認識中的存在都普遍地用顯現這個名詞來代替了。懷疑論是最後的一個頂峰：存在物的形式，以及對存在物的認識的形式，都完全被取消了。懷疑論是這樣的一種哲學，它不能說是體系，卻又願意是體系。在懷疑論的面前，人們是懷著很大的敬意的。

這種懷疑論確乎顯得是一種非常使人敬佩的事物。自古以來，直到如今，懷疑論都被認爲是哲學的最可怕的敵人，並且被認爲是不可克服的，因爲懷疑論是這樣的一種藝術，它把一切確定的事物都消解了，指出了確定的事物是虛妄無實的。因此幾乎成了這樣的局面，彷佛懷疑論本身就是不可克服的，彷佛分別只在於看個人究竟是決意信從懷疑論，還是決意信從一種積極的、獨斷的哲學。懷疑論的結果無疑地是否定，是消解確定的事物，消解眞理和一切內容。懷疑論的不可克服性無疑地是必須承認的，不過這只是就相對於個人的主觀意義而言；個人可以採取這樣一種態度，對哲學不加理睬，可以採取這樣一個立場，只提出否定的主張。可是這只是主觀的不可克服性。懷疑論看來是一種爲人們委身信從的事物；我們有一種想法，認爲一個人如果投入了懷疑論的懷抱，便無法與他接近了；而另一個人卻只是安守著自己的哲學，因爲他對懷疑論是不加理睬的，眞正說來，他應當這樣做，因爲眞正說來，對懷疑論是無法反駁的。當我們避免了懷疑論的時候，懷疑論並沒有被克服，它依然站在它的那一方面，並且擁有著權威。因爲積極的哲學是容許懷疑論與它並存的；而懷疑論則相反。它要侵襲積極的哲學，它有法克服積極的哲學，積極的哲學卻無法克服它。

事實上，如果一個人眞正願意做一個懷疑論者，那他就是無法說服的，也就是說，根本不能使他變成一個抱持積極的哲學的人，如同一個四肢麻木的人是無法使他站起來的一樣。懷疑論實際上就是這樣的一種麻木不仁，就是一種對於眞理的無能爲力，只能做到確認其自身，而不能做到確認普遍的事物，只是停留在否定的方面，停留在個人的自我意識上。保持自己的個別性，正是一個個人的意志；誰也不能阻止他這樣做，可是這樣一來，一個人就不能單獨存在了。當然我們是無法把任何一個人從虛無中趕出來的。但是思維的懷疑論卻是另外一回事，它是要從一切確定的和有限的事物中進行證明，指出它們的不穩定。積極的哲學可以對懷疑論具有這種認識，就是：積極的哲學本身之中便具有著懷疑論的否定方面，懷疑論並不是與它對立的、並不是在它之外的，而是它自身的一個環節，然而是它的眞理性中的否定方面，而這是懷疑論所沒有的。其次要說到懷疑論對哲學的進一步的關係，這就是：懷疑論是一切確定的事物的辯證法。在一切對於眞理的觀念中，我們可以指出有限性，因爲它們之中包含著一種否定，因而也就包含著一種矛盾。通常的普遍、無限並不比個別、有限爲高；因爲與特殊相對立的普遍、與確定相對立的不定、與有限相對立的無限，也都正好只是確定的，它只是一個片面，本身是確定的。所以懷疑論是反對理智思維的，因爲理智思維把確定的區別當作最後的、存在著的區別看待。邏輯的概念本身同時也就是這種辯證法；因爲對於理念的眞正的認識就是這種否定性，而這種否定性同時也是懷疑論所固有的。區別只在於懷疑論者停留在作爲一個否定方面的結果上，說：這個和這個本身之中包含著一個矛盾，所以就消解了、就不存在了。這個結果是否定的；但是否定本身又是一個與肯定相對立的片面的規定性，換句話說，懷疑論只是一個理智的事物。懷疑論不知道這個否定同時也就是肯定，也就是一個本身有定的內容；因爲這就是否定的否定，也就是無限的肯定，自己關涉到自己的否定性。很抽象地來說，這就是哲學對懷疑論的關係。哲學是辯證的，這個辯證法就是變化：作爲抽象理念的理念是惰性的、存在的，但是理念之爲眞實，只是當它理解到自己是活生生的事物的時候；這也就是說，理念本身是辯證的，這樣才能夠揚棄那種靜止、那種惰性。所以哲學的理念本身是辯證的，並且不是偶然如此的；然而懷疑論卻相反，它只是偶然地運用它的辯證法，當材料和內容出現在它面前時，它才指出內容本身是否定的。

我們必須把**古代**的懷疑論與**近代**的懷疑論分開，並且只討論古代的懷疑論；因爲古代的懷疑論具有眞實的、深刻的性質。近代的懷疑論可以說和伊比鳩魯主義相近；這就是指哥廷根大學的舒爾茨以及另一些人所奠定的懷疑論。〔他寫了一本叫做《埃奈西德穆》的書，來比較他自己與那位懷疑論者的異同；在另外一些著作裡，他也拿出懷疑論來反對萊布尼茲和康德。可是儘管如此，他對於上面剛剛描述過的懷疑論的眞正地位卻茫然無知，舒爾茨並沒有陳述出他的懷疑論與古代懷疑論的不同，他只是承認有獨斷論和懷疑論，根本不承認有第三種哲學。舒爾茨等人所定下的基本原則是：〕[10]我們必須把感性的存在，把感性意識所給予我們的事物當成眞實的；但是對於其他的一切我們必須懷疑；我們所指謂的事物，是最後的事物，乃是意識的事實。〔古代的懷疑論者們誠然承認，人必須根據這個最後的事物來指導自己的行爲，但是他們並不肯定這個事物是眞理。近代的懷疑論只是反對思想、反對概念和理念，因而反對具有較高的哲學意義的事物；因此它把事物的實在性完全拋開不討論，而僅僅肯定從事物的實在性中根本論證不出什麼關於思想的事物。但是這卻並不是一種鄉下佬的哲學，因爲他們知道一切地上的事物都是變滅的，因而它們的存在與不存在是一樣的。近代的懷疑論〕[11]乃是主觀性，現在已經不是懷疑論了，乃是意識的虛驕；這種事物當然是無法克服的，〔然而這種虛驕〕[12]並不是基於科學、眞理的，而是基於自己、基於主觀性的。因爲他們總是說：這個對於我是眞的，我的感覺、我的心對於我乃是最後的事物。這裡說的只是確定性，不是眞理性。對於這個個別的主體的信念什麼也沒有說出，但是卻把它說得高不可攀。〔因爲一方面說眞理只不過是別人的信念，另一方面又把個人的信念放得高不可攀，而這個人信念又是一個「只不過」，所以我們必須把這個主體拋開，首先是因爲它的傲

[10] 據英譯本，第二冊，第三三一頁增補。——譯者
[11] 據英譯本，第二冊，第三三一—三三二頁增補。——譯者
[12] 據英譯本，第二冊，第三三一—三三二頁增補。——譯者

慢，其次是因爲它的卑下。古代的［13］懷疑論的結果也只是認識的主觀性；不過這個主觀性的基礎乃是一種發展了的思維，亦即用思維取消一切被認爲眞實和存在的事物，因而一切變滅無常。

現在首先要考察的，是懷疑論的外在歷史。懷疑論的發生是很早的，如果我們就它的極其不確定的一般意義說的話。感性事物的不確定性，乃是一種古老的信念，不研究哲學的一般群眾是這樣看的，向來哲學家們也是這樣看的。懷疑論者也曾根據歷史提出這個說法。一般意義的懷疑論，就是像人們所說的那樣：事物是變化的，它們是存在的，但是它們的存在不是眞實的，它們的存在也同樣包含著它們的不存在。例如今天是今天，今天也是明天，諸如此類；現在是白天，但是現在也是夜晚，諸如此類。對於我們認爲確定的事物，我們也能說出它的反面。如果我們說，一切事物都是變化的，那麼事物首先就有改變的可能，但是又不只是可能。萬物都是變化的，這一句話的意思，就一般的了解來說，就是：事物都不是自在的，它的本質是要揚棄自己的；萬物都是變化的，這就是它們的必然性。現在它們是這樣的，在另一個時候它們就是別的樣子了；而這個時候，現在，當我說到它的時候，本身就已經不復存在了，時間本身就不是固定的，也不能使任何事物固定。這種對一切規定的否定，就是懷疑論的特點。但是，作爲一種哲學認識的懷疑論，卻是比較晚出的。懷疑論是指

[13] 據英譯本，第二冊，第三三二頁整理文句。——譯者

一種有教養的意識，在這種意識看來，不僅不能把感性存在當作眞實的事物，而且也不能把思維中的存在當作眞實的事物；然後更進而有意識地辨明這個被認爲眞實的事物其實是虛妄無實的；最後則以普遍的方式，不僅否定了這個或那個感性事物或思維對象，而且有教養地認識到一切都不是眞的。

人們不正確地把懷疑論這件事說成一種懷疑的學說。懷疑只是不確定，乃是一種與確認相對立的思想，一種舉棋不定、一種懸而不決。懷疑包含著心靈和精神的一種分裂，它使人惶惶不安；這是人心中徘徊於兩者之間的狀態，它給人帶來不幸。在我們的詩歌中，懷疑者的處境乃是主要的環節。〔在《彌賽亞》中，就爲我們描繪出了懷疑的不幸。〕[14]它的前提乃是對於內容的深切興趣、乃是精神的一種期望，要求這個內容或者確立在精神之內，或者不如此：若不如此，便當如彼。懷疑是一種趑趄不前的疏懶狀態；據說懷疑便表示是一個細緻的、智慧的思想家，不過這是一種浮誇、一種空談。現在懷疑論已經進入生活中了，這就是普遍的否定。古代的懷疑論並不懷疑，它對於非眞理是確知的；它並不只是徘徊不定，心裡存著一些思想，認爲可能有些事物或許還是眞的，它是十分確定地證明一切非眞。換句話說，懷疑對於它乃是確定的，並沒有期望得到眞理的打算，它並不是懸而不決的，而是斬釘截鐵、完全確定的；不過這個決定對於它並不是一個眞理，而是它自身的確定性。這個決定

[14] 據英譯本，第二冊，第三三三頁增補。——譯者

乃是精神自身的安寧和穩定，不帶一點悲愁。

現在來講懷疑論的歷史。本來意義的懷疑論的歷史，通常是認爲從皮浪開始的；因此也就得到了皮浪主義的名稱。[145]我們已經提到過，懷疑論在某種意義下是比較早的。懷疑論者本身，例如塞克斯圖斯·恩丕里柯，也說到過它是很古的。塞克斯圖斯·恩丕里柯這個論述懷疑論的主要著作家，是從懷疑論的歷史開始講的。在某個意義之下，懷疑論者就宣稱「荷馬已經是一個懷疑論者，因爲他曾經從對立的方面講同一的事物」。他們又把比亞士也視爲懷疑論者，因爲他有一句格言說：不要擔保（這句話的一般解釋是：不要執著地把某物當作某物，不要執著於自己一心專注的任何事物，不應當相信任何一種情況、不應當相信對象是固定不變的）；色諾芬尼和巴門尼德的哲學的否定方面也是如此；赫拉克利特所抱持的原則是：一切皆流，因而一切都是矛盾的和變滅的；柏拉圖和學園派（也是懷疑的），[15]不過在他們那裡還沒有把懷疑論很明確地表達出來。[146]所有的這些都可以部分地被了解爲是認爲萬物都不確定的懷疑論。但是他們並不屬於懷疑論。這些人的看法並不是這種有意識的和普遍的否定，並不是這種有意識的亦即進行證明的否定，並不是這種普遍的亦即把客觀事物非眞

145 塞克斯圖斯·恩丕里柯，《皮浪學說概略》，第一卷，第三章，第七節。
[15] 據英譯本，第二冊，第三三四頁增補。——譯者
146 第歐根尼·拉爾修，第九卷，第七十一—七十三節；參看本書第一卷邊碼 184-185。

的看法推廣到一切的否定，並不是這樣一種否定，即確定地說一切均非自在，而只是對自我意識而存在，並且把一切都歸結到自己本身的確定性。此外新學園學派距離懷疑論是很近的，因而懷疑論者們花費了很多的氣力來說明自己與新學園學派不同，在懷疑學派內部也曾有過長期的重大爭執，爭論柏拉圖以及新學園學派究竟是否屬於懷疑論。[147]懷疑論者們是十分小心地要把自己與其他的哲學系統分開來的；例如他們與學園派的不同，便有過詳盡的論述。至於與新學園學派的不同，則講得更詳細。

皮浪被認爲是眞正的懷疑論的**始祖**。塞克斯圖斯．恩丕里柯[148]論到他時說：「他以具體的方式」，（即實質的、完備的方式）「更加明確地走到了懷疑」，他具有確定的意識，並且用了確定的話語。他比前面已經考察過的許多人還要早。不過既然我們應當把整個懷疑論加以理解，〔就要先談到他，〕那種比較更反對思維內容的、更精緻的懷疑論，是要晚一些的。這種懷疑論一旦使人發生了眞正的景仰，就屬於思維的範圍了。皮浪的懷疑論既反對感性事物的直接眞理性，也反對倫理生活的直接眞理性，但不是反對作爲思想內容的直接眞理性，像之後進一步發展出來的那樣。

147 塞克斯圖斯．恩丕里柯，《皮浪學說概略》，第一卷，第三十三章。

148 《皮浪學說概略》，第一卷，第三章，第七節。

至於他的生平事蹟，[149]看起來也和他的學說一樣具有懷疑的性質；關於他的生平，我們所知道的並不十分確實。皮浪生活在亞里斯多德的時代，生於愛利斯。我不想舉出他的老師們的名字；其中特別要提到的是阿那克薩圖斯，他是德謨克利特的學生，究竟實際上住在什麼地方，甚至大部分時間住在什麼地方，我們都是無法確定的。他的生平事蹟是不連貫的。爲了證明他在世的時候如何受人尊敬，傳說他的母邦曾經推選他擔任祭司長，並且雅典城還曾經授予他雅典公民權。最後據說他曾經跟隨亞歷山大大帝到亞洲旅行；他在亞洲與波斯僧侶和婆羅門曾有過密切的交往。人們說亞歷山大把他處死了，因爲據說他想謀殺一個波斯州牧；他遭遇這個噩運時是九十歲。如果這一切都是有根據的話，那麼，亞歷山大既然在亞洲度過了十二—十四年，皮浪就最早要在七十八歲時才到亞洲旅行。皮浪並沒有作爲公衆教師出現，而只是留下了個別的幾個受過他教育的朋友。懷疑論者因爲他而被稱爲皮浪派，[150]不過這並不是因爲他創立了一個學派；按照懷疑論的方式和精神，也是不能建立一個眞正的學派的。塞克斯圖斯[151]說：懷疑論並不是對於教條的選擇，而只是一種引導，一種廣

149 第歐根尼．拉爾修，第九卷，第五十八節；第六十一—六十五節；布魯克爾，《批評的哲學史》，第一冊，第一三二〇—一三二三頁。

150 第歐根尼．拉爾修，第九卷，第六十九—七十節。

151 《皮浪學說概略》，第一卷，第八章。

義的外在的選擇；它是指點人正確地生活、正確地思維的引導，並不是推崇某某教條，引導人達到懷疑論。關於他個人的懷疑態度的軼事，在傳說中比他的生平事蹟還要多，在這些軼事中，他的行動是被引爲笑柄的；其中懷疑論的普遍原則總是與一個特殊情況發生抵觸，因而荒謬的事情便好像自動地發展到那些看來首尾一貫無懈可擊的關係中，於是那舉動本身便顯得十分荒謬。因爲他宣稱感性事物的實在性是沒有眞理性的，所以人們便說，他在走路的時候，總是不走那沒有東西、沒有車馬迎面而來的道路，又說他正對著一堵牆一直跑過去，完全不相信感性知覺的確實性，諸如此類；而且總是說他周圍的朋友們把他拉開，將他救出了這一類的險境。但是當他九十歲到亞洲時，這種情形就沒發生了；這一類的軼事是很笨拙的，因爲他這個樣子能夠跟隨亞歷山大是不可想像的事。但是一方面我們也可以很清楚地看出，這一類的軼事只不過是捏造出來諷刺他的哲學的：這些故事的目的，就是指出懷疑原則的極端和後果來取笑懷疑論。懷疑論者們當然是承認感性存在的，不過他們是把感性存在當作現象來作爲生活中的行動依據，而不是把它當作眞理。塞克斯圖斯．恩丕里柯說到新學園學派時，曾說他們的學說之一便是：人在生活中的行動不僅要依據謹愼的規則，而且要依據感性現象的規律。

在皮浪之後，諷刺詩作者弗里亞西亞人蒂孟[152]變得特別有名。在他的諷刺詩亦即對一切

152 第歐根尼．拉爾修，第十卷，第一〇九節。

哲學家進行猛烈攻擊的詩句中，有許多曾為古代人所引用。這些詩句誠然很辛辣，罵得很凶，但是其中也有許多並不很幽默，並不值得保存。保爾教授曾經把這些詩句集錄在一篇論文裡，可是其中有許多是毫無意義的。歌德和席勒的同類作品當然有意思得多。

以後皮浪派就消失不見了，他們一般說來似乎只是孤立地存在著。我們在歷史上有很長一個時期只看見學園派與逍遙學派、斯多噶學派以及伊比鳩魯學派相對立，間或有幾個早期的懷疑學派可以提一提。

第一個復興懷疑論的是埃奈西德穆，他是克里特島的諾薩斯人，在西塞羅的時代生活於亞歷山大里亞，[153]這個地方很快地就開始與雅典競爭哲學中心與科學中心的地位了。在以後的年代中，學園派消失而歸入懷疑學派，學園派本來就是與懷疑學派只隔一層薄薄的牆的；於是我們看到懷疑論興盛了，代表著否定的方面。皮浪的懷疑論還沒有顯示出很多的教養，還沒有表現出引向思想的傾向，它只是反對感性的事物；這樣一種懷疑論，對於斯多噶學派、伊比鳩魯學派、柏拉圖學派等等的哲學教養是不能有興趣的。懷疑論要進而具有哲學所應有的資格，就必須在哲學的方面加以發展；埃奈西德穆便做了這種工作。

在最有名的懷疑論者中間，有一個人，他的著作大部分保存了下來，同時他對我們也極其重要；這個人就是塞克斯圖斯·恩丕里柯，但是他的生平我們可惜差不多完全不知道。他

---

153 第歐根尼·拉爾修，第九卷，第一一六節；布魯克爾，《批評的哲學史》，第一冊，第一三二八頁。

名叫恩丕里柯〔譯者按：Empiricus一字的意思就是「經驗者」。〕，因爲他是一個醫生。他的名字告訴我們：他是一個經驗派的醫生，不根據理論行事，而根據現象行事。我們從他那裡得到了這種哲學觀點的詳細闡述。他生活和講學的時間，大約在公元後二世紀中葉。[154]他的著作分爲兩個部分：（一）他的三卷《皮浪學說概略》（*Hypotyposes Pyrrhoniae*）爲我們一般地敘述了整個懷疑論；（二）他的《反數學家》（*Adversus Mathematicos*），是反對整個科學的，特別反對幾何、算術、文法家、音樂家、邏輯、物理學和倫理學，一共十一卷，其中有六卷是眞正反對數學家的，其餘五卷則是反對哲學家的。

在構成懷疑論者們的哲學或毋寧說方式的成分中，屬於皮浪和**早期**懷疑論者們的懷疑論的成分，是與**晚期**懷疑論者們加進這種方式的成分有分別的，這一點我們在進一步的考察中便可以看出。

學園派與**懷疑學派**之間的區別，是早就被提到了的，這是懷疑論者們討論得很多的一個問題。懷疑論的一個主要命題就是：不要表示同意。新學園學派的不同之點只是在表達的方式上。這種不同之點並沒有多大來頭，一般地說，它的根據只是懷疑論者們的一種毛病：他們要斬除和避免一切肯定的（獨斷的）說法，要在他們講述懷疑論的話語中根本不出現存在這個字眼，根本不出現一句涉及存在的話；例如：他們在一句話中，就總是用「顯得」

154 布魯克爾，《批評的哲學史》，第二冊，第六三一—六三六頁。

（*φαίνεσθαι*）來代替「是」。[155]他們說：「沒有任何確定的東西（*οὐδὲν ὁρίζειν*）；一切都是虛假的」，或者「沒有任何東西是眞的」；「*οὐδὲν μᾶλλον*」（不過如此而已），這些話，懷疑論者也並不把它看成眞的，這也是不言而喻的。[156]卡爾內阿德斯的新學園學派不把任何事

155　塞克斯圖斯．恩丕里柯，《皮浪學說概略》，第一卷，第七章，第十三節：懷疑論者承認感覺，感覺乃是感官印象的必然結果。例如：當他感覺到冷或熱時，他就不會說「我相信我不冷或不熱」。第十章，第十九節：說「懷疑論者廢棄現象」的人，我認爲是不明瞭我們學派的宗旨。因爲，像前面所說過的那樣，我們並不推翻那些有實效的感官印象，這些印象使我們不由自主地要加以承認；而這些印象就是「現象」。當我們問那實存的對象是否像它顯現的那樣時，我們承認「它顯現」這一事實，我們的懷疑並不涉及現象本身，而只涉及對這個現象所做的估量，這與問現象本身是什麼是不同的。第十章，第二十節：蜜對我們顯得甜（我們承認這一點，因爲我們透過感官知覺到甜），但是它本質上是不是甜的，我們認爲是一件可疑的事，因爲這不是一個現象，而是一個對現象的判斷。而且，即令我們眞是做出了否認現象的論證，我們也不是因爲存心要廢棄現象，才做出這種論證，而是借此指出獨斷論者的輕率。

156　塞克斯圖斯．恩丕里柯，《皮浪學說概略》，第一卷，第七章，第十四節……懷疑論者並不在任何絕對意義下建立這個公式；因爲他知道，正如「一切都是假的」這個公式肯定了它自身與其他的事物同樣虛假一樣，「沒有任何事物是眞的」這個公式也是如此，因此，「不過如此而已」這個公式也肯定它自身和其餘的一切一樣「不過如此而已」，這樣便把自己與其餘的事物等同起來了。第二十八章，第二〇六節：對於所有的懷疑學派說法，我們必須首先抓住一件事實。

物說成眞實的和存在的，或者思維所能同意的事物。所以懷疑學派與學園派是很接近的。純粹的懷疑論對學園派只有這樣的指摘：學園派還不純粹，因爲它說，這樣的同意是一件壞事，持保留意見的態度則是一件好事，因爲他們說「這是」而不說「這顯得」；因此他們沒有突出地顯示出懷疑的純粹性來。但是這無非是一種單純的形式；因爲內容立刻揚棄了形式方面的事物，揚棄了貌似肯定的事物。當我們說，「某事是一件好事，思維同意它」，並且問：「可是什麼是好，什麼是思維加以同意、以之爲眞實的事物呢？」這個時候，內容是這樣的：思維不應該同意；所以，形式是：「這是一件好事」，而內容卻是說，我們不應該把某物當作好的，當作眞的看待。懷疑論者也這樣指摘學園派，說他們在說到眞理時，教人承認一個表象比其他的表象更有或然性，好像某一表象具有較多或較少的眞理性，或者或然性使某一表象比其他表象更可取似的。與此相反，懷疑論者則不說出那個「是」字來（他們也不願把「是」字轉而了解爲「顯得」），在說到根據、眞理時，他們也不把某一個表象與其他表象分別開來。他們認爲每一個表象都是一樣的，一個表象和其他表象完全一樣，都同樣不能說成是眞的。「寧取其一不取其他」乃是懷疑論者所攻擊的形式之一；這樣一些表達的語詞是把話說得太肯定了。[157] 這是他們爭持不下的一場論爭。

懷疑論的目的，一般說來則是：在自我意識面前，由於一切對象性的事物，被認爲眞實

157　塞克斯圖斯·恩丕里柯，《皮浪學說概略》，第一卷，第三十三章，第二二六—二三三節。

的事物，存在或普遍的事物，一切確定的事物，一切肯定的事物，不管是被當作感性事物的還是被當作思想的，都統統消失不見了，而透過同意的時期，心情的不動和安定，它本身的這種「不動心」便出現了；我們在前面的較早的各種哲學中所看到的也就是這樣的結論。然而只要在自我意識面前有某物被當作眞理，不管它是感性的存在或思維的存在，這個事物就與自我意識結合在一起，它對於自我意識說就是本質，就是一個普遍的事物，超過自我意識的事物，對於它說，自我意識是個不足道的事物；而當這個固定的事物消失不見時，自我意識便失去自身，失去了它的支柱。它的安寧就是它的存在和眞理的實存。但是這個外在的確定的眞理並不是自在的存在，它是要動搖和軟化它的必然性的；於是自我意識便失去了它的平衡，便陷入不安、恐懼和煩悶了。而懷疑學派的自我意識則正是一種解脫，它擺脫了這種存在的全部眞理，擺脫了把自己的本質放在這一類事物裡的做法；懷疑的目的，就在於不把一切確定的事物和有限的事物當作眞理。自我意識漠然不動，有了自由，便不會失去它的平衡了；因爲執著在某物之上便使它陷於不安。因爲沒有任何事物是固定的，每一個對象都是變遷的、不安定的；這樣自我意識本身便進入不安了。所以懷疑的目的就在於揚棄這種無意識的成見，揚棄這種執著於自然的自我意識的成見，教人不要役屬於這樣一種事物；當思想把自己固著在一種內容上的時候，便要救治思想，使它擺脫這種執著在思想中的內容。自我意識一任這一類的存在歸於消失，從一切有限物、一切客觀物的動搖中，便出現了它的解放，它的單純的自我同一性；一種「不動心」，這是透過理性而獲得的，也只有透過理性才能獲得。反思就是反省我們未意識到的事物，思想就是把由於各種傾向、習慣等等而潛伏在人心中的事物帶進意識，把人之所以爲人帶進意識，但是這個事物立刻就消解了，因爲它是自相矛盾的；思想把這個矛盾帶進了意識。「於是便產生了『不動心』，這種狀態是隨著一切有限事物的動搖而來的，有如影之隨形」；這種平等、獨立，這種安寧，是由那種動搖中隨著思想而自行轉入意識的。塞克斯圖斯．恩丕里柯對這種「不動心」做了這樣的比喻：「正像阿佩萊斯[158]一樣，他畫一匹馬，可是無論如何畫不出馬吐的泡沫來，最後惱怒了，把他擦畫筆的那塊混合著各種顏色的海綿往畫上一丟，這樣竟造成了一個酷肖泡沫的形象。懷疑論者也是在各種存在物和各種思想的混合裡面找到自我意識的自我同一、安寧、眞實、不動心的。」[159]這種漠然不動的狀態，在禽獸是生而具有的，在人是透過理性而獲得的，這便把人與禽獸區別開來了。「有一次皮浪坐在船上，一陣風浪使同船的人驚慌失措，而一隻豬卻漠然不動，安安穩穩地仍舊在那裡繼續吃東西，於是他便指著豬說：哲人也應當像這樣不動心」；[160]但是哲人卻不應該像豬一樣，而應當出於理性。

所以構成懷疑論的本性的，就是這種由存在和思想中返璞歸眞的自我意識。凡是被視爲存在和思想的，他們因而都僅僅視爲一種現象或一種表象；但是被他們視爲這樣一種表象的

---

158 阿佩萊斯是一個希臘畫家的名字。——譯者

159 塞克斯圖斯．恩丕里柯，《皮浪學說概略》，第一卷，第六章，第十二節；第十二章，第二十五—三十節。

160 第歐根尼．拉爾修，第九卷，第六十八節。

事物，懷疑論者在有所舉動、作爲和有所不爲時卻以之爲指導。上面所引的那些關於皮浪的軼事，是與懷疑論者們的說法違反的。他們用來指導行爲的，確實他們所見所聞的事物，是正義和通行的法律，是深謀遠慮所要求的事物；[161]但是這對於他們並沒有一種眞理的意義，而只有一種確認，一種主觀信念的意義，主觀信念是沒有一種自在自爲的存在的價值的。

懷疑論也叫皮浪派哲學，而研求的懷疑是從 σκέπτειν 這個詞來的，意思是尋求，研究。[162]我們不可把 σκέψις 譯成懷疑的學說或多疑。懷疑論並不是一種懷疑。懷疑是安寧的反面，安寧則是懷疑論的結果。「懷疑」（zweifel）由「二」（zwei）這個詞而來，是一種反復游移於兩者或多者之間的狀態；人們既不安於此，也不安於彼，然而我們卻應當或者安於此，或者安於彼。例如：關於靈魂不死、上帝存在的懷疑，在四十年前[163]人們寫到的很多，在《彌賽亞》中便造成了一些關於懷疑的不幸的描寫，所以人們是願意或者安於此，或者安於彼的。懷疑論則相反，無論對於此或對於彼，都一律漠然視之；這就是懷疑論的「不動心」的立場。

懷疑論反對一切具有共相形式和存在形式的事物，以否定態度對待：作爲斯多噶學派

161 塞克斯圖斯·恩丕里柯，《皮浪學說概略》，第一卷，第八章，第十七節。
162 塞克斯圖斯·恩丕里柯，《皮浪學說概略》，第一卷，第三章，第七節。
163 黑格爾講這句話時是一八二五—一八二六年。

的思維對象的共相，確定的概念，具有單純的思想形式的內容；它反對一般感性確認的存在，感性的確認是把存在天真地認作眞實的，它也反對伊比鳩魯學派，伊比鳩魯學派是有意識地主張存在是眞實的。（由於懷疑學派把自己局限在這一點上，所以它是哲學本身的一個環節，哲學本身對這兩個方面正是持否定態度，只是把存在物當作一個被揚棄了的事物而認爲眞實。然而懷疑論卻以爲自己前進得更遠；它有一種企圖，要想對理念大膽嘗試一下，要想克服思辨的理念。可是思辨的理念把懷疑論本身包含在自身之內作爲一個環節，又超過了懷疑論。）它當然可以戰勝那兩個方面；但是理念卻既不是這一方面，又不是那一方面，懷疑論根本沒有接觸到理性的事物。對於那些不認識理念的本性的人，這是對懷疑論的一個永遠的誤解：他們以爲眞理必定是或者落於這一形式，或者落於那一形式，或者是一個確定的概念，或者是一個確定的存在。懷疑論並不反對作爲概念的概念、絕對的概念；絕對概念倒毋寧說是它的武器，只是它對這一點並沒有意識到。一方面，我們將會看到那種武器反對有限物，另一方面，我們將會看到懷疑論如何探索理性的事物。

所以進一步說來，懷疑論的一般方式，正像塞克斯圖斯所說的那樣，乃是「用盡力量以任何一種方式使感覺到的事物和思維到的事物對立起來」（感覺到的事物是按照伊比鳩魯學派的方式，思維到的事物是按照斯多噶學派的方式，亦即直接的意識和思維的意識，這兩個類包括了一切在任何方式下對立起來的事物）：「要使感覺到的事物與感覺到的事物對立，思維到的事物與思維到的事物對立，或者感覺到的事物與思維到的事物對立，思維到的事物與感覺到的事物對立」，這就是說，指出二者之間的一種相互矛盾，或者指出在一切確定的事物中「任何一個都和與它相反的事物具有同樣多的價值和效力」，換句話說，都同樣地可以相信和不相信；因此最後的結論便是：兩個都一樣，每一個都只是一個現象，「這樣一來，便產生了一個時代」（保留意見不同意以某物爲眞），「便產生了擺脫一切心情波動的自由。」[164]所以懷疑論一貫表示：只是顯得如此。但是懷疑論者們比現代純粹形式的唯心論的信徒們走得更遠；他們對付的是內容，指的是全部內容，不管是感覺的內容還是思維的內容，認爲都有一個與它相反的事物。他們指出同一個事物裡面的矛盾，認爲一切被設定的事物都也是相反的事物；這是懷疑論所謂假象的客觀方面，不是主觀唯心論。「於是感性的事物便與感性的事物相對立，因爲我們記得，同一個塔在近處看是四方的，在遠處看則是圓的」；這樣說也可以，那樣說也同樣可以。這誠然是一個瑣碎的例子，不過問題卻在於其中的思想。「或者是把思維到的事物與思維到的事物對立起來。人們認爲有一種天命」，在賞善罰惡，「因而人們向天體的體系呼籲；這與有一件事相反，就是善人常常倒楣，惡人卻很幸運，因此我們指出，並沒有什麼天命。」前面所肯定的與後面所說的「沒有什麼天命」相反。在說到「思維到的事物與感覺到的事物對立時」，引用了阿那克薩哥拉的規定，他說雪雖然顯得是白的，從根據、從思想說，它卻是黑的，因爲「雪是凍結的水，水卻」沒有顏

164　塞克斯圖斯·恩丕里柯，《皮浪學說概略》，第一卷，第四章，第八—十節；第六章，第十二節。

色，所以「是黑的，因此雪應當是黑的」。[165]

現在我們要來考察懷疑學派的論證方式的**進一步**情況。一般地是：他們使每一種確定的、肯定的、思維到的事物與它的反面相對立；這一點他們是以**一定的形式**提出來了。從懷疑論的本性來說，我們不能要求它有命題的體系；所指出的只是揭示對立的一些普遍的形式和方法。因爲作爲思想出現的事物是偶然的，所以加以抨擊的方式和方法也是偶然的，一般的方式就是如此；矛盾在一件事中間這樣表現，在另一件事中間那樣表現。

再則，懷疑學派應用來作爲揭示對立的**確定方式**的，並不是命題，而是一些**比方**、借喻，藉以達成保留意見的態度。他們應用到一切思維到和感覺到的事物上的，乃是一些地道的比方、形式，爲的是指出：它並不是**自在的**，而只是在一種對他物的關係中如此，所以它本身表現出另一個事物，而這另一個事物又表現出它來，所以一般地說，存在的事物只是顯現；它是直接出於事物本身，並不是出於另一個事物，是作爲眞正的被設定者。例如：人們說，經驗科學沒有眞理性，因爲眞理只是在理性裡面，這樣就只是假定了相反的方面了；理性的眞理性也是在眞理本身上得到證明的，並不是一個反駁：因爲理性的眞理性與經驗科學的眞理性都有同等的權利寄託在眞理本身上面和裡面。懷疑學派的學說就在於這些顯示出技巧、矛盾的比方。這些比方，我們只需要說明一下。

165　塞克斯圖斯·恩丕里柯，《皮浪學說概略》，第一卷，第十三章，第三十二—三十三節。

懷疑論者們自己（塞克斯圖斯）把這些比方分成老的和新的，有十個屬於老懷疑學派，有五個（或六個）屬於新懷疑學派。[166]這一點可以由它們的主張得到證明：那些老的反對一般的通常意識，屬於一種沒有什麼教養的思維，一種首先看感性存在的意識。它們反對我們所謂對事物的直接眞理性的通常信仰，以同樣直接的方式加以駁斥，並不是透過概念，而是透過對立的存在。它們在列舉中也有這種無概念性。五種晚期的則有較大的興趣。它們反對那種對涉及發展了的理智的意識的反思，反對科學範疇，反對感性事物的思維存在，反對透過概念對感性事物加以規定。例如：前者反對一個「是」字：這是一個四角的事物；後者則反對這個事物是一個。要是前者大部分在我們看來是極爲瑣碎的，我們就應該大加贊許，因爲它們是歷史性的，並且本質上是反對「這是」這個形式的。這無疑是一種高級的抽象意識，這種意識是以「這是」這個抽象形式爲對象而加以抨擊的。這些比方看起來很瑣碎普通，可是更瑣碎普通的是所謂外在對象的實在性，是直接的認識：「有藍色，這是黃色」；如果對所說的話如此好奇，就根本不必去談哲學。懷疑論主要是絕不把直接確認的事物當作眞的。在近代，哥廷根大學的舒爾茨大吹大擂地講他的懷疑論；他還寫了一本《埃奈西德穆》，還在另一些著作中爲懷疑論做了注解，來反對萊布尼茲和康德。在這種近代的懷疑論

166 塞克斯圖斯．恩丕里柯，《皮浪學說概略》，第一卷，第十四章，第三十六節；第十五章，第一六四節；第十六章，第一七八節。

裡面，承認了凡是在我們直接意識中的事物，凡是感性的事物，都是眞的。〔古代〕懷疑論者承認我們必須遵照這種事物行動，但是把一件事物當作眞的提出，在他們看來卻是辦不到的。近代懷疑論只反對思想、概念和理念，所以是反對高級的哲學理論；它因此聽任事物的實在性毫無懷疑地存在，只是宣稱從這裡面絕不能推出思想來。不過這並不是一種農民的哲學；因爲農民認爲一切世間事物都是變滅無常的，它們的存在與非存在也都是如此。我們現在所考察的老派懷疑論則相反，它正是反對事物的實在性。現在要詳細地講述它的說法。

（一）在那些**較早的比方**中，我們甚至看到缺乏抽象，不能以較爲簡單的普遍觀點統括它們的差異性；其中有一部分是以一個簡單的概念包括一切，有一部分是在它們的差異中又建立若干必然的簡單規定。塞克斯圖斯．恩丕里柯[167]便指出，「三個方式包括了一切：一個是判斷的主體，另一個是所判斷的事物，第三個是包括這兩方面的事物」，主體與對象的關係。如果思維進一步發展了，就把事物統括在這三個普遍的規定中。我們現在應當對這些方式作簡短的引證；在較老的比方中應當認識到缺乏抽象。從這些比方中可以說明直接認識的不可靠。關於直接認識的不可靠，我們對「這是」所說的，就是：

甲、「第一個比方是**動物機體的差異性**，即不同的生物對同一對象產生不同的表象和感覺。這一點懷疑論者們是由動物的出生方式不同推來的，有些透過交配，有些不透過交

167 塞克斯圖斯．恩丕里柯，《皮浪學說概略》，第一卷，第十一章，第三十八節。

配」，由一種單體生殖「產生；有些是卵生，有些是胎生。它們的出生方式不同，因此有許多東西對於它們是不一樣的；它們有不同的結構，不同的體質，同一的東西在不同的生物看來是不同的，產生一種不同的表象。」對象因機體而異，「例如顏色之於害黃疸病的人：表現爲白的東西，黃疸病人看成黃的」，別人看來是藍的東西，他看成綠的；一個人這樣感覺的東西，另一個人那樣感覺。「例如在動物中，不同的種類眼睛構造不同，有著不同的顏色，白的、灰的、紅的；因此其中所產生的感覺也一定不同。」[168]這種主體的差異性當然造成了一種感覺的差異性，換句話說，就是造成了某物對於主體說是怎樣的，而這一種表象的差異性，換句話說，也就是好像某物具有某種性質；感覺決定了對於性質的表象，因此性質的表象因感覺的差異性而不同。可是，如果我們說「這是」，這就是某種固定的東西，就是在整個環境中自我保存著的東西了；與此相反，懷疑學派則指出，一切都是變動的。這樣一來，等同性、同一性就被揚棄了；只有在這種感性的同一性、這種普遍性被揚棄了的時候，另一方面便進來了。但是普遍性或存在的基礎，卻正是我們知道事物像這樣顯現於黃疸病人（這是一個古老的例子），或者認識到感覺發生變化時所遵守的規律。所以這是一種感性的普遍性；這種普遍性變化了，黃疸病人便看見不同的顏色：所以又存在著一種普遍性、規律，這就是黃疸病人與他的感覺的關係：這是一種必然性。可是那種感性的普遍性當

168　塞克斯圖斯·恩丕里柯，《皮浪學說概略》，第一卷，第十四章，第四十—四十四節。

然不是眞正的普遍性，因爲它是直接的普遍性，而不是理解了的普遍性；這種普遍性是感性的普遍性，是感性的存在，對於它，非普遍性也就有同等的權利從它自身之內被指出來，而規律的必然性乃是另一種普遍性。「這是藍的，因爲我看見它是這樣」這個說法無異於說「因爲我看見它，所以斷定它是藍的」，對於這個說法，我們也可以同樣有權利指出另一個直接被看見的東西，而這個東西直接看來卻並不是藍的。

乙、「第二個比方是人們」在感覺和身體狀況方面「的差異性」，這一點總結起來是歸結到第一點的。「關於身體的差異」，懷疑論者湧起了各式各樣的「神經過敏」。例如：他們反對陰影是冷的這個命題，便引證「有一個人在太陽底下發抖，在陰暗處卻暖和了」。毒人參是有毒的，然而卻「有另外一個人能夠重重地服下一劑毒人參而不受損害」；因此「有毒」這個賓詞並不是客觀的，對一個人是這樣，對另一個人不是這樣；一個人這樣感覺，另一個人那樣感覺。「因此，因爲人們一定也有一種精神的差異性，並且說出極爲矛盾的判斷，所以我們無法知道應當相信哪一個。相信大多數人是無用的，因爲我們不能去問所有的人。」[169]這個比方又涉及直接的知識；如果問題到手，只是相信別人的說法，那麼，〔眾說紛紜，〕自然只有發生矛盾了。可是，這樣一種只願意相信別人的人，是不能夠聽取別

169 塞克斯圖斯·恩丕里柯，《皮浪學說概略》，第一卷，第十四章，第七十九—八十、八十一—八十二、八十五—八十九節。

人所說的話的；這種信仰乃是對一個直接命題的一種直接了解。因爲它不要根據。根據首先是中介，是直接命題的語詞的意義。人們的差異性，一般地說，乃是某種現在也以別種方式出現的事物。人們說，人們在趣味、宗教等等方面是各不相同的；宗教必須讓每一個人自己做主，每一個人都是在自己的立場上形成他的宗教和世界觀。由此得出的結論是：在宗教方面，並沒有什麼客觀的、眞實的事物，一切都歸結於主觀性，於是反對全部眞理的漠然態度便產生了。既然不復有教會，每一個人就有自己的教會、自己獨有的祈禱儀式，每個人就有自己特有的宗教了。在這裡可以再補充一點：在這裡，懷疑學派特別發揮各種哲學的差異性，正如各個時代的那些以任便的藉口來節省哲學研究的氣力並且爲這種省力的辦法作辯護的人一樣。這一點塞克斯圖斯·恩丕里柯說得很詳細。如果斯多噶學派的原則就其直接性說是說得過去的話，那麼伊比鳩魯學派的相反的原則也有同樣多的眞理性，也同樣說得過去。事實上，這種對立面的簡單的存在方式，乃是人類自然文化中的一個環節。這是在他的城市、他的國家裡流行的事物；他完全不自覺地生活在這種方式中，遵守這種風習，並沒有想到他有這種風習。他來到一個外國，大吃一驚，透過對立才經驗到他有這種習慣，同時立刻就拿不穩主意，不知究竟是自己的不對還是相反的事物不對。因爲那與他本國流行的事物、相反的事物也同樣地流行，他就沒有進一步的根據了；這是光禿禿的差異性範疇。如果按照著這種方式說話，這一種哲學的命題、主張就是這樣：最大的差異發生的情形就是如此。於是就有人說出這樣的空話：因爲各個時代最大的思想家的想法各不相同，不能取得一致，所以相信自己能做到他們沒有做到的事，乃是妄自尊大；對知識的恐懼使他們以理性的懈怠來換取美德。似乎差異並不能說是假的，這是事實；泰利士、柏拉圖、亞里斯多德所講的哲學各不相同，我們看起來他們的哲學似乎不僅各不相同，而且互相排斥。然而如果要想在這樣一些命題裡去認識各種哲學，這種方式卻正表示對哲學無知：這樣一些命題並不是哲學，也不表現哲學。哲學正好不是一個命題的這種直接的事物，不是本質上正要拋開的那種認識；這些人是在一種哲學中看一切，但是他們都沒有看見同一的哲學。如果各種哲學系統竟是如此不同，那並不是像白與甜、綠與糙那樣不同，而是在有一點上一致，就是它們都是哲學，這就是他們所沒有看見的那個事物。說到各種哲學的差異，在這裡應當注意這種直接的看法，注意這種以直接方式說出哲學的本質的形式。這一種情況當然也反對「是」字，所有的情況都反對「是」字；可是眞實的事物並不是這個枯燥的「是」字，主要的卻是過程。各種哲學的相對差異——位置的差異（第五個比方）——永遠是作爲一種聯繫的，因此並不是「是」字。

丙、「**第三個比方是各種感覺器官之間構造上的差異**」（眞正說來這是一個附屬的比方）：「例如在一幅畫上有些東西眼睛看起來突出，摸起來卻不突出」[170]（平滑）。事實上這樣一個規定並沒有透過任何感官揭示出事物的眞理來，並沒有揭示出事物的本來面目。必然會意識到，無思想地一一列舉「有藍的、方的等等」是不能揭示事物的存在的；這些乃是賓

170　塞克斯圖斯·恩丕里柯，《皮浪學說概略》，第一卷，第十四章，第九十一—九十二節。

詞，並不述說作爲主體的事物。重要的是注意各種感官的對立；它們是互相矛盾的，不同的感官是以不同的方式感知同一事物的。

丁、「第四個比方是主體因自身內部的不同狀態和變化而產生的情況的差異，這種差異使人必須對事物保留判斷不作主張。同一事物在同一個人看來可以不同，依情況而定，例如在靜止中或運動中，以及在夢中或醒時」，在心情安定或激動時，在有煩惱時，「恨或愛時，清醒或酒醉時，年輕或年老時。在這些不同的情況中，常常會對同一對象做出很不相同的判斷；因此只有把事物當作現象來表達。」[171]

戊、「第五個比方涉及不同的位置、距離和地點；事物從各個不同的立場看來是不同的。」位置：「一條」很長的「大路，在一個站在前端（一頭）的人看來，後端（另一頭）是縮成一點的，可是如果這個人跑到那一頭去，後端就與他在前端看到的同樣地寬了。距離」眞正說來「就是對象的大和小的差異。地點：燈籠裡的光在太陽光下很弱，在黑暗中卻放光明」；因此就不能說光是亮的。「鴿子的脖子站在不同的地點看時現出不同的顏色」；從這裡看是藍的，從那裡看是黃的。[172]特別是對於運動有許多不同的見解。最著名的對立是太陽繞地球還是地球繞太陽的對立（應當是地球繞太陽，看起來卻好像太陽繞地球）。可是

171 塞克斯圖斯·恩丕里柯，《皮浪學說概略》，第一卷，第十四章，第一〇〇節以下，第一一二節。

172 塞克斯圖斯·恩丕里柯，《皮浪學說概略》，第一卷，第十四章，第一一八—一二〇節。

後一種說法是有根據的，前一種則不然，因爲一種感性知覺與另一種感性知覺相矛盾，其中並不表現存在。

己、「第六個比方是由混雜得來的，因爲沒有任何事物是單獨地、孤立地進入感官，都是與別的事物混雜在一起的；事物與別的事物混雜在一起就改變了。」例如一種氣味在空氣中是與這種或那種溫度結合在一起；「氣味在陽光下面要比在冷空氣中強烈些。此外，由於主體本身，也產生出這樣一種混雜。眼睛由各種不同的皮膜和液體構成，耳朵有各種不同的管道；因此感官不能讓感覺——光、聲——純粹地爲我們所接受，感性的事物首先是與這些皮膜混合在一起而達到我們的眼睛，與耳朵的管道混合在一起達到耳朵。」[173]也同樣可以（正是以這種方式說）說，感官中的感性的事物正是提煉過的：例如聲音來自一個靈魂而具體化，理解的耳朵又把它加以提煉淨化。

庚、「第七個比方是結合（凝聚），大量或大堆的事物透過結合便表現出不同。例如冰是透明的；可是如果把冰壓碎，結合便改變了，冰便失去它的透明性了。刮下來的羊角屑呈白色，可是在整個羊角上卻是黑的；磨成粉末的卡拉拉大理石呈白色，可是整塊的卻是黃的。」大量也同樣不是實體：「適量的酒可以使人強壯和爽快，大量的酒則使身體傷損；藥

173 塞克斯圖斯．恩丕里柯，《皮浪學說概略》，第一卷，第十四章，第一二四—一二六節。

品也是一樣。」[174]認爲量和結合對於質和分解沒有關係，乃是一種抽象的看法，量的變化也能使質發生變化。

辛、「第八個比方」（關係，這是一種普遍的比方）「來自事物的相對性」（一切存在和思想的相對性是一種更加內在、更加重要的規定性，眞正說來，以上的那些比方都當然歸結到相對性上面），「由此我們得出結論：由於一切都與某物有關係」（只是表現得與某個確定的事物有關係），「所以我們必須對那種是獨立的、本來」（實體）「的事物保留判斷，不加同意。必須指出，我們在這裡用了『是』字，但是意思只是指『顯得』。關係可以分兩個方面來說：一、在主體、判斷者方面，這種差異性我在上面那些情況中已經見到了；二、在對象、待判斷者方面，則如左與右。」[175]塞克斯圖斯「是這樣論證的：被認爲獨立而且不同於他物的事物，與單純的相對的事物有什麼分別呢？它是與相對者相異，還是相同？(1)如果它與相對物相同，那麼它本身就是一個相對物。(2)如果它與它相異，那麼它又是一個相對物了。因爲凡是與某物相異的事物，就是與某物有關係；因爲它是處在與同它有別的事物的關係中。一般的相對性是在被說成絕對的事物中」；但是關係本身卻是一種與自身的關係，而不是與他物的關係。關係包含著對立：與他物有關的事物，一方面是獨立的，而

174 塞克斯圖斯·恩丕里柯，《皮浪學說概略》，第一卷，第十四章，第一二九—一三二節，第一三三節。

175 塞克斯圖斯·恩丕里柯，《皮浪學說概略》，第一卷，第十四章，第一三五—一三六節。

另一方面，由於它在關係中，也不是獨立的。如果某物與另一物有關，則另一物也與此物有關，所以它不是獨立的。可是如果一物的反面與此物有關，則此物的非存在也與此物有關；這是一個矛盾，如果沒有反面，自己就立刻不存在。「因爲我們不能把相對物與它的反面分開，所以我們也不知道獨立、本來的事物，因此我們必須保留判斷，不加同意」。[176]

壬、「第九個比方是事物的罕見或常見；這也同樣改變對事物的判斷。罕見的事物比常見的事物受到更大的珍視；習慣使這個人對一件事作這樣的判斷，使那個人對此作那樣的判斷。因此習慣是一種狀況，它也容許我們說，事物在我們看來是這樣，並不是普遍地、一般地說，事物是這樣的。」[177]如果有人說，這是這樣的，別人就也能指出一個情況，在這個情況中，可以對這件事加上相反的賓詞。那麼在人的抽象中，是不是主要地要有一個君主呢？——並不。——等級呢？——並不。——共和國呢？——並不；諸如此類。因爲這些事物在這裡有，在那裡並沒有。

癸、「第十個比方特別關係到倫理，涉及風俗、習慣和法律。」合乎風俗、合乎道德的事情也不是一樣的；這個地方認爲公正的事，別的地方認爲不公正。對於這一點，懷疑論的態度是：「指出公認的法律的反面也被人所公認。」在一般人對於肯定某一件事的普遍了

176 塞克斯圖斯．恩丕里柯，《皮浪學說概略》，第一卷，第十四章，第一三七、一四〇節。
177 塞克斯圖斯．恩丕里柯，《皮浪學說概略》，第一卷，第十四章，第一四一—一四四節。

解中，最後的根據是說這是法律或習慣，例如兒子應當爲父親還債，唯一的根據是法律有此規定，因爲直接看來是如此。與此相反，懷疑學派卻指出與此相反的事情也爲人所認可。「兒子承擔父親的債務，這是羅得斯的法律。」懷疑學派指出，「在羅馬，兒子如果完全放棄了父親的財產，就不承擔父親的債務。」[178]在存在方面，如果因爲某物存在而認爲某物眞實，便可以指出相反的事物來，這個事物也是存在的；法律也是一樣，如果因爲它被人認可而說它有根據，那麼與它相反的法律也是如此的。既然都一樣，就都無效了。

現在我們來看這十個比方，眞正說來，都不是邏輯的說法，並不歸到概念，而是以經驗的方式，直接反對經驗的事物。從直接的確認提出某物是眞的，再以同樣的方式指出此物的反面也同樣確實，因而認爲它的反面是有效的，而以任何一種別的觀點也可以指出它無效。一個事物的反面，說它有效，是牽連到不同的情況上，這十個比方就包含著這些情況。像上面所陳述過的，呈現物的不一樣的情形，有的是歸到作判斷的主體；前四個比方就屬於這一類：判斷者或者是動物、或者是人、或者是人的一種官能、或者是人身上的一些特殊情態。有的是歸到對象，第七和第十個屬於這一類：數量使一件事物變成完全不同的事物，道德因地點不同而異，卻都被認爲唯一絕對必須遵守、不許違反的事物。第五、第七、第八、第九個比方則涉及主體和對象兩者的聯繫，也就是說，兩者都包含著關係；指出

178　塞克斯圖斯·恩丕里柯，《皮浪學說概略》，第一卷，第十四章，第一四五、一四八—一四九節。

了事物並不是單獨出現的，而是在與他物的關係中。

我們從內容和形式來看這些比方的更早的起源。內容應當只關乎存在，從內容看，只是揭示出變化，或者找出事物現象的反面，找出它的不穩性，並沒有指出事物的自身矛盾，亦即沒有指出事物的概念。從形式看，這些比方表現出一種不熟練的思維，這種思維還不是在普遍的觀點下提出這一堆比方，塞克斯圖斯就是這樣做的，要麼就是把普遍的事物、相對性與他的特殊方式並列著提出來。這些比方看起來一方面是很瑣碎、呆板的，我們不習慣於在這種方式上放下很大的重量，站立在上面。但是事實上，它們反對普通常識的獨斷主義卻完全中肯。獨斷論者正是說：這個是這樣的，因爲它正是這樣；這是從經驗中採取的一個方面。懷疑論向他指出，他所採取的事物本身就帶有各種偶然性和差異性，使事物在他看來有時這樣，有時那樣，使他注意到自己或者別的主體也同樣可以用直接的方式，以同樣的根據，亦即並無根據地說，這不是這樣，而倒是與此相反。這些比方的意義還是永遠有它的價值。如果信仰、正義是感情所建立的，那麼這個感情就在我心中；別人也可以說，這是在我心中。價值應當在於發現，因爲並未發現而進行指點是不難的；因此存在便被貶抑而爲現象，每一個肯定都可以有一個相反的肯定與它同樣有效。

（二）懷疑論的另外五個比方具有一種完全不同的性質；這些比方比較屬於思維的反思，包含著確定概念本身的辯證法。這些比方看起來要好些，顯然來源比較晚。同時也顯然可見，這些比方描述了一種完全不同的哲學思維的立場和修養。他們特別反對概念的各種思想形式和規定性。塞克斯圖斯・恩丕里柯[179]論述了這些情況。

甲、「**第一個比方是意見的差異性**」，這裡指的確乎不是動物和人，而是「哲學家們」，這一點上面已經講到了。塞克斯圖斯（和西塞羅所講的一個伊比鳩魯學派門徒）引證「人們據以推出結論的學說的繁多，每一個都有人主張」。哲學家們和其他的人們現在還常常利用這個比方；懷疑論的這個比方是很受人喜愛的。哲學意見的差異性應當是用來反對哲學的無敵的武器。在開頭我們已經說過，對於這種差異性應當怎樣理解。哲學的理念是唯一並且同一的，雖然哲學家們本身並沒有意識到這一點；可是那些對這種差異性說得那麼多的人，對哲學的理念也是同樣的無知。眞正的差異並不是實質的，而是不同發展階段中的差異。差異性也可以包含片面性，如斯多噶學派、伊比鳩魯和懷疑論；全體才是眞理。每一個哲學都是哲學；這與水果和櫻桃的關係是一樣的。

乙、「**陷於無限**」（無窮遞進），一個很重要的比方。「懷疑學派指出，爲了某項主張而提出的根據，本身又需要有根據，根據的根據又要有根據，如是直到無窮」（這樣就達不到任何根據，因爲總歸要停止的）；由此可見，也就必須保留判斷，不加同意，因爲可以作爲出發點的肯定是沒有的。由此可知，固定的根據是無法指出的，每一個根據總是還要有它

179 塞克斯圖斯・恩丕里柯，《皮浪學說概略》，第一卷，第十五章，第一六四—一六九節。（第歐根尼・拉爾修，第九卷，第八十八—八十九節。）

的根據。在近代，有許多人對此加以誇大；這是一個反對理智、反對所謂理性推論的很正確的比方。人們有前提；從根據進行推論應當是一種認識的力量，然而人們卻有著無根據的事物或前提。

丙、「**關係**的比方（各個規定的相對性）已經見於上面：我們所斷言的事物，看起來一方面表現在對作判斷的主體的關係中，一方面表現在對別的事物的關係中，並不是獨立的、本來的。」

丁、「**假設**的比方。當獨斷論者發現自己要追溯到無窮時，他們就提出一個原則，這個原則他們不加證明，是要簡單地、無證明地」（直接地）「予以承認的，就是一個公理。」獨斷論者有權利假定一個公理爲不加證明的事物，懷疑論者也有同樣的權利，或者——如果願意這樣說的話——也有同樣的不正當的權利把反面假定爲不加證明的事物，這兩個假定都同樣有效。因此一切定義都是假設。斯賓諾莎做了這樣的假設：假定了無限、實體、屬性；然後前後一貫地推出其餘的事物。今天人們則提出種種肯定，談論意識的事實。

戊、是「**相互性**的比方，即 Diallelus 或循環論證。所講到的事物以某物爲根據，但是此物本身又要以另一物爲根據；這樣就需要那應當以此物自身爲根據的事物，每一個都以對方爲根據」。若要在證明時不陷於無限而又不假定任何事物，根據本身就要以拿它作爲根據的事物作爲根據。人們說：現象的根據是什麼呢？是力量。可是力量本身卻只是從現象的各個環節中引申出來的。

懷疑論一般說來並不是一種反對由根據而來的事物的推理，這些根據是會出現的，智慧會在特殊的對象上把它們揭露出來；懷疑論乃是一些比方，乃是對於各種範疇的意識，高級的意識。全部形上學——理智的形上學——的缺點是：(1)一方面證明陷於無限；(2)另一方面假定直接的認識。

「懷疑學派的全部考察（σκέψις）或『研求』——ζήτησις，因爲他們也自稱ζητητικοί（研究派）[180]——「都歸結到這五個一般的比方上」，這一點塞克斯圖斯[181]指出如下：

(1)「我們面前的對象，或者是被感覺到的事物」（伊比鳩魯），「或者是被思維的事物」（斯多噶學派）。「由於對象也可以用不同的方式加以規定，所以對於對象就不斷地發生意見的差異」，尤其是哲學意見的差異。（這就是第一個比方。）「因爲有些人認爲感覺到的事物是眞的，也有些人認爲只有思維到的事物才是眞的」（標準）；「又有些人則認爲有些感覺到的事物和有些思維到的事物是眞的。」所以這是一個矛盾。這也是近代爲人喜愛的比方，即藉口各種哲學的差異性而不承認哲學中的任何事物；人們指出，另一些哲學所主張的正好相反。我們是不能得到眞理的；因爲人們對眞理的想法太不一致了。塞克斯圖斯進一步說，「究竟是否應當使這個矛盾統一起來呢？如果不應當，我們就應該保留判斷，不加

180 塞克斯圖斯．恩丕里柯，《皮浪學說概略》，第一卷，第三章，第七節；第歐根尼．拉爾修，第九卷，第六十九—七十節。

181 塞克斯圖斯．恩丕里柯，《皮浪學說概略》，第一卷，第十五章，第一六九—一七七節。

同意。可是如果這矛盾應當解決，那麼問題就是：應該用什麼辦法來予以解決？」標準、尺度、自在者應當包含在什麼事物裡面？「感覺到的事物究竟應當由感覺到的事物來判斷，還是由思維到的事物來判斷？」

(2)每一個方面都各自進展到**無限**；這是一個描述，應當單獨加以證明。「如果感覺到的事物應當由感覺到的事物來判斷，那就要承認（因爲所說的正是感覺到的事物），這個感覺到的事物需要另一個感覺到的事物作爲根據」；因爲要對這一點信服，並不是沒有矛盾的。「既然作爲根據的事物又是一個感覺到的事物，那麼它就需要有拿來作爲根據的事物，它也同樣需要有根據；這樣，就進於無限了」（第二個比方）。如果拿思維到的事物作爲標準，情形也是一樣。「如果拿思維到的事物作爲感覺到的事物的判斷者」，或者把自在的存在放在思維到的事物裡，「那麼，這個思維到的事物也同樣需要有另一個事物作爲根據，因爲它本身並不是一個爲大家一致同意的事物。」所以思維到的事物也同樣必須有所根據。「可是作爲根據的同樣是思維到的事物，也是又需要有根據的；這樣就也同樣陷於無限」，這是按照第二個比方。事實上，一個被稱爲命題的事物，哲學就是被了解爲具有一個最高的命題，具有一個簡單地表達出來的眞理、自在者：絕對就是這個，是絕對需要憑藉的（命題是直接的），也就是說，需要有一個根據。因爲命題是一個確定的事物，它有另一個事物與它對立，自在者或者是存在，或者是思維。但是作爲它的根據的另一個命題又具有同樣的性質。作爲命題，它是兩個環節的結合，而這兩個環節是相異的；這兩個不同的事物的結合必須有一個憑藉。這裡就是因果關係。我們從結果上溯到原因，可是原因也並不是最初的事物，本身乃是一個結果；這樣也就同樣陷於無限了。但是如果陷入了無限的進程，也就得不到任何根據了，因爲拿來當作原因的，本身只是結果。這樣就只有一直下去，處在永無止境的狀況中，而陷於無限，也就是說，得不到任何原因、任何根據。有一種錯誤的意見，把這一進程看成好像是一個眞正的範疇似的；在康德和費希特那裡，也有這種錯誤的意見；然而卻並沒有眞正最後的事物，並沒有自身同一的事物、最初的事物。理智把無限的推進說成某種了不起的事物，可是，理智說到一個原因，而又表明這只是一個結果，這卻是矛盾的。這樣只有陷於矛盾，不斷地重複同樣的事物，而不能解決問題，得到眞正的在先者；因此把無限推進看成眞實的事物，乃是一個錯誤的意見。

(3)透過對立截斷陷於無限的尋找根據的進程。可是更進一步，這種無限的進程（亦即得不到任何根據）應當是不夠的，這一點懷疑學派也見到了，這種無限進程應當予以截斷，所以便出現了下列的事情：「在思想中去找存在或感覺到的事物的根據」，對思想與感覺的對立作如此了解，以致反過來「爲了給思想找根據，就必須把感性事物或感覺到的事物拿出來」；爲了給思想找根據（如果不願意進到無限的話），剩下的就只有感性事物，沒有別的東西。這樣就每一個都有了根據，就不會進到無限了；作爲根據的也就是以之爲根據的東西，只是從一個到另一個。所以自在者乃是一面。「所以這就落入相互性的比方了。」可是這樣也同樣沒有建立根據；每一個都是憑藉另一個，沒有一個是眞正自在自爲的，只有對於另外的事物的自在者。這樣，自在者就被揚棄了。

(4)「可是如果透過一個不加證明的公理」，把它當作一個自在的、「最初的事物，當作絕對的根據，從而避免了陷於無限，那麼，這個論證就落入假設的比方，落入第四個比方了」，這是上面已經提到過的。「如果可以承認這一個，那麼就同樣可以承認相反的那一個。」這樣，絕對的主張、絕對者就是我了，這是唯心論；相反地，也正好有同樣的權利主張絕對者是存在。前者在直接確認其自身時說，我對於我是絕對的；後者在確認其自身時也同樣說，事物存在對於我是絕對確切的。唯心論並沒有證明前者，揚棄後者，而是站在前者一邊，從它的原則出發做出主張；然而一切都歸結到：因爲我是絕對的，所以非我不能是絕對的。反過來是：因爲事物是絕對的，所以我不是絕對的。「如果可以直接假定某物爲不加證明的事物，那麼，假定另一個事物來證明此物，就是不合理的，因爲這是爲此物而假定的；我們只要認定所提到的事物爲自在的事物就是了。可是這樣做不合理，不這樣做也不合理。」人們在有限科學中也是這樣辦的。如果有權利像獨斷派那樣假定某個事物，別人就也同樣有權利假定某個事物。這樣就出現了近代的主體的直接啟示。每一個人所做的事，無非是肯定在自己意識中發現上帝存在；而每一個人也有權利說，在自己的意識中發現上帝不存在。在近代，人們以這種直接認識並沒有走到古人那麼遠，可以說並未超過古人。

(5)「此外一切感覺到的事物更與另外的事物發生一種關係，與感覺者發生關係」；它的概念正是對另一個事物存在。「思維到的事物也是一樣；思維到的事物乃是思維的普遍對象，它也具有對另一個事物存在這一形式。」

總括來說，確定的事物，不管它是存在的事物還是思維到的事物，(1)本質上乃是作爲確定的事物，作爲另一個事物的否定方面，也就是說，它是關係到另一個事物，對另一個事物存在，關係；在這裡面，眞正說來已經窮盡了一切。(2)這種對另一個事物的關係，如果被視爲確定物的普遍性，那麼另一個事物就是此物的根據；可是這個根據與以之爲根據的事物相對立，它本身乃是一個確定物，首先在以之爲根據的事物（存在物）中具有它的實在性，與普遍者相對立。而這個普遍者又被看成一個一般的普遍者，也是有條件的，也和前面的一樣，陷於無限。(3)一物作爲確定的事物，有另外的事物對它存在，則它在這另外的事物中具有其實在性；如在意識中便有另外的事物對它存在。要一物存在，就必須有這另外的事物存在，這個對象是對他物存在的；二者互爲條件，互爲憑藉，但是沒有一個是自在的。這個根據在存在物中有其實在性，這個存在物又在普遍者中有其實在性，相互性；這乃是自身對立，互爲根據。(4)凡是自在的事物，便不是以另一物爲憑藉的事物，它是直接的事物，它存在，是因爲它存在，因此它便是一個被預先假定了的事物。它是這樣一種根據，可以從其中產生出別的事物來；人們每每存著一種虛妄的觀念，以爲認識好像具有這樣一種性質，因而從一個原則中可以派生出其他的一切。可是，這個原則、最初的事物，作爲原則來看，本身乃是一個確定的事物；派生出來的事物是與它不同的另一個事物，是與它對立的。人們以爲，因爲原則是普遍的，所以無所不包。誠然。然而原則是普遍的這一點，同時卻正是它的規定性；而這個派生的、特殊的事物卻又是一個異於它的另一規定性。(5)如果把這個確定的事物拿來作如此假定，那麼就也可以把別的確定的事物拿來作如此假定。

這些懷疑學派的比方所指斥的，事實上就是一種獨斷論哲學（獨斷論從本性上說是必須輾轉於這一切形式之中的），但不是就獨斷論哲學具有一種積極內容而言，而是就其斷言某種確定物爲絕對而言。獨斷論哲學的概念，在懷疑論者一般是指斷言某物，將某物認定爲自在者；與唯心論相反，獨斷論哲學是斷言一種存在爲絕對。可是有一種誤解或形式的了解，以爲反過來一種哲學只要不是懷疑論，就是獨斷論。照懷疑學派所說的，斷言某物的獨斷論事實上只是這樣一種學說，它把一個確定物，例如我或存在，思想或感性事物，斷言爲眞實的事物。然而哲學、思辨哲學雖然有所斷言，卻並不像那樣斷言一個確定物，也不以一個命題的形式來說出它的眞理，它並沒有原則；換句話說，因爲原則也可以得到一個命題的形式，所以屬於命題本身的事物對於理念並不重要，內容的性質就在於揚棄這個存在，這個直接物本身（在學園派就是這樣的）。獨斷論與唯心論是對立的，所以必須清除這許多誤用、誤解和空談。批判論一般地不知道什麼自在的、絕對的事物，認爲一切對自在的存在本身的知識都是獨斷論，因爲它是最厲害的獨斷論，因爲它堅持自我、自我意識的統一與存在相反，乃是自在自爲的，並且產生出自在物來，認爲自我意識與存在兩者是不能結合起來的。唯心論也認爲這種學說是獨斷論，例如柏拉圖和斯賓諾莎便是把自我意識和存在的統一說成絕對，而不把與存在對立的自我意識說成絕對。

懷疑學派的比方反對這一切獨斷論哲學、這種批判論和唯心論，具有否定的力量，指出它們斷言爲自在的事物都不是自在的。因爲這種自在的事物是確定的事物，抵抗不了否定性，抵抗不了對它的揚棄。懷疑論對否定方面有了這種意識，如此確定地想到了否定的形式，是值得尊敬的。懷疑學派的舉動，並不是像人們所說的那樣，使人提出一種異議，指出把事物想成別樣的可能性，做出隨便反對這種斷言的認識的任何一種攻擊。這並不是經驗的做法，而是包含著科學的規定。這些比方歸結到概念，歸結到規定性的本質，並且詳盡無遺地反對確定的事物。懷疑論者要想在這些環節中維護他個人的想像中的偉大。這些比方證明了懷疑學派在論證進展中的高級意識的出現，這是一種高於通常邏輯、高於斯多噶學派的邏輯和伊比鳩魯的準則的意識。這些比方乃是理智所陷入的必然對立。在這些比方中囊括了一切理智形上學的缺陷。無窮推進和假設（直接的認識）在現在還是屢見不鮮地被人提出的。這些比方指斥獨斷論的哲學，這種哲學的方式就是在一個確定的命題中提出一個原則作爲規定性。這樣的原則始終是有條件的，因此便具有毀滅其自身的辯證法於自身之中。這些比方乃是反對理智哲學的強有力的武器。懷疑論者用他們這些比方一方面反對通常意識，一方面以偉大的智慧反對哲學反思的原則。

577

這就是懷疑論的一般，就是懷疑學派的意識；他們的做法具有極大的重要性，即指出一切被直接接受的事物中並無固定的事物，並無自在自爲的事物。懷疑學派拿出各種個別科學的一切特殊規定，指出它們都不是固定的事物。這種辦法應用於不同科學的詳細情況，我們在這裡不講。懷疑學派對此表現出一種具有極高修養的辯證意識。這些否定的規定或對立的規定，我們如果要在各種具體材料、各種思想去認識它們，就需要有一種明晰的抽象力量從這種確定的事物裡面找出它的規定性來。在這種懷疑學派的教養中有兩個形式的環節。(1)乃是意識由自身向後退的力量〔按：即自己反省〕，把存在的全體以及自身都包括進去，意識的做法就是把自身當作對象。(2)我們說一個命題，是專注於命題的內容，這個內容是在我們的意識中以任何一種方式思想到的。由此，無教養的意識便養成習慣，不去認識存在於內

578

容以外的事物，包含著內容的形式。例如：一般在判斷「這個事物是一個」時，注意的只是「一」和「事物」，而不注意在這裡一件事物、確定的事物是關聯到「一」上面。但是這個關聯乃是本質的事物，乃是確定的事物的形式；透過它，這棟房屋、這個個別的事物，才與異於它的共相結合在一起。這個邏輯範疇，亦即那個本質的事物，就是懷疑論帶進意識的事物，它就是依附在這上面：假定的事物，例如數、一等等算術的基礎。它並不辯駁事物是這樣或不是這樣，而是掌握所說出的事物的本質，抓住所斷言的事物的整個原則；並不提出事物是這樣或不是這樣，而提出事物本身是不是某物。例如：說到神是否具有某種性質時，[182]他們便抓住最內在的事物，攻擊這個表象的事物、這個作爲根據的事物，而問：它是否有實在性？說到認識時，我們只是不認識物自身，我是絕對的確實、是絕對眞理，則問：這個認識是否某物？這樣便深入到了本質。

塞克斯圖斯花了許多抽象力量具體地抨擊各種個別科學。例如：他就使幾何學的各個規定對立起來，並且不是外在的對立，而是內在的對立。在數學方面，塞克斯圖斯所攻擊的，是人們說有點、空間、線、面、一等等。他抨擊各種科學的一切規定，在這些規定中揭

182 塞克斯圖斯．恩丕里柯，《皮浪學說概略》，第三卷，第三章，第四節：「所以當我們不知道神的實質時，我們也就不能知道神的性質。」因此在前幾卷裡（第二卷，第四章以次）ἀλήθεια（眞理）、ἀλήθεια 的標準是爲理智而定的。

示出它們自身的對方來。例如：點和空間我們便是樸素地認定的。點是一個空間，而且是空間中的一個單純物，它並沒有度量；如果點沒有度量，那它就不在空間之內。就一具有空間性而言，我們稱它爲一個點；可是如果這是有意義的話，一便應當是有空間性的，並且作爲一個空間性的事物而具有度量，可是這樣它就不再是點了。點是空間的否定，就其爲空間的極限而言，它是接觸到空間；這個否定對空間也分有一份，本身是空間性的，所以是一個本身虛無的事物，但是因此也是一個本身辯證的事物。

懷疑論也曾研討過眞正思辨的理念，並且指出了理念的重要性；指出有限事物中的矛盾，乃是思辨哲學方法的一個重要之點。懷疑論確是以這種方式發現它的反對有限事物的辦法的。但是它的消極辯證法的這些環節反對眞正獨斷論的理智意識是很有力的，反對**思辨的事物**則很無力。因爲說到思辨理念本身，卻並不是一個確定的事物，並沒有命題中存在的那種片面性，並不是有限的；它本身具有絕對的否定方面，本身之中具有對立：它本身是圓的，包含著確定的事物和它的對立物在自身之內，自身中包含著這種同一性。就這個理念從外面看又是一個確定事物而言，它是暴露在否定的威力面前的；但是它的本性和實在性正在於立即推動自身，使它作爲確定事物又與對立的確定事物統一，組成全體，這個全體的出發點與終止點又合而爲一。這一點懷疑論無須再做了。在思辨的事物中本身已經包含了對方。這種同一是異於理智的同一的。對象本身是具體的，是自身對立的。但是這個對立本身的消解也是同樣出現的。所以思辨的事物不能表達爲命題。

對於眞正思辨的事物，懷疑論也敢於冒犯；但是作爲理念的思辨它卻不能加害，對眞正的無限者它是沒有資格攻擊的；因爲他所能做的，只不過是在思辨的事物本身上添加點事物。理性知道並且促使懷疑論所要做的事反對確定的事物。這些比方有力量指出確定的存在或思想是一個有限的事物，因而並不是自在自爲的、眞實的事物，但是反對思辨的理念卻沒有效果，因爲思辨理念具有辯證性以及有限事物的揚棄於自身之內。懷疑論在這裡是一般地反對理性的事物，它把理性的事物當成一個確定的事物，總是把一個思想範疇或關係概念、一個有限的規定首先帶進理性的事物裡去，站在有限規定上面來反對理性的事物，可是有限規定卻並不在無限者之中，也就是說，懷疑論是誤解理性的事物而加以這樣的駁斥。換句話說，懷疑論是爲了挑理性的事物的刺，就先給它撒上一把刺。在這一點上，近代的懷疑論特別值得注意，在理解的粗率和憑空捏造這一點上，古代的懷疑論還比不上近代的懷疑論。因此思辨的事物現在也被改成了粗糙的事物。人們可以不改字句，可是實質是改變了，因爲人們把思辨的事物說成等於確定的事物。

顯得最天眞不過的是去尋找思辨哲學的原則是什麼；好像這樣就說出思辨哲學的本質來了，對於思辨哲學便不會有所捏造、有所增添、有所改變了。（非思辨的科學的觀念是：原則或者是不加證明的假設，或者需要加以證明，所以證明包含著根據。）證明爲這個假設所需要；但是證明本身已經假定了別的事物，假定了證明的邏輯規則。但是這些邏輯規則本身乃是這樣一些命題，這些命題又必須加以證明；這樣就陷於無限了，換句話說，陷於一個可以有另一命題與之對立的絕對假定。然而依下面這個方式，這些形式正是在這一點上不屬於思辨的事物：這裡有命題，並且有與命題分開的證明；可是證明卻仍然算是命題。概念就是這個自身運動，而不是像在一個命題中那樣的要求靜止；也不是像證明那樣帶來另一個根據，另一個中介的概念，另一個運動，而是自身具有運動的。

（這種懷疑論是屬於哲學和世界的衰落時期的。塞克斯圖斯[183]區分了三種哲學。對於柏拉圖，他不知道如何著手。）

例如塞克斯圖斯．恩丕里柯[184]就也達到了對於心智的思辨理念，即心智作為思維的自我思維認識其自身：思維是思維的思維，絕對的思維，「或者理性理解自身」，在自身中有自由。這是我們在亞里斯多德那裡見到過的。為了駁斥這些理念，塞克斯圖斯．恩丕里柯是以下列方式論證的：「進行理解的理性或者是全體，或者只是一個部分。」（這種關係我們在這裡不講。屬於思辨認識的是：除了「非此即彼」以外，還有「亦此亦彼」和「非此非彼」。）「如果作為理解者的理性是全體」（整個理性），「那麼就沒有任何事物留下來給被理解者」、對象、內容了。「可是如果」主觀的「進行理解的理性只是一個部分，這個部

183 塞克斯圖斯．恩丕里柯，《皮浪學說概略》，第一卷，第一章，第一—四節：任何一種研討所產生的自然結果都是：研求者或者發現了研究的對象，或者否定研究對象可以發現，承認研究對象無法得知，或者繼續研究下去。相信自己發現了研究對象的那些人（第一種人）是獨斷論者，特別得到這個稱號的是亞里斯多德、伊比鳩魯、斯多噶學派和某些別的人；克雷多馬科、卡爾內阿德斯等學園派則認為研究對象無法得知；懷疑學派則繼續研求。……主要的哲學類型有三種。

184 《反數學家》，第七卷，第三一〇—三一二節。

分」並不理解另一個部分（這樣，別的事物便不被理解了），而是「理解自己，那麼這個作爲理解者的部分就又是全體（作爲從另一方面了解的全體），於是同樣的論證又來了：「沒有什麼事物留下來給被理解者是另一個部分；那麼，理解者便不理解自己了，」「或者是，如果理解者是一個部分，因而被理解者是另一個部分；那麼，理解者便不理解自己了，」思維便不思維自己，而思維另一部分了；這兩部分是彼此不同的。但很明顯，(1)在這個論證裡表現的，無非是懷疑論在這裡首先把全體與部分的關係（非常膚淺的範疇）按照通常的理智規定放進了思維的自身思維這個關係，這種全體與部分的關係是不存在於理念中的，雖然即使在有限事物中也是全體由一切部分構成，一切部分構成全體，因而全體與部分同一。但是理性對其自身的關係卻不是全體與部分；這種關係是太低級了，完全不適合於把它帶進思辨的理念。然後是(2)它把這種感覺中的關係直接當成了眞實的事物，就像在通常的虛幻觀念中一樣（反思也在這一種關係中而無害於這種關係）說：一個全體；於是在它以外便沒有任何事物剩下來。可是全體正是自己和自己對立的：作爲全體，也就是部分；作爲部分，也就是全體；部分合成全體。理性的自我理解，正如全體及其一切部分，如果是從它的正確思辨意義了解的話。正如塞克斯圖斯所說的：全體以外別無所有；誠然：全體本身就是作爲它的部分的繁多性。這假定了二者都是作爲對方而堅持互相對立；在思辨的事物中兩者是對方，但也同樣不是對方，對方是觀念性的。他們的這種論證的基礎是：首先在理念中放進一個外來的規定，然後對它進行駁辯，然後加以汙蔑。全體與部分的關係是不屬於理念的；懷疑論是爲了片面地使理念孤立而在理念中放進一個規定，卻不把理念的規定的另一環節放進去。當人們說：「客觀性與主觀性是不同的，所從無法表達兩者的統一時」，情形也是一樣的。人們說是謹守著字句，可是規定得如此片面，另一方面則是：這種差異性並不是有效的事物，應當予以揚棄。

關於懷疑論的科學本質，說這麼多已經夠了；我們到這裡已經結束了希臘哲學的第二部分。舒爾茨對懷疑論的這種地位完全無知。舒爾茨把他的懷疑論與古代的懷疑分開。眞正的分別在於舒爾茨除了(1)獨斷論和(2)懷疑論之外不知道第三種哲學。

這第二個時期中**自我意識的普遍立場**，亦即透過思維獲得自我意識的自由，是這些哲學所共有的。我們現在在懷疑論中看到了理性所獲得的成就：一切客觀的事物，不論是屬於存在的還是屬於共相的，都對自我意識消滅不見了。純粹思維的自我意識的深淵吞噬了一切，把思維的基地完全掃乾淨了，自我意識不僅理解到思維以及思維之外的一個充實的宇宙，而且積極地說，得到了一個結論：自我意識本身乃是本質。外在的客觀性並不是作爲客觀的存在，也不是作爲普遍的思想，而是作爲**個別**的意識，而**個別**的意識便被認作**普遍的**。如果個別意識對於我們說是對象，則對象對於個別意識說就不是它的對象；反之，個別意識卻因而獲得了對象的形式。懷疑論不作結論，也不把它的否定表達成積極的事物。然而積極的事物不是別的，只不過是單純的事物；如果說懷疑論進而取消一切普遍的事物，那麼它的不動心的狀況事實上本身就是這個普遍的、單純的、自身同一的事物，然而是一種普遍性或存在，是個別意識的普遍性。懷疑學派的自我意識乃是這種分裂了的意識，這種意識一方面說就是運動、就是意識內容的混亂；正是在這種取消一切的運動中，意識對完全偶然地出現在它面前的事物，對向它呈現的事物，都一律漠然視之。至於法則，它並不把它當作眞的；法則被看成一種完全屬於經驗的事物。從另一方面說，懷疑學派的單純思維乃是自身同一化的不動心；不過這種思維的實在性是完全偶然的、混亂的，它的自身統一是完全空洞的事物，實際上可以塞進各種內容——任便哪一種內容。這種思維事實上乃是完全揚棄自己的矛盾，乃是單純性和純粹的混亂。

精神所達到的，是向自己的內心深入，是把自身理解爲思維者、最後的事物，理解爲無限者。這就是精神本身的無限性的意識。這些懷疑學派的哲學興盛於羅馬世界，在羅馬，精神是從這個外在的、僵死的世界，從羅馬原則的抽象（共和政體和帝王專制）逃回到自身，從一個不能給它任何解脫的現實中逃回到心靈。這是世界本身的十足的不幸和分裂。精神只能在自身中找到安慰。精神自身的這種寂寞無聊同時也表現在哲學裡面。思維是作爲凝固的事物抽象地守著自身，對外界是被動的；但是它也在自身之內運動，注視著一切區別。快樂只是在內心中追求；這是一種有教養的思維的立場。個人只是照顧自身，在自身中尋求滿足。世界的全部目的就在於此；善只是作爲個人的事情在各種個別情況之下被提出來。在外在的現實界中沒有找出理性的世界來。在羅馬皇帝中間我們看到有一些著名的人物，尤其是斯多噶學派，例如馬可．奧理略．安東尼等人；但是他們把思維視爲自己個人的滿足，他們並沒有想到透過制度、法律、憲章而提供出現實界的合理性。

自我意識所達到的次一個階段，就是自我意識對自己所變成的事物保持著一種意識，換句話說，就是把自己的本質當作對象。自我意識本身是單純的本質；對於自我意識，除了作爲自我意識的那種本質性以外，再沒有別的本質性。在懷疑論中，這種本質性還不是自我意識的對象，自我意識的對象只是混亂。作爲意識的事物，是對自我意識而存在；在這個對立中，對懷疑學派的自我意識而存在的，只是在消失中的內容，這個消失中的內容並沒有在自我意識的單純不變中加以掌握。但是意識的眞理卻在於意識整個沉沒到自我意識中，在於自我意識自身轉化爲對象，因此本質雖然具有一種存在的共相的形式或思維中的共相的形式，但是在這種看法裡面，對於意識說，它的自我意識本質上並不是一個外來的事物，像在懷疑論中那樣。同時(1)自我意識並不是直接地僅只存在的單純的事物，並不是完全另外的事物，就像人們說靈魂是單純的那樣，我們以爲靈魂是存在的、直接的單純的事物；可是靈魂卻是單純的否定的事物，它由運動、由對方折回到自身，它乃是共相。(2)「我保持在我自身內」這種威力，以及這個共相，本身也同樣具有存在的意義，具有客觀的本質，一種自身不變性，並不是消失的，像在懷疑論者那裡那樣；相反地，理性知道只有在共相中獲得自己，發現自己。精神保持在自身內，這是一種內在性，這種內在性在本身內部建立了一個理想世界，奠定了**心智世界**的基礎和基地，一個天國，從這裡下降到現實界，與現實取得統一；這就是**亞歷山大里亞學派哲學**的立場。

第三篇

第三期：新柏拉圖學派

懷疑論是各種確定原則的取消。在斯多噶學派和伊比鳩魯學派那裡，我們看到，確定的原則是在它們的普遍性中被理解的；唯一的對立是一切對立的來源、根源。懷疑論是這些被提高爲絕對的對立的取消；所以它是統一，在這個統一中，對立都是作爲觀念性的規定。現在，理念應當作爲本身具體的事物進入意識了。

現在，這個第三者，作爲第三者，乃是全部過去的事物的結果。這個第三者是具體的事物，從這個第三者起，開始了一個完全不同的時代。一個完全不同的基地出現了：摒棄標準，摒棄主觀認識，一般地摒棄有限的原則；因爲標準的興趣是在有限的原則上面。這個第三者，是與基督教、與世界上所發生的這個革命有密切聯繫的哲學形式。我們所達到的最後階段，是自我意識回到自身，是這種沒有客觀性的無限主觀性，是懷疑論這種純粹否定的態度，否定一切外界的存在、知識，否定一切確定的、有效的、固定的、眞實的事物。這種回到主觀意識，是一種滿足於自身，然而是一種透過放棄一切確定的事物、透過逃到純粹無限的抽象本身而得到的滿足。這種放棄一切客觀事物，乃是最後的立場；這是絕對缺乏一切內容，完全抽空一切內容，內容應當是一種固定的、眞實的事物。現在搞清楚了，斯多噶學派和伊比鳩魯學派的系統有著同樣的結果和目標；但是在懷疑論裡完成了這種對一切確定事物的摒棄，因而建立了返回內心和內在化的過程。

哲學達到了這樣一個立場，即自我意識在自己的思維中意識到自己是絕對；但是哲學後來又否定了自我意識的主觀的、有限的地位，否定了它與一個（無意義的）外部對象的分別，在自身中理解區別，把眞理化爲一個可知的世界。這樣得來的意識，亦即表現在世界精神中的意識，現在構成了哲學的對象。這主要是由於運用和根據柏拉圖以及亞里斯多德和畢達哥拉斯的概念和說法。

來到人間的這個理念，一下就改變了世界的整個面貌，摧毀了過去的一切，給世界造成了一個新生。這個理念就是：絕對的本質對於自我意識並不是生疏的事物，一件事物裡面如果沒有直接的自我意識，它對於自我意識就不是本質，我們把這個原則看成世界精神的普遍原則，看成全人類的普遍的信仰和認識。這種認識的諸多形態和形式，並不屬於哲學史的範圍，而是屬於意識和文化的歷史的範圍。這個原則乃是法律的一般原則：個別的人是由於他的存在而成爲大家所承認的實體，成爲自在自爲的普遍的。

至於外在的、政治上的事物，那是羅馬世界裡的哲學形式。羅馬世界的特點是抽象的普遍性，這種普遍性作爲權力，就是那種冷冰冰的統治，在這種統治之下，一切特殊的個性，一切個別的民族精神都消滅了，所有的美都摧毀了。我們看到毫無生氣；羅馬文化本身就是毫無生氣的，一點也沒有意識到生動活潑的內在性。詩的藝術不是固有的，是借來的；哲學也是這樣。哲學是理智的哲學，西塞羅的哲學就是如此；他和少數的哲學家一樣，對本國的狀況的本性是完全莫名其妙。羅馬的權力是地道的懷疑論。世界在存在方面分爲兩個方面，一方面是原子，是私人，另一方面是把它們束在一起的外在紐帶；這個僅僅是外在的紐帶就是權威，就是暴力，並且寄託在一個人的專制上、寄託在皇帝身上。這是完全專制的時代，人民生活、一切外在生活衰退的時代；這是回到私人生活、私人目的、私人利益裡去。所以這是建立私人權利、建立個人所有權的時代。抽象普遍性的這種與原子論的個體化直接結合的特點，我們看見也在思維的領域裡完成了；兩者是完完全全互相適應的。

就是從這裡起，精神向前進了一步，在自己身上造成了一種破裂，又擺脫了它的主觀性而進到客觀的事物，但是同時也進到一種理智的客觀性，進到一種存在於精神和眞理裡面的客觀性，這種客觀性不在個別對象的外在形式中，不在義務和個別道德的形式中，而是絕對的客觀性，這種客觀性據說是從精神和眞正的眞理裡面生出來的。換句話說，一方面，這是回到上帝；另一方面，這是上帝對於人的關係、顯現和顯示，上帝是自在自爲地存在於他的眞理之中，他是爲精神而存在。客觀的事物、精神的恢復，僅僅對自己作主觀理解的思維的客觀性的客觀化，乃是一個轉變。

在羅馬世界裡，變得愈來愈迫切需要從惡劣的現實回到精神，在精神裡尋找現實中不再存在的事物。在希臘世界裡，特別是那種精神活力的愉快已經消失了，對於這種破裂的痛苦已經產生了，回到了自身。所以，這幾派哲學不但是理性發展的環節，而且是整個人類發展的環節；它們是世界的整個狀況透過思維而表達的形式。無神的、不義的、不道德的世界逼迫精神回到自身。各種神祕教派都傳入了羅馬；但是精神的眞正解放表現在基督教裡面；在基督教裡，精神回到了自身，回到了自己的本質。

但是在另外一些形式中，這裡又部分地出現了對於自然的輕視，認爲自然不再是自爲的，它的力量是爲人服務的，人可以像一個巫師一樣，使自然服從自己，爲自己的願望服務。（以前神識是憑藉樹木和禽獸發出的，那時候，認識永恆事物的神聖認識與對於偶然事物的認識是沒有分開的）到這時是信仰奇蹟的時代，不是上帝行奇蹟，而是蔑視自然的人在自然中造出一種與自然衝突的事物。不相信當前的自然，也就不相信過去的事（歷史），不相信過去的事是發生過的。羅馬人、希臘人、印度人的全部歷史，他們的神話和實際的歷史，甚至於個別的語詞和字母，都包含著另外一種意義；它們是一種內部破碎的事物，它們有一種內在的意義，這就是它們的本質，它們有一個空洞的字母，這就是它們的實際。處在實際中間的人們在這裡完全忘記了看和聽，總之忘記了對於當前的現實的感覺。感性的眞理對於他們已經不再有意義，他們不斷地向一個人說謊；因爲他們無力理解一件實在的事物，因爲對於他們的精神說來，一切意義都已失去。另外一些人則放棄世界，因爲他們再不能在世界中發現任何事物，而只是在自身中發現實在的事物。既然所有的神靈都聚集在一座萬神廟裡，所有的宗教也就匯合成爲一個宗教，所有的表象方式也就凝聚成爲一種表象方式。這種表象方式就是：自我意識——一個實際的人——是絕對的本質。什麼是絕對的本質，人現在已經得到了啟發：這就是一個人，卻不是一般的人或自我意識。

因此，這個原則的唯一的形式，就是自我意識自身的無限性。這就是一般的精神的形式。精神只有作爲自己決定自己的思維，才有意義。這就是思維的純粹同一性，思維認識自己，與自己區別，並且根據這種區別決定自己，但是在這種區別中仍然保持著一望而知的統一性，這就是具體。現在已經在自我意識的方式下認識了絕對，因此已經在各種方式下發展了各種規定，這是一種實際的自我意識。這不屬於這裡討論的範圍。這是宗教的範圍，宗教是在這一個人身上認識神聖的事物。

這就是說：自我意識是絕對本質，或者絕對本質是自我意識，這種認識，現在就是世界精神。世界精神是這種認識，但是並不認識這種認識；它只是直觀這種認識。換句話說，它只是直接地認識這種認識，而不是在思想中認識這種認識。它直接認識這種認識，也就是說，這個本質對於它來說是完全絕對的自我意識，不過就直接的存在說，卻是一個個別的人。這個生活在一定時間和一定地點的個別的人，對於世界精神來說，就是這個絕對精神，但卻不是自我意識的概念；換句話說，自我意識還沒有被認識。絕對本質是作爲被思維到的直接性，作爲思想的直接性，直接地存在於自我意識之中，或者是作爲內心的直觀，這一種直觀，就像我們在心中見到圖像時那樣。

另外一種形式是以抽象的方式、在思想中把握具體的事物。因爲思想是抽象的，對於它說來，還缺乏那種屬於具體事物的自我觀點。精神既然在各方面都是完備的，就應當也有自然的方面；在這種形式的哲學裡，還缺乏這個方面。自然的方面，乃是精神在它的自我意識中所做出的一個進步；這個進步是並不僅僅局限於哲學發展的範圍內的。它也是世界史在神祕中、在內心中的變遷；在哲學中，也同樣地必然有這種進步隨之而來。

這個自然的方面，正如絕對本質在思維中、在概念中被宣布爲精神那樣，卻也部分地在自我意識中作爲絕對本質直接存在著，於是進入了哲學。但是，那種把本質看成精神的認識，就其沒有被認識、沒有被理解而言，眞正說來，並不屬於哲學，而是屬於宗教，因爲它在宗教裡是直接直觀到的。在基督教裡面，絕對本質就是像這樣被表象的，但是卻沒有被理解；實際上，哲學所做的事情不是別的，就是理解基督教的這個理念。

絕對精神是這樣的東西：它是永恆的自身同一的實體，它化爲另外一個東西，並且把這東西看成它自己：不變的東西之所以是不變的東西，就在於它經常從它自己的另外的存在回到它自身；這就是意識的一種懷疑論的運動，不過意思是這樣的：在消逝中的客觀因素同時也是不變的，或者說在它的不變中具有自我意識的意義。在基督教裡面，對這個精神實體首先是這樣表象的：永恆的實體化爲另外一個東西，創造出世界；世界被看成純粹是一個另外的東西。然後再加上這個環節：這個另外的東西本身並不是永恆實體的一個另外的東西，而是永恆實體顯現在自己身上。第三步就是另外的東西與永恆實體的同一，就是精神，就是另外的東西返回到原來的東西，而且這個另外的東西並不是永恆實體顯現時的那個意義之下的，而是作爲共相的另外的東西。世界在這個顯現出來的絕對本質上認識它自身；於是它回到了本質，精神乃是普遍的精神。

這個精神的理念，我們已經說過，對於基督徒首先顯現在上帝這個單純的表象形式之中；而這個上帝也是猶太人的簡單的實體，他在自我意識以外（他思維，但是並不是思維），在現實的彼岸，是感覺直觀到的世界的另外的存在，是世界與本質的統一的環節。與此相對立的，也同樣有一個個別的人和精神，以及這種統一的普遍性，從一方面說，這是作爲一個信仰團體，只是在表象中把握這個統一，但是卻在對未來的希望中把握這種統一的現實性、實在性。

純粹思想中的理念認爲，上帝並不做這種事情，並不是一個人，上帝是這樣一種運動，它使這一切並不作爲上帝的一個決心和決定而出現，好像上帝想到就做似的，這種運動是作爲上帝的本質，是作爲上帝本身的永恆的必然性，也就是說，這是上帝的必然因素，它並不

10 落入事件的條件中，並不外在地做這種事情，而是這個顯現其自身的環節，我們發現在猶太哲學家或某一些柏拉圖學派的猶太人中間，就是這樣講的。

觀念產生的地方，是東方和西方搏鬥的地方。思想就是東方的自由的普遍性加上歐洲的確定性。在斯多噶學派那裡也有思維的普遍性；但是它與感覺、與外在的有限存在相對立。東方的普遍性則是完全自由的；西方的思維是被當作特殊的事物的普遍性原則。這兩個原則交叉的地方，就是產生這種觀點的地方。特別在亞歷山大里亞，釀成了這種形態的哲學，但是同時也要回顧一下早一個時期的事物。在畢達哥拉斯學派哲學裡，我們已經看見過區別，看見過三元。在柏拉圖那裡，我們看到了精神的單純的理念：單純的不可分的實體，「一」的本性；可分的實體，另外的存在；以及由兩者混合起來的第三者，返回到統一。這就是具體的事物，但是只不過在簡單的狀態中，不是在概括的方式下，亦即另外的存在一般就是自然和意識的全部實在性，並且所返回的統一本身就是自我意識，不僅是一個思想，而且是活生生的上帝。在亞里斯多德那裡，作爲自己思維自己的思維的 *ἐνέργεια*，是具體的事物。這種具體的事物的思想的發展，是緊接著早一個時期的思想發展的，在那時的思想裡，已經潛伏了今天成爲主要思想的事物的看不見的萌芽。這種哲學稱爲新畢達哥拉斯學派哲學或新柏拉圖學派哲學，但是我們也可以稱它爲新亞里斯多德學派哲學；他們也和研究柏拉圖一樣研究亞里斯多德，並且做出很高的評價。

11 在斯多噶學派那裡，我們特別看到了自我意識的這種返回自身，精神透過思維，並且透過思維的純粹性而成爲自由的、獨立的、無所依賴的。同時我們也在那裡看到一種客觀性：在斯多噶學派那裡，λόγος、νοῦς是貫穿整個世界的事物，是整個世界的基礎、實質；我們也在早一個時期的哲學中看見，νοῦς是世界的本質。但是這種觀點與現在的觀點之間的分別，應當予以仔細把握。我們在亞里斯多德那裡看見，他掌握了、理解了有生命的事物和精神性事物的整個系列，並且承認概念是這些事物的眞理。在斯多噶學派那裡，這種統一、這種系統已經向最確定的事物推進，而亞里斯多德則是比較追隨個別的事物。在斯多噶主義中，思想的這種統一性主要成了基礎。我們必須抓住這個基礎，亦即邏各斯，他曾經爲自己下定義，認爲它只是實體；也就是說，斯多噶學派的νοῦς、λόγος表現了一種泛神論。但是必須把這種泛神論與哲學、思想、精神的意識分開。這是人們所想到的第二步，如果人們把共相規定爲眞理的話，以後就會把眞理看成泛神論。這是精神上升的開始，一切都生活在世界上，這是一種生命和一個理念；但是這種實質的形式在斯多噶主義中已經有了這種統一性，亦即泛神論的形式。如果自我意識離開它自己、離開它的有限性、離開它的自我思維，進到確定的事物、進到特殊事物、義務、關係，或者思維這種普遍實體、這個νοῦς的思想離開了這個普遍實體，進到了特殊的事物、進到天、星辰、人等等，那麼，它就從普遍的事物直接下降到特殊的事物，或者直接下降到有限的事物了；因爲這些事物都是有限的形象。但是，具體的事物卻是共相，這種共相特殊化了，然而在這種殊相中，在這種有限化的狀態中，卻仍然保持其無限。在泛神論中則相反，有一種有限化了，因而下降了的普遍基礎、普遍實體。這是一種流溢的方式：普遍的事物由於特殊化了，上帝由於創造了世界，於是就透過特殊的事物而惡化了，給自己立下一道界限，有限化了；並且這種有限化是不返回到自身的。這種情形也出現在希臘人和羅馬人的神話中；這是一個上帝，一個具體的上帝，而不是一個單純的抽象物，上帝的一種形象化。但是這種規定只是上帝的一種有限化，上帝只是向美的上帝、向藝術品前進；然而美本身仍然是有限的形象，它並沒有被搞得與自由的理念相合。規定、特殊化、客觀性的實在性，現在應當屬於這樣的一類，亦即適合於自在自爲地存在的共相；這種適合並沒有神的形態，也沒有稱爲義務的形態，以及自然的形態。

因此現在需要的是：返回到自身的精神，認識客觀化，回到它的對象，精神與它放棄了的世界取得和解，它的對象就是與精神有別、然而與它相適合的世界。這種具體的立場既是世界的立場，也是哲學的立場，它變成了精神出現的立場；因爲精神要站在這個立場上，就要不僅是純粹的思維，而且是使自己對象化的思維，要保持自己於對象之中，與對象相適合。在較早的時期中，思想的客觀化只是一種進入規定性，進入有限性，而不是進入一個本身與自在自爲的存在相適合的世界。這是一個普遍的立場，它從喪失世界中產生出一個世界，這個世界同時既有外在性，也保持其爲內在世界，因而是一個調和的世界；因此這一個精神性的世界、這個世界在這裡開始了。

我們看到，在這個時期裡，出現了柏拉圖的哲學，但是被認爲與亞里斯多德的哲學是一回事。這種新畢達哥拉斯學派的——也是新柏拉圖學派或亞歷山大里亞學派的——哲學的基本觀念是：自己思維自己的思維，以自己爲對象的 *νοῦς*。因此首先是思維，其次思維有一個 *νοητόν*（所思）：第三這兩者是同一的，思維在自己的對象把握了自己。一共有三個，一個和另一個以及兩者的統一。這個具體的理念又出來了，在基督教的發展中，它是以三位一體爲人所知，思維在基督教裡也是興起的；這個理念乃是自在自爲的本質。

這個理念的發展，從柏拉圖和亞里斯多德開始，並不是直接進行的，而是繞過獨斷主義。在較早的思想家那裡，理念誠然是直接作爲最高的事物出現，但是此外還出現了別的內容、出現了精神和自然的思想財富，並且也得到了這樣的理解。但是，爲了使理念表現爲囊括一切、包容一切的眞理，需要把這個有限的事物、把各種規定的進一步內容放在它的有限的方式下，放在一種普遍的對立中來理解。亞里斯多德對自然界是這樣理解的，在柏拉圖那裡，發展中、概念中的事物，是以一種鬆弛的雜亂的方式來表象的。這個內容首先應當以單純的形式來加以概括，但是卻以一種有限的形式概括了。這是獨斷主義的職能，獨斷主義後來被懷疑主義取消了。取消一切特殊的和有限的事物，乃是懷疑主義的本質，這個，柏拉圖和亞里斯多德是沒有提出來的，因此理念也沒有被他們看成包容一切的事物。現在對立是取消了，精神達到了它的否定性的靜止狀態。相反地，肯定性的事物卻是精神本身的靜止；精神現在正從各種特殊事物向這種自由前進。這就是認識到，精神透過取消一切有限性而取得調解以後，它本身是什麼事物。精神本身的這種永恆的靜止，現在構成了精神的對象；它認識到這一點，並且努力用思想來加以進一步確定和發展。這裡面也包含著演進和自由發展的原則；精神以外的別的一切，都只是有限的、自己取消自己的事物。當精神向特殊事物前進時，這個特殊的事物是被規定爲絕對包含在這種理想性之中，精神認識到這個事物是有條件的，並且也這樣看待它。這就是懷疑主義哲學的積極性的結果。

很明顯，在這個立場上，是會以完全不同的方式說話的。現在對象是上帝，是自在自爲的精神、是絕對的純粹精神自身、是精神的活動本身。但是上帝現在已經不再被認作抽象的事物，而是被認作本身具體的事物；而這個具體的事物正是精神。上帝本身是生動的、活動的，是這一個和另一個以及不同的規定的統一；因爲抽象的事物只是簡單的事物，生動的事物則在自身之內有區別，而又在自身中諧和一致。

此外，下列的幾點特別要求精神加以注意：首先，是這個變成主觀的意識把作爲眞理的絕對當作對象，把這個自在自爲的事物放到自身以外；或者是它達到了對上帝的信仰（這個自在自爲的、完全普遍的，同時又客觀的事物，就是上帝），上帝現在顯現了，表現爲現象了，也就是說，他爲意識而存在了。這樣一來，就出現了人與他的這個對象、與絕對眞理的關係了。這個從現在起具有絕對意義的新立場，並不是對於外在事物、義務、理念的關係；這些事物都是一種規定的事物、一種有限制的事物，並不是包羅萬象的規定，像上面所說的那種事物那樣。在這種關係裡面，揚棄了主體的那種單純的轉向自身，也揚棄了哲人所說的這種話；兩者都是根據其片面性而揚棄的。伊比鳩魯學派、斯多噶學派和懷疑學派的目的，都是同樣的自由、幸福、堅定不搖。這個目的，主體也是要達到的，不過要透過上帝，透過對自在自爲的眞理的注意，不是透過逃避客觀的事物，而主要是透過轉向客觀的事物；因此主體獲得自由、幸福，是透過客觀的事物。這就是敬畏上帝的立場，就是人轉向上帝的立場：所以人的目的只有透過這個轉向才能達到，只有在自由地、牢固地站在對面的對象上，主體才能獲得自己的自由。

這裡面還包含著一些對立，調解這些對立是很要緊的。如果採取了那種片面的立場，上帝就處在彼岸，人就自由地處在此岸，把自己與客觀的事物對立起來理解成無限的；人的這種自由，這種純粹的內在性，本身是絕對的，不過只有形式的絕對性。人本身的自由，因爲人被看成僅僅思維的自我意識，因而被說成是純粹的對於自身的關係，以及對於絕對的這種關係，不過只是形式的，不是具體的。這種對立現在出來了，並且一定要求精神加以注意。由於人的意志被規定爲消極地對待客觀的事物，於是產生出壞事、罪惡，與絕對肯定的事物對立。

其次的一個要緊的環節，是現在一般地必須拿來理解上帝的那個規定、那種形式。上帝現在主要地必須規定爲自在自爲的事物，不過要規定爲具體的；這是屬於精神的概念的事物。不可避免的，是要把上帝放在對於世界、對於人的關係中來思考，因爲上帝是一個活生生的上帝；這種對於世界的關係，也是一種對另一個事物的關係，因此也被當作分別、規定。對世界的關係首先表現爲對另外一個在上帝以外的事物的關係；但是因爲這種關係是上帝的關係，是上帝的活動，所以在自身中具有關係，乃是上帝本身的一個環節。上帝與世界的聯繫，是上帝自身中的規定；也就是說，「一」的另外的存在，二元，否定性的事物，一般的規定，主要地是應該想成在上帝裡面的環節，換句話說，上帝是在自身中具體的，是在自身中顯示的，因而在自身中樹立各種不同的規定。就是在自身中的區別這一點上，自在自爲的事物與人、與世間的事物聯繫起來。我們說，上帝創造了人，創造了世界；這是一種在自身中的規定，這個規定首先就是一種在自身中對於自身的規定，這個規定就是有限事物開始的一點。在自身中作區別這一點，就是使自己與有限的、世間的事物調和的一點；有限事物就是在這一點上開始於自在自爲的存在之中。有限事物的根源，就在於上帝在自身上作分別，就在於上帝的具體本性。

像這樣，各種規定、各種特殊化，從一方面說，就是上帝在自身之中的規定、理念，就是上帝在自身之中的產物：因此，以後表現爲有限的事物，也還是在上帝自身之中，世界在上帝自身中，是神聖的世界；在這個世界上，上帝開始區別其自身，也是在這個世界上，與有限的、暫時的世界相聯繫。由於上帝被表象爲具體的，我們就直接在上帝自身之中得到一個神聖的世界。羅馬世界的不幸，就在於這種抽象上，就在於人不在過去的事物裡面取得他的滿足：但是那種滿足是產生在那種泛神論中的，即認爲自然事物、空氣、火、水等等以及國家、政治生活是這樣一種事物，人在其中滿足自己，得到自己的眞理，自己的最高的事物；現在剛好相反，在世界對於它的現狀的悲痛中，產生了懷疑，產生了對這些形象、對自然的有限世界、對構成道德世界的國家生活的不相信。對於外在的和道德的本性的這種形態的現實，人變得不忠實了。人們曾經說，人的生活與自然處在統一之中，人見到自然同時就見到上帝，因爲人在這種狀況中得到滿足；現在這種狀況不存在了。自然方面和政治方面的這些種形態的眞理和神聖的事物，已經與眞理分開了；暫時的世界對於人已經顯得是否定性的事物、不眞實的事物了。人把它與眞理、與上帝分開，因而在精神中認識上帝；人認識到自然事物和國家並不是上帝的存在方式，而是存在於上帝本身之中的方式，是一個可知的世界。人與世界的統一打破了，因而以更高的方式重建起世界，把在上帝之中的世界了解爲可知的世界。上帝的自身規定在這裡構成了興趣的中心。

人與上帝的關係，現在被規定爲拯救和崇拜的關係，但是也特別規定爲哲學，很明顯地意識到，目的在於歸附這個可知的世界，在於個人能夠使自己適合這個可知的世界。

人思維自己對上帝的關係的方式，特別爲人思維上帝的方式所決定。現在雖然有人說，不需要認識上帝，也還能認識這種關係，這話卻是不對的。因爲上帝是第一性的，所以他決定著關係；因此爲了認識關係的眞相，必須認識上帝。

因此思維一直前進到否定自然事物；現在尋求眞理不應當以一種存在的方式，而應當再從內心中出發，進到一種客觀的事物，一種眞實的事物，這種事物並不像在神話中那樣，以自然的方式得到規定，或者看成義務，而是從自身中、從自己的本性中得到規定的事物。這些就是現在這個立場的主要環節；新柏拉圖學派的思想就屬於這個立場。但是在開始講以前，還要談一談猶太人費洛，並且說一說教會史中出現的幾個環節。

壹、費洛

費洛是亞歷山大里亞的一位猶太學者，生活在基督降生前後幾個初期羅馬皇帝在位的時候；就是說，他生得比基督早二十年，但是死得比基督要晚些。[1]在他那裡，我們第一次看到一般的意識轉化爲哲學意識。加里古拉在位的時候，猶太人受過阿比恩極其殘酷的虐待，曾經派遣費洛做了多年猶太駐羅馬的使節，以便使羅馬人對猶太人採取比較好一點的看法。傳說他在克勞第皇帝在位的時候也到過羅馬，並且在那裡認識了使徒彼得。[2]他寫了整整一系列的著作，現在還有許多篇存在，例如：《論世界的創造》（*De mundi opificio*），《論賞罰》（*De praemis et poenis*），《論犧牲獻祭》（*De victimas of ferentibus*），《譬喻法則》（*Lex allegoriarum*），《論夢》（*De somniis*），《上帝是永恆的》（*Quod Deus sit immutabilis*）。這些著作一六九一年（以對開本）在法蘭克福出版；之後裴斐爾又在愛爾朗根出版過。費洛以學問淵博出名，對各派希臘哲學非常熟悉。

他特別擅長柏拉圖學派的哲學，此外他更以引證猶太聖書並以思辨的說明出名。他把猶太族的歷史當作基礎，加以注解。但是歷史上的傳說和敘述，在他眼裡都失去了直接的現實意義，他甚至從字句裡找出一種神祕的、寓言式的意義加到歷史上去，在摩西身上他找到了柏拉圖；他的這些努力，與亞歷山大里亞學派在希臘神話中認識哲學原理的那種努力是相同

1 布魯克爾，《批評的哲學史》，第二冊，第七九七頁及注釋。

2 費洛，《出使羅馬記》，第九九二頁（法蘭克福，一六九一年版）；約瑟夫，《猶太古經》，第十八卷，第十章，第六四九頁；布魯克爾，《批評的哲學史》，第二冊，第七九九頁及注釋；歐瑟比，《教會史》，第二卷，第十八章；參看法布里丘，《希臘文庫》，第三冊，第一五五頁（漢堡一七〇八年版）。

的。因此他的一些著作只是一些寓言式的神祕解釋，例如：關於創世史的解釋。但是他的思想中包含著精神的本性，這種精神的本性雖然並沒有得到思維的把握，卻已經表現出來了；這種表現是混雜的同時也是極其不純粹的，以多種多樣的方式與各種想像的形式攪混在一起。由於有了哲學的精神，猶太人不得不在他們的聖書裡去找更深刻的意義，正如異教徒在荷馬史詩和民間宗教裡尋找深意一樣，並且把他們的宗教作品說成一個完滿的神聖智慧的系統。這是時代的特點；觀念裡的理智成分再也支持不下去了。

主要的一點是：一方面，關於現實的觀念仍然與這些形式相結合；而另一方面，這些形式僅僅直接表現的事物是再也不夠的了；這樣就產生了更深刻地去理解這些形式的努力。我們是把猶太教、異教這種外在的歷史看成權威，看成眞理的出發點；但是我們也理解到一種思想，知道眞理不能是外加的。所以，我們或者是把深刻的思想解釋到歷史事件裡面去，像一般人所說的那樣，或者是從歷史裡面解釋出深刻的思想；而後面一種是更加眞實的看法。我們不能說，聖書（它的作者是聖靈）裡面是沒有精神的。問題只在於這種精神性是比較深刻的呢？還是比較膚淺的？一個人寫了這書，他並沒這些思想，但是在內在的關係中已經自然地包含了這些思想了。一般說來，包含在裡面的事物與表現出來的事物之間，是有很大的區別的。在整個歷史、藝術、哲學等等之中，主要的卻是包含在內的也表現在外；精神的全部工作，僅僅在於把包含在內的事物帶到意識中來。只要認識這一點，就意識到了內在的事物；所以這種帶進意識的作用是非常重要的。另一方面，雖然沒有從一種形式、宗教裡面把包含在內的事物帶到意識面前，我們卻不能說，這個內在的事物不在其中、不在人的精神裡面；它不在意識中，也不在表象中，但卻在精神之中。從一方面說，把思想帶進一定的意識，是一種灌輸；但是從另一方面說，從實質上來說，這並不是一種灌輸。費洛所採取的方式，主要的是具有這個方面。平凡的事物消失了，所以在以後幾個時期的著作家那裡，奇蹟是家常便飯；外在的事物不是按照它的必然性來理解的，外在的聯繫不再爲人需要了。

費洛的基本看法（我們必須注意的只是這幾點）大致如下：

1. 主要之點是**認識上帝**。首先：上帝只有透過靈魂的眼睛才能直觀到，只有透過 ὅρασις 才行。[3] 他把這個稱爲禪悅、出神，與上帝契合爲一；[4] 這是我們現在常常見到的。要達到這種境界，靈魂必須擺脫肉體的羈絆、拋棄感性的存在，上升到純粹的思想對象，在那裡接近上帝，直觀上帝。[5] 我們可以把這種情形稱爲心靈的直觀。而另一方面卻是：上帝並不能爲靈魂的眼睛所認識；它只能知道上帝存在，並不能知道上帝是什麼。上帝的本質是無上光明；[6] 這完全是東方的味道。光明自然是單純的東西；相反地，認識的意思則是把一

---

3 《論語言的混亂》，第三五八頁；《論特殊的法律》，第二冊，第八〇六—八〇七頁。

4 《論世界的創造》，第十五頁；《論亞伯拉罕的移居》，第三九三頁；《誰是神聖事物的繼承者》，第五一八頁。

5 《論亞伯拉罕的移居》，第四一七—四一八頁。

6 《上帝是永恆的》，第三〇一—三〇二頁；《論君主國》，第一冊，第八一六頁；《論名稱的變化》，第一〇四五頁；《論小天使》，第一二四頁；《論夢》，第五七六頁。

定的東西當成自身具體的東西。因此只要堅持單純這個規定，這種無上光明就怎樣也不會讓人知道。費洛既然說，「這個太一就是上帝本身」，我們也就無法知道上帝是什麼。相反地，在基督教裡，單純只是一個環節，整體是上帝聖靈。

其次：「上帝的肖像和映象就是邏各斯，就是思維的理性，就是支配和統治世界的初生聖子。」這眞是一個矛盾；因爲映象只能表現實物，所以如果映象是具體的，就必須把原來的事物也了解爲具體的。「這個邏各斯是一切理念的總體。」[7] 相反地，作爲太一的、本然的上帝只是 ὄν（有），[8] 只是純粹的存在（根據柏拉圖）。無上光明不能被認識，只有聖子才能被認識。費洛把上帝這個名稱僅僅限制在實體、純粹的存在上面。上帝本身不是別的，就是這個存在；因此靈魂並不能認識上帝是什麼，而只能知道上帝是存在的，亦即只能認識上帝是存在。換句話說，作爲這個存在的上帝只是抽象的東西；存在是上帝的理念。上帝也者，只是作爲精神，也就是說，正因爲邏各斯、上帝的聖子被視爲上帝的眞正本質，所以不把上帝的名稱加在那個存在上，而只把它加在這些環節的統一上；這個統一包含著上帝的本質。在基督教裡，這個名稱並不僅限於存在，上帝乃是精神；聖子本身是對上帝的規

7 《論世界的創造》，第四—六頁；《論農業》，第一九五頁；《論夢》，第五九七頁。

8 《論夢》，第五九九頁。

定。說作爲存在的上帝不能被認識，是完全正確的；因爲存在是空洞的抽象物。認識是對具體規定的認知；被認識的事物應當是自身具體的。所能認識的，是「純粹的存在僅僅是一個空洞的抽象物」這一點，所以是虛幻的東西，並不是眞正的上帝。因此，對於存在，這是認識的另一個環節。存在也是抽象的，因爲我們說「上帝聖父」，亦即尚未創世的上帝時，這個太一、這個本身無規定的東西是並沒有說明白的；另一方面則是上帝本身的規定、創造。這個創造物是上帝的另一方面，同時也在上帝之內，屬於上帝，是上帝本身的一個環節，如果我們把上帝想成具體的話。「一」這個規定是最初的，但它是有缺陷的；上帝是具體的，活的，也就是說，他在自身中分別自己，規定自己：這也是屬於上帝的，在這裡稱爲邏各斯。因此，作爲太一的上帝可以說是不能認識的，我們只見到他是存在的。認識是對於規定了的上帝的認知，是對於上帝的自身規定和他的生動的認知。

因此，最初的事物、實體本身乃是無上光明；「它是宇宙的空間，空間包圍宇宙，充滿宇宙。」[9]我們根據直觀把大全看成空間；大全是空的。上帝包圍著這個大全；「這個實體本身是位置，並且是被自身充滿了的。」爲什麼上帝必須自己充滿自己呢？正是由於主觀的、抽象的事物也需要有一個對象。充滿是具體的事物；我們有充滿者和被充滿者，以及由兩者構成的一個第三者。「上帝是自身滿足的；其他的一切都是有缺陷的、空洞的。他充

9 《論夢》，第五七四－五七五頁。

滿著這一切，把一切聯繫起來，而不爲任何事物所包括；他是太一和一切，」[10]是絕對的充滿。大全如同巴門尼德所說的那樣，是抽象的事物，它只是實體；它儘管充滿，卻仍然是空的，具體的是邏各斯。上帝既然是宇宙的空間，所以「他存在於時間的原型裡，」[11]存在於αἰών（永恆）裡，也就是存在於時間的純粹概念裡。

2. 上帝的各種區別或者理念，則構成了理智。這個理智（λόγος）是天使長（ἀρχάγγελος）、是規定者、是包含一定的存在的事物、是一個思想的領域；它是原始的人，它才是活動的，ὄν（存在）還不是活動的。這是作爲天人的人；它更以智慧、亞當．卡德孟、太陽的上升等名稱出現，被看成神人、看成行動的上帝。這個理智現在分爲理念，費洛也把這些理念稱爲天使（ἄγγελοι 使者）。[12]這種理解方式還不屬於純粹思想，其中還交織著想像力的形象。

這個邏各斯是最初的靜止的思想世界，雖然已經分化了。但是另外一個邏各斯則是能生產的、行動的邏各斯（λόγος προφορικός），就是語言。這就是世界的效果和創造，因爲邏

10 《譬喻法則》，第一卷，第四十八頁。

11 《上帝是永恆的》，第二九八頁。

12 《譬喻法則》，第一卷，第四十六頁，第二卷，第九十三頁；《論所得者恆寡》，第一六五頁；《論醉》，第二四四頁；《論夢》，第五七八頁，第五八六頁，第五八八頁；《論語言的混亂》，第三四一頁，第三四五頁；歐瑟比，《福音的準備》，第七卷，第十四章。

各斯是世界的保存，是世界的不變的理智。[13]語言總是被看成上帝的顯現，語言是沒有形體的，作爲聲音，它是有時間性的，並且是消逝的，所以它的存在是非物質的。「上帝一說話就創造了，並不在語言與創造之間放進任何事物」；所創造出來的事物和語言一樣，仍舊是思想性的事物。「如果要想提出一種更眞實的說法，那麼，邏各斯就是上帝的作品。」[14]這個邏各斯對於自我意識來說，同時也是智慧的導師。自然事物只是保存在它們的規律中，而自我意識連這些規律也知道，這就是智慧。邏各斯是祭司長，是上帝和人的中介，是教導人類的神性精神，[15]也就是上帝自覺地回到自身，回到最初的統一，回到無上光明。這是眞理本身的純粹靈明世界，眞理不是別的，就是上帝的聖言。[16]

3. 思想達到了消極性。**感性的**、存在的世界與這個理想的世界對立。感性的世界的根源，在費洛那裡和在柏拉圖那裡是一樣的，乃是 οὐκ ὄν（非存在）、物質、消極的事物；[17]上帝既是存在，感性世界的本質也就是非存在。並不是我們說上帝從無中創造世界時的那個無，而是非存在，存在的反面，它本身是一個積極的事物，和存在一樣。非存在是存在

13《摩西傳》，第三卷，第六七二頁。

14《論亞伯爾的獻祭》，第一四〇頁。

15 布勒，《哲學史教程》，第四部，第一二四頁。

16《論世界的創造》，第五頁。

17《論世界的創造》，第四頁；《論犧牲獻祭》，第八五七頁；布勒，《哲學史教程》，第一二五頁。

的，因爲其中加入了本身眞實的事物的肖像。費洛有一個正確的看法，認爲存在的反面和存在一樣積極。如果誰覺得這是不通的，他只要回想一下：當我們肯定存在時，存在的無有就是思維，這就是一個很積極的事物。可是更進一步，亦即這種對立的概念，以及從存在到非存在的過渡，在費洛那裡是沒有的。一般而言，這種哲學並不是概念或思維的形上學，只爲精神只是顯現在純粹的思維中，並不像這裡這樣採取表象的方式，而且概念、理念被表象爲獨立的形式。

「太初上帝的聖言創造了天堂，天堂由最純粹的存在構成，是最純潔的天使的府邸，天使們並不顯現，用感官無法認識他們，」[18]只有思想才能認識他們；他們就是 ἰδέαι（理念）。「造物主在創造靈明世界之前，首先創造了無形體的天堂和不可感覺的世界，以及氣和虛空的理念，接著又創造了水的無形體的本質（οὐσία）和一種無形體的光，以及太陽和一切星辰的不可感覺的原型（ἀρχέτυπος）」；[19]可感覺的世界就是上面這個世界的摹本。費洛是根據摩西的文獻進行研究的。在《舊約》的〈創世記〉中，是第三天創造了草、菜、樹，第四天在天宇上造了光、太陽和月亮。費洛說，在第四天，有一個數目裝飾了天空，就

18 《論世界的創造》，第五頁。

19 《論世界的創造》，第六頁；布魯克爾，《批評的哲學史》，第二冊，第八〇二－八〇三頁。

是四、四元、最完滿的數[20]等等。這些就是費洛的哲學的主要環節。

貳、卡巴拉學派和諾斯底學派

卡巴拉學派的哲學和諾斯底學派〔按：又譯知神派〕的神學，都有著費洛所具有的那些看法。第一者是存在的、抽象的、未知的、無名的事物。第二者是顯現的、具體的事物；具體的事物是流溢出來的。有一部分人認為又回到統一，特別是基督教的哲學家們持這種看法；這種回到統一被認為是第三者，這個第三者屬於邏各斯。所以，在費洛那裡，智慧、導師、祭司長乃是使第三者回到第一者的事物；所以存在於對上帝的 ὅρασις（景仰）之中。

一、卡巴拉學派哲學

卡巴拉就是猶太人的祕密智慧。關於它的起源，有許多虛構的傳說；其中有許多曖昧的

20《論世界的創造》，第九—十頁。

成分。據說這種智慧包含在兩部書裡，就是《耶齊拉》（創造）和《索哈爾》（光明）。這兩部書中主要的一部《耶齊拉》，是一位猶太教士阿其巴所寫的，邁爾先生將在法蘭克福爲它出一個比較完全的版本。這部書中的思想有一部分和費洛相似，不過有一部分是很曖昧的，是寫得充滿幻想的。不過，這部書並沒有那些崇拜卡巴拉的人所說的那樣古老；他們說，這部天書是在亞當犯罪以後賜給他作安慰的。這書是天文學、醫學、魔術、預言的混合物，從一些歷史跡象看來，這些事物是在埃及人中間研究過的。阿其巴生活在耶路撒冷毀滅後不久。猶太人曾經聚集了二十萬人反叛哈德良皇帝，在起義中猶太教士很積極；巴爾·科赫巴斯被擁爲彌賽亞，這位猶太教士後來被活活地剝了皮。[21]第二部書據說是他的弟子猶太教士西墨恩·本·約海所著；他稱之爲偉大的光明、摩西的火花。[22]這兩部書都在十七世紀譯成了拉丁文。有一個從事思辨的以色列人猶太教士亞伯拉罕·科亨·伊里拉也寫了一部書，叫做《天門》（*Porta coelorum*）；這書比較晚，是十五世紀的作品，包含了一些與阿拉伯人和經院哲學家有關的資料。這些就是崇高的卡巴拉智慧的史料來源。這是一堆曖昧的混合物，不過那部書是有普遍性的基礎的。書中所包含的較好的東西，是與費洛相似的一些

21 布魯克爾，《批評的哲學史》，第二冊，第八三四—八三八頁；第九二四—九二七頁。

22 伊里拉，《天門》，第一篇，第四章；提德曼，《思辨哲學的精神》，第三部，第一四九—一五〇頁；布勒，《哲學史教程》，第四部，第一五六頁。

看法。在這兩部書裡，有一些很有趣的基本規定，不過從這些規定出發卻走到曖昧的幻想中去了。

在較早的時候，猶太人中間並沒有想到上帝是一個光明的實體，也沒有想到光明的對立面，即黑暗以及與光明鬥爭的罪惡，也沒有想到善的天使和惡的天使，以及惡人的墮落、遭譴、下地獄，和對於善人和惡人的未來大審判，以及肉體的敗壞。猶太人從這時起，才將自己的思想解脫出來，超過他們的現實，傾心於一個精神的世界，至少也是傾心於一個眾多精神的世界，因爲在這以前，他們這些猶太人眼睛裡只有自己，沉溺在汙穢裡，一味妄自尊大，只知道保全自己的民族和宗族。

至於卡巴拉的詳細內容，是下面這樣的：太一被宣布爲萬物的始基，同時也是一切數目的來源。正如數目的統一不是一切數目中的任何一個數目，同樣情形，只有上帝才是萬物的根基（Ensoph）。[23]與此相聯繫的流溢乃是最初的原因所產生的結果，由限制那最初的無限者而來；它是最初者的極限（ὅρος）。[24]在這最初的唯一原因裡面，是隱伏地（eminenter）包含著一切，並不是形式地（formaliter）包含著一切，而是作爲原因（causaliter）包含著

23 伊里拉，《天門》，第一篇，第四章。

24 伊里拉，《天門》，第六章，第十三節；第七章，第二節。

一切。[25]第二個主要環節是亞當·卡德孟，第一個人，是克特爾；第一個發生物，是最高的王冠，小宇宙、大宇宙，[26]流溢出來的世界就像光的流出一樣與這個環節聯繫著。透過更進一步的流溢，便發生了世界的其他各個範圍；這種流溢被說成了光明之流。首先流出十道光明之流，這些流（Sephiroth）造成純淨的阿齊魯世界，這個世界裡是沒有任何變化的；其次流出布里亞特世界，是有變化的；再次流出成形的耶齊拉世界，這是被放在物質中的純粹精神，是星辰的靈魂（純粹的精神是更進一步的區別，在這些區別裡還繼續著這種曖昧的方式）；更次流出的是造就了的世界，阿西亞世界：這是最低的、滋長著的、有感覺的世界。[27]

二、諾斯底學派

在諾斯底學派那裡，有相似的規定構成了基礎。內安德教授先生曾經很淵博地把它們蒐

---

25 伊里拉，《天門》，第四篇，第四章以下；提德曼，《思辨哲學的精神》，第三部，第一五六頁；布勒，《哲學史教程》，第四部，第一六二頁。

26 伊里拉，《天門》，第二篇，第一章；布勒，《哲學史教程》，第四部，第一六〇頁。

27 伊里拉，《天門》，第五篇，第七—八章；提德曼，《思辨哲學的精神》，第三部，第一五六—一五七頁；布勒，《哲學史教程》，第四部，第一五七頁。

集起來，並且詳細地加以整理；有一些形式與我們上面舉出過的那些形式相合。最出色的一個諾斯底學派學者是巴西利德。在他那裡，最初者也是不可言說的上帝，也就是卡巴拉的Ensoph；上帝是作爲τό ὄν，ὁ ὤν（存在），是無名的（ἀνωνόμαστος），直接的，和在費洛那裡一樣。[28]第二者是νοῦς（心靈）、長子，λόγος（邏各斯），σοφία（智慧）、活力（δύναμις），更確切一點說，是公正（δικαιοσύνη）與和平（εἰρήνη）。這以後跟著某些原則，巴西利德稱這些原則爲執政官，也就是精神王國的首腦。這裡面主要之點還是那個回轉，那個醇化靈魂的過程，那種淨化的處理法；靈魂必須從ὕλη（物質）回到智慧、回到和平。那最初的本體本身中包含著圓滿性，不過只是作爲potentia（潛能）；精神（νοῦς）、長子才是潛伏者的第一次顯露。一切創造物只有與上帝相結合，才能分享公正與來自上帝的和平。[29]

諾斯底學派學者如瑪律柯也稱最初者爲不可思議者（ἀνεννόητος），甚至於稱之爲不存在者（ἀνούσιος）、不向規定性前進者、μονότης（孤獨者）。他們也稱它爲純粹的靜止（σιγή）；其他的則是理念、天使、永恆者。這些乃是那特殊的充滿物的根源、種子；每一

28 內安德，《最高尚的諾斯底學派系統的發展》，第十頁；費洛，《論名稱的變化》，第一〇四六頁。

29 內安德，《最高尚的諾斯底學派系統的發展》，第三十三—三十四頁。

個永恆者本身中都帶著自己的世界。[30]

另一些諾斯底學派學者如伐侖丁則稱最初者爲永恆者或深不可測者，無上根本，絕對深淵（βύθος），在其中一切都消失了：或者稱之爲 προάρχη，亦即在始基之先者，προπάτωρ，亦即在太初之先者，更在天父之先者。這就是活動者。太一的過渡、分化是 διάθεσις（安排），這個進一步的發展也被稱爲不可理解者化爲可以理解者，這一步我們看見在斯多噶學派那裡稱爲 κατάληψις（把握）。這些概念就是永恆者、特殊的安排：永恆世界也稱爲充實（πλήρωμα）。第二者也稱爲限定（ὅρος）；進一步在對立中來理解生命的發展，就可以看出這個發展包含在兩個原則中，亦即具有男性和女性的形式。這一個是那一個的充實；從它們的結合（συζυγία）中出現了一些充實物，這些事物才是實在的。每一個實在的事物都有它的配偶（σύζυγος），這些充實物的總體就是整個永恆世界，就是深淵的普遍充實。因此那個深淵也稱爲「黑梅斯阿芙羅狄」，「雌雄同體」（ἀρρενόθηλυς）。[31]

托勒密說深淵有兩個配偶，兩種安排，都是一切存在的前提，即意志與感覺。[32]在這裡出現了紛亂、混雜的形式。基本規定是一樣的；深淵與充實是主要的事物。啟示、從天而降

30 內安德，《最高尚的諾斯底學派系統的發展》，第一六八、一七〇—一七一頁。

31 內安德，《最高尚的諾斯底學派系統的發展》，第九十四—九十七頁。

32 內安德，《最高尚的諾斯底學派系統的發展》，第一六〇頁。

的事物也是上帝的尊榮（δόξα，schechinah），天上的智慧（它本身就是對上帝的景仰）、理念、邏各斯；或者說得更清楚一點，就是上帝的名稱、就是這位造物主；這就是上帝的顯現、規定。[33]——這一切形式都陷於曖昧。整個說來，基礎都是那些同樣的規定。一般的欠缺正是把自在自爲的事物規定和了解爲具體的事物。我們之所以要提起這些形式，只是爲了要找出它們與普遍者的聯繫。在這裡根本問題在於缺乏具體的理性。

教會拋棄了諾斯底學派的學說，因它有幾分執著於普遍者，或者以想像力的方式來理解觀念，並且把這個觀念與現實的自我意識對立、與肉身基督（Χριστὸς ἐν σαρκί）對立。[34] 因爲這些基督幻影論者就曾經說過，基督只有虛幻的身體、虛幻的生命；思想只是背景。教會與此相反，堅持基督有一定的人格形象；它堅持具體現實的原則。

33 內安德，《最高尚的諾斯底學派系統的發展》，第十—十三頁；費洛，《上帝是永恆的》，第三〇四頁。

34 內安德，《最高尚的諾斯底學派系統的發展》，第四十三頁。

參、亞歷山大里亞學派哲學

自我意識與存在的統一，在亞歷山大里亞學派裡面，以更有哲學意義、更有概念意義的方式出現了；這個統一是主要的形式，是眞正的哲學。亞歷山大里亞從很早的時候開始，尤其是在托勒密王朝的時候，曾經是學術重鎭。這座城市是各種科學的中心點，東方和西方各個民族的宗教與神話，以及他們的歷史，都在這裡交流混合，這種結合，從宗教方面說，是採取多方面的形式的。在這個地方，各個宗教都互相比較，在每一個部分裡尋找和蒐集其他宗教所包含的事物，但是特別給予了各種宗教的各種觀念一個更深刻的意義作爲基礎，而且是一種普遍的、譬喻的意義。這一種努力，的確產生了許多含糊曖昧的事物；比較純粹的產物，就是亞歷山大里亞學派哲學。把各種哲學系統聯合起來，所得到的成就，應該比一種對自己還不了解的理性所產生的那些含混曖昧的事物要好些。因爲哲學裡面事實上有一個理念，所以哲學也就透過自身揚棄了它所採取的那些特殊形式，揚棄了它所表現的那種片面性。在懷疑論裡面，曾經達到了這樣一種消極的地步：把用來建立絕對的那些確定的存在方式都看成被揚棄了。

在亞歷山大里亞發生過一種哲學，並不依傍某一特定的古代哲學派別，而是把一些不同的哲學系統結合起來，特別是結合畢達哥拉斯學派、柏拉圖學派、亞里斯多德學派的哲學，並且闡述這些派別的哲學，所以這種哲學常常被稱爲折中主義。如果折中主義的意思是無一貫原則地從這種哲學裡取一點，從那種哲學裡取一點，拼拼湊湊，好像一件用許多不同顏色、不同材料的布匹拼起來的衣服似的——那就是一種很差的東西。上面已經指出過，一種折中主義所提供的東西，不過是一種膚淺的堆積物。這些折中派的學者中間，有一部分是一般沒有教養的人，他們的腦子裡並存著許多極其矛盾的觀念，從來不想把自己的思想貫穿起來，也從來沒有意識到它們的這些矛盾。也有一些折中派是聰明人，思想和行爲都是有意識的，因此他們要最好的東西，當他們像他們所說的那樣，從每一個系統裡採取了好的東西，從許多不同的思想裡做出了一個總計的時候，那裡面一定是什麼好東西都有，只是沒有思想的聯繫，也就是根本沒有思想。折中派的哲學正是毫無根據、毫無一貫性的東西；這種哲學並不是亞歷山大里亞學派的哲學。在法國，人們還是這樣叫這一派哲學的；在那個地方，système〔按：即法文「系統」一詞〕這個詞與片面性意思是一樣的，一個人只要有一點系統，或者有一點可疑，就一定會有一天被加上一個一定的名目，也不管他是否受得住。

亞歷山大里亞學派拿柏拉圖哲學當作基礎，但是卻利用了整個哲學的發展，這個發展，他們是在柏拉圖之後透過亞里斯多德和以後的各種（斯多噶學派）哲學而獲得的；換句話說，他們以一種更高的文化把這些哲學系統重新武裝了起來，在柏羅丁那裡，我們找不到反駁。在這種更高的文化裡，特別有一個更深刻的原則，就是認爲絕對本質應該是自我意識，認爲自我意識正是絕對本質的本質，因此自我意識也就在個別的意識裡面。這個意識我們不能像一般人所說的那樣去了解，認爲上帝是一個存在於世界之外、自我意識之外的精神，而要把作爲上帝的自覺精神的那種上帝的存在視爲眞正的自我意識本身。存在於思想中的柏拉圖的共相，因此獲得這樣一個意義：它本身就是絕對的本質。他們是較好的意義之下的折中派哲學家；或者也可以說，給他們一個名稱，根本是一件多餘的事。但是在更高的意義之下，有一個對於理念的更進一步的觀點，就是把以前的那些個別的、片面的，僅僅包含理念的環節的原則結合起來，以一個更具體、更深刻的理念把這些環節結合爲一。因此柏拉圖也是折中派，他結合了畢達哥拉斯、赫拉克利特、巴門尼德；因此亞歷山大里亞學派也是折中派，不過這話的意思永遠是上述的意思。

然而，布魯克爾也曾用過的這個名稱，從實質上說，是不恰當的，與歷史不符的。亞歷山大里亞學派慣常被人用折中派這個名稱來稱呼。我發現布魯克爾[35]最先用這個名稱；他這樣做，是因爲第歐根尼·拉爾修[36]給他造了機會。因爲第歐根尼·拉爾修曾經說到某個亞歷山大里亞人**波大謨**，說這個人不久以前（πρὸ ὀλίγου）從許多不同的哲學裡選取了主要原則和最好的事物。第歐根尼引用了這個人好多句話，說他已經建立了一種折中的哲學。這些話是從亞里斯多德、柏拉圖、斯多噶學派的著作裡選出來的，不過並無重要意義，並且亞歷山大里亞學派的特色在這裡面也看不出來，第歐根尼是比亞歷山大里亞學派還要早的人；而根

35 《批評的哲學史》，第二卷，第一九三頁。

36 〈引言〉，第二十一節。

據蘇以達的說法[37]，波大謨是奧古斯都的養子的教師，折中派的思想，對於一位太傅是最合適不過的。因爲這個緣故，由於這個波大謨是亞歷山大里亞人，布魯克爾就把第歐根尼書中的折中派這個名稱用到亞歷山大里亞學派哲學身上去了。不過，亞歷山大里亞學派並不是折中派。因爲結合過去的一些哲學系統正就是更深刻地認識了哲學理念，這種認識是具體的，所以在更深刻的理念形式中包含了那些抽象的原則。這種綜合工作應當時時進行；在過去的分歧後面，應該承認有一種自在的同一性，因此區別只是形式。亞歷山大里亞學派有更深刻的觀點，他們既是畢達哥拉斯學派，也是柏拉圖學派和亞里斯多德學派；過去的一切哲學系統，都可以在他們的系統裡找到它們的地位。

托勒密王朝諸王曾經在亞歷山大里亞獎勵學術，羅致學者，這一方面是由於國王們自己對學術有興趣，另一方面也是由於有十分適合的條件。他們建立了著名的大圖書館，並且把舊約聖經翻成希臘文藏在館內；凱撒毀滅了這圖書館，但是以後又重建了。那裡還有一座博物院，也就是我們今天所謂的科學院，當時有許多哲學家和專門學者住在裡面，領著薪俸，除了研究學問以外沒有別的職責。以後，這一類的學術機關在雅典也設立了，每一個哲學派別都有它自己的公開的會所，不分軒輊。[38]

37 見《波大謨》，第三卷，第一六一頁。

38 參看布勒，《哲學史教程》，第四部，第一九五—二〇〇頁。

新柏拉圖學派哲學有一部分是與其他學派一同興起的，有一部分則是建立在其他學派的廢墟上，使其他學派黯然失色。一切較早的哲學系統都消失在新柏拉圖學派哲學裡面。新柏拉圖學派與以前的各個學派不同，並沒有建立起這樣的一個自己的學派；它只是把一切哲學在自身中結合起來，以研究柏拉圖、亞里斯多德和畢達哥拉斯學派爲他們的主要特色。與這種研究相結合的，是對各種著作的考釋，其目的是把它們的哲學思想結合起來，指出它們的統一。新柏拉圖學派的哲學大師們所做的工作多是講解各種不同的哲學著作，特別是柏拉圖和亞里斯多德的著作。

一、安莫紐．薩卡斯

安莫紐．薩卡斯（負囊者）據說是這個學派最初或最出名的教師之一；他死於基督降生後二四三年。[39]可是他沒有任何著作流傳下來；也沒有任何關於他的哲學的傳說流傳下來。這時哲學工作最主要的方式是在於注解柏拉圖和亞里斯多德的著作或對這些哲學做摘要。古代哲學家著作的注解，不是口述的，就是筆錄的；我們現在還保存著許多這一類的注解，這些東西裡面有一部分是很出色的。注解亞里斯多德著作的是阿芙羅狄的亞歷山大、羅得斯的安德羅尼柯、大馬士革的尼古勞，還有波菲利。柏拉圖的注解者是努美紐、底爾的馬克西

39 布魯克爾，《批評的哲學史》，第二冊，第二〇五頁、二一三—二一四頁。

謨。另外還有一些亞歷山大里亞學派的學者詳細地注解了柏拉圖，因而同時也認識了另一些學派的哲學，並且對理念的各種不同的方式的統一之點也了解得非常清楚。最好的注解都出於這個時代；普羅克洛最大部分的著作是對柏拉圖的個別對話等等著作的注解。這個學派更特別具有這樣一個特點，就是他們把思辨說成現實的神聖存在和生命，因此使思辨顯得有些神祕意味和魔術意味。

在安莫紐眾多的學生中，有許多人在其他科學部門中甚爲有名，例如：朗幾諾以及奧利振；後者是否就是那個有名的教父，還不能確定。在哲學上，他的最出名的弟子是柏羅丁，從他現在還保存著的著作中，我們認識了新柏拉圖學派哲學最大部分的內容。這種哲學的整個系統，他的後人們認爲是他所建立的，並且說這種哲學是他的哲學。

二、柏羅丁

因爲安莫紐的學生們曾經約定依照他們的老師的願望，不把他的哲學寫下來[40]，所以柏羅丁也很晚才寫書，或者毋寧說，他的保存下來的著作是他死後才由他的一個有名的學生波菲利發表的。他的生平事蹟，我們是從波菲利得知的。波菲利所寫的《柏羅丁傳》中顯著的一點，是眞實的生活事蹟和大批奇怪的事情夾雜在一起。這是一個重視異行奇蹟的時代。但

40 波菲利，《柏羅丁傳》（一五八〇年巴錫爾版《柏羅丁九章集》的卷首），第三頁。

是我們如果認識了純粹的哲學論證，認識了這樣一個人的純粹的意義，我們就不會對這一類的故事驚奇了。

柏羅丁是一個埃及人，大約在基督降生後二〇五年塞普底繆．塞未羅皇帝在位的時候生於呂科波里。他聽了許多哲學教師的演講之後，變得很憂鬱沉默；他二十八歲時，來到安莫紐那裡，終於對他感到滿意信服，跟他學了十一年之久。因爲那個時候對於印度和婆羅門智慧的重視開始流行，所以柏羅丁到戈爾地安皇帝的軍隊中服役，到了波斯；但是戰爭不幸慘敗，柏羅丁沒有達到他的目的，費盡氣力才逃得活命。[41]他四十歲時到了羅馬，在那裡住了二十六年，一直到死。[42]他在羅馬的生活方式是很特別的，遵守著古代畢達哥拉斯學派的習慣，不吃葷，常常齋戒；還穿著古代畢達哥拉斯式的服裝。[43]他被各個階層尊爲公眾的教師。[44]

柏羅丁曾經受過當時的皇帝伽利安和他的皇后的寵遇，據說皇帝交給他康巴尼亞地方的

41 波菲利，《柏羅丁傳》，第二頁；布魯克爾，《批評的哲學史》，第二一八—二二一頁。

42 波菲利，《柏羅丁傳》，第二—三頁，以及第七頁。

43 提得曼，《思辨哲學的精神》，第三卷，第二七二頁；布勒，《哲學史教程》，第四部，第三〇六頁；波菲利，《柏羅丁傳》，第六頁。

44 波菲利，《柏羅丁傳》，第五—七頁。

一個城，柏羅丁曾想在那裡實現柏拉圖的理想國。但是大臣們阻止這個計畫的實行；[45] 他們這件事是做得很聰明的。因爲這時是在羅馬帝國這樣一些外在情況之下，而且從柏拉圖的時代以來，人們的精神已經起了很大的變化；這時應當使另一個精神原則成爲普遍原則，所以現在這一個壯舉遠不如在柏拉圖的時代可以增進柏拉圖理想國的光榮。單單說柏羅丁有過這種思想，是不能使人尊敬柏羅丁的見解的；可是我們還不能確切地知道他的計畫究竟是僅限於柏拉圖式的國家，還是加了一點擴充或修正。一個眞正的柏拉圖式的國家，在羅馬帝國的環境中是無法存在的。柏羅丁於基督降生後二七〇年死於羅馬，享年六十六歲。[46]

柏羅丁的**著作**，大部分原來是對他的聽眾所提出的問題的解答；他在最後的十六年中把它寫了下來，若干年後，波菲利才把它編纂成書。他在他的演講裡，像上面說過的那樣，採用的辦法是注解各種古代哲學著作。柏羅丁的著作叫《九章集》，一共六集，每一集包含九篇個別的文章，因此有五十四篇文章，這些文章又分爲許多章，這是一部龐大的著作。這些書並沒有構成一個有聯繫的整體；事實上卻是每一卷都提出了特殊的題材討論哲學；把全書整個研究一番，是一件很厭煩的事。第一個「九章」大部分帶有道德性：第一篇是：什麼是動物，什麼是人；第二篇：論德行；第三篇：論辯證法；第四篇：論幸福（περὶ

45 波菲利，《柏羅丁傳》，第八頁。
46 波菲利，《柏羅丁傳》，第二頁。

εὐδαιμονίας）；第五篇：論幸福是否存在於時間範圍內（παρατάσει χρόνου）；第六篇：論美；第七篇：論至善（πρώτου）及其他諸善；第八篇：論惡從何處來；第九篇：論生活中一種理性的出路。其餘的那些「九章」是形上學的性質。波菲利說它們是長短不一的。當柏羅丁五十九歲時，亦即波菲利來到他的門下以前，他已經寫了二十一篇了；在這一年和以後五年中，即波菲利當了他的學生的時候，他又根據以前所發生的那些問題加寫了二十四篇。當波菲利在西西里時，他在逝世以前最後幾年又寫了九篇。這最後九篇比較軟弱。[47]克勞澤正預備出版柏羅丁的著作。

敘述柏羅丁是很困難的，其困難絕不亞於作一個有系統的發揮。整個說來，柏羅丁的辦法是經常把每一個特殊論點都歸結到完全普遍的論點上。柏羅丁的精神總是不離開每一個個別的題材，有條理地、辯證地加以討論，而將它歸結到唯一的理念上去。因爲這個緣故，有些主要思想常常是翻來覆去地說個不停。讀他的著作是有一點令人不耐煩的，因爲他從特殊的開始，說來說去總是不斷地回到同一的根本觀念。所以我們只需要讀柏羅丁的某幾卷書，就能輕易地掌握住他的思想，用不著再讀他其餘的書了。柏拉圖的思想和語言對柏羅丁是特別有支配力的。不過亞里斯多德的思想對他也同等有力；我們可以說柏羅丁是一個新柏拉圖學派，也同樣可以說他是新亞里斯多德學派。他的書裡有很多表現方法完全是亞里斯多

---

47 波菲利，《柏羅丁傳》，第三—五頁，第九頁，第十七—十九頁。

德式的。亞里斯多德所用的名詞像「可能性」、「現實性」等等，在柏羅丁的著作裡也同樣占重要地位。這些事物的關係是他所研究的主要對象。主要的是我們不能認爲他與柏拉圖和亞里斯多德對立；甚至於斯多噶學派的思維、邏各斯他也採用了。

描述他的哲學是非常困難的。柏羅丁的目的和亞里斯多德不同，他並不從對象的特性去了解對象，而是把對象歸結到統一上去，同時強調實體，貶抑現象。柏羅丁最主要、最具特色的一點，是他那高尚純潔的熱忱：要把精神提升到善、提升到眞、提升到自在自爲的事物上。他依靠認識、依靠純粹思想、依靠理智的思想，和斯多噶學派一樣，這個思想本身就是生命，而並不是呆板枯燥的。他的整個哲學從一方面說是形上學，然而並不是有一個衝動、有一個趨勢在其中支配著，要求說明，要求解釋（推演出罪惡和物質的性質）；而是靈魂從特殊的對象回到對於太一的直觀：直觀眞實與永恆的事物，反思眞理，使靈魂達到這種考察和這種內心生活的幸福。因此他所取的方向並不是如何費心耗神去理解並推究沉重迫人的現實，而只是把這些個別的對象當作起點（就是對於一般意見和哲學理論加以引導，但是進一步又把這些見解予以否定）：他揭示個別對象的地位及其發生的情形，把精神與這些外在的事物分開；在單純而明白的理念中，給精神應有的地位。他的哲學思想的整個基調，是引入道德、引入對於永恆與太一的理智考察——這考察便是道德的來源。他便是這樣進入道德的堂奧，爲的是淨化靈魂，使靈魂脫離情欲、脫離罪惡、命運以及無信、迷信、星相、魔術等不純粹、不眞實的觀念。他是引回到實體，而不是在實體的特有範疇中發揮實體。

因此，柏羅丁不得不去理會諾斯底學派；他討論他們，並且非難他們，說「他們根本沒有說到道德與善、根本沒有說到道德與善是怎麼得來的，也沒有說到應該如何去培養與淨化靈魂。因爲我們說景仰上帝，本是不假外求的事；不過我們還要指出，這件事是怎麼做的，以及人是怎樣達到這樣一個境地的。有一種道德，它趨赴著一個最後的目的，並與智慧同在靈魂之中；這樣的道德便足以表明上帝。」[48]他崇拜異教的神靈，因爲他給他們加上了一層深刻的意義和一種深刻的效能。他說一個人如果愛某種事物，也就愛一切與它親近的事物。譬如與父親親近的便是孩子們。然而靈魂在世界上是與最高的事物親近的。那麼它怎麼能與這最高的事物分離呢？[49]這大約就是柏羅丁所取的一般的方向。

假如我們現在更詳細地去研究柏羅丁的哲學，我們便可以發現在他的哲學裡沒有一句話討論到標準，像斯多噶學派與伊比鳩魯那樣，這是不必討論的；他所講的，是要鑽進中心點、鑽進純粹的直觀、鑽進純粹的思維，靈魂在寧靜中的那一種自身契合是他的出發點。斯多噶學派及伊比鳩魯學派拿來當作目的的東西，在這裡成了出發點，要透過這出發點來達到這樣一個境界，就是在內心激起一種歡悅，柏羅丁稱之爲狂喜。

一般人談起這一派哲學時，總說它是一種狂想。我們常常聽見人說它是狂想，但是柏羅丁卻認爲眞理只存在於理性和理智中：這是很矛盾的。狂想把眞理放在實際與概念之間的一

48 柏羅丁，《九章集》，第二集，第九篇，第十五章。

49 柏羅丁，《九章集》，第二集，第九篇，第十六章。

種事物裡，這種事物既不是實際，也不是概念，而是一種想像出來的事物。但是柏羅丁完全不是這樣的。他之所以被人稱爲狂想，有一部分是因爲人們常常把超出感性意識、超出確定的理智概念——理智概念只能用在有限事物上——的事物稱爲狂想；另一部分是因爲柏羅丁一般地說到概念和精神環節本身時，論證的方式很特別，把概念和精神環節說得好像都是實質的事物似的，把感覺的方式、想像的方式帶進了概念的世界；還有一部分也是因爲他把理念弄到感覺範圍裡去了，例如他便應用一切事物之間的必然關係來耍魔術。因爲魔術師所做的事情正是賦予一切話語、符號、感性事物、個別事物以一種普遍的力量，企圖用禱告之類的辦法把它們想像成普遍的事物，不過這只是一種外加的普遍者，並不是自在的，也不是基於本性的；換句話說，思想中的普遍者還沒有給予它自己一種普遍的實在性。因爲英雄的思想只是一個思想，英雄的行爲才是眞實的普遍的事物；同樣情形，效果與方法才是偉大的普遍的事物。

因此，在某種意義之下，人們譴責柏羅丁和新柏拉圖學派狂想也是應當的。因爲在這個派別的大師柏羅丁、波菲利、揚布利可的傳記裡，我們確實找著許多說到製造奇蹟的話。因爲他們相信異教的神靈；至於神像的崇拜，他們說是因爲這些神像裡充滿著神聖的力量，神靈就在神像裡。一般說來，亞歷山大里亞學派是沒有擺脫奇蹟信仰的束縛的。[50]不過我

50　參看《九章集》，第一集，第六篇，第七章；第四集，第四篇，第三十九—四十三章；普羅克洛，《柏拉圖神學》，第一卷，第二十九章，第六十九—七十頁（漢堡一六一八年頗爾圖斯版）。

們也聽到人說起這些人和畢達哥拉斯一樣做了許多魔術，這一類的故事與其說是在古代產生的，不如說是在這個時期產生的；因爲在世界史的整整這一段時期中，不管在基督徒那裡，還是在異教徒那裡，都流行著對奇蹟的信仰；因爲專注意自身的精神，對於內心生活的無限力量及崇高充滿著驚奇，因而不注意事物的自然聯繫，於是很容易想到有一個最高的力量在干涉。但是這是與哲學理論完完全全不相干的。除了以上所說到的關於神像的理論外，柏羅丁的著作裡一點也沒有包含上面所論到的那些意思。如果把狂想這個名稱加給追求超感性的事物的一切精神努力，加給人對於道德、高尚、神聖、永恆的一切信仰，加給各種宗教的皈依，那麼，當然也可以認爲新柏拉圖學派是狂想；但是，即令在這種情形之下，狂想仍舊是一個空洞的名詞，只能在單純的理智的嘴裡才會說出，只能在懷疑一切高尚事物的思想中才會出現。如果我們說，努力追求與理智範疇矛盾的思辨眞理就叫狂想，那麼，亞歷山大里亞學派實在該受這種譴責，可是用同樣的理由，也可以說柏拉圖和亞里斯多德哲學是一種狂想。因爲柏羅丁確實提到透過狂喜將精神提升到思想；甚至於可以說，提高到思想活動的境界，乃是眞正的、柏拉圖式的狂喜。

此外柏羅丁之所以得到狂想之名，也是因爲他把個體意識與絕對本質的認識之間的關係規定或描寫成下面這個樣子：認爲靈魂從肉體回到自身時，除了純粹本質的觀念以外，要把一切觀念都丟掉，使自己接近神。[51]柏羅丁的哲學原理是自在自爲的理性。總之，柏羅丁曾經說過，眞正的存在只能透過「出神」而被認識；但是我們絕不能把這種出神說成狂想的狀態。柏羅丁說出神是一種靈魂的單純化，透過這種單純化，靈魂才進入幸福的安寧境界，因爲靈魂的對象本身就是單純的和安靜的。[52]這種境界，也就是靈魂擺脫了肉體，是透過純粹思想而產生的。思維是活動，也是對象。因此這種出神是安寧的狀態，絲毫不帶任何心血來潮或胡思亂想的意味。出神的確不只是感性和幻想的喜悅，而是一個超脫感性意識內容的過程；它是一種純粹思維，這種純粹思維安寧自在，以自身爲對象。柏羅丁常常以下面這種方式說到這個境界，他說：「我常常離開自己的肉體而醒悟回到自身，處在別的事物（外物）之外，進入內心深處，得到一種奇妙的直觀和一種神聖的生活。」[53]不過他在這種出神裡所意識到的事物就是哲學思想，就是思辨的概念和理念。

人們之所以說柏羅丁狂想的道理，一方面在於他用出神這個名詞，另一方面也是在於出神的實質。（一）名詞方面：因爲人們說柏羅丁狂想時，心裡所想到的不是別的，就是瘋狂的印度人、婆羅門、和尚、尼姑們所達到的一種境界，這些人爲了澈底回到內心深處，企

51　柏羅丁，《九章集》，第六集，第七篇，第三十五章—三十六章。

52　柏羅丁，《九章集》，第六集，第九篇，第十一章。

53　柏羅丁，《九章集》，第四集，第八篇，第一章；參看第八篇，第四—七章。

圖把一切關於現實的觀念和知覺都從心裡掃除出去；因此這種境界一方面是一種持久的狀態，而另一方面在這種洞見一切皆空的禪定中，它又表現爲光明或黑暗，它不是運動，不是分別，總之，不是思想。（二）實質方面：凡是相信思維中的絕對本性不是思維本身的人，常常會說，上帝是意識所達不到的，上帝的思維乃是關於上帝的概念，不過它的存在或實在還是完全另外一個事物；譬如說當我們思維或想像一個動物或石頭的時候，我們對於這個動物的概念或觀念是一個與這動物本身完全不相同的事物，好像動物本身才是眞理似的。不過這裡所說的並不是這個可以感覺的動物，而是動物的本質；這就是動物的概念。動物的本質在可以感覺到的動物身上並不表現爲本質，而是表現爲有客觀個體性的「一」，表現爲那個普遍者的一種形態；其所以是本質，是因爲它是我們的概念，而事實上只有這個概念是眞的，感覺所及的事物是消極的。因此，如果我們對於絕對本質所存的概念就是絕對本質自身的概念，不是任何別的事物，那麼它就是本質自身了。但是上帝似乎並非僅限於這個本質；因爲上帝不僅是本質，不僅是本質的概念，而是本質的存在。作爲純粹本質的上帝的存在，乃是我們對於上帝的思維；但是上帝的眞正的存在卻是自然。在這個眞正的存在裡面，自我是個別的思維者；自我附屬於這個存在，作爲這個存在的環節，但是並不構成這個存在。必須從作爲本質的本質存在〔按：即純粹思維〕，過渡到作爲眞實存在的存在〔按：即自然〕；就上帝之作爲自然而言，無疑地是個別自我意識所達不到的彼岸：(1)認上帝爲個別自我意識或純粹思維所達不到的彼岸的那種客觀的思想方式，是必須克服的。(2)作爲個別實在物的上帝，就是自然。思維所達不到的上帝只是實在、自然，不過即便是自然也回到本質，換句話說，自我意識的個別性也要加以克服。

柏羅丁之所以被稱爲狂想，是因爲他有這樣一種思想：他認爲上帝的本質就是思維本身，並且就呈現在思維裡面。基督徒們曾經說過，上帝在一定的時候、一定的地方一度以一種感性的方式呈現，而且和他的人民同居，構成他們的精神，同樣地，柏羅丁也說，絕對本質呈現於自我意識的思維中，作爲本質存在於思維裡，換句話說，思想本身就是神聖的事物。但是在這種單純化自我意識的過程中，一點也沒有狂想的成分。這一點可以從以下一點證明：即令這種對上帝的直接認知就是一種對上帝的思維與了解，這也不是一個空洞的感覺，換句話說，並不是一個同樣空洞的直觀。柏羅丁的思想是很接近這一方面的；他所用的那種譬喻式的表現方法，尤其使他的思想與一部分混亂的神祕觀念有別。柏羅丁的哲學理念是理智主義，也就是說，是一種高級的唯心論，不往來概念方面說，究竟還不是一種完備的唯心論。

至於柏羅丁的確定的主要思想，亦即那種客觀的事物，那種在這出神狀態中、在這思維的存在中回到自身的內容，我們已經就其一般的主要環節講過了。

（一）始基、絕對、基礎在這裡與費洛所說的一樣，是純粹的存在、不變者，是一切顯現出來的存在的基礎與原因，它的可能性與現實性是分不開的，它就是它自身的絕對現實。它是最根本的統一，這個統一是一切本質的本質。原則、眞理並不是有限事物的雜多羅列，也不是一物藉以與他物分離的那種通常的實質性，總之，事物的統一乃是事物的本質。[54]這個統一眞正說來並不是全體；因爲全體是一切個體的湊合，也就是一切個體的總括；這個湊合的全體雖然好像是各個個體的本質、基礎，但卻是各個個體頗感生疏的外在的統一性。統一也不在全體之先；它與存在著的全體不是分開的，不然它就又會只是一個空想出來的事物了。[55]柏羅丁所提出的，是一種更新的統一，這種統一是理性所規劃的，有主觀原則的作用。這就是柏羅丁所建立的最高的客觀性或存在。在這種統一裡面沒有多，換句話說，多並不是自在的。

這裡所說的統一，只是像巴門尼德和芝諾所講的絕對的純粹的存在一樣；或者說，統一就是指絕對的善，這種意義的絕對，也就是柏拉圖尤其是亞里斯多德的著作中所講到的絕對。首先，什麼是善呢？「善就是一切所依賴的那個事物」，這也是按照亞里斯多德的說法，也是「一切所仰慕的事物」；一切都以它作爲原則，一切都需要它，而它自己則毫毋須要，它自身是自足的，它是一切事物的尺度與限度，它自身生出 νοῦς（理智）和實體（οὐσία的活動。到此爲止，一切是美的，不過它比美更美，比善更善——ὑπεράγαθον（過分好）[56]，

54 柏羅丁，《九章集》，第三集，第六篇，第六章；第六集，第九篇，第一—二章。
55 柏羅丁，《九章集》，第三集，第八篇，第八章。
56 柏羅丁，《九章集》，第六集，第九篇，第六章。

它是在自由地統治著，在思想王國中有最高統治權，[57]因爲當你說這絕對的善的時候，除它以外，你是什麼也不能再增加，什麼也不能更多想的。當你揚棄了存在自身，而認取了這絕對的存在或善的時候，你會感覺到驚奇；如果你把它當作你追求的目的而安於它，你就會從它所派生出的事物來理解它和它的偉大。當你像這樣面對著存在，從它的純粹本質去考察它時，你將會感覺到驚奇的。[58]

絕對的存在，柏羅丁說，是不可知的，[59]費洛也說過——是退藏在自身之內的。關於這一點，柏羅丁說得很詳細，他屢屢說，靈魂要達到這種統一的思想，必需透過否定的活動，否定的活動同單純的語言是有分別的，它是一種懷疑的活動，對一切賓詞加以檢查，而認爲除了這個太一以外，一無所有。善是主觀思維的目的，同時也是實踐活動的目的；主要的是給太一下定義。一切一般的賓詞，譬如存在、實體，在柏羅丁的見解中是不適合於太一的，因爲它們表現著某種特性。[60]太一沒有感覺、沒有思想、沒有意識；因爲在這一切裡都

57 柏羅丁，《九章集》，第一集，第八篇，第二章。

58 柏羅丁，《九章集》，第三集，第八篇，第九—十章。

59 柏羅丁，《九章集》，第五集，第三篇，第十三—十四章。

60 柏羅丁，《九章集》，第五集，第二篇，第一章；第六集，第二篇，第九—十章；第八篇，第八—九章；第九篇，第三章。

有著分別。[61]雖然善是絕對的自由，[62]但是它沒有決定、沒有意志；因爲意志本身是與善有區別的。[63]

這樣的存在就是上帝，而且永遠是上帝，它不在上帝之外，而是與上帝一體，與上帝同一的。「絕對的統一支持著事物，使事物不彼此分離；它是統一萬物的堅固紐帶，它滲透一切有分離成對立物的危險的事物，把它們結合起來，化爲一體；我們把這個絕對的統一稱爲太一，稱之爲善。它不是某個事物，不是任何一個事物，而是超乎一切的。這一切範疇都完全被否定了；它沒有體積，它也不是無限的。它是宇宙萬物的中心點，它是道德的永恆泉源，它是神聖的愛的根源，一切都圍繞著它轉動，一切都以它爲目的。νοῦς（理智）及自我意識永遠在它裡面有其起始和歸宿。」[64]

柏羅丁把一切都引回到這個實體上；唯有它是眞實的，它在一切之中永遠是自身同一的。一切都出於這個始基，都是這個太一的顯現（在它裡面創造者與被創造者結合爲一）。但是，如果絕對是一個抽象的、特定的事物，如果不把它了解成自身能動的太一，那麼就無

61 柏羅丁，《九章集》，第九篇，第六章。

62 柏羅丁，《九章集》，第六集，第八篇，第七章。

63 柏羅丁，《九章集》，第六集，第九篇，第六章（參看第八篇，第十三章和二十一章）。

64 史太因哈特，《論柏羅丁的辯證法問題》，第二十一頁；柏羅丁：《九章集》，第六集，第九篇，第一—九章，隨處可見。

法了解這個絕對的創造力了。這個從第一者到第二者的過渡，柏羅丁並沒有加以哲學的和辯證的處理，而只是用想像的和形象化的方式表現出這種必然性。他對於 νοῦς（理智），對於這個第二者，對於從潛藏到顯現的這個進程，做了以下的說明：「這一個絕對的善是一個源泉，這源泉別無其他原則，本身就是一切的流的原則，所以它並不爲這些流所耗盡，而是永遠如一的源泉。」它與這些流連成一體，所以這些流都包含在它裡面；因此它們「從這裡流出，流向四方，然而卻又沒有流出去，它們知道應當從哪裡流來，往哪裡流去。」[65]這種分別是柏羅丁常常歸結到的一點；這是太一規定或實現其自身的進程，這也是萬物產生的進程，這是主要的一點。

（二）這個統一第一次生的兒子是**理智**（νοῦς），是第二個神聖的實體，是另一個原則。[66]在這裡我們遇到了一個主要的困難，就是去了解何以太一會決定要實現它自己這個問題。這永遠是主要的興趣。古代哲學家沒有像我們這樣用這種一定的形式提出這個問題；但是他們卻對它下過工夫。Νοῦς 就是自我的自身發現。它是 δυάς（「二」），是純粹的二，它是它自己和它的對象；它包括一切思想，它就是這個區別，不過是純粹的區別，是永遠與

65 柏羅丁，《九章集》，第三集，第八篇，第九章。
66 柏羅丁，《九章集》，第三集，第八篇，第十章末。

自身同一的區別。單純的統一是第一者。[67]在這裡柏羅丁用一切想像的方式表明：「這個產生的過程是怎麼完成的？怎麼從統一產生出『二』和一般的『多』來？這是一個從古以來熟知的現成的問題，假如我們要想知道怎樣答覆這個問題，我們就必須求助於上帝，不是用可以聽到的聲音，而是用向他祈禱的時候所發出的心聲。我們要做這件事，只有一心嚮往唯一的上帝才行。靜觀的人應當退隱到心靈深處，如同退隱到一座廟裡一樣，安靜地留在那裡，超脫一切事物，一直靜觀到毫無變化發生。」[68]這永遠是思維的靈魂的心境。柏羅丁勉勵人達到這種心境，並且把一切都引到這種心境上面。在這種純粹思維（靜觀）裡，νοῦς是眞實的；這種純粹思維就是神聖的活動。

「這產生並不是一種運動，也不是一種變化」；變化造成另一個存在，並且過渡到另一個事物。「變化以及因變化而起的事物、可變的事物才是第三者」；νοῦς還是保留在自身之內的靜觀。「由於理性由絕對實體而生，並沒有變化，所以它是絕對實體的直接反映；它並不爲一個意志或決心所決定。」而作爲太一、作爲善的「上帝是不動的；產生是從他、從永恆不變的他所發出來的一種光。太一向四周放射光芒（περίλαμψιν）；理智是由他流出來的，正如光芒從太陽射出一樣。一切」（實體性的）「不變的事物，都從它們的實體放射

67 柏羅丁，《九章集》，第五集，第一篇，第四—五章、第七章；第四篇，第二章；第五篇，第一章。

68 柏羅丁，《九章集》，第五集，第一篇，第六章。

出一種依賴它的事物」；或者正如柏羅丁所說，實體與它所發出的事物是一個事物。「像火放射熱，雪放射冷，而尤其像物體發出香氣一樣」，νοῦς 也放射出存在。「那達到了完滿狀態的事物進而流溢，進而光芒四射」，[69]向四周發出香味。[70]對於這個發生或產生，柏羅丁也引用流溢作比喻，但是太一在流溢時，仍舊永遠是太一。「因爲太一自身是圓滿的，是沒有缺點的；因此它向外流溢；這種流溢出來的流，就是產出物。然而產出物又回到自身」，永遠要「回到太一」，回到善；太一是它的對象、內容和完成，它是由上帝來完成的事物，它渴求上帝。「這就是理智」，總之這就是產生出來的事物複歸於原始的統一。「原始的靜止的存在，就是絕對的本質，理智是這本質的直觀」；[71]換句話說，理智的產生，是由於原始本質返回自身、觀照自身，它乃是一個能看的看。這向周圍放射的光是太一的直觀；這種自己回到自己（ἐπίστρεφειν、ἐπιστροφή）就是思維，換句話說，νοῦς 就是這種循環運動。[72]

52

69 柏羅丁，《九章集》，第四集，第三篇，第十七章。
70 柏羅丁，《九章集》，第五集，第一篇，第六章。
71 柏羅丁，《九章集》，第五集，第二篇，第一章。
72 柏羅丁，《九章集》，第五集，第一篇，第七章；第六集，第九篇，第二章。

這些就是柏羅丁的主要原則；這種對於理念的性質的規定，對於理念的一切環節都是正確的，其中只有一個困難，這個困難是值得我們考慮的，那就是關於這種產生的問題。我們是可以用各種不同的方式去設想這個無限顯現其自身的情形的。近代人對於上帝產生出萬物這一點討論得很多，但是這種產生仍舊是一個感性的表象，或一種直接的事物。自身顯示的必然性，並沒有因此弄明白，只不過是假定了一些現象的發生而已。說聖父生出永恆的聖子，這固然能滿足想像；但是這種規定的形式，這種運動的直接性的形式，對於概念說，是不夠的。因此理念在內容方面，是完全正確地被了解爲三位一體，這是極值得注意的；這些規定雖然是眞的，但是並不能令人滿意。單純的統一及其變易乃是一切賓詞的揚棄——絕對的否定性；產生正是這種否定性本身，它並不是從一元開始過渡到二元。我們可以從柏羅丁那裡再引許多美麗的話，但是在他的著作裡，每每重複著同一的思想：「返回到普遍」的話一再出現，其中卻根本沒有說到眞正的進展。

這個理智只是各式各樣的理念的內容。理智之爲理智，理智的對象之爲理智的對象，對於理智絕對不是一個外表的事物，也不與它對立。因此上帝是分別和擴展，但同樣也是回復於自身，這個二元就在一元中，二元的對象就是統一。所思物並不在 νοῦς 之外，而在思想中，νοῦς 本身只是一個能思者。思想回復到思想的對象是絕對統一，這種統一是無法鑽研的，是不受決定的，而永遠是不可知的。思維既然是這個樣子，既然以自身爲對象，那麼它便有一個包含媒介物和活動性的對象，總而言之，裡面包含著 δυάς（二元）。這就是作爲對思維的思維的思維〔按：即反思〕。[73]換句話說，思想既是它自己的對象，在發展這個絕對思想的時候，對於柏羅丁就有了一個原始眞實的理智世界，理智世界與感性世界是有關的，不過這個關係是：後者只是前者的一個相去很遠的摹本，而那被視爲存在於這個絕對思維之內的事物，乃是感性事物的*λογοι*（定義），乃是它們的概念和本質；這些事物乃是感性事物的模型（柏拉圖也曾這樣說過），有如上面關於源泉的例子所表明的那樣。[74]

思維的本性就是思維思維自身，這是一個很有亞里斯多德意味的定義。但是在柏羅丁和亞歷山大里亞學派那裡，也同樣用了這個亞里斯多德式的定義，認爲所思的事物、爲思想所產生的事物，乃是眞實的宇宙、理智的世界；柏拉圖所謂的理念就是這裡的理智，就是進行構造、進行產生的理智與心智，理智與心智在這種被產生的事物裡面是現實的，是以自身爲對象的，是思維它自己的。

柏羅丁也以畢達哥拉斯式的方式說，作爲數的萬物存在於這種邏各斯裡，「但是數並不是最原始的，統一並不是數。最原始的數是二，不過是不確定的二元；一是二的規定者。二

73 柏羅丁，《九章集》，第五集，第三篇，第五章；第六集，第二篇，第八章。

74 柏羅丁，《九章集》，第二集，第四篇，第四章；第六集，第四篇，第二章；第五集，第九篇，第八—九章。

也是靈魂。數是密度；感覺認爲存在的事物，乃是較後的事物。」[75]

關於這許多概念如何存在於理智中的問題，柏羅丁認爲那是和一些元素結合在一個物體中的情形相同的，因此和彼此不相干的類之間的情形不同，概念是彼此相異的，但又形成一個完整的概念，它們之間的不同，並不是由空間上的不同造成的，而是由一種內在的區別使它們彼此相異，也就是說，它們彼此之間的關係，並不像存在著的部分之間的關係那樣。[76] 因此理智被宣布成否定的統一。原素構成一個物體的情形，絕不同於部分構成全體的情形（部分是彼此不相干的，各自獨立的）——譬如水和石英等結合在一個結晶體裡的時候水還是水，石英還是石英。水和石英的存在是中立性的存在，在這種中立性的存在裡，水和石英都被當作不相干的、存在的事物而被取消了；它們的統一是否定的統一，自身之中包含著不同的內在本質，它包含著不同的個性原則。

（三）有**變化**的世界是可以分別的，這些形式的多，是潛在地存在於理智中，不過不僅在理智中，而且是爲理智而存在——即是作爲理智的對象而存在。再者，理智具有三種思維的形式：甲、不變者，統一；理智把它的統一作爲對象而思維。乙、理智思維它自己與它的本質的區別；它的對象是區別，或者是存在物的多。理智活動的過程就是世界創造的

75 柏羅丁，《九章集》，第五集，第一篇，第五章。

76 柏羅丁，《九章集》，第四集，第二篇，第二章；第五集，第九篇，第八章。

過程；在它之內，一切都彼此分別，各有各的特性（形式），這便造成了事物的實體。丙、思維活動中的實質的、不變的成分乃是規定或範疇；因此從它產生出和流溢出萬物的情形是這樣的：它保持著充滿一切，同樣也直接吸引著一切。它是這一切區別的取消，或者是從一個到另一個的過渡；它正是這樣思想它自己的，它自己就是自己的對象。這就是變化。當 νοῦς 思維著自己在變化中，而在變化之中仍保持其自身的單純性時，它所思維的對象就是一般的生命。當理智把自己作爲對象，把它自己的各個環節認爲存在時，這便是生動的眞實的宇宙。這種從自身流出而又返回自身，這種對自己的思維，便是柏羅丁所了解的世界的永恆的創造。[77]

很明顯地，在柏羅丁的這種思想中，首先取消了外物；存在的事物本身只是概念。神聖的理智就是概念的思維，概念在神聖的理智中被思維，也就是概念的存在；它們的存在不是別的，就是這種被思維。它們是思想的環節，同樣也就是存在的環節。δύναμις（潛在）與 δύναμις（實在）在柏羅丁也是屢次提到的，這是他的主要範疇；他對於這兩個範疇，有許多很詳細的解說。所以他把 νοῦς（理智）分成思維（νοῦς）、所思物（νοητόν）與思想

77 柏羅丁，《九章集》，第四集，第三篇，第七章；第二篇，第一、二章；第六篇，第四章；第六集，第二篇，第二十二章。

（νοήσις），因此 νοῦς 是一，同時也是一切；但是 νοήσις（思想）是分別者的統一。[78]思想並不只是統一，而且是產生物；思想是向上帝飛躍的，思想，也就是主體。思維與外在的上帝的對立這種區別被取消了；因此人們詆毀新柏拉圖學派爲狂想，其實他們也的確想出了不少奇異的事物。

再考察他所提出的三種思維方式，亦即單純的、區別的、變化的三種方式，於是思維就有了下面三個原則：那第一種方式是對它的對象自身作單純的無分別的直觀，換句話說，這就是光。它不是物質，而是純粹的形式、實效性。空間便是這種實效性的抽象而單純的連續性，並不是實效性自身，而是它的連續性的形式。而那第二種思維方式，作爲對這種光的思想的理智，本身就是光，但卻是絕對眞實的光，換句話說，是光中之光。[79]

甲、這三個原則是太一、ητόν、靈魂。「Νοῦς 按其本性說是永遠在活動中。向它與圍繞它的運動就是靈魂的活動。從理智到靈魂的過渡使靈魂具有思想的力量，在它們之間沒有插入任何事物。思維（νοῦς）並不是一個多數的事物；思維是單純的，思維之所以爲思維就在於它思維。眞正的 νοῦς（並不是我們在欲望中的理智）在思想中思維，它的所思對象不在它之外；它自己就是它所思的對象，必然在思想中有著它自己，並且見到自己，見到自己

78 柏羅丁，《九章集》，第五集，第三篇，第五章：「一切事物可分爲三種：理智，思想，所思物。」
79 柏羅丁，《九章集》，第四集，第三篇，第十七章。

並不是不思維，而是思維。我們的靈魂有一部分是在永恆」（光）「中，是普遍靈魂的一部分；普遍靈魂有一部分在永恆中，從永恆流出來，始終存在於它自身的直觀中，並不是出於謀劃，」等等。全體雍容盛裝，把它按它的本性所能發出的事物給予一切有形體的事物，正如一團放在中間的火向四周發出熱一樣。[80]

「太一不應當是孤立的——因爲如果太一是孤立的，一切將要隱藏不見，就會表現不出任何形象。如果太一是孤立的，一切存在物就會不存在；如果那些達到靈魂階段的事物沒有獲得繼續產生（*πρόοδον*）的話，也就不會有大群從太一產生出的存在物了。同樣地，各個靈魂也不能單獨存在，否則由它們產生的事物便不會出現了。因爲靈魂存在於每一個自然物內，從它產生出某些事物並且把它顯露出來，正如種子從一個不可分的萌芽中產生出與表現出一些事物一樣。根本沒有什麼事物阻礙萬物分享善的本性。」[81]柏羅丁把有形體的事物和感性的事物丟在一邊不管，他毫無興趣去解釋這些事物，只是一味要想擺脫這些事物，好挽救普遍的靈魂和我們的靈魂於危殆之中。

乙、柏羅丁談到感性世界的根源，談到罪惡的來源。感性世界以**物質**爲其根源；柏羅丁對於這個物質做了許多哲學上的討論，並且結合著物質的性質討論了罪惡。物質是帶著存在

80 柏羅丁，《九章集》，第二集，第九篇，第一——三章。

81 柏羅丁，《九章集》，第四集，第九篇，第六章。

物的形象的不存在的事物（οὐκ ὄν）。事物由於它們的純粹的形式、由於使它相異的區別而彼此不同；區別的共相便是否定，這就是物質。因爲存在是原始的絕對統一，所以這種客觀事物的統一乃是否定；絕對的統一沒有任何賓詞、特性、形象之類。因此它自身是一個思想或純粹概念，而且是純粹的非決定性的概念；換句話說，它是沒有現實性的普遍可能性。柏羅丁把這種純粹可能性敘述得很詳細，將它規定爲否定的原則。[82] 關於這種可能性，柏羅丁說得很多：

58

「黃銅只是一個可能的銅像；在不保持前後同一的事物方面，可能者是完全另外一個事物。當一個按可能性說是文法家的人變成了現實的文法家時，可能者與現實者是同一的。無知的人偶然也會變成一個文法家，但是其所以如此並不是因爲他無知，而是因爲他是一個可能的有知者。靈魂本身便具有著它可能具有的性質，也是在可能性中有知的。現實性就其在現實中而不在可能性中說，我們把它稱爲形式或理念（εἶδος）是並無不合的：它並不是一般的（ἁπλῶς）現實性，而是某一個確定的現實性（τοῦ καὶ ἐνέργειαν，sed potius *hujus* actus——據費其諾的翻譯）。因爲我們把它叫做另一個現實性，也許是更爲恰當（κυριώτερον），這種現實性與那引向現實性的可能性是對立的。因爲可能者有變成另一個在現實中的事物的可能性。但是可能者憑藉著可能性在自身內也有著現實性，正如技巧有著

---

82 柏羅丁，《九章集》，第二集，第四篇，第四章，第十—十五章。

與這種技巧相連的行爲，勇敢有著勇敢的行爲一樣。」[83]

「如果在所思物裡面」（在「靈明世界」裡是一種不正確的說法；並不是什麼世界，而是 *ἐν τοῖς νοητοῖς*〔在所思物裡〕）「並沒有物質，因爲物質乃是在可能性中的事物（*ὕλη εν ἤτὸ δυνάμει*），不能變成」（utpote〔不能〕，不是 quam〔僅僅〕）「這樣一種還不存在的事物，也不是一種變化爲他物的事物，也不是自身不變而產生他物，或者自己離開讓位給他物的事物：那麼，在有存在的場合」（不是在領域中，不是 in regno）「存在是有永恆性而無時間的，就沒有任何單純在可能性中的事物。在這種場合，物質應當作爲一種形式（*εἶδος*），正如靈魂這個形式對於他物（*πρὸς ἕτερον*）是物質那樣。」[84]（這一段講得很不清楚）。一般說來，物質並不是 actus（現實性）。[85]「它是在可能性中存在的事物。它的存在只是一個預示生成變化的事物：所以它的存在轉化而爲將要存在的事物（*ὅ ἔσται*）。那存在於可能性中的，並不是某一個事物，而是一切」；現實者才是一定的事物。「物質永遠依賴別的事物，它是將來的事物的可能性。它被放在後面，如同一個暗淡的、陰暗的（曖昧的）、不可名狀的影像（*εἴδωλον*）一般。它是不是現實的影像呢？它是否因此是現實的虛

83 柏羅丁，《九章集》，第二集，第五篇，第二章。
84 柏羅丁，《九章集》，第二集，第五篇，第三章。
85 柏羅丁，《九章集》，第二集，第五篇，第四章。

妄呢？這根本是一個眞正的虛妄（ἀληθινὸν ψεῦδος），這根本是一個眞正的不存在（ὄντος 60
μὴ ὄν）；」物質是一種在現實中不眞實的事物。「因此它在現實中不是一個存在物，它的眞理」，它的實質，「是在非存在（μὴ ὄντι）中」；事實上它是不存在的，「它的存在是在非存在裡。」非存在表達了物質的本性；非存在便是它的特質，它是純粹的否定。「如果從錯誤中拿去了它的錯誤，也就拿去了它所具有的全部本質。同樣情形，如果你把現實性加到那種在可能性中具有其存在和本質的事物上面，你就把它的實體的原因毀滅了，因爲它的存在正是由可能性構成的。因此假如我們要想使物質不受損害，我們就應當始終把它當作物質；因此似乎應當說它只是在可能性中，才能使它保持原狀。」[86]

丙、與善相對立的惡，現在也開始成爲研究的對象，因爲罪惡來源的問題，是人類的意識普遍感興趣的。這些亞歷山大里亞學派學者，曾經把思想的否定當作物質，自從具體的精神進入意識之後，抽象的否定也就在這種具體的形式下被了解爲存在於精神自身之內，因此被了解爲精神的否定。柏羅丁從許多方面考察這個罪惡；但是對於這一點，思維的考察並沒有多大進展。大體上在他的思想中占統治地位的是以下這些觀念：靈魂的行爲就是引向太一的運動，靈魂與邏各斯之間並沒有別的事物；因爲思想只是以自身爲對象，只是把自己看 61

86　柏羅丁，《九章集》，第二集，第五篇，第五章。

成在思維的事物。[87]善是一切存在所依靠的，是自身滿足的，是一切的尺度、原則與限度，是給予靈魂和生命的事物，不但是美的，而是超乎一切最好的事物之上的，在思想中統治著、支配著。[88]「善是 νοῦς，不過並不是我們所常用的那種意義下的理智，那種意義下的理智是從一種假定中（ἐκ προτάσεως）滿足自己，並且了解對它所說的話，它做出一個結論，並且從結論所生出的事物裡引申出一種理論，而從結果中認識到它原先所沒有的事物，因爲在這以前，雖然它是理智，它的知識卻是空的。但是這個 νοῦς、心智卻具有著一切，它就是一切，卻又在自身之中」；它自身之中包含著一切；「當它沒有一切時，它便有著一切，」因爲一切對於它乃是思想上、心智上的事物。可是它的具有一切，和我們具有與我們相異或在我們之外的事物意義是不同的，它所具有的並不是異於它的事物，因爲它就是每一個事物，也就是一切事物，它不是混雜的，而是自在自爲的。

分有 νοῦς 者並不同時分有一切事物，而只不過分有它所能分有的事物。它（即 νοῦς）是有限的 νοῦς 的「最初的現實性」，亦即它的現實是最初的現實——「它是最初的實體，因爲理智（即有限理智）存在於其中。它圍繞著有限理智在活動，亦即圍繞著有限理智在生活（？）。在外面圍繞著有限理智運動的」（χωρεύσασα，circa hunc se versans，是不

87　參看本書邊碼 56。
88　參看本書邊碼 48。

是χωρεύσασα?）「靈魂，觀察理智、洞見理智的靈魂便憑藉理智而直觀上帝，這便是毫無罪惡的幸福的神的生活。」心智便是活動，但是這樣它就從自身流出，流溢出來；因此它是進行分別的心智，不過因爲它在它的區別中只是對它自己活動，所以它永遠在它的神聖統一中，並且過著一種毫無罪惡的生活。「假如一直保持著這種生活，那就沒有罪惡了」。但是 62
圍繞著萬有之王還有第一級、第二級、第三級的善；第一級的善（ἐκεῖνο）是一切善的創始者，一切都屬於它；「不過其中也包含著區分的環節，第二級的善圍繞著（περὶ）第二級的事物，第三級的善圍繞著第三級的事物。」[89]

「假如這是存在的和高於存在的事物，那麼罪惡就不在存在物裡，更不在高於存在物的事物裡；因爲這就是善。因此只能說，假如還有罪惡存在，那它只能是在無有中，它只是一個不存在的形式——不過不存在者並不是完全不存在，而只是存在物的對方。」罪惡並不是獨立於上帝的絕對原則，如同諾斯底學派、摩尼教徒所認爲的那樣。「罪惡並不是一種不存在的事物，正如動和靜是存在的事物一樣，而是有如存在物的一個影像，眞正說來」（嚴格說來）「是不存在的。它是感性的宇宙。」[90]罪惡的根源是在非存在裡。

在第一個九章的第八篇裡，柏羅丁說：「罪惡怎樣才能被認識呢？當思維離開自身時， 63

89 柏羅丁，《九章集》，第一集，第八篇，第二章。
90 柏羅丁，《九章集》，第一集，第八篇，第三章。

物質就發生了。只有抽掉對方，才有物質存在。當我們把理念取去之後，所剩下的事物，我們便說它是物質，」是罪惡。「因此思想變成了另外一個事物，變成了非思想，因爲它敢於超出自己的範圍去活動」；那不是它自己的事物便是物質，便是罪惡。「正如眼睛爲了要看它所看不見的黑暗而拋開光明——這個看就是不看：同樣情形，思想爲了看與它相反的事物，也就忍受著與它矛盾對立的事物。」[91]這種抽象的對方，也就是罪惡。看渺茫無定準的事物就等於不看。「從對於定準」——ὅρος，νοῦς（觀看，心智）——「的關係看來，感性事物就是在限度（πέρας）方面無定準的、無限的」、無限度的事物，就是無定、不定、不圓滿的事物，就是絕對貧乏的事物。這對於感性事物並不是偶性（συμβεβηκότα），而是它的實體（οὐσία）。」它的目的永遠是生成變化；我們不能說它存在，而只能說它永遠是將要存在。——「以 νοῦς 爲目的（νεύουσα 傾向）的靈魂是純潔的，是離開物質、離開一切無定與無定準的事物的。」[92]

「但是爲什麼有善的地方也就必然有惡呢？因爲全體裡面必定有物質；因爲全體必然由對立面構成。假如物質不存在，全體也就不存在了；世界的本質是由 νοῦς 與必然性混合而成的。與神靈同在，就等於說在思想中；因爲神靈是不朽的。我們也可以這樣去了解罪惡的

91 柏羅丁，《九章集》，第一集，第八篇，第九章。
92 柏羅丁，《九章集》，第一集，第八篇，第三章和第四章。

必然性。因爲善不能單獨存在，物質是善的對立面，是必然要產生的。」所謂 *πρόοδος*、產生就是一種行爲，就是一種**自反**的活動，因此其中包含著區分與對立。在善的產生中物質是必需的，爲了產生善，便要有物質來作對立面。或者我們也可以說，罪惡是由不斷墮落而降到一個再也不能下降的極端的事物；不過最初者必須要有些事物跟在後面，所以極端也是必需的。這就是物質，物質本身不復具有任何善的因素；這就是罪惡的必要性。[93]

「物質確實是不存在的，是一種揚棄自己的運動，是絕對的不靜止，然而它又在靜止中——這是自己與自己對立；它是小的大、大的小、少的多、多的少。用一種形式去規定它時，它就更加是一種對立；這就是說，當考察它、固定它時，它就不固定而逃跑了，而當它未被固定時，它卻固定了，簡直是個幻覺。」[94]因此物質自身是不滅的，它不能變成任何事物；[95]變化的理念自身是不滅的，但是含蘊在這個理念之內的事物卻是可變的。這種物質絕不是沒有形式的；我們已經見到了理智對於它的對象有一個第三種關係，就是區分的關係。這種關係、過渡、變化乃是宇宙的生命，乃是宇宙的普遍靈魂。同樣情形，它的存在不是在理智中所進行的變化，而是它的存在透過理智成爲它的思想的直接對象。

93 柏羅丁，《九章集》，第一集，第八篇，第七章。

94 柏羅丁，《九章集》，第三集，第六篇，第七章。

95 柏羅丁，《九章集》，第三集，第六篇，第八章。

在柏羅丁那裡和在畢達哥拉斯那裡一樣，主要的方面是 *ἀγωγή*（引導）靈魂到道德。上面已經說過，柏羅丁曾經屢次講到諾斯底學派；特別是在第二個九章的第九篇裡。諾斯底學派把精神、心智當作眞實的事物；他們就是由 *γνώσις*（認識）一詞而得名的。不過他們把聖書裡的一切都變成了精神性的事物，他們把存在的形式，把構成基督的一個重要環節的那個實在性的形式，都化爲一個普遍的思想。柏羅丁表示反對諾斯底學派，堅決主張思想物與實在物之間的聯繫是重要的。他說「我們要達到善，並不是憑藉蔑視世界和世界中的神靈以及其他各種美。罪惡的人輕視神靈，而且只要當他做到完全的蔑視時，他就完全是罪惡的了。他給予可知的神靈的尊榮是完全不恰當的。」諾斯底學派對思想中的神靈予以最高的尊敬；但是如果我們只是一味思想的話，在思想與實際世界之間是得不到任何和諧的。「實際世界中的靈魂比我們的靈魂更接近天國，這個實際的世界怎樣能與天國分開呢？對接近天國（*ἐκείνοις*）表示輕視的人，只不過在口頭上（*λόγῳ*，費其諾譯爲 verbis）認識天國。如果說天意（*πρόνοια*）」、神聖的事物「達不到塵世（*εἰς τά τῇδε*，現世），怎能算是虔信呢？爲什麼上帝不在這裡？爲什麼他會知道他們在這裡呢？」（以前只是 *πρόνοια*〔天意〕，不是 *θεός*〔神〕——他們指人）「因此，他無所不在，也在這個世界內，不管採取什麼方式，所以世界也分有他。如果他在世界之外，離我們很遠，你就不能對他或他所產生出來的事物說什麼話了。這個世界也分有他，是不會被他放棄的，也是永遠不會的。因爲全體分有神的天意比部分多，而那個世界靈魂分有的更多。世界的存在與世界之爲理性存在便證明了這一點。」[96]

柏羅丁很明確地表示反對諾斯底學派，反對單純的理智。諾斯底學派與西方教會是對立的，西方教會對它們多方攻擊；在基督教初起的幾個世紀裡，是把他們當作異端看待的，因爲他們否認或取消了基督存在的觀點。他們說，基督的存在只不過是一個虛假的肉體。摩尼教徒的說法和他們完全一樣，認爲上帝，善顯現出來，照耀一切，因此產生出一個靈明世界。第三者是回頭的 νοῦς、精神，第二者與第一者是產生一切的太一，是感攝的太一；這種感攝便是愛。這一派異端對於這個觀念認識得很清楚，不過他們把個體化的實在的形式拋棄了，基督教是在這種形式中表現這個觀念的。基督上十字架因此顯得只是一個現象，只被當成一個譬喻，影射著一個關於被囚禁的靈魂的實際煩惱的圖像。因此發生一個觀念，認爲基督在全世界上被釘十字架，在靈魂中受難，認爲這是一種神祕的上十字架。由於滋長作用，光明的部分被束縛了，這種光明部分被束縛，便形成了植物。[97]這個觀念被他們看成普遍的理念，這理念在關於自然中的一切事物方面，在植物與動物以至靈魂的本性方面，被反復地說了又說。因此，對於這些諾斯底學派學者，柏羅丁曾經表示反對。教會也曾同樣地特別主張神性與人性的統一。這種看法曾經在基督教裡深入人心，所以人性被認爲是實在

---

96 柏羅丁，《九章集》，第二集，第九篇，第十六章。

97 內安德，《最高尚的諾斯底學派系統的發展》，第九十頁。

的，是具體的，而不是僅僅具有譬喻或哲學的意義。

這樣便構成了柏羅丁的理智主義與唯心論的基本觀念，也就是他的那些普遍觀念。他把特殊事物引回到這些普遍觀念上，不過論證常常是作得很形象化的。他的思想中所缺乏的是：（一）上面所指出的概念。分化、流溢、放射或產生、顯現、發生也是近代人所常提到的名詞，但是事實上這些名詞並沒有說出什麼事物來。懷疑論和獨斷論以及意識、認識造成了主觀性與客觀性的對立。柏羅丁取消了這種對立，高飛到最高的境界，沒入亞里斯多德的「思維的思維」這個觀點；他和亞里斯多德的類似之處，多於他和柏拉圖的類似之處。他的思想是不辯證的，既不是由自身出發的，也不像意識那樣從自身出發又回到自身。

（二）再往下，一方面是自然，一方面是呈現的意識以及高級靈魂的作用，其中包括著許多任意的成分而缺乏概念的必然性；另一方面表現為五光十色的形象化的思想，在這種思想裡，把應當放在概念內規定的事物放到一種實在性的形式內表達了出來，這至少是一種無用的和不合適的表達法。我現在只舉一個例子：我們的靈魂不只屬於完善、幸福、一無所缺的理智世界；靈魂的思想能力只是屬於最初的理智。靈魂的運動能力，作為生命的靈魂，是從理智性的世界靈魂中流出來的，而感覺則是從感覺的世界靈魂流出來的。這就是說，柏羅丁把最初的世界靈魂當作理智的直接活動，理智就是自身的對象；世界靈魂是超出凡塵的純淨靈魂，它住在恆星的高天上。這種世界靈魂有創造的能力；從它又流出一個完整的感覺的靈魂。個人以及與整體分離的特殊心靈的願望給予它一個身體；它在高高的天界裡接受這個身體。它憑藉著這個身體得到了想像力和記憶力。最後它轉化為感性世界的靈魂；在感性世界得到了欲望以及在自然中生長的生命。[98]

這種墮落，這種靈魂化爲肉體的步驟，被柏羅丁的繼承者們描寫得好像是靈魂從銀河和黃道帶降落到位置很低的行星裡面來了，在每個行星裡它接收一些新的力量，在每個行星裡它也開始使用這些力量。靈魂第一次在土星上得到對於事物作推論的力量；在木星上得到使意志產生效果的力量；在火星上得到情感和欲望；在太陽上得到感覺、意見和想像；在金星上得到對特殊事物的欲望；最後在月亮上得到生殖的力量。[99]

柏羅丁一方面規定了靈明的實體，另一方面又以同樣的方式爲精神性的事物製造了一種現實的存在、特殊的存在。僅僅具有欲望的靈魂是動物；僅僅生長、僅僅具有生殖力的靈魂是植物。但是動物與植物不是特殊的精神狀況，並不在普遍的精神之外，而在世界精神對於自身的特殊自我意識的階段之中。不過土星和木星與這一點不發生關係。如果它們在它們的潛能中表現靈魂的要素，那只不過是等於說，它們現在每一個都表現一種特殊的金屬。正如土星表示鉛、木星表示錫等等，土星也表示推論、木星也表示意志之類。不把土星的概念、本質表達出來，而說土星相當於鉛等等，或者說土星代表著鉛，這是再容易不過的

98 布勒，《哲學史教程》，第四部，第四一八—四一九頁；提德曼，《思辨哲學的精神》，第三冊，第四二一—四二三頁；柏羅丁，《九章集》，第四集，第一篇、第三篇和第八篇，隨處可見。

99 布勒，《哲學史教程》，第四部，第四一九—四二〇頁。

事，這個比擬，並不是比之於概念，而是比之於從空氣以及土地中取出來的感性事物。譬如土星是推論或代表推論之類；因爲那裡是有了靈魂的。不過這裡所舉出這些觀念都是歪曲的或錯誤的；正如我們要說土星是鉛等等的時候一樣。鉛的本質不再是名叫鉛的那種感性存在物了，在這樣一種情況之下，也沒有給靈魂一種實在性；因爲並沒有表示出它的本質——而只不過表示出一種感性的存在而已。

三、波菲利和揚布利可

波菲利和揚布利可是柏羅丁的著名弟子。〔前面已經提到過，他們是寫畢達哥拉斯傳的人。〕[1]波菲利是敘利亞人，死於三〇四年。[100]揚布利可也是敘利亞人，死於三三三年。[101]在波菲利的著作中，我們還保有一部介紹亞里斯多德關於種、屬和判斷的《工具論》的引論，這部書裡面陳述了亞里斯多德邏輯的主要環節。這部著作過去一直是講授亞里斯多德邏輯的教科書，同時也是人們據以引申出亞里斯多德邏輯的形式的史料來源；我們通常的邏輯書裡的內容，很少有多於這部引論的。從波菲利專攻邏輯這件事看來，足以證明確定的思維

[1] 據英譯本，第二冊，第四三一頁增補。——譯者

100 布魯克爾，《批評的哲學史》，第二卷，第二四八頁。

101 布魯克爾，《批評的哲學史》，第二卷，第二六八頁。

形式已經更多地進入新柏拉圖學派了；但是，這完全是一些屬於理智和純粹形式的事物。獨特的一點是：在新柏拉圖學派那裡，理智邏輯，對科學的純粹理智的經驗處理，是與完全思辨的理念相結合的，而在實踐方面，又與信仰巫術、與神奇古怪的事物相結合。波菲利寫了柏羅丁的傳記，就把柏羅丁寫成了一個有法術的人；我們應該把這種事讓給文學去管。

揚布利可表現得更加曖昧，更加紊亂；我們已經說過他是作畢達哥拉斯傳的人。畢達哥拉斯學派的哲學，新柏拉圖學派研究得也很多，特別是復活了畢達哥拉斯學派數的範疇的形式。他是當時一位很受尊敬的教師，因此得到了神聖導師的名號。不過他的哲學著作並沒有什麼特色，只不過是一些編纂出來的事物而已；他的畢達哥拉斯傳也沒有給他的理解力增加太大的榮譽。在他那裡，思想下降爲想像力，心靈的宇宙下降爲充滿精靈和天使的國度，對精靈和天使加以分類，並且思辨也下降爲魔法了。新柏拉圖學派把這個叫做神學。在奇蹟裡，思辨、神聖的理念被搞得好像直接與現實相接觸，但是並非以一種普遍的方式。至於*De mysteriis Aegyptiorum*（《論埃及人的祕法》）這部作品，我們並不能確定是否是揚布利可所著。以後普羅克洛對揚布利可大肆讚揚，說自己的主要思想都是從揚布利可得來的。[102]

102　參看普羅克洛，《柏拉圖神學》，第三卷，第十一章，第一四〇頁。

四、普羅克洛

另一個更重要的、晚期的新柏拉圖學派分子，還必須提到的，是普羅克洛。普羅克洛於四一二年生於君士坦丁堡，於四八五年死於雅典，但大部分時間是和普魯塔克一起在雅典居住和研究。他的傳記是由馬里奴寫的，其風格和上面所列舉的那些傳記相同。根據這個傳記，他的父母是出自克散陀——小亞細亞的呂其亞的一個地方；由於這裡崇奉阿波羅〔按：即太陽神〕和密涅瓦〔按：即雅典娜，司智慧、戰事、藝術的女神〕爲這個城市的保護神，所以他也以感恩的心情崇拜這兩位神靈。據說這兩位神靈也器重他，把他當作寵兒，特別照顧他並現身在他面前，據說，阿波羅曾由於撫摸了他的頭而醫好他的病，而密涅瓦曾囑咐他要他到雅典去。他首先到亞歷山大里亞研究修辭學和哲學，後來才到雅典從普魯塔克和柏拉圖學派須里安研究。在這裡他先研究亞里斯多德哲學，後來研究柏拉圖哲學。主要地是普魯塔克的女兒阿斯克勒比格尼亞引導他進入了哲學的最內在的祕密，據馬里奴肯定說，她是當時唯一保存著從她的父親傳授給她的關於重要的神祕儀式和整套巫術的知識的人。普羅克洛學習了一切有關祕法的事物、奧爾斐的詩歌、黑梅斯的著作以及各式各樣的宗教社團：因此隨便他到哪裡，他對異教徒的崇拜儀式比那些專司儀式的祭司還知道得更清楚些。據說普羅克洛本人曾被導引進各種異教的祕法。他本人奉行最不相同的各個民族的一切宗教節日和儀式。他甚至知道埃及人的崇拜儀式，遵守埃及人的淨化儀式和禮拜節日，並且他還在某些日子絕食、祈禱和唱頌神詩。但是祕法（*μυστήριον*）在亞歷山大里亞人那裡並沒有我們對這名詞所了解的那樣的意義，反之，這名詞在他們那裡一般是指思辨的哲學而言。同樣，祕法在基督教裡也只有對於理智才是不可理解的、才是祕法；但祕法乃是思辨的對象，是理性所可理解的，祕法並不是什麼祕密，而是啟示的。普羅克洛曾經寫了很多頌神詩，至今還有幾首很美的遺留下來，這些詩都是獻給著名的神靈以及一些完全地方性的神靈的。關於他曾經信奉很多的宗教這一點，他自己也曾說過：「對於一個哲學家來說，光是爲一個城的崇拜儀式或少數人的崇拜儀式服務，那是不適宜的，他應該普遍地做全世界的祭司。」他認爲奧爾斐是一切希臘神學的創始者；他特別認爲奧爾斐和迦勒底的神諭具有很大的價值。他曾在雅典教學。自然，他的傳記作者馬里奴還敘述他做出許多偉大的奇蹟，如他曾使天下雨，並曾使酷熱消滅，如他曾使地震平靜、曾醫治很多疾病，並且曾經看見神靈的現身。[103]

普羅克洛過著一種極其好學的生活；他是一個深刻的、思辨的人，並且掌握了極其廣博的知識。我們不禁感到這樣一個哲學家的見解和他的門人們後來在他的傳記中對他的描述之間有矛盾。他的傳記中所提到的神奇的事蹟，在他本人的著作中一點痕跡也找不到。普羅克洛遺留下很多著作，我們也還保有多種。還有幾種數學的著作，例如：《論圓形》（*De*

103 布魯克爾，《批評的哲學史》，第二冊，第三二〇頁；坦納曼，第六冊，第二八四－二八九頁；馬里奴，《普羅克洛傳》，隨處可見（《柏拉圖神學》，引言。

sphaera）就是從他那裡得來的。他的哲學著作主要是一些對於柏拉圖的對話的注釋，對於不同的對話的注釋發表在不同的時間，特別著名的是對於《蒂邁歐篇》的注釋。但有幾種只是手稿；古桑曾對這些手稿最全面地加以整理，並在巴黎出版。印成單行本的是他的《柏拉圖神學》和他的《神學要旨》，這是普羅克洛的主要著作。後面這一種小書克勞澤曾重新印有新版，此外還刊行了幾種上面所提到的注釋。

他同樣獻身於崇拜上帝、科學和新柏拉圖學派的哲學。他的**哲學**的中心思想，很容易從他關於柏拉圖的神學的著作中認識清楚。他的著作也有著許多困難，因爲裡面討論到異教的神靈，並從這些神靈裡推究出一些哲學的意義。他和柏羅丁卻很不相同，因爲在他這裡新柏拉圖學派哲學整個講來至少已經達到一個較系統的排列和較發展的形式。他的出色之點在於他對柏拉圖的辯證法有了較深刻的研究。他是很有趣味的，因爲特別在《柏拉圖神學》裡（這書無疑地也是富於辯證法意味的），對於理念的範圍有較明確的進展和區分；而在柏羅丁那裡情形就不是這樣。在這一著作裡，他從事於對最敏銳的、最深刻的「一」的辯證法的研究。他感到有必要去證明多即是一、一即是多，並揭示出一所採取的各種形式。但是他的辯證法多少總是一種外在的論證，是非常令人厭倦的。不過有一點是不容誤認的，即普羅克洛哲學有深刻的意義，並曾獲得了較充分的發揮和明晰性以及科學的發展，而且大體上講來他的文章也是很好的。他的哲學，如同柏羅丁的哲學一樣，乃是採取對於柏拉圖的注釋的形式，《柏拉圖神學》一書從這一方面看來是他的最有趣味的著作。這是一個理智的體系。我們要看，如何才可以予以正確的闡述；我不是說，他的陳述是完全清楚的，其實也還有很多缺點。

在柏拉圖的《巴門尼德篇》中，他特別明白地看到絕對本質的性質是被認識到了。柏拉圖的《巴門尼德篇》的結果，在討論柏拉圖時我們已經引證過了。[104]在柏拉圖本人那裡，這些純粹的概念出現得很自然，好像除了它們所具有的直接的意義外，沒有更進一步的意義似的。「一、多、有」等等，在這裡我們了解的是這直接的一、多。我們把它們規定爲我們思維中的普遍的概念；但在普羅克洛看來，它們有著較高的意義，它們是絕對本質的表現。於是他根據柏拉圖的辯證法來指明，一切規定，特別是「多」這一規定，如何會自己揚棄自己而回復到一。從表象意識看來，這是一條主要的眞理，即：有許多實體存在著，或者多（多個事物，每一個事物都是一，因此是一個實體）本身就具有眞理性，但是這一條主要的眞理在他的辯證法裡卻失掉其眞理性了。其結論是，只有一才是本質、才是眞的，所有別的規定只不過是在消逝中的量、只不過是一些環節，它們的存在只是像一個直接的思想那樣。對於一個直接的思想，我們不承認它有實體性、有其獨特的存在。所以一切都是規定，而一個事物的諸規定就是在思維中的這樣的環節。對新柏拉圖學派和普羅克洛，常常有這樣的反對意見不斷地提出來，即：對思維說來，誠然一切都回復到統一，但這只是思維的統一，並不能由此推論出一切現實的事物不是現實的實體，彼此各自不同，各有其獨立的原則，甚至各個

104 參看本書第二卷邊碼第 243-244 頁。

不同的實體彼此互相分離，各有其自在自為的存在，剛才所提到的只是邏輯的統一，而不是現實性的統一，從邏輯的統一得不出現實性的統一的結論。這就是說，他們這個反駁永遠是把問題從頭重新開始一番。他們說到現實性，認為現實性是某種自在地存在著的事物；當他們說到現實性是什麼時，則他們只能說，現實性是一個事物、一個實體、是一，簡言之，他們老是重新提出某種自在地存在著的事物，而這事物之必然要消逝及其無自在性，是已指明的了。

普羅克洛從一開始；他從一往前進展，但是他沒有立刻就達到心靈（νοῦς）。不過一切規定在他那裡都有著更加具體的形式；而這個一的自我發展，在普羅克洛那裡也不復像在柏羅丁那裡那樣被視為概念。我們必須一下子放棄這點，不要去尋求二元化的概念。主要的事物是一、是太初。「一本身是不可言說的和不可認知的；但是我們可以從它的自身展現和自身回復的過程中去認識它。」[105]普羅克洛把這種自我二元化、自我分化的關係、一的最近的特性規定為一種產生、一種展現、活動、闡明、揭示。[106]一的產生的情況並不是超出自己之外；因為超出自身將會是一種變化，而變化是被設定為自己與自己不相等同的。因此透過它的產生的過程，一也並不感受到任何虧欠或減少。一是這樣一種思維，這思維並不由於產生

105　普羅克洛，《柏拉圖神學》，第二卷，第九十五頁。

106　普羅克洛，《柏拉圖神學》，第二卷，第一〇七頁及一〇八頁。

了一個特定的思想而感受虧欠，卻仍然保持原樣，那被產生的事物也保持在它自身之內。[107]

因此概念眞正講來不再像在柏羅丁那裡那樣明晰了。不過這裡普羅克洛對於柏拉圖的《巴門尼德篇》中這種產生過程所表現的方式，卻做了一個具有深刻意義的說明。他已經在柏拉圖的《巴門尼德篇》中發現了產生的過程（普羅克洛關於這一對話曾寫有注釋，參看古桑本第四至六卷），在那篇對話裡巴門尼德以消極的方式（其結果常常是消極的）指出，如果肯定一存在，則必須否定多的存在等等。關於這些否定的說法，現在普羅克洛說：「否定並不取消它所指謂的事物（內容），而乃是根據它的對立以產生各個規定。所以當柏拉圖指出太初不是多時，他的意思是說，多是從太初產生出來的，當他說太初不是全體時，他的意思是說，全體是從太初產生出來的。」[108]多、部分的特性是從一派生出來的。這種否定性不應當了解爲一種簡單的缺乏，反之，否定性也包含著肯定的特性。多並不是被了解爲經驗的意義，也不是單純地被取消。「這種否定的方式因此必須被認作完善的事物，這個完善的事物保持在統一性中，超出一切，並且是在一個不可言說、沒有限量的單純性之中」。*Τέλειον* 是照耀四周的，也是有產生能力的，因此全體是理想地包含在一之中的。「同樣，反過來說，神也必須重新對否定加以揚棄」，否決必不可以是絕對的；「不然就不會有

107《神學要旨》，第二十六章。

108《柏拉圖神學》，第二卷，第一〇八頁。

神的概念，也不會有否定。不可言說者的概念圍繞著自身旋轉，從不安息，自己和自己鬥爭。」[109]這就是說，太一理想地建立它自己的規定，然後又把這些規定加以揚棄。否定者正是二元化的、產生的、活動的、與單純者相反的事物；它也同樣是沒有否定性的事物。因此柏拉圖的辯證法在普羅克洛這裡就獲得了積極的意義；透過辯證法他可以把一切區別導回到統一。普羅克洛對於一與多的辯證法曾大加發揮，特別在他的著名的《神學要旨》裡。

普羅克洛進一步指出，能創造者之創造事物是由於力量的充沛。但也有由於缺乏而創造的情形。需要、欲求等即是一種起於缺乏的動因。它的創造即是對於它的缺乏的滿足。目的是沒有完成的，活動是由於要完成目的而發生的。但是在創造的過程中需要、欲求減少了，欲求停止其為欲求了，或者它的〔抽象的〕[110]獨立存在被取消了。反之，太一超出它自身是由於潛在力的充沛，而這種充沛的潛在力一般就是現實性。這完全是亞里斯多德的思想。因此太一的創造即在於它把它自身複多化，這樣就產生了純粹的數，不過這種複多化並不妨礙它的統一，而乃是透過統一的方式（ἑνιαίως）而複多化的。這種複多化並不減少那最初的統一。多必定分有一，而一卻不分有多。[111]普羅克洛多方面地應用辯證法去指出：多

109 《柏拉圖神學》，第二卷，第一〇九頁。

110 據英文譯本及俄文譯本（米希勒本第二版），第三卷增補。——譯者

111 《神學要旨》，第二十七章；《柏拉圖神學》，第三卷，第一一九頁；第二卷，第一〇一－一〇二頁；《神學階梯》，第五章。

不是自在的，不是多的創造者，一切必定歸宿到一，因此一又是多的創造者。這一點他說得不很明晰，一與多的關係不是自己對自己的否定關係。我們在這裡所看見的乃是一種多方面的辯證法，只是對一與多的關係的往復推論。

其次，多是不相似的。在普羅克洛的這種論證的進程裡，一個主要的特點乃是：他是透過類比的方式進行的，凡是和眞理愈不相似的事物，便距離眞理愈遠。多分有一，但在某種程度內多又不是一。既然被創造者和創造者相似，因此多又以一作爲它的本質，從而多就是獨立的單一體（ἑνάδες）。這些獨立的單一體包含統一的原則在自身內，但卻又是不同的。但是多之所以爲多，好像只是對於一個第三者來說的，就多本身來說，多也是一。現在這些獨立的單一體又產生別的事物，但這些事物必定是更爲不完善的。結果是完全和原因一樣的，但被創造者與創造者則不是完全相同的。這些次一層的單一體都是些整體，這就是說，它們已不復是本質的統一體、自我統一體，在它們身上統一性只是一種偶性。因此被創造者與那〔能創造的〕統一體總是離得愈來愈遠，分有這個統一體也愈來愈少。[112]

普羅克洛對理念的三個形式，三一體（τριάς）的進一步規定是很出色的。關於三一體，

112《神學要旨》，第一—二章、第二八章。《柏拉圖神學》，第三卷，第一一八頁、第一二二—一二五頁；第二卷，第一〇八—一〇九頁。

他首先加以抽象的規定，把它當作三個神靈。[113]現在必須特別提出來談的，是他如何去規定三一體。這種三一體在新柏拉圖學派那裡是很有趣味的，特別是在普羅克洛這裡，因爲他沒有停留在它的各個抽象環節裡。他認爲絕對的這三個抽象規定中，每一個規定本身又是一個三一體那樣的全體，這樣一來他便獲得了一個眞實的三一體。所以那三個規定就構成一個全體，而每一規定又被認作本身是充實的、具體的。這應該被認作他所達到的一個完全正確的觀點。理念中各個差異，既然保持著自己的統一，因爲它們是理念的各個環節、各個差異，本質上也被規定爲全體，所以統一在它的差異裡仍然完全是它本身那樣，它的每一個差異都具有全體的形式，而全體又是一種過程，在這過程裡這三個（從屬的）全體彼此相互建立爲同一的事物。因此普羅克洛比柏羅丁說得更爲明確，走得也更爲深遠。我們可以說，從這方面看來，在新柏拉圖學派中，他具有最優秀的、最發展的思想。

關於三一體他還有較細緻的規定：那複多化自身爲諸多單一體的統一體因而就產生了多，像這些單一體那樣。但「多」這個概念本身並不是多。它是一般的二元性，或者說，它是與無規定性相對立的規定性。那第三者乃是規定者和無規定者的統一或混合物；這才是眞實的存在、實體、一多統一體（ἓν πολλά）。美、眞理、對稱都屬於這種眞實存在者。[114]這

113 《柏拉圖神學》，第三卷，第十一章，第一四〇頁。
114 《柏拉圖神學》，第三卷，第九—十一章，第一三七—一三九頁。

種眞實的存在超出其自身就是生命。從生命各環節的分化和發展中首先湧現出理智，[115]從理智中湧現出靈魂。[116]

第一，這種出現並不是基於概念的必然性。萬物沉浸在這個統一體中，仍然是在這個統一體的彼岸；但這種否定性正是它的創造。第二，普羅克洛與柏羅丁的區別在於他不把那直接從統一體中出現的事物叫做理智。普羅克洛較合邏輯；理智是一個較豐富的事物，那直接從統一體中出現的事物還沒有把諸規定性發揮出來。眞正講來，這樣的系列特別有其可取之處。普羅克洛區別於柏羅丁，因爲他由於對各環節曾加以更純粹的、更細緻的區別，從而更緊密地追隨著柏拉圖。他說，「誠然對太初的統一大家的看法完全一致，但是柏羅丁於太一之後立刻就」像我們所看見的那樣[117]「讓思維的本性出現，而他的老師」，誰是柏羅丁的老師，普羅克洛又沒有說出來；請參看他的傳記，[118]「他〔指老師〕引導他〔柏羅丁〕進入一切神聖的眞理，較好地限制了古代哲學家那些不確定的看法，並且對這些不同的層次之毫無秩序的混淆給以經過思想的區別，並且教人嚴密地遵守和堅持這些規定的區別。」[119]事實

80

115 《柏拉圖神學》，第三卷，第十三章，第一四一頁。

116 《柏拉圖神學》，第三卷，第一二七頁；《神學要旨》，第一九二章。

117 參看本書邊碼 50。

118 參看本書邊碼 71；參看《柏拉圖神學》，第一卷，第十一章，第二十八頁。

119 《柏拉圖神學》，第一卷，第十章，第二十一－二十二頁。

上，在普羅克洛那裡，較之在柏羅丁模糊的觀念中更有差異性和明晰性。他把 νοῦς 認作第三者，認作回復到自身者，這是很正確的。

因此普羅克洛和柏羅丁不同的地方在於，他不把存在當作原理或純粹抽象的環節，而把它當作統一，或者說，他不把太初規定為存在，而把它規定為統一，並且第一次把存在、自存者了解為第三者。

整個而言，我們看見三個彼此互相區別的領域被規定為三一體。每一個領域同時又是這些環節的全體，這就是創造過程的不同的層次。這些層次是什麼，立刻就可指明。普羅克洛費了很大的力氣去重新揭示這些層次，亦即不同的領域、潛能。

就三一體的細節而論，按照他的闡述，三一體的三個環節是：太一、無限、限度。這是他在他的《柏拉圖神學》一書所發揮的三個抽象環節；無限與限度這兩個規定也是我們在柏拉圖那裡曾經看見過的。[120]然而太初、神就是那說過不只一次的絕對的統一，本身不可認識的、緊閉著的、單純的抽象物。作為抽象物，它是不能被認識的，所能夠認識到的只是它是一個抽象物，這種的統一還不是能動性。這種統一是超出存在的（超出本質的 superessentiale）；它的第一個產物就是事物的複多的單一體，純粹的數。數是事物的思維的原則，透過數，事物得以分有絕對的一。但是每一事物只能透過它的個體的、個別的單一

120　參看本書第二卷，邊碼 238。

性、一而分有絕對的一，而靈魂卻是透過被思維的、普遍的單一性而分有絕對的一。普羅克洛把前面那種太初的統一叫做神，因而便把後面這種被思維的單一性叫做神靈，對於以後各環節也是如此。但是這些神靈或單一性並不怎麼與事物的層次相適應，以致有多少那樣的單一體或神靈，就有多少事物；因爲這些單一體只是憑藉絕對的一來聯繫事物，它們是從全體，亦即從事物本身那樣的混合體、綜合中抽取出來的。[121]事物本身是具有綜合性的全體，（靈魂是結合事物者）它們是和那太初的統一體不相似的，不能夠直接地就和這太初的統一體相結合。因此抽象的被思維的多就是它們的中介。多是與絕對的一相似的，並且是使太一與整個宇宙相結合的事物。純粹的多使不同的事物彼此相同，從而把它們和太一結合起來。但事物與太一只有相似性。那第三者是把這些單一體結合起來的限度，並造成它們與絕對的單一體的統一；限度把多與一的本身設定爲一。[122]

這一點可以用如下的方式較好地表達出來，較純粹地規定爲對立面。普羅克洛從柏拉圖《菲力帕斯篇》採取限度、無限、混合體諸概念作爲原則（本質）；因此這些原則就顯得是最初的神靈。但是這些抽象概念與神靈的稱號並不相適合。我們看見，（只有當）它們又重新回復到它們自身（時，它們才是神聖的）。

121 參看本書邊碼88。

122 《柏拉圖神學》，第三卷，第一二三—一二四頁。

〔普羅克洛說：〕[2]「從那太初的限度」，那絕對的一，「事物獲得」（ἐξήρτηται 這
是亞里斯多德的用語，這個用語常常出現在新柏拉圖學派的著作裡）「統一性、整體性和共
同性」，亦即個體性的原則，「和神聖的尺度。反之，一切的分離、成長和多的出現皆建
築在這太初的無限性上面」。[123]因此無限者乃是量、無定者。柏拉圖在《菲力帕斯篇》中， 83
把無限者設定爲壞的事物，認爲快感，而不是眞理，因爲壞的事物、快感是無限的、不確
定的，其中沒有理性、邏各斯。[124]「因此當我們說到一個神聖的事物時，意思是指固定地
存留在個別的單一體中的事物，並且只是按照無限性向前進展」，按照作爲自我產生的連
續性，「並且同時具有一本身和多，一是限度的原則，多是無限性的原則。基於這兩個原
則，一切得到它的進展，直到進入存在。所以那永恆的事物」（也是一個神聖的族類），
「就其是一個理智的尺度來說，分有著限度；但就其爲走向存在的永不停息的力量來說，它
分有著無限性。因此理智就其在自身內具有標準的尺度來說，它就是限度的產物。就理智永
恆地產生一切來說，它具有著永不減少的無限性的力量。」[125]

---

[2] 以上三處據英譯本，第二卷，第四四二頁增補。——譯者

123 《柏拉圖神學》，第三卷，第七章，第一三三頁。

124 參看本書第二卷，邊碼 238-240。

125 《柏拉圖神學》，第三卷，第七章，第一三三—一三四頁。

但是主要之點是限度、無限和混合物這三個基本規定。最後這一個名詞是一個柏拉圖的術語，是不很適宜的、壞的名詞，因爲它所表示的首先只是一種外在的結合，而這裡卻應該表示具體的，特別是有主觀性的事物。第三者在這裡也是兩者的統一。但是這些抽象的基本規定在普羅克洛那裡只是被認作一個全體的諸環節、諸成分，而這個全體乃是一個三一體：所以這三個環節中每一個環節本身都是那樣一個全體性的三一體，然而是這些特殊形式中之一個形式，亦即三個三一體中的一個三一體。限度和無限是先於 *οὐσία*，而又在 *οὐσία*[126]之中。[127]

「那最初的存在是混合者」，是三一體同它自身的統一；「它既是生命的存在，也同樣是理智的存在。（一）那最初的混合物就是一切存在的最初者。」還有兩個別的層次：「（二）生命，（三）精神。因此一切都是三一式的」，因爲這些不同的環節中每一個環節本身都是三一體。進一步，「現在這三個三一體就被規定爲絕對存在（*οὐσία*）、生命和精神；所以應該用思想來掌握這些三一體，它們乃是精神性的。」只有可理解的世界是眞實的，它本身包含著三個層次；這種三一體中的三一體構成眞的、可理解的世界。到了這裡普羅克洛就帶進了古代神話的形式。因爲他把那些有區別的單一體叫做神靈；但神本身是

126《柏拉圖神學》，第十章，第一三八—一三九頁。

127 *οὐσία* 一般是「實體」的意思，黑格爾在這裡沒有譯出來，在下一段裡他譯作「絕對存在」。——譯者

絕對存在，從絕對存在之中湧出了神靈。人們老是有著一種要求用明確的概念去闡明神話的企圖。它們的關係應該這樣去理解：「但是這三個三一體本身就本質地（essentialiter）包含在存在之中」；它們應在太初的實體中予以把握，這三個三一體之中的每一個三一體都包含著別的三一體在自身內。「因爲這裡面有著實體、生命、理智（νοῦς）和[128]存在的頂點」（summitas）。這是自我性的東西、自爲的存在、主觀性、個體的統一性之點。「那爲思想所把握住的生命是一切存在本身的中介的中心。但是理智（νοῦς）是存在的限度（finis），它是在思想中的思維；因爲在思想的對象中有理智，在理智中有思想的對象。但是，這東西」它在哪裡呢？在 οὐσία 中嗎？在太初中，或者說得更好些，在思想對象中（ἐν τῷ νοητῷ）——「理性（νοῦς）是在被思想的方式中的（mentaliter），在理性中那被思維的東西是在思維的方式中的（intellectualiter）。本質（οὐσία）是存在著的東西中的常住者，而且是與那些第一原理交織著的東西，並不是從一裡面派生出來的。」第二個環節有著具體的特性，「是生命，然而是從那些第一原理產生出來的，而且是同那無限的潛力一起出現的」；生命本身是整個的全體，具有著無限性的特性和不確定者的形式，因此生命是一個複多的東西。「但理智是限度」（個體性），「這限度又」（把生命）「引回到那些原理，

85

128 這裡有一個問題，即「和」字 καὶ 是否應該取消，如果取消了的話，則「存在的頂點」就是「理智」的同位語。參看《柏拉圖神學》，第三卷，第一三九—一四〇頁；又參看本書邊碼 87。

並永遠使[129]生命符合於本質，而完成一個理智的圓圈。」限度是自在的、抽象的東西，是理智（νοῦς）。不過理智本身在第一層次裡具有三個形式；這三個形式本身又構成三個層次。「由於它[130]本身是一個三方面的東西，一方面是實體性的，一方面是有生命的，一方面是理智的，而一切都構成它的內容實質：所以它是一切存在中的最初者、是由那些第一原理構成的統一體。」這才是實在；很好！「我把它叫做本質（οὐσία）。因爲獨立的本質是一切存在的頂點，正如一切事物的單子」；太初、本質又叫做獨立的本質，這就是理智。「理智本身是能認識者」，而個體的東西「生命卻是在運動中的思維；存在本身是被思維者。如果一切存在者都是混合而成，而自身存在者是本質，則基於那三個原理的本質便是混合者。」[131]

「因此混合者便是被思維的本質，它是從神派生出來的，無限和限度也是從神派生出來的。這樣就有了四個環節，混合者就是第四個環節。」第一是單子、絕對的一；其次是多、多本身就是多個單一體，這是柏拉圖的「無限」（ἄπειρον）；第三是一般的限度。太一是絕對地浸透一切的、自身常住的。在這三個環節之外，普羅克洛又加上第四個，這第四個環

129 「Νοῦς」是回到原理和限度的導引者——Νοῦς 在這裡是第一格還是第四格呢？——「它吸收原理並形成一個圓圈。」

130 它在這裡是指圓圈還是指理智呢？希臘文原文中沒有主語。

131 《柏拉圖神學》，第三卷，第九章，第一三五頁。

節是無限與有限（尺度、目標、限度）的統一。這裡他採用了柏拉圖的術語（在他的著作《柏拉圖神學》中）；他常常引證了蘇格拉底的話。那眞正的第三者是混合者，但又不是眞正的混雜的事物。普羅克洛採取了柏拉圖的術語「混合者」以表示具體的事物、對立面的統一。這個作爲有限與無限的統一的第三者，實即第四個環節。或者也可以說，由於太一是無所不包的，它就不算作一個環節。現在限度與無限這兩個環節的統一就是實體（προτίστη οὐσία）：這是一切存在中的最先者。「這個統一體並不僅是從那些後於太一的原理構成的；反之它又是先於那些原理，並且是三一式的。」[132]一切都是三一體；那些原理只是抽象的三一體的三個環節，在這抽象的三一體中一切都潛在地包含在內。

「這就是一切存在的本性，許多潛能的一個單子，一個充實的本質，一即是多。」[133]「它具有著美、眞理、對稱的三一性在自身內，」（普羅克洛也依照柏拉圖那樣稱呼這三個三一體）：「美表示秩序，眞理表示純潔性，對稱表示被結合的事物統一有序。對稱是賦予存在者以統一性的原因；眞理是事物之所以存在（具有本質）的原因；美是事物之爲被思維者的原因」。[134]普羅克洛指出，那第一個三一體包含一切在自身之內，而那兩個別的層次本

132《柏拉圖神學》，第三卷，第九章，第一三六頁。
133《柏拉圖神學》，第三卷，第一三七頁。
134《柏拉圖神學》，第三卷，第十一章，第一三九—一四〇頁。

身也包含這些三一體；因此每一個三一體都是相同的，不過被設定爲在構成那第一個三一體的三個形式之一個形式中罷了。

甲、「這是一切被思維者的第一個三一體：限度、無限和混合者。」第一個三一體是這三個規定性本身的統一、純本質、第一個最高層次（διάκοσμος）、第一個神、神聖的事物的第一層次。這就是一；這個一、這個本質，作爲具體的一本身，就是無限與限度的統一。而「限度」（πέρας 是具體的理智 νοῦς）「就是從不可言傳者和第一個神產生出來達到思維的頂點的神，是衡量一切、規定一切者，是教育一切並聯繫一切者，並且是把神靈的淨潔無瑕的族類吸收在自身之內者。」因此這第一個層次就是抽象的本質（οὐσία），那三個環節都包攝在其中，但沒有發展，固定地保持在限度內、在乾燥冰冷的境地中，在這樣情形下它是關閉著的。這第一個層次的頂點是抽象的本質。「但是那無限者」（量）「是這個神的無窮盡的潛能，是誕生一切的事物，它使各個層次顯現，它是整個無限性：既是原始本質的，也是實體性的無限性，並且還是最後的質料。但混合者卻是神靈的第一和最高的層次，這一層次把一切事物都潛伏地結合在自身內，按照被思維的、無所不包的三一體而充實自身，在簡單的形式內總括著一切存在的原因，並且在最初的被思維者中固執著脫離了全體的頂點。」[135]這裡所謂「被思維者」不是指靈明的事物，並不是說靈明的事物好像有一

135《柏拉圖神學》，第三卷，第十二章，第一四〇頁。

類，此外還有別的事物似的；在普羅克洛那裡是沒有這種區別和規定的。這裡所謂「頂點」是指自我、個體性、自爲的存在。至於所謂「脫離了全體的」是不是指那抽象的事物呢？這一層次是思維的頂點，本質上同樣是一種回歸，正如在柏羅丁那裡也是這樣。這第一層次發展到它的頂點就產生第二個層次；第二個層次整個講來就是生命，其頂點爲 νοῦς（理智或心靈）。這第二個層次有著二元或無限的特性。在這個進程中，普羅克洛突然發生了靈感和陶醉的熱情，於是他說：

乙、「在這保持在統一中的第一個三一體之後，讓我們現在用讚美詩來頌揚這第二個三一體吧，這第二個三一體是從第一個出來的，而且爲類似[136]前者的各個環節所充滿了的。正如第一個統一體產生了存在的頂點，所以中間的統一體產生了中間的存在；因爲它同樣是產生著的和保持在自身之內的。」在這第二個層次裡，和以前一樣出現了三個環節。「在這裡基礎是本質（οὐσία），而本質曾是第一個三一體的統一或完成；本質在這裡是第一個環節。第二個環節在前一個三一體裡爲無限，在這裡爲潛能（δύναμις）。兩者的統一爲生命（ζωή），這是一般地給予整個層次以規定性的中心。「第二個存在是被思維的生命。存

136 德文原本爲 das Alogische（非邏輯的），意思不通，可能是 das Analogische 的誤排，俄譯本，第三卷第七十一頁譯作 аналогичному моменту（類似的環節），甚好，茲採用俄譯本以糾正德文原本。英譯本把這句譯作「而且是由於取消了前面一個三一體而產生的」，意思不通，與原文亦相距太遠。——譯者

在者以 νοῦς 這一極端爲基礎。第二個層次是一個和第一個層次相類似的三一體；因爲第二個層次同樣地是神。」這些三一體的關係是這樣的。「由於第一個三一體是一切，然而是理智地和直接地出於一，並且保持在限度之內，所以第二個三一體是一切，然而是有生命的並且是在無限性的原則之內；同樣第三個三一體是按照混合者的方式而產生的。限度規定第一個三一體，[137]無限規定第二個，具體者規定第三個。統一體的每一個特性彼此並列著，也說明了神靈的可理解的次序。每一特性包含著三個環節在自身內，而且每一特性都是這三一體被設定在這些環節之一中。」[138]這三個層次是最高的神靈；後來在普羅克洛那裡出現四個層次的神靈。[139]

丙、「那**第三個**（實體）使被思維的理智圍繞著自己」，那第三個三一體即是理智本身。「它放一個中介者在它自身和絕對實體之間，並且以神聖的統一充滿被思維的理智；它透過中介者去充滿存在，並把存在轉向自身。這第三個三一體並不是透過原因而存在，像最初的存在那樣，它也不啟示大全，像第二個存在那樣：而乃**是**作爲能動和表現，那絕對的限度。第一個三一體」（這個具體的神靈）「仍然潛藏在限度本身內。」限度是否定的統

137 也許應作「那第三者」。
138 《柏拉圖神學》，第三卷，第一三章，第一四一—一四二頁。
139 普羅克洛，《〈蒂邁歐篇〉注》，第二九一、二九九頁。

一性、是一般的主觀性，「並且具有一切靈明事物的實存」（存在）「固定在它之內。」靈明事物存在著，並具有存在於這個一之內、於這個本質之內。「那第二個三一體同樣是常住的，並且向前進展」；生命映現著，但是在映現過程中回復到統一。「第三個三一體」（思維本身）於向前進展後，把靈明的限度轉向並回復到開始，並使這一層次轉回到它自身；因爲理智的本性在於導引事物回復到自身，「並使它遵照被思維者」（統一性）。並且這所有各環節：保持自身、向前進展、返回本源，都是一個思維（一個理念）的運動過程。」每一個環節本身就是一個全體，但三個環節都返回到一。在理智（νοῦς）中那前兩個三一體本身只是環節；但精神的力量在於把前兩個三一體統攝在自身之內。「這三個三一體現在以神祕的一的方式宣示了那第一個不可言傳的神的完全未經認識的（沒有〔對它的〕知識的）原因，」這個神就是第一個統一體的原則顯示在那三個三一體裡：「一個是神的不可言說的統一性，另一個」（生命）「是一切力量的洋溢（充沛）」和神的放出光明，「但第三個是一切存在的完善的誕生，是一般的本質。」[140]在神祕的境界中，這些被規定爲全體、爲神靈的

140《柏拉圖神學》，第三卷，第十四章，第一四三頁。

各種區別皆統攝爲一了。[141]理智（νοῦς）有三方面：實在性的、有生命的、理智的。[142]「在一個層次中具體者本身就是本質，在另一個層次中它是生命，在第三個層次中它是被思維的思想。」最初的實體是作爲被思維的對象的理智：當我談到理智、思維時，則它是一種存在；它也是一個環節。第二，生命是被思維者和能思維者，第三是思維著的思想。他也稱這些爲三個神靈，他也把本質（οὐσία）叫做原因（ἑστία）、固定者、基礎。[143]「第一個三一體是被思維的神，第二個三一體是被思維的和能思維的神，」是能動的，「第三個三一體爲純粹能思維的神」，它本身是回復、回轉到統一，在這個回復到的統一中包含著所有三個環節。「神是它們中的全體」。[144]這三者又純全是絕對的一；而這就構成了一個絕對具體的神。

「神知道可分的是不可分的、時間的是超時間的、非必然的是必然的、變化的是不變的，一般講來，神之認識一切事物，比起按照它們的次序來認識它們，還認識得更好

---

141 在新柏拉圖學派那裡，「神祕的」這個詞廣泛地出現；參看《柏拉圖神學》，第三卷，第七章，第一三一頁。在這裡普羅克洛說：「我們必須再一次獲得進入太一的祕法。」這有點像我們所說的「思辨的觀照」。神祕主義正是這種思辨的哲學，這種在思維中的存在、自我享受、直觀。

142 參看本書邊碼85。

143 《柏拉圖神學》，第六卷，第二十二章，第四〇三頁。

144 《柏拉圖神學》，第三卷，第十四章，第一四四頁。

些。」[145]「什麼事物的思想，也就是什麼事物的實體，因爲每個人的思想和每個人的存在是同一的；思想和存在是一而二、二而一的。」等等。[146]這就普羅克洛神學中的主要思想；此處我們還要引證一些外在的事實。

意識的個體性有時在現實中表現爲魔術和妖術的形式。妖術常常出現在新柏拉圖學派和普羅克洛那裡，他們把這叫做造神。妖術又被想像爲與異教的神靈形象有關：「我們必須承認，第一個和最主要的神靈的名字是基於神靈自身的。神聖的思想從它自己的思想制定出名字，揭示出神靈的（最後）形象；每一名字好像是創造一個神靈的形象。正如妖術透過某些符號可以喚起神的無私的善，使它呈現在藝術家的意象之前，同樣地，思維的科學透過對於音調的結合與分別，使神的隱藏著的本質映現出來。」[147]因此藝術家的雕像和圖畫使內在的思辨的思維充滿了本身得到外在表現的神性的存在。他們認爲對於偶像的崇拜其意義也是如此。因此新柏拉圖學派曾經說出這樣一種聯繫，即他們還認爲神祕對象是爲神性所鼓動的：所以在偶像中有著神聖力量的降臨。我之所以只提到這一點，是因爲這種思想在這段時期內曾發生過很大的影響。

145 《神學要旨》，第一二四章，第四六七頁。

146 《神學要旨》，第一七〇章，第四八六頁。

147 《柏拉圖神學》，第一卷，第二十九章，第六十九－七十頁。

五、普羅克洛的繼承者

普羅克洛代表新柏拉圖學派的頂點；這派哲學思想延長到很晚的時期，甚至連續到整個中世紀。普羅克洛還有幾個後繼者繼承他在雅典的講座：他的傳記的作者馬里奴，還有加札的伊西多羅，最後是達馬斯丘。關於最後這一位還有很有趣的著作留下來。[148] 他是學園中新柏拉圖學派哲學的最後一個教師。因為公元五二九年猶斯底年皇帝下令把這個學校加以封閉，把所有的異教哲學家從他的帝國中驅逐出去。[149] 在這些人之中還有辛普利修斯，一個著名的亞里斯多德的注釋家，他的注釋有幾種至今還沒有印出。他們跑到波斯，在科斯羅那裡尋求並且得到保護和自由。稍後一些時候，他們也可以重返羅馬帝國，但是卻不能再在雅典建立學校了。這樣一來，這種異教的哲學外表上也趨於衰亡了。[150] 恩納皮烏斯曾討論到這最末期的哲學，古桑也在一本小書裡討論到這一時期。雖說新柏拉圖學派外表上停止存在，但新柏拉圖的思想，特別是普羅克洛的哲學，卻還在很長時間內為教會所堅持著和保持著；而

148 布魯克爾，《批評的哲學史》，第二卷，第三五〇頁。

149 約翰·馬拉拉，《編年史》，第二部，第一八七頁；尼古勞·阿勒曼諾注普羅科比《祕史》，第二十六章，第三七七頁。

150 布魯克爾，《批評的哲學史》，第二卷，第三四七頁。

且我們以後還要多次再追溯到這派的思想。我們看見，早期的、較純的、神祕的經院哲學家有著和普羅克洛相同的思想；而且直到較晚的時期，甚至在天主教教會中，當他們神祕地深刻地說到神時，他們也就是在表現著新柏拉圖學派的觀念。

上面我們所提出討論的乃是新柏拉圖學派哲學中的一些標本，或者也許可以說是最好的東西。在這派哲學中，思想的世界似乎是堅實化起來了。這世界並不是好像在感性世界的旁邊還有著思想；而卻是感性世界消失了，並且整個宇宙被提高到精神裡面去了，並且這整個宇宙便叫做神和神在其中的生活。

這裡我們看見一個巨大的轉變。到了這時希臘哲學的第一個時期就結束了。希臘的原則是作爲美的自由、在幻想中的和解、直接實現了的自然的自由的和解、表現在感性形式中的感性理念。透過哲學，思想就從感性現象中把自己解放出來；哲學訓練思想，以達到超出感性和幻想之外的全體。這裡面就包含著一個簡單的進程；我們所討論過的哲學觀點，其簡略的輪廓有如下的情形。首先我們看見在自然的形式中的抽象概念。其次我們看見，具有直接性的抽象思想：如一、存在等。這是一些純粹的思想；這種思想還沒有作爲思想被掌握住。這種思想對於我們還缺乏思想性，缺乏普遍的思想、對思想的意識。蘇格拉底開始了第二個階段，這是自我的階段、把思想當作自我的階段。絕對就是思維本身、理性（νοῦς）。內容並不只是被規定的，如存在、原子，而乃是具體的、自身規定的、主觀的思維。不過這內容也只潛在地是具體的。到了第三個階段，這個內容重新被意識到是具體的；這是希臘哲學所達到的最高階段。

自我是具體者最簡單的形式，自我是沒有內容的。就自我是被規定的來說，它才是具體的：蘇格拉底〔的自我〕、柏拉圖的理念就是這樣。但這個內容只潛在地是具體的，它還沒有被意識到是具體的。柏拉圖從給予的材料開始，並從這種材料或直觀中取出較確定的內容。亞里斯多德把最高的理念、思維的思維放在最高的頂點；而世界、內容是在這最高的理念之外。具體者是多方面地具體的，它應該返回到統一；自我是具體者最後的、簡單的統一。或者反過來說，抽象概念、原理應該贏得內容；這樣獨斷主義的體系就興起了。亞里斯多德那種思維的思維，在斯多噶主義中就成爲一切世界的原理。它是一種嘗試，努力把世界理解爲思維。懷疑主義否認一切那樣的內容；它是自我意識、思維在它的純粹孤寂中和對那個前提及其開端的反省。

在第三個階段中，絕對被意識到是具體的事物。在〔斯多噶的〕[3]體系裡差別對統一的關係只表現在「應當」的觀念中；這只是一種內心的要求，並沒有達到同一。最後在新柏拉圖學派中絕對才被意識到是具體的，理念在其完全具體的規定中被了解爲三一體、三一體之三一體，從而這些三一體永遠更進一步地流出。但是每一個環節本身都是一個三一體，所從三一體中的各個抽象環節也都被了解爲全體。只有這樣的事物才算得是眞的，它顯現其自身並在顯現的過程中保持其自身爲一。這些亞歷山大里亞的哲學家說出了具體的全體性本

[3] 根據英譯本，第二卷，第四五二頁；俄譯本，第三卷，第七十五頁增補。——譯者

身；他們理解了精神的本性。但是第一，他們並沒有從無限主觀性的深度、從絕對的分裂出發；第二，也沒有達到絕對的（抽象的）自由、自我、主體的無限價值的觀念。

所以這種新柏拉圖學派的觀點並不是哲學上的偶然的狂想，而乃是人類精神、世界、世界精神的一種向前邁進。神的啟示對於人並不是從一個異己的事物而來的。我們在這裡乾燥而且抽象地考察的事物乃是具體的。當我們坐在書房裡讓哲學家們彼此吵鬧爭論，並且對此做出這樣或那樣的描寫時，有人說，我們所考察的這種事物、這些抽象概念乃是些抽象的名相。我們回答說：不！不！先生們！它們是世界精神的業績，因而也就是命運的業績。哲學家比起那些精神缺乏營養的人來是更為接近上帝的。他們直接從原著閱讀或書寫這些書房中的文字，他們也有義務一同繼續寫下去。哲學家是進入神祕的人，他們是參加並生活在內心的神聖世界之推進中。別的人有他們的別的興趣，如權力、財富、女人。世界精神需要一百年或一千年才達到的事物，我們很快就達到了，因為我們有著有利的條件：我們所從事研究的乃是過去了的和在抽象中的事物。

第二部

中世紀哲學

〔引言〕[1]

1 譯者增補。

哲學史的第一個時期共一千年，從公元前五五〇年的泰利士到死於公元四八五年的普羅克洛，到異教哲學的研究機構於公元五二九年被封閉爲止。第二個時期一直到十六世紀爲止，又包括一千年，我們打算盡速跨過這個時期。 99

在這以前，哲學存在於希臘人的（異教徒的）宗教之內。從這時起（在這第二個時期中）哲學是在基督教世界中；至於阿拉伯人和猶太人，只值得當作一種外在的事物、當作歷史事件提一提。一種新的宗教出現在世界上了，那就是**基督教**。基督教的觀念，我們已經由新柏拉圖學派哲學十分熟識了。因爲這個哲學的基本原理就是：絕對者、神乃是精神，神不單純是一個表象，神應該以具體的方式規定爲精神。只有具體的事物才是眞理，抽象的事物不是眞理；雖然絕對者仍是思維，但爲了具有眞理性，它就必須本身就是具體的：而這才是絕對者、自在自爲的精神。

這個具體的事物我們已經見過了。在基督教中，它的進一步的形式乃是：使人們意識到、向人們啓示的神是什麼——就是說，進一步更確定地使人們意識到了神性和人性的統一：(1)這種統一性潛在於人的意識中；(2)並表現在崇拜儀式的現實性中。〔基督徒的生活意味著〕[1]：主觀性的最高點是熟識這個觀念。崇拜儀式、基督徒生活乃是：個人、主體本身被要求、被認爲值得自覺地達到這個統一性，被認爲能夠使自己配得上使神的精神即所謂 100

[1] 據英譯本，第三冊增補。——譯者

神恩存在於他身上。因此「調和」這個教義，乃是說神被認識到是與世界調和的；「他使自己調和」，意思即是像我們在新柏拉圖哲學那裡已看到的那樣，神使自己特殊化，不再是抽象的：而所謂特殊物，不單是外在的自然，而且是世界，特別是人的個體性。主體自身的利益是牽涉在其中的，並且發揮了重要的作用，就是使神現實化，並且現實化在個人的意識中，個人本來是精神的；這樣，就使這些自身就是精神並且是自由的人透過這個過程而在他們自身上完成了這種調和，亦即使他們把自在的自由精神實現爲他們的自由，這個精神本來也就是他們自己的實質。就是說，他們意識到了地上的天堂，意識到了人之上升到神。心智的世界不是一個彼岸，所謂有限性，乃是其中的一個環節；並沒有一個彼岸一個此岸之分。關於神、絕對理念的具體性，就在於：看出神裡面的塵世的事物、與神相對的事物，把它認作潛在地有神性的事物，並使之成爲神性的，以一種精神的方式，就是說不是以直接的方式。在古代的宗教中，神性也是與自然物結合著的，與人結合著的，但卻不是調和，而只是以自然的方式結合著。神與自然物、與人的統一，在那裡是一種直接的，因而非精神的統一，因爲它不外是自然的統一。精神不是自然的，只有精神使自己達到的事物才是精神；並非被完成的、自然的統一，乃是非精神的統一，反之，在本身中完成這個統一的過程，才是精神性的。這裡面就有對自然物的否定，因爲自然物只是直接的事物、非精神的事物。肉體、自然物乃是不應該存在的事物；自然狀態是人不應當存留於其中的狀態。自然從根子裡起就是惡的，人潛在地是神的形象，只有在存在中他才是自然的；潛在的事物應該完成、實現出來。最初的自然性應該被揚棄。這乃是基督教的一般的觀念。

爲了理解基督教的觀念並加以運用，人們一定先要弄懂哲學的理念。這個理念我們已談過了。但是什麼是眞實的事物，卻還沒有證明。儘管有深刻的眞正的思辨，新柏拉圖學派還是沒有對他們的學說，即三位一體乃是眞理這個學說給以證明；它缺乏內在必然性的形式。人們必須達到「唯有這才是眞理」這個意識。新柏拉圖學派從那個「一」出發，這個「一」規定自身、限制自身，從而有定的事物就產生出來；但這本身就是一種直接的方式，所以它使得柏羅丁和普羅克洛等人那樣令人厭倦。誠然，其中也有辯證的考察，在這種考察中，那些被視爲絕對的對立面是被證明爲烏有的；但這種辯證法不是系統地加以應用的，而是個別的現象。爲了把基督教的原理作爲眞理加以認識，就必須把精神的理念的眞理性作爲具體的精神來認識；而這就是教父們所特有的形式。

因此，重要的是：世間的事物一般地不宜任其存在於它的直接性、自然性中，而要把它本身看成特殊物，特別是看成普遍者、心智世界、看成植根在神中、眞理性在神中的事物，從而把神思維作具體的。在世間的事物、在如此被收容於神裡面的事物（在神裡面它只是在其眞理性中，而不是在其直接性中被接受，不是我們稱爲泛神論的事物；因爲這種泛神論把直接的事物就其原樣加以肯定）、在應該在神裡面認知自己的事物中間，人占有特殊的地位。這樣，我們就見到，人作爲長子、作爲亞當．卡德孟、作爲第一個人，就包含著神的規定；這個統一性我們可以把它規定爲〔神與人〕潛在的統一性，也是具體的理念，但這只是潛在的具體理念而已。這是第一點。

在這方面應加以注意的第二點乃是：自然物只停留在它們的自在性、它們的概念中：或者，它們的眞理性並不進入它們的感性生命中，它們的生命只是它們的自然的個體性；因爲生物只是作爲個體而存在著，這個個體性卻只是一種易逝的事物，因而這個個體性不能有對自然物的回顧。它們的不幸在於眞理及其本質不是爲它們本身而存在的；在於它們不能達到無限性、不能從它們的直接個體性中解放出來，亦即不能達到自由，而只是停留在必然性中，這種必然性就是一物與他物的聯繫：因此，如果這個他物把自己與自然物聯結起來，這些自然物就完結了，它們經受不起那種矛盾。但人，由於意識到眞理是爲他而存在的，意識到他有在眞理中獲得自由的使命，卻有能力瞧見、認識自在自爲者，使自己與自在自爲者發生關係，並以知識爲目的；而由於他以此爲目的，精神的解放就在於意識不停留在自然狀況中，而成爲精神的事物，即是說，永恆的事物、亦即神人調和、作爲這個主體的有限者與無限者的統一，對於他存在。因此，意識不是那停留於自然狀態中的過程，而是普遍者藉以成爲他的對象、他的目的的過程。神本質上是具體者，這裡面就有作爲意識的人的源泉、根子，但只是根子而已；他還必須在自己裡面完成那個過程，以便達到他的這種自由。

第三，現在，這一點已被指出或斷言爲基督教的根本觀念。(1)一方面，這是一個歷史問題；在不同的時代，對這個觀念有不同的說法，現在，人們對於它又有特殊的看法。爲了闡明這是一個歷史的觀念，就應該闡明它是如何以歷史的方式發生的；但是，這裡我們卻不能夠來做這種歷史的探究。因此，我們應當把它當作歷史的前提、定案來接受。(2)另一方面，就這個問題落在哲學史範圍內這一點而言，說這是基督教的觀念，這個斷語，又另有其地位，不同於當作歷史問題處理。在哲學的歷史中，這個斷語應該採取這樣的形式：這個觀念必然地出現在世界上，而且這個觀念變成了普遍意識的內容、各民族的意識的內容，即是說，這個宗教變成了各民族的共同的宗教。在哲學的歷史中，這個觀念的內容乃是這樣的：精神的概念是〔歷史的〕基礎，而歷史是精神自身的過程，一種從它最初的淺薄的被蒙蔽的意識中顯露出來、達到自由的自我意識的觀點的過程，即是說，精神的絕對的命令，「認識你自己」，必須被實現。結合著此前的那些形態，我們已經指出，這個基督教的觀念現在已經出現了，並且必須成爲世界上各民族的普遍意識。它之作爲世界宗教出現，乃是歷史的內容；這個觀念的這種必然性，乃是在歷史哲學中必須加以更確切的闡明的。對這個必然性的認識，曾被人們稱爲對歷史的先驗虛構；但是，把它誣衊爲不能容許的甚至放肆的，並無濟於事。人們或者是把基督教設想成偶然的，或者是在嚴肅對待神人調和和神對世界的統治時，以爲基督教早在神的腦子裡完成了；而當神把它拋到世界上時，就顯得好像是偶然的。但在這裡，神的這個命令的合理性、必然性，是必須加以考察的：這種考察可以人稱爲一種神正論、一種對神的辯護，亦即對我們的觀念的證明；這是一種論證，正如我在別處已指出的那樣，論證世界上所發生的事件是合理的。這個觀念包含著：它的歷史代表著精神尋求達到在自己身上認識、意識到自己是什麼的那個過程，部分地是精神的歷史，這個精神必須反省自身，必須回到對自己的意識。這就是在歷史中呈現於時間之內的事物，而它之所以是歷史，正由於精神乃是活生生的運動，是過程，是從自己的直接的存在出發、創造出世界和個人的革命的過程。

第四，既然由此預先假定了這個觀念必然要成爲普遍的意識、成爲共同的宗教，其中就有了一個適於認識特殊意識的方法的源泉。這個新的宗教已把哲學的靈明世界變成了一般的意識；特土良說，現在連孩子們也知道神，而這在古代是只有最大的哲人才認識到的。這個觀念保持並獲得了表象的意識所能理解的形式、外在的意識的形式，並不是那種僅屬一般的思想的形式，否則這種思想就是一種基督教的哲學了；因爲這正是哲學的觀點，在思維的形式中的觀念，不像那爲主體而存在、指向主體的觀念。這個觀念變成宗教的過程，是屬於宗教史範圍內的，這是指它的發展，它的形式；我們必須不管那些。只有一個例子必須在這裡說一說。所謂原始罪惡這個教義，包含著這層意思：我們的祖先犯了罪，這個罪惡就作爲一種遺傳的病症傳給了一切的人，就以一種外在的方式作爲一種繼承的、天生的事物傳到後代，它不屬於人的自由的，它的根據不在人的自由之中；透過這種原始罪惡，進一步意味著人引起了神的震怒。

1. 如果這些形式獲得人們的同意，那麼，其中所包含的，首先是時間上的而不是思想上的最初祖先；這個關於最初祖先的思想，不外是指自在自爲的人。這樣的自在自爲的人，每個人本身所具有的一般性的事物，在這裡乃是表現在第一個人、在亞當這個形式中；在這第一個人身上，罪惡顯得好像是一些偶然的事物，說得更清楚些，是他讓自己受引誘去吃了禁果。不過，這並不是表現爲他只是吃了禁果，而是表現爲他所吃的乃是分別善惡的知識之樹的禁果；作爲人，他必須吃它，否則就不是一個人，而是一隻野獸。他藉以使自己與野獸有區別的基本特性乃是知道善惡；所以連神也說，「看，亞當已變成了我們中間的一個，他認識到什麼是善，什麼是惡了。」只有由於人認識到自己是一個思想者，他才能區別善惡；只有在思維中，才有善和惡的源泉；但是，在思維中也有醫治罪惡的源泉，這種罪惡本來也是思維所帶來的。

2.第二點是：人在本性上是惡的，並且把它傳遞下去。反之，有人則提出，罪人既然對於天生的事物全無責任，如何應該承受懲罰呢？說人內在地、本性上是惡的，看來是太過嚴重的說法。如果我們把這種說法拋開，不談什麼神的懲罰等等，而用更溫和的一般的話來說，那我們就應該說：人若按照本性，就不是他應有的樣子；但是有把他僅僅潛在的自己顯現出來使命。在這個原始罪惡的觀念中，對於我們包含著這樣的意義：人必須把自己看成如果作爲自然的直接的人，就不是在神面前應有的那種人；而這一點存在於人本身的規定中，就被認爲是一種遺傳性。這種純粹的自然性的揚棄，是採取簡單的教育形式而爲我們所習知的；這種教育是自發的；透過它，人馴服了，變善的能力一般地造成了。這事看來很容易地在進行著；但是，具有無限重要性的，正是人們與自己的調和，變善的過程，這些乃是透過簡單的教育方式達成的。因此在這些形式中，我們不可認錯更不必說拋棄內容，而要認清裡面的內容；我們卻也不應該把它們當作絕對的形式抓住不放，想把教義死扣在這種形式中來主張，像以前在一種空無內容的正統說法那裡所發生的那樣。

我們現在所關心的，是把我們已經加以詳細解釋的基督教原理變成世界的原理；世界應當做的**課題**，是把這個絕對的觀念帶到自己裡面，在自己裡面將它實現，以便使自己與神調和。這個課題所包含的，**首先**是基督教的傳播，使它進入人心；不過這是在我們的考察範圍之外的。心的就是作爲這一個人的主觀的人，而這一個人由於這個原理，地位就與以前不同了；這個主體的存在是必需的。主體乃是神恩的對象，每個主體、每個作爲人的人都有一種無限的價値，都被賦予這樣的使命，即神的精神住在他身上，他的精神與神的精神相結合；而這就是神。人是註定獲得自由的，在這裡這一點被承認爲具有自由的潛能；不過這個主觀性的自由，最初還只是形式的，只是按照主觀性的原則的。第二點是：基督教的原則應該對思想建立起來，被思維的知識所吸取，在其中被實現；從而使思維的知識達到與神調和，使它在自己裡面有神的觀念，使哲學觀念的思想教養和基督教原則結合起來。因爲哲學的觀念乃是神的觀念，而思維的知識的發揮則必須與基督教的原則結合起來；因爲思維絕對有權利要求與神調和，或者說要求基督教的原則符合於思想。第三點則是：現實性的觀念應該是深深灌注的、內在的，應該不只是有一大群信仰的心，而毋寧必須像自然律一樣，有一種世界的生命、一個王國從心中構成，即神與自己的調和在世界上實現，不是像一個天國、一個彼岸，而是觀念必須在現實中實現。因此它只是爲精神、爲主觀意識而存在的；所以必須不是只在心中，而要在一個實在的意識的王國中把自己完成。從外表上初看起來，是這樣說的：「我的王國不是在這世界上」；但是現實化的過程卻必然應該是人世間的。換言之，法律、倫理、國家制度以及一般地屬於精神意識的現實性的事物，都應該成爲合理的。這就是世界的三個課題。

（一）第一個課題，即基督教在人心中的傳播，是在我們的考察範圍之外的；（二）第二個課題，即基督教發揮於思維的知識之中，已經由教父們完成了。而這種基督教原則的發展，我們也不想進一步加以考察，因爲它是屬於教會的歷史的；在這裡所要指出的，只是人們在教父和哲學的關係這個問題所採取的觀點。我們知道，教父們都是很有哲學修養的人，並且把哲學，特別是新柏拉圖學派哲學引進了教會。他們使基督教的原則與哲學理念相符，並使哲學理念深入基督教原則裡；他們由此製成了一套基督教的教義，藉著這套教義，他們超越了基督教在世界上出現的最初形式。因爲教父們制出的這一套基督教義，在基督教最初出現時是不存在的。一切關於神的本性的問題，即神的自在自爲的性質是什麼，關於人的自由、關於人與客觀者即神的關係問題，關於罪惡起源問題等等，教父們都加以研究；思想在這些問題上所規定的事物，都被他們採納加入基督教教義。精神的本性、拯救的等級，即主體精神化的層次，主體的教育，使精神成爲精神的過程，精神的這種皈依等等，都同樣被教父們在精神的自由中加以研究，在精神的深處按照環節加以認識。

教父們（對於教義的）關係，我們可以做如上的規定，但還應該指出，人們卻把他們這種對基督教原則所作的最初的哲學發揮當作一種侵害行爲；人們說他們這樣做已把基督教的最初的面目弄得不純潔了。關於這種所謂汙染，我們不得不再談一談。眾所周知，路德在他的宗教改革中，曾這樣規定他自己的目的：應該把教會帶回到它最初的純潔性中，恢復它在最初數世紀的那種形態；但是這個最初的形態，本身已顯得是這種由煩瑣複雜的教義構成的建築物，是一種由許多關於上帝是什麼和人對上帝的關係如何的學說構成的編織物。因此在宗教改革期間沒有提出一個特定的教義系統，而只是把舊時的教義中後來附加的成分清除出去；它是一個混亂的建築物，其中出現著最混亂的事物。這個針織物，在近代已完全被拆散了，因爲人們想要回溯到上帝的話那條單純的線上面去，像它在《新約》各篇中曾經存在的那個樣子。這樣一來，人們就放棄了那套教義的傳播，而回復到最初的顯現的那個方式上去（在這裡面也經過挑選，看是否有可用的）：所以現在只有關於最初的顯現的敘述才被認爲是基督教的基礎。關於哲學以及教父們把哲學引進基督教的權利，我們有下面的話要提出來。

近代的神學觀念，一方面是按照被當作基礎的聖經文字而制定的，因之個人的觀念和思想的全部工作只是注釋性的；宗教應該保持在實證的形式中，因此宗教便是一種被接受的、現成的、純然以外在方式設定的、啟示的事物。而這些文字、這些經文又同時具有這樣的性質，給各人隨意解釋以極大限度的自由。因此，就有另一方面，即聖經的話應驗了：「字眼使一切僵死，精神卻使人獲得生命。」這是應該承認的，而精神的意思不外是某種力量，那些在聖經的字眼上用心、以便以一種精神的方式去理解字眼，並使之具有生命的人心中的力量：這就是說，正是那被帶來的觀念和思想，必須在經文中使自己獲得生命。因此，在那個方式中，用精神來處理經文的權利就被注重了，就是說，帶著個人的思想去理解經文；但是對於教父們是不能容許的。他們也是帶著精神去對待經文的；並且公開規定了精神應居於教會之中，指揮教會、教導教會、啟發教會。教父們因此也有同樣的權利，帶著精神去對待實證的、感覺所給予的事物。應當依賴的完全是自在自爲的精神、它的性質；因爲個人的精神是彼此很不相同的。所以在這裡，從一方面說，這個關係被建立起來了；精神必須使經文獲得生命；就是說，那被帶來的思想，那可能完全是很普通的思想、普通的人類理解力，正如人們在近代所想的那樣，一種教條，必須是大眾化的。

精神必須使單純的字句獲得生命，這個說法，又進一步被這樣表述出來：精神應該只闡明那現成的事物；就是說，它應該採取直接地包含在字面上的意義，不予變動。但是，一個人如果看不出這種態度中所包含的錯誤，那他必定是在文化修養方面太差了。不帶著自己的精神去闡明，好像意義都僅僅是現成的，這是不可能的事。闡明就是弄明白，並且應該是爲我所明白；這只能是已經在我心裡的事物。它必須符合我的主觀決定，我的知識、我的認識的需要、我的心的需要，諸如此類；只有這樣它才是我的，人們找到的事物，是他們所尋求的。正是因爲我把它爲我自己弄清楚，我就把它變成對我而存在的，即是說，我使我的觀念、我的思想在其中發揮作用；要不然，它就只是一種僵死的、外在的、完全對我不存在的事物。所以，要把遠非我們的精神所需要的別人的宗教爲我們自己弄清楚，是很困難的；但它們仍然接觸到我的精神需要、觀點的一個方面，即使是一個模糊的、感性的方面。當人們說「闡明」的時候，人們是把事情的眞相掩蓋在一個語詞之下；但是如果人們把這個詞本身的意義爲自己弄明白了，其中所包含的不外就是：人身上的精神自身要在人身上認識自己，並且所能認識的不是別的，正是在人身上存在著的東西。所以可以說，人們是從《聖經》做出了一個蠟鼻子：在《聖經》中這個人找到這樣東西，那個人找到那樣東西；固定的東西現在顯得不固定了，因爲是從主觀精神來考察它的。

在這方面，還應該進一步談談經文的性質；經文包含著基督教的最初顯現的方式，它寫下了這個方式；而這個方式還不能明顯地包含著構成基督教的原則的東西，而只是包含著對它的預感。這一點，在經文中也是明顯地說出了的。基督說：「當我離開了你們之後，我將遺人來安慰你們；這個人，這個聖靈，將引你們進入所有的眞理」，是聖靈——而不是基督的言行。只有在基督之後，在他用經文來教訓之後，聖靈才進入門徒們身上，他們才變成充滿了聖靈。幾乎可以說，如果我們把基督教帶回它的最初的顯現，就會把它降低到無精神性的觀點；因爲基督自己就說，聖靈只是在我離開之後才來到。關於最初的顯現的經文，因此只包含著關於「精神是什麼以及它將認識什麼東西是眞的」這個預感。另外一點是：在最初的顯現中，基督只是作爲教師、救世主——在進一步的規定中，也只是作爲一個單純的教師而出現的；對於他的朋友和門徒們，他乃是一個感覺得到的、現存的人，還不是那種聖靈的關係。如果他必須是人的神、是人心中的神，那他就不能有感性的、直接的存在。達賴喇嘛是一個可以感覺到的人，他對於西藏的人民乃是神；在基督教的原則裡面，神既是逗留在人心之中，他就不能夠是以感性的形式存在於他們面前的。

所以第二點是：感性的形式必須消失，才能使它進入記憶中，爲記憶所收納，進入觀念的範圍；只有那時候精神的意識、關係才能出現。基督已離去了，他到哪裡去了呢？此處所給予的答覆是：他的位置是在神的右邊，這就是說，現在神已被意識到是這個具體者，他是那個一，以及聖子、邏各斯、智慧等等；只有離開感性狀態，神裡面的另一環節才能被意識到，神才被意識到是具體的神。同時，「神本身中的抽象的神性必定破滅並且已經破滅」這個觀念才出現了；而因此神裡面的這個對方就是聖子、神性中的一個環節：但不是採取一個靈明世界的形式，或者，如我們慣於表象的那樣，採取一個有著許多天使的天國的方式，這些天使也是有限的、受限制的、接近於人性的。但是意識到神裡面具體的環節還是不夠的；還必須在與人的聯繫中意識到它，基督是一個實在的人。這就是與作爲這一個人的人相結合；這個「這一個人」是基督教中的一個巨大環節，它是極端不同的對立面的結合。這種較高的觀念當然不存在於經文中、不能夠存在於最初的顯現中；觀念的偉大只能在較晚才出現，精神只能在它之後才到來，這個精神曾經把觀念加以完成。這就是教父們所做了的。

最初的基督教教會對於哲學的一般關係，這裡已經指出了。一方面，哲學的理念已被移植到這個宗教裡面；另一方面，這個理念中的環節，按照這個觀念，基督教是規定自身，把自身特殊化的，邏各斯、聖子等等，一個個別的人的個性就被結合上去了。這樣，這個特殊化，智慧、活動那還是停留於一般性中的理性，就被提升到感性的個體性、個人的現存性。這個特殊性的事物，在這裡一直邁進到存在於時空之內的個人的個體性，因爲特殊的事物是永遠向前進行而把自己規定爲個別者、主觀性、個性的。這兩個環節在基督教的教義中，與基督教的觀念本質上是交織在一起的，其所採取的形式，乃是如它由於與一個個別的，現存的在時空中出現的個性相結合而呈現的那樣。這就是當時的一般的特性。

一方面，教父們曾經反對了諾斯底教派，像柏羅丁和其他的新柏拉圖學派一樣，其所以要反對諾斯底教派，乃是因爲在他們那裡個人作爲這一個人的那種規定消失了，直接的存在被淡化爲一種精神性的事物的形式。另一方面，教會和教父們又出面反對了阿里烏教派的信徒，這些人承認個人，但不把個人結合到神聖理念中的那種特殊化，神聖理念的那種分化。他們誠然把基督當成一個人，把他抬高到一種更高的本性；但他們沒有把他放進神的那個環節、精神自身的那個環節裡面去。索其尼教派則把基督只當作是人、教師等等；但是他們並不包括在教會中，他們還是異端。阿里烏教派和屬於它的一切人，由於沒有把基督的人身和那種神聖理念中的特殊化結合在一起，教會是與他們對立的。把基督抬高爲一種更高的本性，是空洞無意義的，不能令人滿足的；教父們反對了這些人，斷言神性和人性的統一，這種統一是爲教會中的個人所意識到了的，這是最根本的規定。

新柏拉圖學派關於回歸於神和統攝於神的原則，而是關於一般實體性的原則；而由於缺乏後面這個，有一個環節離棄了他們的精神的觀念，實在性的環節、頂端的環節，這個頂端把一切環節集而爲一，從而變成了直接的統一、抽象的普遍性、存在。因此精神在他們那裡不是個人的精神；這個缺點由基督教加以彌補了，在基督教中，精神乃是現存的、活著的、直接在世界上存在著的精神，在其中，絕對精神在直接的現存中作爲人而被意識到，而每個個人對於自己都有無限的價值，並且分享這個精神，事實上這個精神正必須誕生於每個人的心中。因此，在這裡，個人本身是自由的，而在東方，則只有一個人是自由的，在希臘和羅馬則只有少數人是自由的。反之，在基督教中，每個人都是神恩的目標，而我作爲我，就具有無限的價值。

現在世界上發生了這樣一種情形：絕對已被顯示爲具體者，並且還應當說不是只在思想中，不是以一般的方式作爲一個靈明世界；而是具體者已經向自身進展到了最後的深度。所以它是一個實在的自我、我，絕對的普遍、具體的共相，它是神，然後那絕對的對立變爲這一個規定，成爲時空中的完全有限者，但這個有限者又在與永恆者的統一中被規定爲自我。在世界的意識中，對於人們發生了這樣的事：絕對是具體的，具體到成爲這個

ἀκρότης，直接現實性的高峰；這就是基督教的出現。希臘人也有過人形的神，有擬人論；他們的缺點在於他們就在這方面也還是不夠的。希臘人的宗教是同時既太過也太不夠擬人化：其所以太過，是因爲直接的性質、形狀、行爲都被收容在神性中；其所以太不夠，是因爲人不是作爲人而具有神性，而只是作爲彼岸的形狀，不是作爲這一個人和主觀的人。被理解爲具體的絕對，絕對不同的規定的統一，才是眞正的神。兩方面的規定的任一方面都是抽象的，其中的一個方面不是眞正的神。具體者在這樣的完全狀態中才被人們意識到是神，它在世界上引起了一種革命，三位一體在想像中是存在著的，但這本身只是表象，不是完全的具體者，反之，現實性是與具體者結合著的。

稍後（雖然那也是與深入自己的過程相應的），就發生了在東方的擴展，對於一切具體東西的否定，抽離一切規定性；純粹的直觀和純粹的思維是同一個東西，這個在東方發生的現象是與西方那種深入自我相對應的。

神存在，他是可顯現的。這樣就有兩個環節被設定：(1)神不是不可親近的、不可分享的、至高無上的東西，不是那些個別的神靈——參看普羅克洛[2]，不是一個鎖閉深藏的東西；相反地，正是這些πρόοδοι（進展）才是他的顯現，而他正就是這個，正是他的顯現，因此神之中的個人本身就是神、唯一的神。天父，以色列人的神就是這個一，其次的則是不

2　見本書邊碼 87-91。

同的、個別的名稱、性質。(2)聖子和聖靈的環節，乃是精神和肉體的現實中的至高者，前者在一個教區裡，後者在自然中。那個教區乃是神的地上的天國：「哪裡有兩三個人以我的名義聚在一起，哪裡就有我在他們中間。」

（三）但是人、自我意識所應該認識的那個理念，必須對他一般地成爲客觀的，成爲對象，使他能夠眞正地把自己作爲精神來把握並把握精神，從而以一種精神的方式，而不是以一種感性的方式成爲精神的。這樣變成客觀的過程，已在教會中發生了。客觀化的第一步已經存在於對理念的最初的直接意識中，在那裡，理念是作爲一個個別對象、一個人的個別的存在而出現的。客觀化的第二步乃是擴展爲教會的對神的禮拜和集會。人們能夠想像一個愛的普遍公社，一個善男信女的世界、一個四海之內皆兄弟的世界、一個無罪的羔羊和玩弄精神上的小事物的人們的世界，一個神聖的共和國、一個地上的天堂。但是這些東西不是爲地上設計的；那些幻想是被拋到了天上，即拋到別的地方——死後的世界去的。每一個活的現實的東西則以完全不同的方式指揮其感情、事務、行爲。合理的現實性的國土是一個完全不同的國土，它必須是有思想地、帶著理性來組織和發展的；個人的自覺的自由這個環節，必須反對客觀眞實和客觀的命令而堅持它自己的權利。這正是以一個實在的時間性的東西的形態存在的精神的眞正實在客觀性，猶如哲學乃是被思維的、存在於共相中的客觀性。這種客觀性在開初時是不能夠有的，必須是爲精神和思想所完成才能出現。

在基督教中，靈明世界、精神的這種自在自爲的存在，已變成了一般的意識。基督教是發源於猶太教的，發源於那種自覺的悲傷自賤的。這種虛幻的自我感，從一開始就攫住了猶

116

117

太民族，一種悲傷、絕望、虛幻之感占據了他們的生命和意識。這個個別之點，以後在一定的適當的時間就變成了有普遍歷史性的東西；整個世界都升高到了這個現實虛幻的因素裡面，後來卻從這個原則解脫出來，又走進一種思想的國土，那個虛幻變成了實際上的已被調和了的東西。這是第二次的世界創造，在最初那一次之後又發生了的創造；正是在這個第二次的創造裡面，精神才最初把自己理解為我就是我、理解為自我意識。這個第二次的世界創造最初同樣是直接的，在自我意識中採取一個感性世界的形式，一個感性意識的形式。所有從概念中進入這裡面來的東西，都是教父們從前面所提那些哲學家那裡取來的：他們的三位一體說，就其作為一種合理的思想，而非僅是其中的一種表象的三位一體說，以及其他的觀念。但是他們的根本區別，在於這個事實：對於基督徒，這個靈明世界同時是具有一種通常事物的直接的感性的眞理的——這是它對於一般人必須具有並保持的一種形式。

但是這個新的世界卻因此不得不為一種新的種族所繼承、為蠻族所繼承——因為把精神的東西以一種感性的方式去接受的，正是蠻族；並且是北方的蠻族，因為只有北方野蠻民族的深沉於自我之中的性格，才是這個新的世界意識的直接的原則。由於自覺到靈明世界是一個直接現實的東西，精神就其潛在性來說，比以前已是更高了；但另一方面，就它的意識來說，精神卻又完全被拋回到了文化開端的地方，而這個意識又必須再從頭開始。精神所必須克服的，一方面是它的靈明世界的這種感性的直接性，另一方面是那種與它對立的現實界的感性的直接性，因為這被它的意識認為是虛幻的。它拋棄了太陽，用蠟燭來代替它，它只被配備以影像；它只是自在的、在內心中的、未得到意識的贊許的事物，在自我意識面前，是一個有罪的壞的世界。因爲把自身變成現實世界這一點，正是哲學的靈明世界所尙未完成的，就是在現實世界中認識靈明世界，在靈明世界中認識現實世界。具有哲學的理念、把絕對的本質作爲絕對的本質來認識，這是一回事；把絕對的本質作爲宇宙的體系、自然的體系、個人的自我意識的體系、作爲它的實在性的完全發展來認識，這又是一回事。新柏拉圖學派曾經發現了那個現實化原則，即是說，這同一個眞的實體又把自己放在互相對立的規定中，這些規定自身都是實在的——但是從這裡起，他們卻沒有發現自我意識的形式、原則。對於現在開始出現的這種文化，這個不完全的實在界作爲實在的世界，因此就與它的思想的世界處於對立之中，而這種文化又不能在其中的一方面認識另一方面。這一文化有兩套計畫、兩種尺度和兩個重心，它們不能調和，其一與其他隔得很遠。基督徒的世界焦急地走過被遺棄的現實界及其不聖潔的事項，去求取聖墓，把這個聖地想像爲實在的，並且在行動中把它作爲實在的去爭取；但是他們只發現那個從他們手中被奪去的墳墓。由這個經驗取得教訓之後，他們就必須在自身中牢固地把握住那個他們所輕視的自己的現實界，並且在這個現實界中去尋求他們的靈明世界的實現。

在**日耳曼**民族身上，世界精神分配了這件工作，將一個胚胎發展爲一個思維的人的工作。最初存在的情況是被理解的精神；而那未被收納進精神中去的意志的主觀性則與它處於對立之中，與此相聯繫，眞理的國土和人世間的國土是互相結合而又顯然分裂的。這個新的宗教因此就把世界觀分裂爲兩個世界，明靈世界（不過不是主觀地被意想的）和時間中的世界，分裂爲**兩個國土**，精神的和塵世的，教皇和皇帝：以致前者作爲教會同時又有著一種普通現實界的直接現存性，而後者作爲外在的自然和意識的特殊的自我，在本身中就沒有眞理和價值，而必須把眞理和價值作爲它自己的彼岸來看待，並且這彼岸對於他的啟示，乃是作爲一種不可理解的、完全從外面進來的現成的事物而被給予的。

因此，一個靈明世界就在人的觀念中以同樣實在的方式建立起來了，正像一個遙遠的國土，它被我們想像得這樣實在，就像我們親眼看見的一個國土一樣，它有居民，有人住著，但它對於我們卻好像是被一座大山遮住似的。它不是希臘人的或其他民族的神靈的世界或神話，一種天眞純樸而未被分裂的信仰；正相反，它同時包含著一種高度的否定性，現實世界和另外那個彼岸世界的矛盾。這個靈明世界表達了眞正的絕對本質的本性。正是在這個世界中，哲學施展它的本領，思維殫精竭慮工作著。我們必須就一般的特點來談談這個不大愉快的現象。

我們關於〔那在基督教中顯現的〕[2]哲學首先見到的，一方面是在理念的深處的一種模糊的摸索，這些哲學的摸索形成理念的各種形式，並且構成了理念的各個環節；另一方面是在純粹的概念中的摸索，由之哲學才在思維中被建成。(1)那第一種卡巴拉學派的本質乃是一種悲慘的艱難的理性的掙扎，這種理性不能從幻想和表象中擺脫出來達到概念。沒有一種探險是幻想所畏懼而不敢去嘗試的，因爲幻想爲理性所迫，就不能滿足於形象的美麗，而必定

[2] 據英譯本第三冊增補。——譯者

要越過這種美麗。同樣，也沒有什麼理性的過分的探險是理性所不會墜入的，因爲它不能主宰或支配形象。那是理性在這樣一種因素中的戰鬥，對於這種因素，理性不能成爲主人。(2)與卡巴拉學派對立的另一個對立面則構成了一種相反的事物，即純粹概念統治著的靈明世界，到了這裡我們就進入了經院哲學的時期。當哲學正像科學和藝術一樣，在西方由於日耳曼民族的統治而枯萎的時候，它就逃奔到阿拉伯人那裡去，並且在那裡達到了一種美好的繁榮；並且正是從他們那裡，首先有些哲學方面的事物來到了西方。

由於預先假定了直接存在的和被接受的眞理，思維就失去了它的自由，眞理就失去了它在能理解的意識中的存在；哲學思考沉降到一種抽象理智的形上學裡面和形式的辯證法裡面去了。

在這個時期中，我們必須考察：(1)東方的哲學；(2)西方的哲學。這就是說，阿拉伯的哲學和經院哲學；(3)在經院哲學中所建立的事物的解體；新的彗星的現象出現了，在第三個時期裡，這現象是自由的哲學的眞正再生的前奏。

第一篇

阿拉伯哲學

當日耳曼民族在西方已經獲得了前此屬於羅馬帝國的土地，並且他們所征服的事物現在已經有了牢固的定型的時候，在東方則出現了另一種宗教，即回教。東方在自身中清除了一切特殊的和限定的事物，而西方則下降到精神的深處和現實性。回教在外表的力量和霸權方面，以及在精神的繁榮方面，都迅速地達到了它的頂點，在回教中，哲學連同各種藝術都有很燦爛的表現，雖則它在這方面並沒有什麼獨特的事物。哲學受到了阿拉伯人的眷愛撫養。阿拉伯人帶著他們的宗教狂熱迅速地把自己的勢力擴展到東方和西方各地，他們也以同樣的速度經歷了文化的各個階段，在短期間內，他們在文化方面的進步，遠超過西方。

因此阿拉伯人的哲學必須在哲學史中提到。前面已說過，他們很快就專心致志於藝術、科學和哲學。但是我們將談到的，多半還是關於哲學的外表的保存和傳播方面的。阿拉伯人主要地是透過落到他們的統治之下的敘利亞人（西亞細亞人）得知希臘的哲學。敘利亞人是有希臘的文化教養的，並且形成了希臘國家的一部分。在敘利亞、在安提阿，特別是在貝魯特和以得撒，有很大的學術機關。敘利亞人構成了希臘哲學和阿拉伯哲學之間的連接點。[1] 敘利亞文甚至在巴格達也是人民通用的語文。[2] 摩西·邁蒙尼德，一個有學問的猶太人，在他的著作《解惑指引》（*Doctor perplexorum*）中，以如下的方式敘述了這種哲學傳到阿拉伯人那裡去的歷史情況：

1 坦納曼，第八冊，第一篇，第三三六頁；布勒，《哲學史教程》，第五冊，第三十六頁。

2 布魯克爾，《批評的哲學史》，第三冊，第二十三—二十四、二十八—二十九頁。

「那些伊斯邁爾人[3]關於神的統一性和其他哲學問題寫下的所有的事物，」他特別提起伊斯邁爾人中間的一派，即莫爾太齊賴派（מעתזלה，即 Separati〔分離派〕）：「在阿拉伯人中間，是這些人才開始」有興趣從事關於這些問題的抽象思考的認識；「稍後才有阿撒里亞派（אלאשעריה）興起，都是建立在那些從希臘人和阿拉米人」（敘利亞人）「著作中取來的論據和原理上面的，阿拉米人竭力駁斥和否定哲學家們的教訓」。這件事的原因乃是這樣的：由於基督教民族把那些民族（希臘人和敘利亞人）也包括進自己裡面，同時基督徒對於許多教條加以維護（它們是與哲學原理相對立的），而在這些民族中間，哲學家們的學說卻很普遍流行（因爲哲學是從他們發源的），並且有許多接受基督教的國王興起了：所以基督教的、希臘的和阿拉米的學者們由於看見他們的學說被哲學家們毫不含糊地顯然地加以駁斥，就想出了一種獨有的智慧、語言的智慧（Devarim），因而被稱爲講說者（Medabberim，מדברים）。他們提出了這樣的原理，它們既要能鞏固他們自己的信仰，又要能駁斥那些哲學家們的相反的學說。以後伊斯邁爾人繼之而來並取得了霸權，而哲學家們自己的著作以及基督教的「希臘人和阿拉米人爲反對哲學家們而寫下的答案，例如：文法家約翰尼、阿本・阿

3 此處指一般的阿拉伯人，而非那些眞正的伊斯邁爾人〔按：即流浪者之意〕，在後者裡面，還有後來的阿撒森人。

地等人的著作，也到了他們那裡時，他們就急切地抓住了這些東西，全部加以接受」。[4]基督徒們必須研究哲學，以便辯護他們自己的主張。在阿拉伯人那裡也有同樣的需要；他們更有需要研究這種知識，以便鞏固他們自己的信仰，因爲最迫切的需要乃是反對基督教以保護回教，這個回教，乃是一大部分被征服了的民族已經信服了的。

從外表看來，事情的經過是這樣的：希臘作品的敘利亞文譯本原來已經有了，這些譯本又被翻譯成阿拉伯文；或者從希臘原本翻成阿拉伯文。哈倫·阿爾拉希德在位時期任命了一些住在巴格達的敘利亞人，這些作品就是由於哈里發的要求而由他們翻譯成阿拉伯文的。這些人乃是阿拉伯人中間的最初的科學教師，特別是醫師；他們翻譯了醫學著作。大馬士革人約翰尼·麥蘇愛活著的時期是阿爾拉希德（生於公元七八六年）、阿爾馬孟（八三三年）和阿爾摩塔瓦克爾（八四七年）在位時期；土耳其人於八六二年獲得了權力。麥蘇愛是巴格達的醫院監督。阿爾拉希德任命他把希臘作品從敘利亞文翻譯爲阿拉伯文；麥蘇愛開辦了一個公立的醫學和其他古代科學的學校。[5]賀奈因像他的老師約翰尼一樣，同時又是一個基督徒，屬於阿拉伯的愛巴地族；他自己學習了希臘文，並且把很多作品翻譯成阿拉伯文和

4 摩西·邁蒙尼德，《解惑指引》，第一部，第七十一章，第一三三—一三四頁（巴塞爾一六二九年版）。

5 阿布爾法來，《歷朝史》，第九卷，第一五三頁。布魯克爾，《批評的哲學史》，第三部，第二十七—二十八頁。

敘利亞文：例如：尼可勞的《亞里斯多德哲學大全》，托勒密、希波克拉底、伽倫等人的作品。[6]另外一個人是伊本·阿達，一個偉大的辯證派學者，曾被阿布爾法來引用過的。[7]在希臘作品中，這些敘利亞人所翻譯的幾乎都是亞里斯多德的作品，以及後來對於亞里斯多德作品的評注；並不是阿拉伯人自己翻譯這些作品。既然他們有了希臘人的作品，他們就接納了那些科學。

在表現出一種自由的、光輝的、深刻的想像力的阿拉伯哲學中，哲學通常採取了它以前所曾採取的方向，像柏拉圖以他的理念、共相奠定了獨立的靈明世界的基礎，並將把絕對的存在設定爲直接在思維的方式中存在的一種本質，亞里斯多德則把思想的領域加以發展、完成，使它充滿生命；同樣，在新柏拉圖學派哲學中達到了把靈明世界作爲獨立在自身中的存在、精神的理念來理解之後，這個最初的觀念，像我們在普羅克洛那裡所見到的那樣，轉化爲一種類似亞里斯多德式的發揮和完成。正是亞歷山大里亞學派或新柏拉圖學派哲學的觀念形成了阿拉伯哲學、經院哲學以及所有基督教哲學的基礎、原理；正是在新柏拉圖哲學的

6　阿布爾法來，《歷朝史》，第九卷，第一七一頁。布魯克爾，《批評的哲學史》，第三部，第二十八—二十九頁。

7　布魯克爾，《批評的哲學史》，第三部，第四十四頁；阿布爾法來；《歷朝史》，第九卷，第二〇八—二〇九頁。

觀念上，概念的規定在使用力量，往來馳逐。關於阿拉伯哲學的詳細敘述，一方面會極少興味，一方面則會與經院哲學在主要問題上相同。但是，在他們的個別體系或現象中把這點詳細敘述出來，這件工作時間既不容許我們去做，即使時間容許，問題的性質也不容許；反之，只宜對那些在思想中實際上被採納的環節作一個一般的描述，把重要地方說出。阿拉伯的哲學不是因其內容而有興趣的，在這方面我們是不能停留的；它沒有什麼哲學，只有一種獨特形式。

壹、講說者的哲學

關於阿拉伯人，我們可以這樣說：他們的哲學並不構成哲學發展中的一個有特性的階段；他們沒有把哲學的原理推進一步。在這種哲學中，正如在較後的哲學中一樣，主要的問題是：世界是不是永恆的；以及證明神的統一性。但是其中最大的考慮之一，乃是辯護回教的教義，因此，哲學思考就被限制在教義之中；阿拉伯人正像西方的基督徒一樣，被教會（如果人們可以這樣稱它的話）的教條所限制住，如果說，阿拉伯人所有的教條要比較少些，那麼，他們也就更自由些。但是就我們所知，他們實在並沒有在原理方面有任何眞正的進步；他們沒有建立起什麼自覺的理性的更高的原理。他們除了啟示的原理——一種外在的事物——之外，沒有任何別的原理。被摩西·邁蒙尼德特別地作爲一個傳布極廣並有特殊地位的哲學學派提出來的，是講說者；他以大致如下的話談到他們哲學思考的特性：

「伊斯邁爾人卻把他們的論述更推進一步，並且尋求其他的奇妙的學說，關於這種學說，沒有任何一個希臘的講說者曾經意識到，因爲他們在某些方面，還是與哲學家們意見一致的。應該提出來說的主要之點，乃是：所有的講述者們，包括那些成爲基督徒的希臘人，以及伊斯邁爾人，在建立他們的原理時，並不是遵循問題的本性本身進行，或從問題的本性中取得論據，而卻是只注意事情應該有如何的性質，以便支持他們的意見或者至少不推翻他們的意見；然後他們又大膽地斷言，事情本身的情況就是這樣的，並且又找來了更多的論據和格言來支持他們的意見，」這些論據格言都是他們從適合於他們的目的的事物中拿來的。「他們所堅持的，只是那些與他們的意見契合的事物，雖則也許只有最遙遠的少許的聯繫，或者說必須透過一百個推論才接得上的聯繫。那些最初的學者就是這樣做的，他們說，他們達到這些思想，只是藉思辨，而不是考慮到一個預先假定的意見。他們的追隨者卻沒有這樣做，」等等；[8]可見，在基督徒和伊斯邁爾人那裡，有同樣的需要去駁斥哲學家們。

8 摩西·邁蒙尼德，《解惑指引》，第一部，第七十一章，第一三四—一三五頁。

在所謂講說者的純哲學中，有這樣一個爲東方精神所特有的原理，即特定的思維在它的一切的後果中的解體，乃是一切聯繫和關係的解體。邁蒙尼德說：「講說者的根本原理是：人們不能有任何確定的關於事物的知識，不能知道它們有這樣那樣的性質。因爲在理智裡面，相反的情形常常存在，並且可以被設想。此外，他們在大部分的場合把想像、幻想和理智搞混了，把後者的名稱給予了前兩者。」[9]

在他們裡面，可以以特有的方式認識到東方的原理：「他們把原子和虛空當作原則，」在那裡一切聯結顯得是偶然的。「產生只不過是原子之間的結合，消滅只不過是原子的分離。時間是由許多現在構成的。」[10]因此只有原子是存在的。這樣，藉著一種較高的思想教養，他們意識到了那主要的觀點，這個觀點在當時和現在都是東方式的。即實體、一個實體。這種泛神論，或者斯賓諾莎學說，如果人們願意這樣稱它的話，乃是東方的詩人、歷史學家和哲學家們的觀點、普遍的看法。講說者們接著說：「實體，就是說個體，它們」——無疑地——「乃是神所創造的，它們有許多的偶性，正如雪的每一小片都是白的。但是沒有一個偶然的屬性能繼續存在兩個瞬間（per duo momenta）；當它產生時，它也在死去，神創造另外一個事物去代替它」。一切規定都完全是瞬息即逝的、消滅著的；只有個體是永存

9 摩西．邁蒙尼德，《解惑指引》，第一部，第七十一章，第一三五頁。

10 摩西．邁蒙尼德，《解惑指引》，第一部，第七十三章，第一四九頁。

的。「如果神高興在一個實體中再創造另外一個屬性，這個實體就繼續存在著；但是如果神停止創造，這個實體就消滅了。」他本來可以把事物造成另外的樣子；一切必然的聯繫都被取消了，因而自然沒有任何意義。「因此他們否認有什麼事物出自本性而存在，否認這個物體或那個物體的本性必然使它具有這些偶性而不具有別的偶性。他們說：神在一瞬間創造了一切偶性，不必藉自然的手段和別的事物的幫助。」[11]常住、一般的常住是實體，特殊物是沒有必然性的，是純然變化著的，每瞬間都改變的，因此它只藉實體而存在。

「根據這個原理，他們就說，當我們以為我們用紅色染了一件衣服時，我們其實根本沒有把一件衣服染紅；反之，正是在我們以為衣服和紅色合在一起的瞬間，神在衣服裡創造了紅色。神遵守這樣的習慣，使黑色不要出現，除非衣服要染上黑色；而那在結合時產生出來的最初的顏色，並不停留下來，它倒是在第一個瞬間即消逝了，而」在每一瞬間又出現了「另外一種顏色，它是另外被創造出來的。同樣地，知識也是一種偶性，它是在我知道些事物的那個瞬間由神所創造的；我們今天已不再具有我們昨天所具有的那些知識。人並不移動筆，當他以為他移動它的時候」，即當他寫字的時候，「筆的運動倒是筆的一個偶性，在這個瞬間由神創造出來的。」[12]所以實際上神才是動作的原因。

11　摩西．邁蒙尼德，《解惑指引》，第一部，第七十三章，第一五二—一五四頁。

12　摩西．邁蒙尼德，《解惑指引》，第一部，第七十三章，第一五四—一五五頁。

「第八個命題：除實體和偶性之外，再無別物，而自然的形式本身就是偶性；只有實體是個體。第九個命題：偶性是彼此不相干的，它們沒有任何因果聯繫或其他的關係；在每一實體中，所有的偶性都可能存在。第十個命題是過渡，transitur（[illegible]，〔可能性〕）。」思想的過渡完全是偶然的。「凡是我們能夠想像的，也可能過渡到理智中，就是說，是可能的。但這樣一來，一切都是可能的」，因爲沒有理智的規律了。「一個像山一樣高大的人，一隻像大象一樣巨大的蝨子，都是可能的。每件事物都能夠是別的樣子，不像它本來那樣；每一事物何以是這樣，或何以應該是這樣而不是另外的樣子，是絕對沒有任何理由的。大地繞中心旋轉，火上升，火是熱的，這些他們都稱之爲純然的習慣；火完全同樣可能會是冷的。」[13]這樣，我們看到了萬物是完全無常的；這種萬物搖搖不定的思想，本質上是東方的。

但這當然也是一切聯繫（因果等聯繫）的完全解體，一切屬於合理性的事物的解體，這與東方那種不執著於特殊物的高超的精神是一致的。神本身乃是完全不確定的；他的活動就是創造偶性，這種偶性又消逝了，而又出現了別的偶性去代替它們。神的活動完全是抽象的，所以由他所產生的特殊物乃是完全偶然的，或者，它是必然的；但「必然的」一詞乃是空洞的，是不可理解的，並且也不應該企圖去理解它。這樣，神的活動就被想成是完全不合

---

13 摩西·邁蒙尼德，《解惑指引》，第一部，第七十三章，第一五七—一五九頁。

理性的。因此，這種抽象的否定性和那常住的「一」結合起來，就是東方人看事物的方式的一個基本概念。東方的詩人突出地是泛神論者；這乃是他們通常的世界觀。所以，阿拉伯人發展了科學、哲學，而沒有進一步規定具體的理念，歸根到底，不如說在實體中只有一切規定的解體；與這個實體聯繫在一起的，只有作爲否定性這個抽象環節的變化無定。

貳、亞里斯多德的注釋者

此外，阿拉伯人還很用心地研究了亞里斯多德的著作，一般而言，他們特別利用了他的形上學的和邏輯學的著作，以及他的《物理學》；他們的主要工作，是大量地評注它們，並對抽象的邏輯的因素進一步加以發展。還有很多這樣的評注至今尚存。這種作品在西方也爲人所知悉，並且被翻譯成拉丁文刊印出來；但是人們由此所得並不多。阿拉伯人所發展的是理智的形上學和一種形式邏輯。一部分著名的阿拉伯學者是生活在第八和第九世紀的；可見他們的進步很快，因爲西方當時在文化上還是很不進步的。

阿爾鏗地，（亞里斯多德）邏輯學的評注者，活動的時期是八〇〇年前後，在阿爾馬孟統治期間。[14]阿爾—法拉比死於九六六年，他寫過一些亞里斯多德《工具論》的評注，這些評注經院學者們曾頻頻加以利用，此外，他還寫下了一本著作《論科學的發生和分類》。關於他，曾有這樣的傳說：他把亞里斯多德關於聽覺的那篇著作讀了四十遍，把他的《修辭學》讀了兩百遍，而不感到厭倦；[15]他必定有一個很好的胃口。連醫師們也從事研究哲學，並且制定了理論；例如：阿維森那（生於九八四年，死於一〇六四年），裏海東岸的布哈拉人，乃是亞里斯多德的評注家。[16]阿爾—加扎里（一一二七年死於巴格達）寫過亞里斯多德邏輯學和形上學的撮要；他是一個有才能的懷疑論者，有著高度的東方人的性格，把先知穆罕默德的話認爲是純粹眞理，寫下《哲學的毀滅》一書。[17]托法伊里於一一九三年死於塞維

---

14 頗柯克，《阿拉伯史料》，第七十八—七十九頁；霍廷格，《東方文庫》，第二章，第二一九頁；布魯克爾，《批評的哲學史》，第三部，第六十五—六十六頁；坦納曼，第八冊，第一篇，第三七四頁。

15 霍廷格，《東方文庫》，第二章，第二二一頁；加布利·西奧尼塔，《論東方風俗》，第十六頁；布魯克爾，《批評的哲學史》，第三部，第七十三—七十四頁；坦納曼，第八冊，第一篇，第三七四—三七五頁。

16 非洲人雷奧，《阿拉伯人物志》，第九章，第二六八頁；阿布爾法來，《歷朝史》，第九卷，第二三〇頁；提德曼，《思辨哲學的精神》，第四冊，第一一二頁以下；布魯克爾，《批評的哲學史》，第三部，第八十一—八十四頁。

17 非洲人雷奧，《阿拉伯人物志》，第一二章，第二七四頁；布魯克爾，《批評的哲學史》，第九十三—九十五頁；提德曼，《思辨哲學的精神》，第一二〇—一二六頁；坦納曼，第八冊，第一篇，第三八三—三九六頁。

拉。[18]阿維羅伊死於一二一七年，特別以亞里斯多德評注者的身分聞名。[19]

獲知亞里斯多德的哲學，這件事具有這樣的歷史意義：最初乃是透過這條道路，西方才知悉了亞里斯多德。對亞里斯多德作品的評注和亞里斯多德的章句的彙編，對於西方各國，成了哲學的源泉。西方人曾在一個長時期裡面，除了這些亞里斯多德著作的重譯本和阿拉伯人的評注的翻譯之外，半點也不認識亞里斯多德。由西班牙的阿拉伯人，特別是由西班牙南部、葡萄牙和非洲的猶太人，這些譯本現在從阿拉伯文被翻成拉丁文；因此中間常常還經過一次希伯來文的翻譯。

參、猶太哲學家摩西·邁蒙尼德

與阿拉伯人緊緊聯結著的是猶太哲學家，在其中上面提到的摩西·邁蒙尼德占有特殊的地位。他於一一三一年（世界開闢以來的第四八九一年，據另外人說，第四八九五年。（從

18 布魯克爾，《批評的哲學史》，第九十七頁。

19 布魯克爾，《批評的哲學史》，第一〇一頁；坦納曼，第八冊，第一篇，第四二〇—四二一頁。

前阿拉伯人以爲世界只有數千年的歷史——譯者〕）生於西班牙的哥爾多瓦，住在埃及。[20] 除了他那翻譯成拉丁文的著作《解惑指引》一書外，他還寫了一些其他的著作。正像在教父們和費洛的情形一樣，在這裡，歷史事件被當作一切的基礎；而這又是以一種形上學的方式來加以處理的。關於摩西．邁蒙尼德以及其他的猶太人，還可以談到許多文學方面的成就。在他們的著作中，一方面是貫穿著一種卡巴拉學派的氣息，例如：在占星術、堪輿術等等中；另一方面，在摩西．邁蒙尼德那裡，我們也發現一種很嚴密的抽象的形上學，它是以費洛那種方式與摩西五經〔按：指《舊約》中前五卷譯者〕及其解釋聯繫著的。在他們那裡，我們碰到那種神的統一性的證明，世界是被創造的，物質不是永恆的，以及關於神的性質的證明。神是一，這個原理在此處被用伊利亞學派和新柏拉圖學派的方式加以處理，即證明多不是眞理，唯有自己產生自己並揚棄自己的，才是眞理。[21]

20 布魯克爾，《批評的哲學史》，第二卷，第八五七頁；坦納曼，第八冊，第一篇，第四四六—四四七頁。

21 摩西．邁蒙尼德，《解惑指引》，第一部，第五十一章，第七十六—七十八頁；第五十七—五十八頁，第九十三—九十八頁；第二部，第一—二章，第一八四—一九三頁；第三部，第八章，第三四四—三五〇頁；及其他等處。

第二篇
經院哲學

這一段期間約有六百年，或者從教父算起約有一千年。在基督教教父那裡，以及稍後在經院哲學家那裡，哲學思想都同樣具有不獨立的性格。不過在基督教之內哲學的基礎仍然存在著，即在人心裡面，對眞理的意識、對自在自爲的精神的意識仍在萌芽，並且人們也有分享眞理的要求。這是絕對的要求和必然性。因此人有能力分享眞理，這必定是可能的。此外他必定要深信這種可能性。但是爲了認識眞理，並且使得所有的人都認識眞理，則眞理之對於人，必須不僅是思維的、有哲學教養的意識的對象，而必須成爲感性的，還居於沒有教養的表象方式的意識的對象。因此首先理念的內容必須啟示給人，其次人必須有能力接受這個眞理。當人能夠接受神性的事物時，則對於他神性與人性的同一必然存在在那裡；而在基督身上人就在直接的方式下意識到這種同一。因爲在他裡面神性與人性本身是統一的。

再則那原始的、自身存在的事物只是在最內在的概念裡。在精神的概念裡有著這樣的特性，即人只是一個有生命的事物，這事物誠然具有成爲現實的精神的可能性；但是精神並不是屬於自然的。因此人的自然本性並不是神的精神生活和居住的地方。人並不是由於自然本性就是他應有的那樣。動物由於自然本性便是它應有的那樣；而這正是它的不幸，它不能更向前走。因此人從自然本性就是惡的，他不應該是自然的。人所做的一切惡事都是出於它的自然衝動。精神首先在於對直接的事物予以否定。因爲神之所以是一個精神，也是由於它使那太一、封閉著的事物成爲它自己的對方。同樣，人也由於超出自然的事物才成爲精神的，才達到眞理。他達到這種眞理，是由於對於他眞理的確定性已成爲直觀，即在基督中便體現著神性與人性的同一，在基督裡面邏各斯變成了肉身。這樣我們首先有人，人透過超越自然的過程而達到精神性，其次我們有作爲基督的人，在他裡面神和人這兩重本性被意識到了。這就是對於基督的信仰。憑藉對這種在基督中的同一性的知識，憑藉對這種原始統一的知識，人便達到了眞理。既然人一般是這種否定直接性的過程，並且是透過這種否定的過程而回復到自己、回復到自己的統一性，所以他應該棄絕他的自然的意志、自然的知識和自然的存在。這種對於人的自然性的放棄，在基督的受難和死亡，以及在他的復活並提升到坐在天父的右邊的故事裡，便形象化地被看見了。基督是一個完善的人，他曾經忍受了一切人的命運、死亡；人曾經遭受苦難，被犧牲了，他的自然的一面被否定了，然而透過這個過程他又提高了。在他裡面，這個過程，這種把他的對方轉變成精神的過程，本身就被直觀到了，而且在棄絕自然性中感受苦難的必然性也被直觀到了；但是上帝本身都要死亡，這種苦難，卻是解救和提高到上帝的源泉。所以這種在主體裡必須經歷的過程，這種轉變有限事物成無限的過程，便被意識到作爲在基督本身中而完成了。

認爲基督的啟示具有這種意義，是基督徒的信仰，而對基督故事的世俗的、直接的、淺近的了解，認爲基督是一個單純的先知，認爲他具有一切古代先知的命運，就是誤解了。但是這故事具有剛才所指出的那種意義，精神是知道的；因爲精神在這個故事裡正得到顯現。這個故事就是概念，就是精神自身的理念；並且在這個故事裡世界史找到了它的完成，即以直接的方式認識眞理。精神就是這樣理解這故事的。這在聖靈降臨節得到直接的、直觀方式的表現。因爲在這個節日的前一天，那些使徒們還沒有認識到基督的這種無限的意義；他們還不知道，這就是關於上帝的無限的歷史：他們已經信仰他，但還沒有信仰他作爲這種無限的眞理。他的朋友曾經看見他，曾經聽見他的教訓，他們知道他的一切教訓，他們也看見了奇蹟，這種種都使得他們信仰他。但是基督本人強烈地斥責那些盼望他做出奇蹟的人。他說：「精神將引導你到一切眞理。」

從這個思想，當其爲精神所理解時，可以產生許多所謂異端邪說。諾斯底學派（按：即知神派）的多種宗派就屬於這一類。他們的方向是知識，由此他們得到知神派的稱號。更明白的說，他們不願意停留在精神理念的這種歷史的形式，而要對那個故事加以解釋，並且想消除它的歷史性。從他們那裡帶進來的思想或多或少是亞歷山大里亞學派甚至費洛派哲學的思想。按照他們的基本原則，他們被認爲是思辨的，不過他們是馳騖於幻想和道德之中了，雖說是在幽暗、幻想的本質中還經常可以看得見一些歷史的因素。他們說到一種 *ϑεὸς ἄῤῥητος*（不可捉摸的神），他們把它標明爲 *ἄβυσσον*（無底的），*βύϑος*（深淵），*προπάτωρ*（始祖）；長子是理智、理性、智慧，是這個深淵的條理化，是不可捉摸者自己讓自己成爲可以把握的事物。這個被表明爲永恆和天使。在說明中就有不同的原則，陽的原則和陰的原則，從這些原則的混合和結合裡就產生了充塞（*πλήρωμα*）。這個充塞就是一般的永恆世界；但是那混沌的、區別還未出現的深淵他們稱之爲雌雄同體，類似這樣的事物，畢達哥拉斯學派早就已經提出過的。[1]

1　參看本書邊碼 29-31；第一卷邊碼 256。

從東方還帶進來這個對立的別種形式：明與暗、善與惡。而這個拜火教的對立特別出現在摩尼教中，摩尼教把上帝視爲光明，與惡、非有、物質相反對。惡就是具有矛盾在自身內的事物。「那自己放縱的、在盲目的敵對中互相衝擊的惡的力量」，這種自我毀滅的事物，被「從充滿光明的源泉洩露出來的微光所射中、所吸引」；而這點微光給物質溫煦，使得「物質停止彼此互相爭鬥，並立刻聯合其自身以圖鑽入那光明的源泉。作爲對於惡的誘餌，爲了透過一種不可抵抗的力量的作用使惡的盲目勇氣受到挫折、得到緩和，並且爲了導致惡的最後消滅和光明、生命、靈魂的普遍統治，光明之父於是就獻出一個善的力量。這就是世界靈魂（*ψυχή ἀπάντων*）；這個世界靈魂就爲物質所包圍，這種混合就是整個創造的基礎。於是靈魂就普遍地布滿一切，並且在死軀殼裡到處發揮作用、鬥爭，在人裡面、在小宇宙裡面如此，在全世界、在大宇宙裡面亦復如此」。不過以不同的力量發揮作用、鬥爭罷了。因爲「在美得到顯現的地方，光明的原則（靈魂）對於物質（惡）就取得勝利；在醜的事物裡面，光明就受到壓制」，物質就占了上風。「這種被束縛的靈魂就叫做摩尼，也叫做人的兒子，即原始的人、天上的人、亞當．卡德孟的兒子。」但是只有「光明本質（靈魂）中的一部分才有向惡的國度作鬥爭的使命」，才是爲這個目的而降生出來的：「由於太軟弱，它有陷於被消滅的危險，它必須放棄它的武裝（這個靈魂）的一部分給物質。」另一部分則是自由的。「與物質混合而沒有受到苦難的那一部分靈魂自由地上升到天上，從上面發生作用以淨化那被束縛的靈魂、那和它有親密聯繫的光明部分；這就是『未受苦難的人的兒子』，耶穌，人的兒子，這是就他是未受苦難的人的兒子，區別於受苦難的人的兒子，亦即在全世界裡被束縛的靈魂而言。」不過「那能拯救的靈魂居住在不可見的光明裡（第二個可見的光明和第一個不可見的光明相對立），並以那裡爲中心，透過太陽和月亮作用於自然界的淨化過程」。在他看來，整個自然世界和精神世界都是透過拯救的靈魂的作用而產生的淨化過程。「那被束縛的光明本質必須從輪回裡解放出來提高到與光明的國度直接重新聯合。因此那純潔的天上的靈魂下降到地上，表現爲人的假象形式，爲了對那受苦難的靈魂」（亞里斯多德的 νοῦς παθητικὸς〔被動的理性〕？）「伸出援救之手。那個不受苦難的耶穌單純地假象地被釘在十字架上，眞正講來，只是相應於一個沒有和物質聯合的靈魂對於被束縛的靈魂的眞實苦難的一種假象的同情。所以正如對於基督，黑暗的力量不能施展其威力，也同樣應該對於和他有親屬關係的靈魂不能表現其威力。摩尼教徒們所說的耶穌，是一個在一切世界裡並且在靈魂裡被釘在十字架上的人。因此基督被釘死在十字架，只神祕地意味著我們的靈魂的苦難的創傷。孕育一切的大地產生了那受難的耶穌，他是人的生命和救星，並且他是被釘死在每一棵樹上的。那表現在基督裡面的 νοῦς 是一切的存在」。[2]

正統的**教父**反對這些諾斯底學派的思辨，主要在於他們堅持基督的客觀性和現實性的確定形式，但是在這種方式裡這個故事同時便以一般的理念作爲基礎，亦即以理念和歷史形態的內在結合爲基礎。因此這是精神的眞正理念同時在歷史性的特定形式裡。不過理念本

2 內安德，《最高尚的諾斯底學派系統的發展》，第八十七—九十一頁。

身在這裡還沒有和歷史區別開。當教會堅執著在歷史形式中的這個理念時，它規定了這個教義。反之，如果阿里烏教派還沒有像索其尼教派那樣只認基督爲一個卓越的人的話，他們卻也還沒有認識到上帝在基督中得到自覺。但是只要取消了基督的神性，三位一體說便不復存在，因而整個思辨哲學的基礎便被取消了。裴拉幾派否認原始罪惡，斷言人的自然本性就足夠可以達到道德和宗教。但是人是不應該像他的自然本性那樣的；他毋寧應該成爲精神的。所以這個學說也被當成異端而受排斥。所以教會是爲精神所統治的，並堅持理念中的規定性的，但理念必須永遠在歷史的形態中。這就是教父哲學的要點。他們曾經創造了教會，正因爲發展了的精神需要一個發展了的學說，有一些近代人努力或企望使教會退回到它最初的形式，實在是最不適當了。以後就有所謂博士出現，不再是教父了。

壹、經院哲學和基督教的關係

經院哲學家是這個時期的主要人物。它是歐洲中世紀的西歐哲學。反之，教父們主要是在古代羅馬世界，在羅馬帝國，屬於拉丁文化；拜占庭人也屬於這個體系。但後來完成了的教會的中心卻在日耳曼各民族之中；因此這時的哲學思想就不能不受到教會的法度的制約。基督教會、教區誠然散布在羅馬世界裡，特別在開始時是如此，這些教會形成一種特殊的團體，抱持出世的態度，對於世界無所要求，更不想統治世界。它們的要求只是消極的，個人在世界上只是烈士；換言之，他們棄絕這世界。但是教會也成爲統治的力量，東羅馬和西羅馬的皇帝都成了基督徒；所以教會獲得了一個公開的、不受阻礙的存在，這個存在曾經給予世界的事情以很多的影響。但政治的世界卻落在日耳曼各民族手裡。因而產生了一種新的形態，經院哲學就屬於這種新的形態。我們知道這個變革就是民族大遷徙。許多新鮮的氏族在羅馬世界裡面湧現出來，並在其中固定下來。於是他們就在舊世界的廢墟上建築起新的世界，現在羅馬的景象也還呈現給我們這種圖像。在那裡，基督教廟堂的富麗堂皇就是舊神廟的殘餘，而新的宮殿就建築在廢墟上面或廢墟的中間。

中世紀的主要特徵就是這種分裂、這種兩面：兩個民族、兩種語言。我們看見，這些民族從前統治著一個舊世界，這世界具有它自己的一套完備的語言、藝術和科學；而這些新民族就擠進這和它們格格不入的舊世界裡，這樣就開始了這個本身分裂的過程。所以在這個歷史裡呈現給我們的，不是一個民族單純從自身向前發展的歷史，而是從對立出發，爲對立所糾纏，並且保持在對立中，把對立吸收在自身內，並予以克服。所以在這種方式下，這些民族便展開了一種自在的精神過程的性質。精神的特性在於爲自己造成一個前提，把自然的事物當作對立物，使自己與自然的事物劃分開，將它作爲客體，於是首先對於這個前提予以加工、加以陶鑄，然後從自身內產生出來，創造出來，並在自身內改造自己。因此基督教在羅馬世界中，亦如在拜占庭世界中一樣，雖然很成功地統治著；不過兩者皆不能夠藉新宗教以充實自身，根據基督教的原則以改造這世界。因爲在兩者中都有著已完成的性格：倫理、法律、法制、憲法（如果可以叫做憲法的話）、政治狀況、技術、藝術、科學、精神文明等等，一切都是已經完成了的。另一方面，精神的本性要求這種文明的世界必須由精神自身創造出來，而這種創造是透過對先前的世界的反作用、同化而出現的。這樣，這些征服者就在一個生疏的世界裡鞏固起來，而成爲其中的統治力量。但同時他們一般地又進而爲一個加在他們身上的新精神所占據。一方面他們是統治著的，但另一方面他們又爲〔這新的〕精神所統治，對它採取被動的態度。

精神理念或精神性是加在這些民族身上了，而這些民族，顯得是粗魯的野蠻人，在心情和精神方面都好像是很魯鈍的。精神的文化便移植到這種笨拙的民族裡。它們的心情因而便感受到一種刺痛。在這種情形下，這粗魯的自然本性便內在於理念中而永遠與理念相反對：換句話說，在它們之中便燃燒起一種無限的痛苦，可怕的苦難，以致可以把它們表象爲一個被釘在十字架上的基督。它們必須在自身中忍耐並堅持這場鬥爭，這場鬥爭的一個方面就是它們的哲學，這哲學後來出現在它們之中，而且是作爲一個被給予的事物而帶來的。它們雖說仍然是沒有教化的民族，但在它們野蠻的魯鈍之中卻深深存在著眞的性情和心靈。於是精神的原則便強加在這樣的自然質料上面，因此便必然地發生了這種痛苦，這種精神和自然性情的鬥爭。這裡文化是從最劇烈的矛盾開始，而它必須解決這個矛盾。這是一個痛苦的國度，但也是一個鍛鍊的場所。因爲感受痛苦的乃是精神而不是動物，在這個苦痛過程中，精神並沒有死去，而是從它的墳墓裡上升起來。這個矛盾的兩方面本質上是在這樣一種相互關係中，即精神的一面應該統治，應該統治著那粗野的一面。

但是眞正的**精神的**統治不能是這樣意義的統治，即它的對立面是一個被奴役的事物，反之自在自爲的精神不能把和它相關聯的主觀精神當作和它相敵對的外在的服從的奴隸；因爲後者本身就是精神。所謂精神的統治必須取得這樣的態度，使得精神在主觀精神中即和它自身相諧和。這種態度、諧和、和解已包含著那最初好像是一種對立的事物，在這對立中，只有一方面於征服對方時才能夠取得統治權，因爲基本原則是精神統治著；而往後的發展只是這樣的，即精神取得了統治權，但卻是作爲**和解**的統治權。這種性質的統治權不僅包含主觀意識、心情、心靈，而且還有世界的統治、法律、制度、人生等等，只要這些事物建築在精神上並且是合理的。在柏拉圖的理想國裡我們看見哲學家應該統治這一觀念。現在時候到來了，可以公開說出精神應該統治的話了。不過精神在這裡具有這樣的意義，即**教會**或僧侶應該統治。這樣，精神便被弄成特殊的形式或個人了。但正確的意義應該是精神是決定的力量，而這個意義在我們的時代已很流行了。這樣，我們看見在法國革命時期就有這樣的原則，即思想、抽象思想應該統治：國家的憲法和法律都應該按照思想來制定，思想應該構成人與人之間的紐帶；人們應該意識到，在人類中有效的事物就是抽象思想，自由與平等就是有效的事物，在其中主體自身在其對現實界的關係方面也得到它自己眞價值。

這種和解的又一個形式，是主體滿足於它當前原樣的自己，滿足於它自己的思想、自己的意志、自己的精神狀態。於是它的知識、思想、它的信念成爲至高無上的事物，並且具有那神聖的、自在自爲地有價值的事物的特性。這樣，神聖的、精神的事物便被設定爲在我的主觀精神之內，與我相同一；我本身就是共相，唯有我直接知道的才是有效的。這種形式的和解是最新的，但也是最片面的。因爲在那裡精神的事物並未被規定爲客觀的，而只是被理解爲像它在我的主觀性內、在我的良心內那樣；我個人的信念本身便認作究竟至極的事物，這乃是主觀性對它自身的形式的和解。如果和解是採取這樣的形式，則我們剛才說到的那種態度便不復有什麼興趣；它只是某種已經過去了的、歷史的事物。如果我們的知識和信念，像它們直接啟示在每個主體的內心裡那樣，就是眞理，就是自在自爲的存在，那麼使眞理、自在自爲的存在、上帝和人相結合的間接過程和媒介方式便毫無興趣，只是歷史的事實，對於我們沒有什麼必要的事物了。同樣，基督教的教義和教義概念也會只有一個生疏形式的、屬於特殊時間的地位，而爲某些人曾經費力研究過的事物罷了。認爲自在自爲的理念是具體的、是精神，而且和主體有著對立的關係的那種見解，也便消失了，並且好像只是過去了的。因此凡是我所說的關於基督教教義的原則，以及將要說的關於經院哲學家的原則，都只是從剛才所提出的觀點看來才是有興趣的，這就是說，從理念的具體規定的觀點，而不是從主體和它自身直接和解的觀點看來，才是有興趣的。由此足見，共相是已經包含著和解原則在內的那種對立，〔在這對立中〕精神的一面應該統治，不過只是就它能調解這個對立而言，它才能統治。

現在進一步我們必須考察對立的性格，藉以和哲學思想相比較。要這樣做，我們必須簡短地回憶一下歷史，不過只能提主要的環節。首先，這個對立表現在歷史上的形態，從一方面來說就是那種精神性，而這種精神性本身應該是內心的精神性。但是精神是一，這裡面就肯定了那些生活於這種精神性中的人們之間的共用〔聖餐〕。這樣就產生了一個集體，這個集體就成爲一種外在秩序，並擴張而爲教會。就精神是一原則來說，則精神的事物必定是直接地有普遍性的，而在感覺、意見等等之中的個別存在便是沒有精神性的。教會組織起來了，但是教會本身也發展成爲世俗的定在、具有財產、寶物，本身變成具有一切粗糙的情欲的世俗的事物了。因爲只有原則才是精神的。內心一成爲定在、屬於世俗範圍，跟隨著就會有內心的嗜好和欲望，同時內心以及整個人間的關係也就受到這些粗糙的嗜好和情欲的決定。因此教會只有自在的精神原則，而沒把這原則眞正地實現出來，所以教會的關係還不是合理的。因爲當精神原則還沒有在世界中得到發展和實現以前，教會的其他的關係就必然是這樣。在世間的成分不適合精神原則以前，世間的成分也就以定在的方式存在著，而是直接的自然的世間的事物。所以教會本身不可能不具有直接自然的原則在自身內。一切情欲、權力欲、貪婪、欺詐、使用暴力、掠奪、殘殺、嫉詬、仇恨，所有這一切粗糙的罪惡，教會都莫不應有盡有；它們正是屬於教會統治權本身的。因此這種統治雖然應該是精神性的，但事實上已成爲情欲的統治。所以教會大部分就世間性、情欲方面看來是錯誤的，而在精神的一面卻是對的。

與這個精神兼世俗的帝國正相反對的，就是那道地的世俗的帝國，亦即皇帝與教皇和教會的對立。世俗的帝國應該屈服於那精神的但又世俗化了的帝國；於是皇帝就成爲教會的辯護者與保衛者。世俗的帝國單獨站在一方面，但又和對方有聯繫，所以它得承認精神的帝國是統治的方面。在這個對立裡一方面，由於教會本身的世俗成分，另一方面由於世俗統治政權之壞的世俗成分、施行暴力、野蠻性，就會引起一種鬥爭。但是這個鬥爭必定會導致對世俗成分的不利。因爲它是單獨占在一面，它又須承認對方，它於是被迫而恭敬地屈服於它的對方，即精神的一面及其情欲，那最勇敢、最高貴的皇帝受到教皇、紅衣主教、教皇的使節，甚至受到大主教和主教們的驅逐，沒有對付的辦法，也不能依靠他們的外在力量，因爲他們是內在地破裂了，因此他們經常處於被擊敗的地位，最後必須向教會投降。

其次，就個人的道德生活而論，我們看見一方面精神的原則在內心中無限有效，而另一方面有粗野、暴虐、不羈的欲望與之對立。個人由一個極端落到另一個極端，由最粗野的放肆不羈、野蠻、自我意志這一極端落到棄絕一切、壓制一切嗜好、情欲等等的另一極端。關於這點，十字軍可做最好的例證。他們爲一個聖潔的目的所吸引，但是在行軍途中，他們放縱一切情欲，領袖們帶頭縱欲。個人容許自身墮落於暴虐、狂放、野蠻的行徑中。當他們於最無頭腦、最缺乏理智的方式下向前進軍，並於喪失了成千的性命之後，他們到達了耶路撒冷。在這裡他們全體跪下禱告，痛事懺悔，肝膽欲裂。由於他們征服了耶路撒冷，爲勝利威武所陶醉，於是他們又陷於同樣的野蠻和情欲之中，在血液中洗澡，窮凶極惡，然後又懺悔、又回到自私、猜忌等最卑鄙的情欲，把他們用威武奪取的城鎮加以毀壞。其所以這樣，是因爲他們的原則只是在他們內心中的抽象原則，並且人的現實性還沒有受到精神的陶冶。精神與情欲在現實界中對立的情形和方式就是如此。

〔第三〕就這個對立在宗教內容、在宗教意識方面而論，它便具有多種形式，這裡我們卻只能回想一下那最內在的事物。一方面是上帝的理念，即上帝被意識到、被認識到爲三位一體。另一方面爲禮拜，亦即個人使得自身與精神、上帝相適合，並達到進入天國的確信的過程。一個現成的教會就是天國在地上的現實性，這就使得天國對於每個人都是現實的，每個人都可生活於其中，都應當生活於其中。透過這種辦法每個人都可得到神人和合，每個人都可成爲天國的公民，分享這種確信。但是這種神人和合與基督是神性和人性的統一的信仰，相信上帝的聖靈應該降臨在人身上——是密切結合在一起的。因此這個基督不可以被當成是已經過去了的，這種神人和合的生活亦不可以被當成一種對於已經過去了的事蹟的回憶。正如虔誠的人能看見在天國中的基督，所以在地上基督也應該同樣是可以看見的對象。所以個人與他的這個對象相結合、使得這個對象與他同一，乃是應該實現的過程。在禮拜中，媒介親臨了，並且完成了，在個人那裡完成到最高點，這種最高點就叫做彌撒。由於個人對於媒介的關係即是對於對象的關係，所以個人能夠享受這個對象，並且分有這個對象。這個對象在彌撒裡是作爲聖餅和對聖餅的享受而總是不斷親臨的。這種聖餅一方面是被當成聖餅、對象、神聖的事物，另一方面按形式說，聖餅乃是一個非精神性的、外在的事物。但這就是教會中的外在性最深刻的地方。因爲信徒的禮拜就是在這個具有完善的外在性的事物面前下跪，並不是在一個被享受的對象面前下跪。

路德曾經改變了這種方式，他仍然保持了神祕的成分在所謂聖餐中，透過聖餐的儀式，主體接受了神聖的東西，但是他認爲聖餅是神聖的，只有由於它是在信仰中被享受的，而且只有由於它在信仰中和在享受中停止其爲一個外在的東西。這種信仰和享受首先是主觀的精神性；只有當它在精神性裡時，它才是精神的，而不是當它仍然是一個外在的東西的時候。在中世紀的教會裡、在一般天主教會裡聖餅正是被尊敬爲外在的東西，所以如果一個老鼠咬了聖餅，則這個老鼠和它的糞尿皆同樣應受到尊敬。在這裡，那神聖的東西完全具有外在性的形式。這就是這個劇烈的對立的中心點，這個對立一方面是解除了，另一方面又停留在完全的矛盾中。所以聖餅還是被堅持爲單純外在的東西，而這種外在的東西卻又被奉爲最高、奉爲絕對。

和這種外在性相聯繫的還有另一方面，即對這種關係的意識。這裡對於精神的東西、對於眞理的意識便爲僧侶集團所擁有。這種精神的東西既然是一種東西，它自然就可以又爲別的人所擁有，由於它是優秀的東西，並保有一種優秀性，它又可以受到別的人的崇拜，雖說這種崇拜只是基於個人的外在的行爲。教會有權力決定什麼東西是優秀的；普通人便從教會去接受它。再則個人是在天國裡；這個基督的故事認上帝被表明爲人，犧牲其自身，並且透過這種犧牲上升到上帝的右邊，這一切也永遠是在做彌撒時被人感覺到的。

此外還必須談到：主體自身的關係，在於他是屬於教會的，並且是教會的一個眞實的成員。當個人被吸收進教會之後，則他們便可參加到教會中〔而得到罪惡的淨化〕。[1]但是爲了淨化罪惡，第一，必須知道一般地什麼是惡、什麼是罪惡；第二，個人必須要求善、宗教性的東西；第三，必須知道人是由於自然的惡性而墮落的。不過內心、良心應該是善良

[1] 據英譯本，第二卷，第五十五頁增補。——譯者

的。因此已犯了的過惡必須予以清除，使勿再犯。人必須經常受到淨化，正好像必須重新受洗、重新被吸收入教會那樣。現在有了積極的戒律清規以反對罪惡，這就是說，不是從精神的本性裡便可知道什麼是善和惡，而必須遵守教會的清規戒律。這樣，那神聖的規律就是一個外在的東西，而必須由某個人來掌握了。於是僧侶階層就和別的人區別開來了，以便單獨擁有那種知道教義的具體內容以及獲得上帝恩寵的方法的本領，亦即個人如何在宗教崇拜裡達到自身確信他能分享神聖事物的辦法和方式。正如在禮拜方面教會掌握著（使人獲得上帝恩寵的方法），[2]同樣教會也掌握著個人行爲的道德評價，也可以說是掌握著個人的良心。這樣一來，人的最內在的心靈、人的責任心皆轉移到別人手裡、轉移到別人身上；而主體連在他的內心深處也都成爲「無我」的了。教會也知道個人應該做什麼。個人的過錯應該被知道，而另一方面，教會就知道他的過錯。罪惡應該消除，而消除罪惡也必須透過外在的方式：透過贖罪、絕食、責罰、參加十字軍、朝拜聖地等等方式。這乃是認識和意志在最高事物方面以及在最瑣碎的行爲上的一種失掉自我、非精神性和缺乏性靈的情況。這種認識只在教會之內才有，上帝恩寵的給予也屬於教會作爲一種外在的所有物。

這就是宗教本身的外在性的主要情況，一切別的特性均與此相關聯。現在我們就可以進一步去闡述哲學的情況。但是在野蠻的民族裡，基督教只能具有這種外在性的形式。這一方

[2] 據英譯本，第二卷，第五十六頁增補。——譯者

面是屬於歷史的。這些野蠻民族的愚拙無知和恐怖的狂暴，必須用奴役或服役的辦法去醫治，而透過奴役或服役就可以完成對它們的教育或鍛鍊。人類在這樣的桎梏之下服役，爲的是把日耳曼民族提高到精神生活，人類必須經歷過那樣殘酷的訓練。但是這個殘酷的服役是有一定的目的和目標的。它的代價是無限的源泉、無限的伸縮性、精神的自由。印度人同樣有過這種的服役，不過他們是不可救藥地喪失了自身，束縛在自然上面，與自然相同一，而本身又與自然相違反。知識因此只限於教會之內；不過即在這種知識中也是以一個積極的權威爲堅固的基礎，而權威性就是這種哲學的主要特徵，其第一個特性因此就是缺乏自由。

經院哲學眞正講來乃是一個很不確定的名稱，與其說它標誌著一個哲學體系，不如說標誌著一個一般的態度。它作爲經院哲學，就不是一派固定的學說，如像柏拉圖哲學或懷疑學派哲學那樣。經院哲學這個名稱概括了差不多一千年內基督教的哲學活動。不過事實上它是被關閉在一個概念之內，對於這個概念我們將進一步予以考察。

由於語言的關係，對經院哲學的研究已經是很難的事。經院哲學家所用的名詞完全是粗野的拉丁文。不過這不是經院哲學家的過失，而是拉丁文構造本身的缺點。這缺點是包含在語言中的；這種拉丁語是不適合於表達那樣的哲學範疇的工具；因爲這個新的精神文化的具體內容不是透過這種拉丁語所能表達的。如果我們勉強這樣做，我們就是對於這種語言施加暴力。西塞羅的美麗的拉丁文是容納不下這樣深刻的思辨的。我們不要希望任何人對於這種中世紀的哲學具有第一手的知識，因爲它是無所不包的，同時又是乾燥無味的，文字笨拙，卷帙浩繁的。一般的大經院哲學家，我們還保有許多著作，這些著作都是很煩瑣冗長的，要研究它們並不是一件小事。愈晚期的著作，寫得愈是形式化。他們不僅只編寫教本，正如阿爾伯特的著作共爲二十一大卷，鄧斯・斯各脫十二大卷，湯瑪斯・阿奎那爲十八大卷所構成。各種著作我們都看見有各種不同的摘要。**主要的資料來源**：（一）蘭伯特・丹納烏：《比埃爾・隆巴德言論第一卷注釋》導言（Lambertus Danaeus: Commentarius in Librum Primum sententiarum Petri Lombardi, in prolegomenis），一五八〇年日內瓦出版，這是摘要中最好的資料；（二）勞諾伊：《論巴黎學院中亞里斯多德的不同命運》（Launoy: De varia Aristotelis in Academia Parisiensi fortuna）；（三）克拉墨爾：《波須埃世界史續編》，最後兩冊；（四）湯瑪斯・阿奎那：《神學大全》。提德曼的《哲學史》內也有關於經院哲學家的摘錄，坦納曼的《哲學史》也是如此；李克斯納也做了許多適當的摘錄。

我們限於闡述一般的觀點。經院哲學的**名稱**是這樣起源的。自查理大帝時代起，只有在兩個地方，隸屬於大教堂或大修道院的經院，有一個監管經學教員的監督（教士、僧正）叫做「學者」（scholasticus）（在第四世紀和第五世紀時，教師也叫做學者）；他同樣做關於最重要的科學——神學的演講。在修道院中最有能力的人便給僧侶講課。這不是我們所要講的，不過那個名稱被保留下來，雖說經院哲學完全是另一回事。只有能夠科學地成體系地講授神學的人才是經院哲學家。

以神學形式，我們可以說，中世紀大體上是聖子的統治，不是精神（聖靈）的統治（因爲精神是爲僧侶階層所掌握著）。因爲聖子是被理解爲與聖父區別開的，並且被當成是停留在區別之中的，因此在聖子中，聖父、理念只是潛在的。但是精神（聖靈）首先是愛，是聖父、聖子的統一，作爲愛的聖子，就是聖靈。如果我們過於不適當地堅持其區別，而不同時肯定其同一性，則聖子便成爲它的對方了；我們發現中世紀的特點就是如此。在**中世紀**，**哲學**的特徵是先有一個前提的一種思維、把握、哲學論證。它並不是思維的理念的自由活動，而是爲一種外在性的形式或前提所拘束著。所以哲學的這種特徵正和當時的一般情況是相同的，也就是爲了這個理由，所以我前面曾提到具體特徵：因爲在每一個時代裡總是有一種特徵或規定性的。中世紀的哲學因此包含著基督教的原則，這個原則對思維提出了最高的要求，因爲其中的理念是徹頭徹尾地思辨的。這個思辨原則的一個方面是，必須用內心去理解理念，我們姑且把個別的人叫做內心。而直接的個別的人與理念的同一性即在於聖子、媒介者被理解爲**這一**個人；這就是精神與上帝在內心方面的同一。這種結合的自身，由於它同時是上帝與上帝的結合，因此是直接地神祕的、思辨的。所以這裡面便包含著對於思維的要求，這個要求就是最初教父們、後來經院哲學家們所要滿足的。

所以經院哲學本質上就是神學，而這個神學直接地就是哲學。神學的其他的內容只是在表象中、在宗教中的內容：即每個基督徒、農民等所應熟習的關於教義的知識的科學。神學的另一方面是關於外在歷史的內容的研究、批判性的研究——如研究《新約》有多少章節，研究經文是寫在羊皮紙上，或寫在木棉上或紙上，是否用大體字寫的，是哪一個世紀的版本等——猶太人的時間觀念、教皇、會議（教會所召集的）、主教、教父的歷史。但是所有這些記載都不屬於上帝的本性及其與人的關係。神學，作爲關於上帝的學說，其主要的唯一的對象是上帝的本性；而這種內容按其性質來說本質上是思辨的，因此這樣的神學家只能是哲學家。關於上帝的科學唯有哲學。哲學和神學在這裡被當成一個東西，兩者的區分正形成向近代的過渡，因爲人們以爲某種對於思維的理性是眞的東西，可以對於神學是不眞的。反之，在中世紀存在著這樣一個基本概念，即只有一個眞理。

現在我們必須進一步談一談經院哲學家的方法和方式。在這種經院哲學的研究裡，思維的活動完全從一切現實界、從一切經驗分離開；完全說不上對現實界加以吸取，並透過思想予以規定。在前一時期裡，雖說概念貫穿著亞里斯多德的哲學，也還有這樣的情形：（甲）概念並不被當成內容的必然性，並不被當成思維的進展，而只是被當成內容的現象依次排列的系列（被知覺的現實性和思想的混合物）；（乙）尤其是絕大部分的內容並不是爲概念所貫穿著，而只是膚淺地接收到思想的形式裡，特別是在斯多噶學派和伊比鳩魯學派那裡。一般地說經院哲學完全不做這種工作。它把現實性擺在一邊，當作已陳舊了的東西，對它不感任何興趣。因爲理性只是在另外一個世界中得到它的實現、它的定在，而不在這一個世界中。殊不知文化的整個進展在於恢復對於這一個世界的信仰。在經院哲學裡，一切對這一個世界關懷的知識和行爲都完全被排斥了。凡是關懷視和聽等官能的知識，對於普通現實界的寧靜的考察和研究，在那裡一點地位也沒有。同樣也沒有那按照它自己的方式認識現實界中一定範疇的科學，這些科學是構成眞實哲學的材料。也沒有能夠給予理念以感性的定在的藝術。同樣，在社會關係方面也缺乏法律、對現實的人的權利的承認，反之，卻把它推到另一個世界，不在這裡。這種不承認現實事物的合理性，或者不承認合理性在實在界、在現實界中有它的定在，便構成了思維本身的野蠻性，把自己局限在另外一個世界裡，而沒有獲得理性的概念，獲得確信自己本身擁有一切眞理的概念。

那脫離了現實界的思想也有一種內容；靈明世界便被認作獨立自存的現實性，思想便運用於這個世界。思想對靈明世界的態度可以和理智之運用於感性的被知覺的世界相比較：理智把感性世界當作實體或基礎，並對它加以論證。不過這種理智的論證並不是獨立的運動，而是肯定一個固定的對象當作主題、獨立的本質。因此這種理智思維並不是眞正的哲學，並不能深入本質，並把本質表達出來，而只是尋出一些賓詞來表明它。所以經院哲學便把靈明世界、上帝以及上帝的一切屬性當作主題。上帝被認作獨立的對象，思想只是對於這個對象尋出一些賓詞去表達：如說上帝是不變的，並提出「物質是否永恆？」「人是否自由？」等等問題，猶如理智對現象界和被知覺的世界加以翻來覆去的推論一樣。這樣，經院哲學便沉陷於有限概念的無窮運動裡。須知可能性與現實性，自由與必然，偶性與實體等等範疇，按其本性並不是什麼固定的事物，而乃是純粹的運動。某種被規定爲可能的事物正好轉變到它的反面，而必須取消其原來的規定。規定或範疇只有透過一個新的區別才能拯救過來，即一方面它是被取消了，另一方面它是被保存了。經院哲學家是由於他們慣於作無窮的支離煩瑣的分辨而得到壞名聲的。

經院哲學家這種透過抽象概念來處理範疇的辦法，正是受了亞里斯多德哲學的支配，不過他們並沒有接受他的哲學的全部規模，而只是採取了亞里斯多德的《工具論》，即他的邏輯學，既採取了他的思想律也同樣採取了他的形上學概念、範疇。〔在這數百年內，只有亞

153

154

里斯多德邏輯方面的著作被學習、被應用。至於他的形上學的物理學則是後來透過往來阿拉伯文翻譯成拉丁文的本子才開始爲西方人所知道的，直到希臘文原本出現時爲止，即一般的希臘文獻也同樣得到傳播時爲止。羅馬人給我們的遺產是很貧乏的，世界的文化在這裡好像中斷了似的。一[3]這些抽象的有限的概念構成經院哲學的理智，這種抽象理智不能超出其自身達到自由，也不能把握住理性的自由。

因此哲學研究在這裡便成了正規呆板的三段論式的形式推論。正如希臘的智者學派爲了現實界的利益而在抽象概念中繞圈子，同樣經院哲學家是爲了靈明世界的利益而在抽象概念中繞圈子。在智者學派看來，存在是眞實有效的，他們一方面把存在從概念的否定性中拯救出來，一方面正因此透過抽象概念去說明存在。同樣經院哲學的主要職務在於拯救宗教的基礎、基督教的靈明世界以反對概念的紊亂，企圖透過概念以表明靈明世界是符合於概念的。經院哲學的一般形式在於提出一個命題，把反對這個命題的理由也提出來，並且憑藉三段論法和概念分辨來反駁那反面的理由。因此哲學和神學是沒有分開的，哲學本來就不是與神學無關的，因爲哲學正是關於絕對本質的知識，即是神學。但對於這種神學，基督教的絕對世界乃是一個被當作現實性的體系，正如智者學派把普通的現實性當作眞正的現實性一樣。於是便主要地只剩下思維的規律和抽象概念屬於眞正的哲學範圍了。

至於這個基督教的世界如何被認作基礎，則常常發展到極爲可笑的程度，例如：在唯名

[3] 括弧內這一長段，是黑格爾演講時附帶說到的題外的話，在米希勒本的第二版中被刪去了。——譯者

論者反對唯實論者的爭執裡。當前者斷言共相只是一個名詞時，則為了反對它，大概就可以提出那樣的基礎。阿柏拉爾譴責羅瑟林，因為他斷言事物是不可分的，只有表述事物的名詞是可分的。阿柏拉爾推論道，照羅瑟林看來，基督不是吃了紅燒魚的一個眞實部分，而只是吃了紅燒魚這個名詞的一部分。如果魚眞的是沒有部分的，我眞不知道，吃魚要從哪裡下口。這樣的論辯是可笑的而且是極為瑣碎無聊的。[3]我們根據常識做抽象推論，其結果比這好不了多少。但不可因此便以為他們的神學只包括一些採用歷史方式的關於上帝如何如何的學說，像在我們這裡那樣；相反地，事實上包括著亞里斯多德和新柏拉圖學派的最深刻的思辨思想。他們的哲學思想中許多好的東西，都早已以較簡單、較純粹的形式存在於亞里斯多德那裡了。只是他們的全部思想都在現實性之外，並且和表象中的基督教的現實性混雜了。

已經指出，他們的哲學理論、思維都為一個絕對的前提所束縛著。這個前提就是教會的教義，這些教義本身誠然是思辨的，但卻採取外在對象的形態。因此思維顯得不是自由地從自身出發，以自身為根據，而乃是依賴於一個被給予的內容，這內容雖是思辨的，但也包含著直接定在的形態在自身內。這種特性的後果是：思維服從這個前提，本質上把它當作推論的起點。推論便成為形式的邏輯進展的方式。由一個規定〔範疇〕進展到另一個規定，而這些規定既是些特殊的規定，一般地都是有限的。規定在這裡只是外在的，並不是自己

3 布勒，《哲學史教程》，第五部，第一八四頁；阿柏拉爾，《書信》，第二十一頁；坦納曼，第八冊，第一篇，第一六二—一六三頁。

和自己相結合的概念。和這種有限的形式直接聯繫的便是有限的內容。這種規定就是一般的內容之有限的形式。思維同樣是不自由的，而「無我」構成了它的內容的主要特性。當我們更具體地表示這點時，我們可以喚起我們的人性，例如：說到人的一般的具體的心情、人性。在這種具體的心情裡包含著：作爲有思想、有感情的人有其當前的現在，這種具體的內容是植根於他的思想裡面的：這種具體內容構成他的獨立的意識的材料。形式的思維在這上面找到自己的方向。抽象反思的錯誤在這樣的意識裡面有一個終點，這終點給這些錯誤劃一條界限，並把它們歸結到人的具體心情等。而這個時候的哲學思想的方式則缺少了這樣的內容。一方面是教會的教義，另一方面是世俗的人都透過思想從這種野蠻狀態裡超拔出來。這就包含著上面所指出的對立：這種對立在精神上愈是劇烈，那種野蠻狀態便愈是可怕。當這種對立還一般地持續著，當人在他自己方面、在所謂常識方面還沒有透進到合理性時，他也就還沒有具體的內容，以便用來規定形式思維的方向。他對於那樣的內容所加的任何反省，都是不斷地糾纏在形式的思維、推論的形式規定裡。至於他們所提出來的關於自然狀況、自然規律等等的規定，還在經驗方面找不到支持，沒有從健康常識去加以規定。由此看來，這內容也是無精神性的；但既然它必須進到較高的、精神的事物的規定，這種無精神性的情況又正好被顚倒過來，這些規定都被帶進精神的領域了。

我們現在是立足在基督教裡面。哲學必須從基督教出發得到復興。在異教徒那裡，認識的根源是外在的和主觀的自然，亦即自我以及作爲沒有我性的思維的自我。自然具有積極的、肯定的意義：人的內在的自然的自我，人的思維，都同樣具有積極的、肯定的意義；因此異教徒認爲所有這一切都是善的。在基督教裡眞理的根源有著完全另外的意義；它不僅只是反對諸神的眞理，而且又是反對哲學、反對自然、反對人的直接意識的眞理。在那裡自然已不復是善的了，而只是一個否定性的事物；自我意識、人的思維、人的純粹自我，所有這一切都在基督教裡得到一個否定的地位。自我應該被揚棄，因爲它只是直接的確定性；自然是沒有價值、沒有意義的。天、太陽、自然是死屍；它們是沒有意義的。同樣，自我應該沉沒在雖說是另外一個自我裡，不過是一個遠在彼岸的自我裡；只有在它裡面自我才應該有它自己的價值。這個另外的自我，在它裡面固有的自我應該有它的自由——首先同樣還是一個個別的自我，不是一個共相。它沒有共性的形式；它也爲時間和空間所規定、所限制，而同時又有絕對存在、自在自爲的存在的意義。因此一方面那固有的自我性被犧牲了；正與此相反，自我意識所贏得的並不是一個共相、思維，而是沉沒在一個個別的——不過是在彼岸的——自我之中。這樣，理念就是絕對內容、最高的具體的內容，在這個內容裡，那單純地無限的對立就結合了；它是一種力量，這力量足以統一那在意識看來彼此相距有無限之遠的現象的東西、有死的東西與絕對的對立。這個絕對本身首先是一個個別的東西，具體的東西，是統一性而不是抽象，是個別與一般的統一；這種具體的意識就是眞理。

那種〔把宇宙看作〕「一」的出發點或自然觀，在基督教的認識中是不存在的。這種觀點也給予我們以法則；而且對於自然界的個別存在，這個共相、這些法則還具有絕對的權威。對於個別事物加以聯合、加以總結，吸取它們的本質，這樣的興趣是缺乏的。作爲個別事物的自然界以及它的那些規律、共相只有否定性的意義，它毋寧要放棄其自身給精神，甚至給精神的主觀性；自然的秩序必須讓位給各個地方的奇蹟，而爲奇蹟所打斷。至於我作爲自我的存在，在那裡便被拋在一邊了。在思維裡，我本質上有著肯定的意義，並不是作爲個別的這個我，而乃是作爲能思維的我；但是眞理的內容現在全被個別化了，因而自我的思維便消失了。

和這種取消自然的必然性相聯繫的還有這樣的思想，即：凡關於自然的一般規律的一切別的內容、一切眞理都是被給予的、被啟示的。一切別的內容之所以是眞的，其根源顯得是不屬於自我本身，而是出於無我性的接受。在這裡誠然有精神的證據，因爲精神乃是我的最內在的自我之所在；但是精神的證據一般地被隱蔽了，在它自身中得不到進一步的發展。內容不是從精神自身中創造出來的，而是從外面接受來的。再則：那提供證據的精神本身又從我分離開，而被當成一個個體；換言之，我的能作證的精神乃是另外一個東西，於是剩下給我的只是一個被動性的空殼。

在這種僵硬的觀點裡面，哲學必須前進。對於這個內容的初次加工，使共相、思想能深入作用於這個內容，這就是經院哲學的工作。信仰與理性的對立造成了這個結果。理性感覺到有接近自然的需要，這一方面是爲了獲得直接的確定性，並且一般地爲了尋求直接確定的滿足，另一方面是爲了要有自己的思維、爲了那特殊的自身創造。

這些規定就是這種哲學思想的一般性格。我們想要簡短地進一步加以考察，揭示出它主要的環節。

在中世紀，在獨立國家建成的初期，我們最初所能找到的哲學還是羅馬世界的一些殘餘，而羅馬世界於羅馬衰亡之後從各方面看來都消沉了。所以在西方我們幾乎不知道別的事物，只有波菲利的《邏輯入門》，波愛修斯對亞里斯多德的邏輯著作的拉丁文注釋，和卡希歐多爾爾所作的關於它的節要，非常空疏的教本，此外被算做奧古斯丁所著的《論辯證法》、《論範疇》也是很空疏的，後一種著作只不過是亞里斯多德關於範疇的著作的重述。[4]這些就是初學的入門書籍和工具書籍；他們所應用的都是邏輯中最表面、最形式的事物。

整個講來，經院哲學有一個單調的外觀。從前有些人企圖對由第八世紀，甚至第六世紀差不多直到十六世紀期間占統治地位的神學做出一些確定的區別和階段，這乃是徒勞的。這差不多一千年的歷史是建立在同一觀點、同一原則上面的，即：教會的信仰和形式主義，這只是一種無窮的自問自答和在自身內繞圈子。亞里斯多德的著作之廣泛流行也只做出了程度上的差別，而沒有使得科學前進。中世紀的哲學史很可以說是一些人物的歷史，但眞正算不得這門科學的歷史；我們看見許多虔誠的、高尚的、高度優秀的人物。

人們講經院哲學通常自第九世紀（約八六〇年）的約翰·斯各脫·愛里更那開始。注意這是約翰·斯各脫，不是鄧斯·斯各脫。他的國籍還不很確定。不確知他是蘇格蘭人，還是愛爾蘭人。斯各脫指蘇格蘭，愛里更那指愛爾蘭。這時期的眞正哲學是從他開始的，他

4 坦納曼，第八冊，第一篇，第四十九頁。

主要地承繼新柏拉圖學派的思想。此外偶爾也有亞里斯多德的個別著作流傳著，約翰·斯各脫已經讀到過。不過對於希臘文的知識是很有限的，而且是很稀少的。他表現出對於希臘文、希伯來文甚至於阿拉伯文都有一些知識；但我們不知道他怎樣得到這些知識的。他還把希臘法官狄奧尼修斯的著作從希臘文翻譯成拉丁文；狄奧尼修斯是出於亞歷山大里亞學派的晚期希臘哲學家，特別追隨著普羅克洛。他所譯的書有《論天界的層次》（*De coelesti hierarchia*）和別的東西，據布魯克爾[5]說還有《柏拉圖的閒談與癲狂》（*Nugae et Deliria Platonica*）。君士坦丁堡的皇帝米凱爾·巴爾布曾經於八二四年贈送這些著作給虔敬的路易皇帝；禿頭查理皇帝曾經命斯各脫把這些著作翻譯出來，後者在他的宮廷內住得很久。由於這樣，在西方也就有人知道了一些亞歷山大里亞的哲學。教皇與查理爭吵，向他抱怨，並責備翻譯者說：「他應該照慣例首先把譯品送給他並取得他的同意。」後來約翰·斯各脫居住在倫敦，任牛津大學一個學院的院長，牛津大學是英王阿勒弗烈創辦的。[6]

斯各脫自己也著書，他的著作還有一定的深度和機智，有《論自然及其各個層次》（*De naturae divisione*）等書。哥本哈根的希約爾特博士也曾於一八二三年發表了愛里更那著作

5　布魯克爾，《批評的哲學史》，第三冊，第五二二頁。

6　布魯克爾，《批評的哲學史》，第三冊，第六一四—六一七頁；布拉優，《巴黎大學史》，第一冊，第一八四頁。

的一個摘要。斯各脫．愛里更那的工作是眞正哲學性的，他用新柏拉圖學派的方式表達自己，不過不是自由地從自己發出。在柏拉圖，以及在亞里斯多德的闡述方式裡，我們很愉快地發現有新的概念，及用哲學（的尺度）去加以衡量時，又發現它是正確的、深刻的。在愛里更那這裡，一切都是現成的。不過他的神學並不是建築在《聖經》的注釋和教父的權威上面。教會還多方面地譴責他的著作。斯各脫又曾因此遭受了一個里昂教會會議的譴責：「這些著作是由一個狂妄多言的人寫出來的，他用人的方式，或者像他自己所說，用哲學的論證，來論辯神的意旨和預定，沒有依據《聖經》的指示，也沒有援引教父們的權威；而他只是根據自己的意見來維護教義，把它建立在他自己的原則上面，他不遵從《聖經》和教父的權威」。[7] 哲學與宗教的分離是後來才出現的。現在這只是一個開端。但眞正講來他並不屬於經院哲學家之列。

7 坦納曼，第八冊，第一篇，第七十一－七十二頁（布拉優，《巴黎大學史》，第一冊，第一八二頁）。

貳、一般的歷史觀點

此後的經院哲學更加依靠教會的教義，而以教會的體系作爲它的基礎。斯各脫．愛里更那曾經說過：「眞的哲學就是眞的宗教，眞的宗教就是眞的哲學。」[8]基督教的教義早就由教會會議固定下來；對宣傳福音的教會的信仰在教會會議之前已存在著，但天主教會是以教會會議爲支柱的。經院哲學家所特有的主要思想和思維的興趣在於：第一，唯名論與唯實論的爭執；第二，對於上帝存在的證明，這是一個很新的現象。

一、教義建立在形上學的基礎上

經院哲學家進一步的努力在於：第一，把基督教會的教義建立在形上學的基礎上。其次是對教會的全部教義加以系統的研究。此外對於教義的中心概念所沒有決定的問題，他還可於枝節地方提出補充。那些形上學的理由本身，以及這些進一步的特殊的枝節補充，就是留

8《論上帝的預定》，導言（見「第九世紀老作家論上帝的預定和恩典的著作和殘篇」，吉爾貝．莫甘編，巴黎，一六五〇年版。第一冊，第一〇三頁）。

下來給他們自由論證的對象。首先擺在這些神學家前面的就是新柏拉圖學派的哲學；我們可以在較早較純的經院哲學家那裡看得出這個學派的面貌。安瑟莫和阿柏拉爾是較晚的著名的經院哲學家。

（一）安瑟莫

在那些想要透過思想來證明教會教義的人們當中，最有名望的人是安瑟莫。安瑟莫約於一〇三四年生於義大利皮蒙特地區的奧斯達。他是一個很受尊敬的人。他於一〇六〇年在白克當了僧侶，後來於一〇九三年升爲坎特布里的大主教。他死於一一〇九年。[9]他曾經致力於按照哲學方式去考察並證明教會的教義，甚至有人說是他奠定了經院哲學的基礎。

關於信仰與思維的關係問題，他曾說過如下的話：「基督徒應該由信仰進展到理性」，從信仰起始，「並不是從理性出發達到信仰；當他不能夠理解的時候，更不應該離開信仰。而當他能夠深入認識的時候，他會對他的認識感到愉快」，這就是說，他認識了他從前只是信仰的事物；「當他還沒有認識的時候，則他就應該敬畏。」所以他必須始終依靠教義。「我們必須用理性去維護我們的信仰，以反對不信上帝的人，不是反對基督徒。因爲

9　坦納曼，第八冊，第一篇，第一一五、一一七頁。

對於後者，我們揣想他們一定能夠堅持他們受洗時所接受的義務。對於前者，我們必須指出，他們是如何不合理地反對我們。」[10]特別值得注意的是下面這句話，這話包含著他的全部意思。在他富於思辨思想的論著《神人論》中，他說：「在我看來，當我們有了堅決的信仰時，對於我們所信仰的事物，不力求加以理解，乃是一種很大的懶惰。」[11]現在還有人把這種態度說成驕傲；他們認爲直接知識、信仰高於認識。但是安瑟莫和經院哲學家的見解卻與他們相反。

從這方面看來，安瑟莫特別可以被認作經院神學的奠基人。因爲用簡單的推論去證明所信仰的事物——即上帝存在，這個念頭使得他日夜不得安寧。最初他以爲那是由於魔鬼的誘惑才使得他想要透過理性去證明上帝的眞理，因此他感到焦慮緊張。但是最後由於上帝的恩典，他在他的《前論》（Proslogium）中成功地獲得了他所尋求的證明。[12]

他是特別以他所提出的所謂對於上帝存在的本體論的證明而出名的，爲了尋求這個證明，他曾經長期間陷於苦惱和鬥爭。他的證明直到康德的時候，還被列入許多證明之中，

10《安瑟莫書信》，第四十一編，第十一封（《哲學史》，第八冊，第一篇，第一五九—一六〇頁）。

11《神人論》，第一卷，第二章。

12 坦納曼，第八冊，第一篇，第一一六頁；埃德麥魯，《安瑟莫傳》（附在迦伯列·格伯隆所編《安瑟莫全集》內，一七二一年版）第六頁。

並且（有一些沒有達到康德觀點的人）直到現在也還把它算在一系列的證明之中。這個證明和我們在古代哲學家那裡所找到並讀到的是不同的，他們總是說：上帝作爲絕對的思想是客觀的，上帝是存在的；因爲世界上的事物是偶然的，所以不是自在自爲的眞理，而自在自爲的眞理是無限的。反之，後來在安瑟莫這裡，他從一個相反的途徑開始，於是思想與存在的對立就成爲隔得無限遠的兩極端。這個最初在基督教裡達到自覺的純粹抽象看法，這個二元化，爲中世紀所堅持，並在這裡保持著。像在表象中那樣，在這裡概念與存在的對立初次出現了；而且也開始尋求對兩者的結合了。從亞里斯多德哲學他們已熟習那形上學的命題：可能性不是獨立自存的，而是始終和現實性相統一的。值得注意的是，只是在這時，並不是在較早的時期，共相與存在才在抽象思維中對立；於是那最高的法則便得到了自覺。把最高的對立提到意識前面，具有著最高度的深刻性。這個證明是從上帝是本質中的普遍本質這一概念推論出來的。從一方面看來，在以前，主要問題是什麼是上帝，共相好像只是被當成上帝、絕對存在的賓詞：但現在這個問題的提法卻正顚倒過來了，即存在變成了賓詞，而絕對理念卻被設定爲主體，不過是思維的主體。因此如果上帝的存在已停止其爲第一性的前提，而被設定爲一個被思維的存在，那麼自我意識就走上回復到自身的道路了。於是現在問題的提法是：上帝是否存在？

眾所周知，這個對上帝存在之第一次眞正的形上學的證明採取了這樣一個轉向，即上帝作爲結合一切實在性在它自身之內的本質的理念，也包含有存在這一實在性在它之內。他的論證的內容是這樣的，他說：「說一個東西存在於理智之中，是一回事，看見一個東西存在，又另外是一回事。甚至一個無知的人也會相信在思想中有某種東西，對於它不能設想一個比它更大的東西。」這就是說，理智自身有一個至高無上的東西的觀念。「那個對於它不能設想一個比它更大的東西，不可能僅僅在理智中。因爲當它只是被當成一個被思想的東西時」，它就不是至高無上的，「那麼我們也可以承認有一個東西，它（比起那僅僅被思想的東西）更大。假如那個對於它不能設想一個比它更大的東西僅僅是在理智中，那麼那個對於它不能設想一個比它更大的東西就會是這樣一種東西，對於它可以設想一個比它更大的東西。因此那個對於它不能設想一個更大的東西是既在理智中，也在實在中。」[13]至高無上的觀念不可能僅僅在理智中，按照它的本質，它必然存在。這是完全正確的。只是他沒有揭示出主觀的理智揚棄其自身以進展到實在的過渡。由此足見，只要存在不是與概念處於對立的地位，存在是以表面方式從屬於實在性的共相之下的。意義正在這裡，或者問題正在這裡。當實在性或完善的東西被說成只是一個被思維的東西，還沒有被設定爲存在著的東西時，它便只是一個與存在相反對的思想物，而不是使存在從屬於它的實在性。

這個論證直到康德都還有效；我們可以看得見透過理性來認識教會的教義的努力。〔思維與存在的對立〕[4]是哲學的起點，這個起點構成哲學的全部意義。對立的一面是存在，對

13《前論》，第二章。

[4] 據英譯本，第三卷，第六十四頁增補。——譯者

立的另一面是思維。包括對立的兩面於自身中的就是絕對，這個概念（按照斯賓諾莎說來）是同時包含它的存在於它自身內。關於安瑟莫必須注意的，是在他那裡有著抽象理智的方式和經院哲學的形式推論。（他的論證的內容是正確的，形式卻有缺點）[5]因爲第一，「至高無上的思想」這一規定被假定爲第一性的東西。第二，「有兩種思想的對象：一種思想的對象是存在的，一種思想的對象是不存在的。後者與前者對立。須知一個對象如果只是被思維著，而不是存在著，那麼它就是一個不完善的內容，正如一個內容如果只是存在著而沒有被思維著，就會是同樣地不完善」。（但我們並不這樣說：事實上，如果上帝只是存在，它就不會意識到自己作爲自我意識，那麼它就不是一個精神、一個自己思維自己的思想。）第三，「因此至高無上者也必然存在。」這是抽象理智的過程（內容是正確的，形式是有缺點的）。至高無上者、前提是標準，其他的東西都應該適合這標準；「一個不存在的思想對象」這一規定從屬於那個標準，像從屬於一個規則那樣，而又不適合於那個規則。

他的證明的缺點在於它是按照形式的邏輯的方式推論出來的；確切講來，它包含著這樣的意義。我們思維某物，我們有一個思想：這個思想一方面是主觀的，但另一方面這個思想的內容完全是一個共相；這個共相首先是思想，和這思想有區別的是存在。當我們思維某物或思維上帝時（內容無論是上帝或別的東西，都是一樣的）：情形可能是這樣，即思維的內

[5] 據英譯本，第三卷，第六十四頁增補。——譯者

容是不存在的；而那既是思想，並且同時存在的東西，我們才認爲是最完善的。上帝是最完善者：如果它是不完善的話，則它將不會又有存在的特性，它將會只是單純的思想。所以我們必須把存在的特性歸給上帝。思維與存在是正相反對的，這一原則是被說出了；我們承認眞實的東西不僅是思維，而且又是存在。但是這裡我們必定不要把思維理解爲單純主觀的東西；這裡所謂思想是絕對，是純粹的思想。

對於安瑟莫的形式的邏輯的論證，康德曾加以攻擊和駁斥，此後整個世界都同聲附和康德的駁斥，康德的理由在於認爲安瑟莫的證明首先假定了存在與思維的統一是最完善的東西。必須指出：所謂概念、眞正的證明並不是透過抽象理智的方式而進展，而是即從思維自身的本性指出單獨就思維本身而論，它就會否定它自己，而存在的規定即包含在它裡面，或者說，思維自身註定要過渡到存在。反過來說，同樣可以指出，存在自身即包含它自己的辯證法，自己揚棄自己，進而建立自身作爲共相、作爲思想。這種眞正的內容，存在與思維的統一，才是安瑟莫心目中的眞實的內容，不過他是用理智的形式來表達的。這兩個對立面都只是在一個第三規定中——在至高無上者中——相同一並且和它相適合，因爲這第三者被當成在兩者之外的規則。

那時已經有一個叫做高尼祿的僧侶，寫了一本書《替無知者說話》，來反對安瑟莫的這個證明。安瑟莫本人也針鋒相對地著了《對無知者的答辯》一書。[14]這個僧侶批評安瑟莫的證明，他所提出的理由與現時康德所持的理由是相同的，即認存在與思維是有區別的：有了思想時，還完全沒有設定它是存在的。[15]所以康德說，[16]例如：當我們設想一百塊錢時，這個觀念還沒有包含存在在它自身之內；當然這是不錯的。僅僅在觀念中的東西，是不存在的，也不是眞實的內容。一個思維的對象，它的內容就是思維本身，正是這種決定自己成爲存在的東西；不存在的東西就只是不眞的觀念。但是這裡所說的並不是指這種意義的觀念，而是指純粹思維而言；而且說思維和存在是有區別的，這也毫無新奇之處，這在安瑟莫本人也同樣很懂得的。上帝是無限者，正如肉體與靈魂，存在與思想是永遠結合著的；這是對於上帝的思辨的、眞正的定義。那些遭受了康德以及現時很流行的追隨著他的一些議論的批評的安瑟莫的那個證明，只是缺乏思維與存在在無限者中統一這個見解而已。

只有思維與存在的統一，才是哲學的起點。其他的關於上帝存在的證明，如由世界的偶然性推論出一個絕對的本質、絕對的存在的那種宇宙論的證明，並沒有達到絕對本質的理念是精神這個認識，也沒有意識到絕對本質是思想的對象。又如蘇格拉底已提出來的那種物理

14 坦納曼，第八冊，第一篇，第一三九頁；布魯克爾，《批評的哲學史》，第三冊，第六六五頁。
15 《替無知者說話》，第五章。
16 《純粹理性批判》，第四六四頁（第六版）。

學、神學的證明，從世界的美、秩序、有機的目的等等誠然建立了絕對本質的理智、豐富的思想，而不僅是不確定的存在，但是這個證明還是沒有意識到上帝是理念。因爲如果問：那是什麼樣的一種理智？那麼只好答道：那是一個外在的、直接的理智。這同樣還存在著無秩序，這種精神是孤立的；人們必須在自然界的這個現象的秩序之外，去把捉一個另外的本質。

但是從追問上帝的定在，把他的存在、他的客觀的形式認作一個賓詞，並且認識到上帝是理念，進而達到認絕對本是我即我，是思維著的自我意識，不是賓語，而是：我，每個能思的主體，都是這個自我意識的一個環節，要進而達到這些認識，還有很大一步。在安瑟莫這裡，我們雖看見這個形式第一次出現，不過絕對本質仍然始終被認作在有限意識的彼岸；有限意識還是虛幻的，還不能理解它的自我感。這個有限意識具有著對於事物的各式各樣的思想，事物的本性在它看來也是概念、賓詞；但是它因而還沒有回復到它自己，它只知道本質，但不知道它自己。

在《神人論》中他也是用哲學的方式來考察問題。這樣，安瑟莫就進一步奠定了經院神學的基礎；[17]在這以前，已經有了同樣的方式，不過只局限於對個別的教條，就在安瑟莫那裡也是如此。他的著作表現了深刻的見解和精神

17　坦納曼，第八冊，第一篇，第一一二頁。

性。安瑟莫是這樣一個人，他鼓舞了經院哲學家的哲學，並且把哲學和神學結合了；中世紀的神學比近代的神學高得多。天主教徒絕沒有野蠻到竟會說永恆的眞理是不能認知的，是不應該加以哲學的理解的。這一點在安瑟莫這裡是很突出的；另外一點是，他認識到了思維與存在這一最高的對立的統一。

（二）阿柏拉爾

彼得·阿柏拉爾和安瑟莫有著聯繫，以博學聞名，但使他更著名的還是由於他在情場上與愛蘿伊絲的愛情和他所遭受的命運。他生活在一一〇〇年前後，從一〇七九—一一四二年，[18]他是安瑟莫之後有大聲望的人。他同樣對於教會的教義加以哲學的思考，特別是力求用哲學的方式去證明三位一體說。他曾在巴黎講學。在那時，正如波倫亞對於法學家是學術中心一樣，巴黎當時對於神學家們乃是學術的中心。巴黎是那時哲學化的神學的中心。阿柏拉爾在那裡常常在一千人以上的群眾面前作演講。神學和對於神學的哲學討論在法國，正如法學在義大利一樣，是對於法國的發展有高度意義的主要環節，不過在這以前，它未免太過

18 提德曼，《思辨哲學的精神》，第四冊，第二七七頁；布魯克爾，《批評的哲學史》，第三冊，第七六二頁。

被忽略了。

安瑟莫和阿柏拉爾的貢獻主要在於把哲學引進神學。這個方向甚至曾在多種方式下爲神祕主義者所繼續。[19]他們都認爲哲學和宗教是同一的事物；兩者本來也應該如此。但是人們不久就做出這樣的區別，即「有許多在哲學裡是眞的事物，在神學裡可能是錯誤的」；這個看法曾爲教會所否認。[20]一二七○年，巴黎大學分爲四個學院。這樣一來哲學便和神學分開了，不過都禁止哲學把神學的信條提出來辯論。[21]

二、教會教義的系統闡述

經院的神學進一步取得了較詳細的確定的形式。在經院哲學中產生了第二個方向，其主要的努力在於把基督教教會的教義加以系統化，同時和所有的那些形上學的理由聯繫起來；並且他們也把和這些形上學的理由正相反對的理由也一併提出來，以便使神學得到科學

19 參看本書邊碼 195-196。

20 坦納曼（第八冊，第二篇，第四六○—四六一頁）從史蒂芬奴斯主教一道訓令中引證了如下的話：「他們說，這個道理按照哲學是眞的，而按照天主教的信仰是不眞的；就好像有兩個相反的眞理，好像與《聖經》中的眞理相反，在被詛咒的異教徒的學說中，還有所謂眞理似的。」

21 坦納曼，第八冊，第二篇，第四五七—四五八頁。

的系統的闡述，而在這以前，教會對於培養僧侶的一般教育只限於依次講解教義，特別是對於教義中的每一命題都把奧古斯丁和其他教父的語句和段落寫在一起。——做了這種系統闡述的有如下的人物：

（一）比埃爾·隆巴德

十二世紀中葉隆巴德地區的諾瓦拉人比埃爾是上述那種方法的創始人。比埃爾·隆巴德提出了經院神學的整個體系，這個體系在以後幾個世紀中仍是神學的基礎。按照這種方式，他寫了他的《思維四書》，因而他就得到「思維大師」（Magister sententiarum）的稱號；每一個經院哲學的學者那時都有一個徽號，如 Doctor actus, invincibilis, sententiosus, angelicus〔行動博士、無敵博士、格言博士、天使博士〕等等。他死於一一六四年。[22]他的這種著作在數百年間成為教會教義的基礎。

也有別的經院哲學家用同樣的書名寫書的，如羅柏特·普萊恩著一書叫做《思維八書》。[23]

22　布魯克爾，《批評的哲學史》，第三冊，第七六四—七六七頁。

23　布魯克爾，《批評的哲學史》，第三冊，第七六七—七六八頁。

他從宗教會議和教父著作中蒐集了教會教義的主要規定，並對特殊的條目附加一些細緻的問題，這些問題成爲經院中研究和論辯的題材。他本人雖然解答這些問題，但同時他也附加上一些相反的理由；而他的解答常常使人對內容發生問題，以致他所解答的問題並未眞正得到解決。兩邊的理由都被列舉出來；教父們所說的話彼此就有矛盾，對於正相反對的每一邊，人們都可以從教父們的著作中蒐集一大堆詞句來作證。因此就產生了「論題」，附加上「問題」，爲了解答問題就有「論證」，與論證相反又有「肯定」，最後還有「懷疑」，這都按照人們對某個名詞做某種解釋，遵從這個或那個權威而決定他站在哪一邊。

不過這卻引起了對於方法的重視。大體講來，十二世紀中葉形成了一個時代，在這時代中經院哲學更普遍地成爲博學的（哲學的）神學。他這本書在整個中世紀廣泛地爲神學教義博士們加以注釋，這些博士在那時是被當成宗教教義的公開的保衛者。教會的僧侶則負責靈魂拯救的工作，這些博士一般是有權威的，他們有權召開宗教會議，批判並處罰某個學說、書籍，宣告它們爲異端的邪說等等。在宗教會議上，或者在一個叫做索爾邦的巴黎大學內的博士會上。就對於基督教義的關係而言，可以說他們代替了教會宗教會議的地位，有點像教父的樣子。

他們特別反對神祕主義者的著作，如阿馬爾里克和他的學生狄南多的大衛的著作；這些人的見解接近普羅克洛，回復到統一性的觀點。阿馬爾里克於一二〇四年被控告爲異端。[24]例如：他曾經說過這樣的話：「上帝就是一切，上帝和被創造物並不是相異的；萬物皆在上帝中，上帝是唯一的普遍的實體。」[25]「大衛曾斷言：上帝是最初的質料（ὕλη），一切事物按質料說都是與上帝爲一體的，而上帝正是這種統一性。他把一切事物分爲三類：肉體、靈魂、永恆的非物質性的實體或精靈。靈魂的不可分的原則是理性（νοῦς），精靈的不可分的原則是上帝。這三個原則是同一的，因此萬物就本質來說是一體的。」[26]他的著作被焚毀了。[27]另外一個著名的經院哲學是：

（二）湯瑪斯·阿奎那

和比埃爾·隆巴德同樣著名的人物爲湯瑪斯·阿奎那。他出身於義大利拿坡里省阿奎諾地方的伯爵家庭，於一二二四年生於他父親的羅凱西卡城堡中。他進了多明我教團，於

24 坦納曼，第八冊，第一篇，第三一七頁。

25 布魯克爾，《批評的哲學史》，第三冊，第六八八頁。

26 湯瑪斯·阿奎那，《思維四書注》，第二卷，第十七篇，問題一，第一條；大阿爾柏特，《神學大全》，第一部，第四篇，問題二十（《全集》，第十七卷，第七十六頁）。

27 坦納曼，第八冊，第一篇，第三三五頁。

一二七四年死於赴里昂參加宗教會議的旅途中。他是大阿爾柏特的學生，寫了許多對於亞里斯多德和比埃爾·隆巴德的注釋，他自己還寫了一部《神學大全》（Summa theologiae 亦即教義的體系），此書以及他的別的著作使他獲得極大的聲譽，此書是整個經院神學中的主要著作。他擁有對於神學和亞里斯多德的很廣博的知識；他又被稱爲天使博士和宏通博士（Doctor angelicus et communis），奧古斯丁第二。[28]

174 在他的這些著作裡誠然有許多邏輯的形式論證，但卻沒有細緻的辯證法，而是對神學和哲學的整個範圍有著深邃的形上學的（思辨的）思想。他同樣附加上些問題、問題的解答和疑難，並提出那賴以解決疑難的論點。經院神學的主要任務即在於發揮湯瑪斯的《神學大全》；同樣也有許多書寫來發揮隆巴德的《思維四書》的。主要的事情是使得神學更有哲學意義，更加系統化。就這方面看來，彼得·隆巴德和湯瑪斯·阿奎那是最著名的。他們的著
175 作在長時期內成爲以後一切進一步的博學的補充和發揮的基礎。

湯瑪斯是一個唯實論者。湯瑪斯的學說是以亞里斯多德的形式爲基礎的，例如：湯瑪斯的實體的形式（forma substantialis）就類似亞里斯多德的隱得來希（ἐνέργεια）。關於認識論他曾說過：物質的事物是形式和質料構成的；靈魂具有石頭的實體的形式在自身內。[29]

---

28 坦納曼，第八冊，第二篇，第五五〇—五五三頁；布魯克爾，《批評的哲學史》，第三冊，第八〇二頁。

29 坦納曼，第八冊，第二篇，第五五四—五六一頁。

就對於哲學的神學的形式發揮看來，第三個著名的人物是：

（三）約翰．鄧斯．斯各脫

鄧斯．斯各脫有「精微的博士」（Doctor subtilis）的稱號，屬於方濟各派，生於英國諾森柏蘭郡的敦斯頓地方，前後聽過他的演講的達三萬人。一三〇四年他來到巴黎，一三〇八年他來到科隆，擔任當時新成立的大學的博士。他在科隆受到很隆重的接待，不過他到那裡不久就死於半身不遂，傳言他是被活埋了的。據說他僅僅活了三十四歲，又有人說他死時四十三歲，另有人說他死時六十三歲；他出生的年月不詳。[30]他寫了關於思維大師比埃爾．隆巴德的著作的注釋，這些注釋使他獲得很敏銳的思想家的聲譽。依照寫神學著作的次序，他從證明超自然的啟示反對單純的理性之光開始。[31]對於每個論題他都附加了一長串的區別、問題、問題解答、反復辯難。由於他敏銳的理智，人們曾稱他爲Deus inter philosophos（哲學家中之神）。他獲得了極其崇高的讚揚。人們關於他曾說過如下的話：「他曾經那樣地發展了哲學，如果不是已經有了哲學的話，他本人也會成爲哲學的發明者。

30 布魯克爾，《批評的哲學史》，第三冊，第八二五—八二八頁；布拉優，《巴黎大學史》，第四冊，第九七〇頁。

31 鄧斯．斯各脫，《思維大師注》，導論（坦納曼，第八冊，第二篇，第七〇六頁）。

他是那樣地知道了信仰的神祕，幾乎不能說他是相信神祕了：對於神意的祕密，他好像是看穿了；他認識天使的特性，就好像他本人是天使一樣；在短短幾年內，他寫了那麼多事物，以致沒有一個人能夠讀完他的著作，更難有任何人能夠充分了解它們。」[32]

他主張個體化的原則，而認爲共相是形式的。[33] 從所有的證據看來，他似乎曾促使經院哲學的辯論方法及其材料達到最高的水準，他發明了無限多的命題、粗野的新名詞、綜合和區別。他的辦法是對於一個命題、一個論題附加一長串三段論法的論難，又對於這長串的論難逐條予以駁斥；這種正反辯難的方法，提出正面理由，又提出反面理由，已被他發揮到頂點。這樣，一切都被他重新區別開了；因此他又被當成「支離煩瑣方法」的創始人。支離煩瑣的方法在於把對於每個對象的雜多論述蒐集起來，採取通常的方式去加以辯駁，對於每一點全都說到，但是沒有系統的秩序，並且沒有作爲一個全體發揮和闡述出來；而另外的一些經院哲學家則在寫摘錄。他的拉丁文是粗野的，但卻很適合於哲學的特性。

三、和亞里斯多德著作的接觸

此外還有第三個方向必須指出：有一種外在的歷史情況，當十二世紀末和十三世紀時，

32　布魯克爾，《批評的哲學史》，第三冊，第八二八頁；及桑克路修的注解。

33　參看本書邊碼 183-184、187。

西方的神學家一般都接觸到亞里斯多德的著作，及其希臘文和阿拉伯文注釋的拉丁文譯本，這些譯本得到這些神學家多方面的利用，進一步的注釋和論證。他們對於亞里斯多德的崇拜、稱讚、尊敬已到了極點。這種接觸所走的道路前面已經指出過。[34]在此以前，對於亞里斯多德的認識是貧乏的，僅限於透過波愛修斯、奧古斯丁、卡西奧多羅斯所介紹的邏輯。[35]在斯各脫·愛里更那對於亞里斯多德的接觸裡，我們已經看到他具有希臘文的知識，不過這是很個別的情形。以後人們對於亞里斯多德的著作才有更多的接觸。在西班牙在阿拉伯人當中，科學開出很燦爛的花朵，特別是安達魯西亞的哥爾多瓦大學是學術的中心；許多西方人都曾到那裡去，如早年以格爾柏特之名著稱的教皇西爾維斯特二世，就曾作爲僧侶逃往西班牙跟阿拉伯人學習。[36]特別是醫學和化學（煉金術）得到勤奮的研究。基督徒的醫生在那裡學習，都以猶太人和阿拉伯人爲師。神學家們接觸到的，主要的是亞里斯多德的《形上學》和《物理學》（自然哲學）；從這些著作中他們做出了許多摘錄。

34 參看本書邊碼 130-132。

35 參看本書邊碼 159。

36 特里德米，《希爾索格編年史》，第一卷，第一三五頁。

（一）哈爾斯的亞歷山大

首先對於亞里斯多德和阿拉伯人的接觸有顯著表現的，是哈爾斯的亞歷山大（卒於一二四五年），他有「不可辯駁的博士」（Doctor irrefragabilis）的稱號。[37] 霍亨士陶芬氏皇帝腓特力二世派人從君士坦丁堡取來亞里斯多德的著作，並命人把它們翻譯成拉丁文。[38] 起初當亞里斯多德的著作剛出現時，教會曾給予許多阻難；閱讀亞里斯多德的《形上學》和《物理學》，從這些書中做出的摘錄，以及關於亞里斯多德哲學的講授，均爲一二〇九年在巴黎舉行的教會會議所禁止。[39] 這時主教羅柏特·柯爾采歐來到巴黎，他曾視察了巴黎大學，於是頒布命令：關於亞里斯多德的邏輯著作的正規講授應照常進行，但禁止閱讀並講授亞里斯多德的《形上學》和《物理學》以及關於這些著作的摘錄。他又宣布狄南多的大衛和阿爾馬里以及西班牙人穆里修的著作爲異端。[40] 教皇格雷哥里在一二三一年頒給巴黎大學的詔書中，也未提到《形上學》，宣稱在他的《物理學》一書未經審查並清除任何錯誤的嫌疑

37 布魯克爾，《批評的哲學史》，第三冊，第七七九頁。

38 坦納曼，第八冊，第一篇，第三五三—三五八頁，及同處，第三個小注。（參看約爾丹，《亞里斯多德著作在中世紀的歷史》，施塔耳譯，第一六五—一七十六頁。）

39 坦納曼，第八冊，第一篇，第三五九頁；布拉優，《巴黎大學史》，第三卷，第八十二頁。

40 布魯克爾，《批評的哲學史》，第六九七頁。

以前，禁止閱讀。[41]但是在一二六六年，正與此相反，有兩個紅衣主教宣布：在沒有學習並證明本人能夠解釋指定的亞里斯多德的諸多著作（其中也有《形上學》及一些物理學的著作，）以前，不授給任何人以碩士學位。[42]於是亞里斯多德的邏輯學和形上學便被演繹出無窮的條分縷析，皆歸結成三段論法的形式，這些形式和條目主要地構成處理材料的根本原則。

在注釋亞里斯多德著作的人們中，最出色的人物特別應該提到：

（二）大阿爾柏特

大阿爾柏特是最著名的日耳曼經院哲學家，出身於波爾士泰特貴族；馬格努斯〔Magnus是「大」的意思〕或者是他的姓，或者是由於他的名聲很大而獲得的。他於一一九三或一二〇五年生於史瓦本地區的多瑙河上的勞英根城，最初在巴杜亞〔在義大利〕大學學習，在那裡他的研究室現在還陳列著供遊客參觀。一二二一年他成爲多明我派的僧侶，後來居住在科隆作爲多明我派在日耳曼的教團管區長，死於一二八〇年。

據說他在青年時期是很魯鈍的，後來聖母瑪利亞和另外三個美女出現在他的面前，鼓勵

41 布拉優，《巴黎大學史》，第一四二頁。

42 勞諾伊，《亞里斯多德的命運在巴黎學院中的變遷》，第九章，第二一〇頁。

他研究哲學，把他從理智的軟弱中拯救出來，並預言他將要使教會放光明，並且儘管他的學問很好，卻須爲正教而死。事實也確是這樣。因爲在他死前五年他很快地就又忘記了他所有的哲學，並且眞實是陷於愚蠢，帶著他早年的正統信仰死去。因此關於他人們常傳說一個古老的諺語：「阿爾柏特很快地從一個驢子變成一個哲學家，又很快地從一個哲學家變成一個驢子。」因爲他的學問特別被人們了解爲魔術。因爲雖說眞正的經院哲學與魔術是不相干的，甚至可以說對於自然是完全盲目的，而他卻從事於自然事物的研究，除了別的發明外，他特別完成了一個說話的機器，他的學生，湯瑪斯·阿奎那看見這個機器，大吃一驚，甚至打了它一拳，因爲他認爲那是一個魔鬼的作品。當他在一個冬天在一個盛開著花的園子中款待英格蘭的威廉[6]時，他是被當成有魔術的人。[43]而我們在《浮士德》中覺得冬天花園是很自然的。

阿爾柏特曾經寫了許多事物，現在都還留下有二十一巨卷的書。他曾經寫了關於一個希臘法官狄奧尼修斯的著作，他注釋了思維大師比埃爾·隆巴德的著作，他特別熟習阿拉伯人和猶太神學博士的著作，正如他對於亞里斯多德的著作有了豐富知識一樣，雖說他本人既不懂希臘文，也不懂阿拉伯文。他也寫了一些關於亞里斯多德的物理學的東西。他缺乏哲學

[6] 據英譯本（第三卷，第七六頁）考證，阿爾柏特所接待的是荷蘭國王威廉，不是英格蘭的威廉。——譯者

43　布魯克爾，《批評的哲學史》，第三冊，第七八八—七九八頁。

史的知識，有一件事可作爲例子。他認爲伊比鳩魯學派的名稱的來源是由於他們遊手好閒（ἐπὶ，cutem），或者來自cura，因爲他們好做許多無益之事（supercurantes）。他把斯多噶學派想像成教堂中唱聖詩的人那樣創作歌曲，並在廊子下走來走去。在這裡他旁徵博引地指出，初期哲學家都用詩歌的形式表達他們的哲學，並把寫出的詩歌在廳堂裡的廊子下唱出，因此他們被稱爲站在廊子下面的人（Stoici）。[44] 據說阿爾柏特曾經列舉出如下的人當作初期的伊比鳩魯學派：海希奧德、阿塔利烏斯或阿卡留斯（我們對於他毫無所知）、開西納，別人稱他爲德丁努，是西塞羅的一個朋友，和以撒克，一個以色列哲學家（我們眞不知道，他是如何達到這個結論的）；另一方面，他舉出斯珀西波斯、柏拉圖、蘇格拉底和畢達哥拉斯作爲斯多噶學派。[45]

這些軼事給了我們一個關於當時的文化情況的圖像。但主要的事情是對於亞里斯多德的熟習，特別是對於他的邏輯學，這是從早期就保存下來的。透過亞里斯多德的邏輯增加了辯證的煩瑣，抽象理智的形式發揮到了極致，而亞里斯多德的眞正的思辨思想卻被這種外在性亦即非理性的精神置之腦後。

44 大阿爾柏特，《全集》，第五卷，第五三〇—五三一頁。

45 伽桑第，《伊比鳩魯的生平》，第一卷，第十一章，第五十一頁。

四、唯實論和唯名論的對立

進一步必須提出來說的，是中世紀所最感興趣的一個主要觀點。一個特殊的哲學問題，即**唯實論者和唯名論者**所爭執的問題，幾乎持續地經歷了經院哲學的整個時期。一般而言，他們所爭執的是關於共相與個別的形上學的對立，在幾個世紀中經院哲學都從事這個問題的論辯，這是經院哲學很大的光榮。我們必須區別開早期的和後期的唯名論者和唯實論者。

（一）羅瑟林

這個爭論的起源應該追溯到十一世紀；在這時著名的阿柏拉爾已經作爲羅瑟林的反對者而出現。羅瑟林是老一輩的唯名論者，他還曾經著書反對三位一體說，[46]他於一〇九二年爲梭瓦松的一個宗教會議宣告爲異端；[47]但是他的影響卻很小。阿柏拉爾也是老輩的唯名論者。

問題的焦點是共相，亦即普遍者或類，事物的本質，也就是柏拉圖所謂理念，如存在、

46 安瑟莫，《論三位一體的信仰》，第二—三章；《書信》，第四十一編，第十一封。

47 坦納曼，第八冊，第一篇，第一五八頁。

人、動物。柏拉圖的繼承者堅持這種共相的存在；他們把共相加以個體化，照他們講來，桌子性也是實在的。現在爭論的焦點在於：究竟共相是在思維主體之外自在自爲地存在的實在的事物，獨立於個別存在的事物呢，還是只是一個名詞，只在主觀的表象之內，是一個思想物。我們對於事物形成表象，說「這是藍的」；藍就是一個共相。問題是：這樣的共相是否在思想之外實在，因而作爲個別事物而存在，獨立於事物的個別性，並且彼此互相獨立？凡主張共相在思維的主體之外，區別於個別事物，是一個存在著的實在，並認爲只有理念才是事物本質的人，就叫做唯實論者，這和我們今天所謂實在論意思恰好相反。這個名詞在現時有這樣的內容，即事物像它們直接地那樣就具有眞實的存在；唯心論與此正相反。後來人們把認唯有理念具有一切實在性的哲學叫做唯心論，因爲唯心論者認爲事物像它們表現在個別性中那樣是不眞實的。經院哲學中的唯實論堅持共相是一個獨立的、自爲的、存在著的事物：理念不像自然事物那樣，是不會毀滅的，是不變的，並且是唯一的眞實存在。反之，另外一面，唯名論者或形式主義者堅持共相只是表象、主觀的一般化、思維心靈的產物；當人們形成類等等的觀念時，這些共相僅僅是名字、形式、一個由心靈構造出的主觀的事物，是爲我們的、被我們所造成的表象，因此只有個別的事物才是實在。

這就是他們所討論的對象。這個對象具有很大的意義，這比古代人所知道的任何對立都高得多。羅瑟林認爲一般的概念僅僅起源於語言的需要。他斷言共相不外是單純的抽象概念：理念或共相、存在、生命、理性都僅僅是類名，本身沒有眞實性。眞實存在著的東西只是在個體中，並不是存在本身。有生命的東西只是在個體中，單就生命的本身而言，是沒有什麼自己的普遍實在性的。[48]關於唯實論者和唯名論者的歷史，在別的方面都很模糊，我們所知道的，在神學方面比在這方面爲多。他們具有多種不同的意見和不同程度的差別。

（二）蒙泰格納的瓦爾特

蒙泰格納的瓦爾特（死於一一七四年）目的在於結合個別與普遍，他說：共相必定是個別的，共相本質上必定是與個體相結合的。[49]以後這爭執的雙方便以湯瑪斯派和斯各脫派著稱，前者由多明我派的湯瑪斯·阿奎那而得名，後者從方濟各派的約翰·鄧斯·斯各脫而得名。

不過原來的問題「普遍的概念是否具有實在性，並且在什麼程度下具有實在性」的解答卻經歷過許多不同的變異，因而爭執的雙方也就有著不同的名稱。極端的唯名論者宣稱普遍的概念只是單純的名字，只承認個體事物有實在性：普遍者（共相）僅僅在語言中有實在性。反之唯實論認爲：在個體事物中沒有實在性，唯有共相才有實在性，並且認爲那區別個體事物的僅僅是一個偶性或純粹的差別性。他們都不能正確地從一面過渡到另一面。他們之中有一些人認識到「個體化是一種否定」這一正確思想，他們知道，個體是對於普遍，甚至

48 李克斯納，《哲學史手冊》，第二冊，第二十六頁（第一版）；安瑟莫，《論三位一體的信仰》，第二章。

49 坦納曼，第八冊，第一篇，第三三九頁；約翰·薩利斯伯雷，《形上學邏輯家》，第二卷，第二章。

於最普遍者、存在、實有的限制。另外一些人認爲：這限制本身就是某種肯定的東西，不過是和共相沒有結合在一起，而和共相有著一種形上學的聯繫，亦即像思想與思想間那樣的聯繫。這意思就是說，個體只是原來已經包含在普遍概念之內的東西的更明晰的表現而已；因而便認爲概念雖說是可區別的，或建立有差別性，但仍然是簡單的。此外，存在、實有純全地是概念。[50]

湯瑪斯是一個唯實論者，他認爲普遍的理念是不確定的，並認爲個體性是在特定的物質（materia signata）裡，亦即在有長寬高的「物質或規定性裡。那原始的原則是普遍的理念，形式作爲純粹的能動者」（亞里斯多德）能獨立存在；形式與質料的同一、質料本身的形式卻與原始原則相距很遠，而思維的實體乃是單純的形式。[51]在斯各脫看來，共相卻是別個的一。一也可以出現在別的事物裡面，那不確定的質料透過一種內在的增加而成爲個體；事物的本質是它們的實體性的形式。[52]他曾經對於這方面的問題絞盡腦汁。形式主義者

50　提德曼，《思辨哲學的精神》，第五冊，第四〇一—四〇二頁；蘇阿勒茲，《形上學的論辯》，第一論辯，第六節。

51　提德曼，《思辨哲學的精神》，第四冊，第四九〇—四九一頁；湯瑪斯．阿奎那，《論實有和本質》，第三、第五章。

52　提德曼，《思辨哲學的精神》，第六〇九—六一三頁；斯各脫，《思維大師注》，第二卷，第三篇，問題一—六。

承認共相只是在直觀著它們的神的和人的理智中的理想的實在性。[53]由此足見，這和我們最初所看見的經院哲學家尋求並提出對於上帝存在的所謂證明的思想是密切聯繫著的。[54]

（三）威廉·奧坎

唯心論者和實在論者的對立誠然很早就已經出現了，但只是到了後來，特別是由於方濟各派的奧坎才發展了並走到極端。威廉·奧坎生於英國蘇萊郡的奧坎村，有 Doctor invincibilis（無敵博士）的徽號，他的全盛時期是在十四世紀初年。自奧坎以來，這個爭論便喚起了一般的興趣。他的生年無人確知。他是以運用邏輯武器的熟練而十分著名：善於敏銳的分析，很會找出正面和反面的理由等等。他在阿柏拉爾之後現在又把這個問題提上日程，他是唯名論的一個主要的健將，而唯名論直到那時只有個別維護者如羅瑟林、阿柏拉爾。他的門徒被叫做奧坎派，方濟各派的人多是奧坎主義者。而多明我派的人，擁護湯瑪斯·阿奎那，則稱爲湯瑪斯派。宗教上的宗派關係又摻入了政治。在一三二二年方濟各派的會議上以及別的地方奧坎和他的那一宗派捍衛了君主的要求。如法國國王和日耳曼皇帝巴

53 李克斯納，《哲學史教本》，第二卷，第一一〇頁。

54 參看本書邊碼 163-169。

伐利亞的路易的要求，並堅決地反對教皇的擅權。威廉・奧坎對皇帝說過這樣的話：「你用刀捍衛我，我用筆捍衛你。」因此他那宗派同多明我派的對立在政治方面也是極其重要的。一三二八年他被逐出教會，於一三四三年死在慕尼黑。[55]

在奧坎的一本著作裡提出這樣的問題：「一個直接地並且切近地用共相或共名表達的事物，是不是一個在靈魂之外眞實的實物，這事物是否對它所共同稱謂的事物說來是內在的和本質的，而且實在地是與它們區別開的？」[56]對於唯實論者所肯定的這種看法，奧坎曾給予這樣的陳述：「有一種意見認爲每一個共相、共名是一個實在地存在於靈魂之外的實物，並且存在於每一事物和個別事物之內，而且認爲每個個體事物的本質實在地同每個個體事物有區別」，這就是說，個體事物與其個體性有區別——「並且同每個共相有區別。所以普遍的人是一個在靈魂之外的眞實的實物，這個人的共相實在地存在於每一個人之中，與每一個人有區別，與一般有生命的東西有區別，並且與普遍的實體有區別，因而與一切種和屬有區別，不論是從屬的或非從屬的。」這裡所謂共名或共相並不與自我、主觀性的最高點相同一。我們說：人存在著、人是有生命的、有理性的等等；在這裡，人、理性、存在、生命都是賓詞、共相。所有這些概念不論類和屬，從屬的和非從屬的——都被孤立起來當作獨立地

55 布魯克爾，《批評的哲學史》，第三冊，第八四六—八四八頁。

56 奧坎，《思維第一書注》，第二篇，問題四。

存在著的個體。（從屬的概念如顏色等，非從屬的概念如本質等概念。）「有多少普遍的賓詞」——例如：質——「就有多少像個體事物那樣的眞正不同的實物，每一個這種的實物和另一個，並且和那些個體事物都有區別」，但每一個卻又仍然是單一的；「所有那些實物本身並不是複多化的，儘管每一種同類的個體事物是複多化的。」[57]這是對於每一個普遍規定的分離和獨立的最生硬的看法。

奧坎駁斥了這種認思想、表象、概念、一切爲實物的看法。（他說：「數目上是一的東西，不可能出現在幾個主體或個體中而不受到改變或複多化。科學一貫地僅限於關於已知事物的命題。因此命題中的各個詞究竟是靈魂之外的已知的事物，或者只是在靈魂之內的東西，乃是無關輕重的問題。因此對科學說來，假定有所謂實在地與個體事物相區別的普遍事物，是沒有必要的。」）[7]

奧坎並進一步說：「實在的科學與理性的科學的區別並不在於：前者研究事物，以致事物本身會是被認識了的命題或命題中的部分，因而後者便不研究事物；而其區別乃在於在實在的科學中被認識了的命題中的部分或名詞指謂著事物，而在理性的科學中則指謂著別的名

---

57 奧坎，《思維第一書注》，第二篇，問題四。

[7] 按奧坎駁斥唯實論者這段話相當重要。這是從英譯本第三卷第八十四頁、俄譯本第三卷一四六頁增補的。——譯者

詞。」[58]

按照斯各脫：「在靈魂之外存在著的實物，是實在地和一個特定的個體的限制性的差異具有同一性質，其區別只是形式的，本身既不是普遍的也不是個別的，而是在實物中爲不完全地普遍而在理智中則爲完全地普遍。」[59]

奧坎提出別的意見來反對唯實論，而他自己不立刻做出決定，但大體上贊同這個意見，即「共相並不是一種實在的東西，並非是既不在靈魂中、亦不在事物中，而單獨有其主觀的存在的東西。共相是一個設想出來的東西，但它卻在靈魂中有其客觀的存在」。但卻沒有與它相符合的對象性。「當理智在靈魂之外知覺到了一個事物時，它在心靈中形成一個相似的表象；所以如果理智有創造力的話，它可以〔像一個藝術家那樣在主體裡〕創造出一個數目上的個體。如果有人不滿意於把這種表象說成是**製造出來的**，那麼我們可以說，這個表象乃是一個概念，這概念作爲在靈魂之外的事物的符號〔主觀地〕存在於心靈中，〔正如說話所用的語言是事物的符號，人爲地製造出來用以標記所指謂的事物〕。」[60]據坦納曼說：「按

58 奧坎，《思維第一書注》，第二篇，問題四。
59 奧坎，《思維第一書注》，第二篇，問題六（坦納曼，第八冊，第二篇，第八五二—八五三頁）。
60 奧坎，《思維第一書注》，第二篇，問題八。（方括號裡的字根據英譯本，第三卷，第八十五頁增補。——譯者）

照這個學說，經院哲學家所異常注意的個體化的原則便被拋置在一邊了。」[61] 這就是經院哲學家所討論的主要問題，這問題本身是非常重要的。

經院哲學家所留下來的對於共相的規定，對於近代的文化是極爲重要和有意義的。共相是一，但不是抽象的，而是被表象的、被思想爲包括一切在自身內的一。亞里斯多德認共相爲範疇，〔在判斷中爲主詞的賓詞，在三段論式中共相則爲大詞。〕在柏羅丁，特別在普羅克洛那裡，共相被認作不可言說的一，只有透過它的從屬的形式才可以被認知。「那些依賴於它的東西便叫做神靈；因此那構成它們的特定性的不可知的實體，便有可能透過後者加以認識。因爲一切神聖者和不可認知者，由於與不可言說的一是血肉相關聯的，也是不可言說的。但是它的特性卻可以從分享它的神性的事物中、從變化的過程中去認識。於是被思維者、眞實存在者便迸射出來。因此眞實存在者就是被思維的神聖者，而且是不可言說者，在理性之先就實現了的東西。」[62] 基督教是**天啟的**宗教，上帝是三位一體，因此上帝是啟示了的，不是三與一分裂開的，反之，一正是三位的本身，亦即爲他物而存在著的、自身相對的。〔在新柏拉圖學派那裡，〕共相只是胚胎、萌芽、初發展者（*πρόσερον*，*πρό-προάγειν*），在柏拉圖和亞里斯多德那裡，共相就是全，是一切、是一切在一中（*ὅλον*，

61 坦納曼，第八冊，第二篇，第八六四頁。

62 普羅克洛，《神學要旨》，第一六二章，第四八三頁。

πᾶν，πάντα ἕν）。

奧坎有許多信徒。[63]唯名論者和唯實論者的爭論異常凶猛熱烈地進行著。現在我們還可以看得見，教堂中兩個對立宗派的講臺被一塊木板隔開，使爭論的雙方不致打起來。[64]從這時起神學的講授便有了兩個不同的形式。

（四）布里丹

布里丹是一個唯名論者，他傾向於決定論者一邊，認爲意志是環境所決定的。有人曾經提出驢子作例證去反對他，說假定有一個驢子站在兩堆同樣大、同樣遠的乾草之間，（如果它沒有自由選擇的意志，）將會餓死。[65]

方濟各派的人多爲奧坎派，多明我派的人多爲湯瑪斯派，兩個宗派間的嫉妒導致兩個黨派間的傾軋。巴黎大學發布禁令、教皇頒布詔書以反對奧坎。[66]巴黎大學禁止講授奧坎的學

63 坦納曼，第八冊，第二篇，第九〇三頁。

64 參看布魯克爾，《批評的哲學史》，第三冊，第九一一—九一二頁。

65 坦納曼，第八冊，第二篇，第九一四—九一九頁。

66 坦納曼，第八冊，第二篇，第九二五頁。

說和引證奧坎的著作。[67] 一三四〇年頒布了這樣一道禁令：「不許任何教師直接地或藉文字的解釋宣稱他所讀到的著作家的一句熟知的話爲錯誤的；反之，必須或者承認他，或者區別開眞的和錯誤的意義，因爲不然就恐怕會有像這樣的危險後果：《聖經》中的眞理也會同樣隨著被拋棄。任何教師都不應該斷言沒有命題能加以解釋或加以更確切的規定。」[68] 這兩個黨派由於法國內戰而變成政治性的。[69] 路易十一於一四七三年下令沒收唯名論者的書籍，並禁止講授他們的學說。一四八一年這些禁令又被取消了。在神學院和哲學院中，據說亞里斯多德和他的學說的闡述者阿維羅伊、大阿爾柏特、托馬斯·阿奎那被解釋著和被研究著。[70]

五、形式的辯證法

研究辯證法的興趣達到了很高的程度；不過這種辯證法帶有很形式的性質。其次就是無窮盡的製造專門名詞，因爲這種對形式辯證法的興趣很巧妙地造出一些沒有任何宗教和哲學

67 布拉優，《巴黎大學史》，第四卷，第二五七頁；坦納曼，第八冊，第二篇，第九三九頁。

68 坦納曼，第八冊，第二篇，第九三九－九四〇頁；布拉優：《巴黎大學史》，第四卷，第二六五頁。

69 坦納曼，第八冊，第二篇，第九四四－九四五頁。

70 坦納曼，第八冊，第二篇，第九四五－九四七頁；布拉優，《巴黎大學史》，第五卷，第七〇六頁、第七三九－七四〇頁。

意義的對象、問題、疑問，藉以練習使用辯證法。最後關於經院哲學家還須指出的，是他們不僅把一切可能的理智的形式關係帶進教會的教義，而且又把這種自身靈明的對象、理智的表象和宗教的觀念（教條和幻想）表述爲直接地感性的現實的東西，並把它們拉下到完全感性關係的外在性，而且按照這些感性關係予以系統考察。誠然，精神的東西原來是基礎；不過由於首先從那樣的外在性去了解，他們已同時把精神的東西弄成某種完全非精神性的東西了。因此人們可以說，他們一方面深刻地研究了教會教義，另一方面他們又透過極其不適當的外在的關係把教義世俗化了。於是在這裡我們看見了那種最壞意義下的世俗性。因爲教會的教義本身包含著一個歷史的環節，一個外在方式的規定，基督教原則本身便包含有這一方面在內，在基督教歷史的形成過程中，曾經出現了一大堆形象化的觀念，這些觀念誠然和精神的成分相聯繫，但已經轉變爲感性的關係了。如果把這些感性關係加以誇大引申，就會產生一系列我們絲毫不感興趣的對立、對比、矛盾。經院哲學家便抓住了這一面，而用有限的辯證法去處理它。對於這個時期的經院哲學家，人們後來曾予以無窮的譏笑。

關於這點我願意舉出一些例子。正如好奇心在抽象理智的科學中可以得到舒適自如的滿足，不求獲得概念，只圖尋求單純的事實，同樣地，經院哲學也正好是經驗科學的反面。他們主要地做了一個區別，把眞正的不容辯論的教義與附屬於教義的關於超感官世界的各個不同的方面和差異分別開。後者被認作是和教會的教義可以相脫離的，常常只是暫時地可以相脫離。於是教義便如此地不確定，以致必須援引教父們來證明一切，有時直至召開宗教會議或召開特殊區域的宗教會議來決定。對於提出來證明教義內容的論證，人們可以爭論，除此以外，還有對於許多可以爭辯的內容的了解，他們可以用有限的三段論式和有限的形式儘量予以發揮。他們的這類研究已經蛻變成爲一種完全空疏形式的無聊爭辯，在那些高貴的人們，即那些聞名的博士和著作家那裡，則不是如此。

（一）托勒多的大主教猶利安

例如：有托勒多的大主教**猶利安**這樣的人，就曾以絕大的熱忱（就像許多考據家研究希臘詩的重音、韻律或詩句的劃分那樣）去解答那些包含著荒謬的前提的問題，彷彿人類的拯救都仰仗他對那些問題的解答似的。例如：關於死了的人便提出了這樣一些問題。死了的人是要復活的，這是教會的教義：但是對復活的教義，就加上說，人的肉體是否也復活呢？類似這樣的問題便走進感性範圍之內了。又如關於復活者還有下面這樣的一些問題：「那死了的人將在什麼年歲復活呢？他復活時作爲兒童或青年呢？還是作爲成人或老年人？他復活時的相貌如何？體格怎樣？是不是胖子復活後仍然是胖子，瘦子復活後仍然是瘦子？在復活的生活中男性女性的區別是否繼續存在？那些在今生已經脫落了指甲和鬚髮的人，復活後是否又重新長著指甲和鬚髮呢？」[71]

71　坦納曼，第八冊，第一篇，第六一頁；克拉墨爾，《續波須埃》，第五部，第二卷，第八十八頁。

（二）帕沙修．拉德柏特

在八四〇年左右還發生了關於耶穌誕生問題的爭論，問題是耶穌的誕生是自然的還是超自然的？這個問題引起了長期的爭論。帕沙修．拉德柏特寫了兩卷書：《關於童貞女的幸福》的誕生」（*De partu beatae virginis*）；此外關於這個問題還有過許多辯論，寫出過許多著作。[72]他們甚至還討論到產科醫生，並且認爲產科醫生可以處理這個問題。許多奇奇怪怪的問題他們都想到了，那些問題我們稍有常識的人再也不願去想它。

關於上帝的智慧、全能、預見和預定的問題，也同樣導致很多抽象無味的論辯的對立。比埃爾．隆巴德曾經討論了關於三位一體、世界的創造、人的墮落、關於天使和天使的次序和等級等問題，在他那裡就提出了這樣的問題：「當沒有任何被創造物的時候，上帝的預見和預定是否會有可能？在創造世界以前，上帝在什麼地方？」斯特拉斯堡的湯瑪斯（卒於一三五七年）回答道：上帝現在在哪裡，那時它就在哪裡，它在它自身之中，因爲它是自身滿足的。[73]那一問題只涉及一個地方性的瑣碎的與上帝不相干的規定。隆巴德進一步問道：「上帝是否能夠知道比它所知道的更多的事物？」他好像以爲在上帝那裡可能性和現實性還

72 坦納曼，第八冊，第一篇，第六十一頁；布拉優，《巴黎大學史》，第一卷，第一六九頁。

73 李克斯納，《哲學史手冊》，第二冊，第一五三頁。

仍然是區別開的。「上帝是否在任何時間內都能夠做他曾經做過的事？天使們於被創造出來之後是在什麼地方呢？天使是否永遠存在？」諸如此類關於天使的問題還有一大堆。此外還有像這樣的問題：「亞當是在多大年歲被創造的？爲什麼夏娃是從男人的肋骨裡面而不是從男人身上別的部位中取出來的？爲什麼夏娃之被取出是在人睡著的時候而不是在人醒著的時候？爲什麼那些最初的人在天堂之中沒有男女交媾？如果人們不曾犯罪，他們如何會開始繁殖？在天堂中嬰孩誕生下來肢體是否得到充分發育、器官是否得到充分使用？爲什麼只是聖子，而不是聖父或聖靈變成了人？」殊不知這正是聖子的概念。「上帝是否也可能具有女人的形象？」[74]

還有許多類似這樣的問題，是由嘲笑這種辯證法的人所增加的，例如：愛拉斯謨在他的《愚人頌》（*Encomium moriae*）裡提出了這些問題：「基督是否有生幾個兒子的可能？像這樣的話是否可能：作爲聖父的上帝是否恨他的兒子？上帝是否可以被假定爲婦人？上帝是否可以變成魔鬼？上帝是否也可以顯現爲驢子或南瓜的形象？在什麼方式下南瓜會說教，會創造奇蹟呢？如何可以被釘在十字架上呢？」[75]他們就這樣做出種種抽象理智的胡亂聯繫和瑣碎區別，沒有任何意義和思想性。主要之點在於他們像野蠻人那樣去看待神性的事物，並

---

[74] 坦納曼，第八冊，第一篇，第二三六－二三七頁。

[75] 布魯克爾，《批評的哲學史》，第三冊，第八七八頁。

用感性的規定和關係去把握它們。他們就這樣對於純粹精神的事物應用一些完全感性的固定觀念和一些毫無意義的外在形式去加以把握，這樣就把精神的事物世俗化了，就像漢斯·薩克斯把神靈的故事加以紐倫堡化那樣。如在聖經中關於上帝的震怒、關於上帝創造世界的那些故事裡，便說上帝做了這事或那事，做了一些人類所做的事情；上帝並不是那樣異己的事物，而是一個有喜怒、有人心，並非不可接近的存在。但是把上帝引進思想的領域，認眞地去理解它的本質，乃是另外一回事。與此相反，提出一些正面和反面的論辯，卻不解決問題，絲毫無濟於事。因爲他們據以辯論的那些假定都是那樣一些感性的、有限的規定，因而也就是一些無窮的瑣碎區別。這種理智的野蠻作風乃是完全無理性的。看起來這就有點像給豬的頸上戴上一條金項鍊。基督教的理念乃是太一，高貴的亞里斯多德的哲學也是如此；兩者都已遭受到極度的汙蔑。基督徒褻瀆他們的精神理念竟然到了這樣的地步。

六、神祕主義者

現在我們已經揭示了考察經院哲學時必須注意的主要環節。我們甚至還看見了經院哲學家如何世俗化了基督教，帶進了一些煩瑣的理智區別和感性關係到本質上是自在自爲的精神的、絕對的和無限的事物裡面。就最後這一個方面看來，還必須指出，與這種有限化（無限對象）的傾向相反，另外還有個別的高尚的人、高尚的精神。必須舉出許多偉大的經院哲學家，他們被稱爲**神祕主義者**，以表示區別於那些眞正的教會的經院哲學家，雖說兩者是密切聯繫著的。神祕主義者很少參加那種煩瑣的辯論和論證，就教義和哲學見解看來，他們保持相當的純潔性。他們之中有一部分是虔敬的、富於精神修養的人物，把哲學研究按著新柏拉圖學派哲學的方式推進：在早期有斯各脫·愛里更那。在這裡面人們可以找到純眞的哲學思想，這也就是人們所謂神祕主義。它深入到內心，和斯賓諾莎主義很相似。這些神祕主義者又從眞實的情感中創獲了道德和宗教精神，並且在這個意義之下給予哲學以不少的見解和啟示。

（一）約翰·查理爾

約翰·查理爾，通常又叫做葉爾生或格爾生的約翰，生於一三六三年，他寫了一本書叫做《神祕的神學》（*Theologia mystica*）。[76]

（二）薩貝德的雷蒙

薩貝德或薩拜德的雷蒙，十五世紀的西班牙人，一四三七年左右任都魯斯大學教授，他也曾著了一本書叫做《自然神學》（*Theologia naturalis*），他這書是以一種思辨的精神來

76 坦納曼，第八冊，第二篇，第九五五—九五六頁。

討論事物的本性、上帝在自然中和在神人合一的歷史中的啟示。他力圖根據理性去向不信仰上帝的人證明上帝的存在、三位一體、創造、生活以及上帝在自然中和在神人合一的歷史中的啟示。從對於自然的觀察，他達到了純粹、單純的上帝；同樣，從對內心生活的體察，他獲得了道德。[77]必須把這種考察的方法與前面那種方法對立，才算得公正地對待經院的神學家。

（三）羅吉爾．培根

羅吉爾．培根對於物理學特別做了研究，不過他沒有發生什麼影響；他發明了火藥、鏡子、望遠鏡；他死於一二九四年。[78]

（四）雷蒙．魯路斯

雷蒙．魯路斯，顯耀的博士（Doctor illuminatus），以建立「思維的藝術」而很著名；他稱他所建立的思維的藝術為「偉大的藝術」（ars magna）。他於一二三四年生於馬約爾

77 李克斯納，《哲學史手冊》，第二卷，第一五七頁；坦納曼，《哲學史》，第八冊，第二篇，第九六四頁以下；提德曼，《思辨哲學的精神》，第五冊，第二九〇頁以下。

78 坦納曼，第八冊，第二篇，第八二四—八二九頁。

加（西班牙東南的一個島）。他是性格奇特、熱情奔放、什麼事物都要去加以追尋摸索的人物之一。他曾迷戀於煉金術的研究，並且以很大的熱情研究一般科學。他還具有火熱的不停息的想像力。在青年時期他過著放蕩的生活，很早他就沉溺在種種享樂之中。後來他隱居於荒涼的深山中，在那裡他許多次看見了耶穌的形象。這樣，在他的熱烈的天性中就產生了一種衝動，要獻身去在亞洲和非洲的回教徒中傳播基督教的幸福生活。為了宣教的工作，他學習了阿拉伯文，遊歷歐洲和亞洲，以尋求教皇和歐洲各國國王的支持；同時他又從事於他的「思維的」藝術的研究。他曾經受到迫害，經受了許許多多的疲勞、艱險、死的危險、拘禁、虐待。在十四世紀初期他在巴黎住得很久，完成差不多四百種著作。在度過了一個極度不安的生活之後，被尊敬為一個聖者和殉道者——他死於一三一五年，這是由於他在非洲所遭受的種種虐待的後果。[79]

他的**藝術**是關於思維的藝術。確切點說，他這個人的主要的努力在於羅列和依次排列一切概念的規定、純粹的範疇，以便把一切對象都納入其中，據以規定一切對象，以便很容易地對於每一個對象指出那些可以應用去把握它的概念。他是這樣地系統，以致變得很機械。他曾經制有由圓圈構成的圖表，他把三角形畫入圓圈之內，藉以表示圓圈是根本，透過三角形可以達到圓圈。在這些圓圈之內，他排列了各種概念規定，並且盡可能完備地把那

79　李克斯納，《哲學史手冊》，第二冊，第一二六頁；坦納曼，第八冊，第二篇，第八二九－八三三頁。

些範疇羅列出來。那些圓圈中有一部分是不動的，另一部分是可動的，把這些可動的圓圈和賓詞相比較，看是否適合。爲了要得到正確的聯繫，必須按照一定的方式來排列圓圈。透過旋轉的規則，各個賓詞便可以相互聯繫，據說透過這些思想規定，普遍的科學就可以建立起來。他畫了六個圓圈，其中有兩個表示主語，有三個表示賓詞，而最外面的一個圓圈則表示可能的問題。關於每一類，他提出了九個規定，他選用了九個字母 BCDEFGHIK 來標誌這些規定。這樣，他就寫上（一）九個絕對的賓詞圍繞著圖表：善、偉大、久（永恆）、力量、智慧、意（意志）、德、眞理、崇高；其次（二）九個相對的賓詞：差異、單一、對立、開始、中間、終結、大、同等、小；（三）是不是？什麼？關於什麼？爲什麼？多大？質如何？什麼時候？什麼地方？如何和憑什麼？（第九項包括著兩個規定）（四）九個實體，如：神、天使、天、人、想像的東西、有感覺的東西、植物性的東西、元素、工具；（五）九個偶性，亦即九種自然的關係：量、質、關係、主動、被動、〔占有、狀態、時間、地點〕；[8]（六）九種道德的關係，九種美德：正直、聰明、勇敢、〔節制、誠實、希望、仁愛、堅忍、虔敬；而最後還有九個邪惡：依賴、憤怒、無恆、怯懦、欺詐、貪婪、淫亂、驕傲、懶惰。〕[9]這些就是他所揭示出來的與可動的圓圈一起的圖表，如果我們轉動

[8] 據俄譯本，第三卷，第一五四頁增補。——譯者

[9] 據俄譯本，第三卷，第一五四頁增補。——譯者

這些圓圈，並把它們彼此放在一起，我們就可以在適當的方式下把所有的實體與隸屬於它們的絕對的和相對的賓詞聯繫起來。透過在所畫的同樣的三角形中產生的聯繫，透過這些聯繫，就可以規定一切具體的對象，一切的眞理、科學和知識。[80]這就叫做魯路斯的藝術。

參、一般經院哲學家共同的觀點

在以上這些特殊的闡述之後，我們必須對經院哲學家下一個判斷，做出一種估計。他們研究了那樣崇高的對象、宗教，他們的思維是那樣地銳敏而細緻，他們之中也有高尙的、好學深思的個人、學者。但經院哲學整個講來卻完全是野蠻的抽象理智的哲學，沒有眞實的材料、內容。它不能引起我們眞正的興趣，我們也不能退回到它那裡去。它只是形式、空疏的理智，老是在理智的規定、範疇的無有根據的聯繫中轉來轉去。靈明的世界遠在彼岸，因此

80 坦納曼，《哲學史》，第八冊，第二篇，第八三四—八三六頁；李克斯納，《哲學史手冊》第二冊，附錄第八六—八九頁。諾拉人喬爾達諾·布魯諾，《簡述魯路斯的藝術的結構及補充》，第二節（《布魯諾拉丁文全集》，格弗婁勒編，斯圖加特一八三五年版，第二冊，第二四三—二四六頁）。

不像在新柏拉圖學派那裡——而且充滿了感性的關係，除了聖父、聖子外，還有天使、聖者、殉道者，但卻不是充滿了思想。他們的思想是枯燥乏味的理智形上學。討論這一切有什麼意義？它已經被拋棄在我們後面成爲過去了，它本身對於我們是一定沒有用處的。

單把中世紀叫做野蠻的時代，那對於我們是沒有什麼幫助的。那是一種獨特形態的野蠻，不是純樸、粗野的野蠻，而是把最高的理念和最高的文化野蠻化了。這正是最醜惡形態的野蠻，並且是一種歪曲，甚至用思想對絕對理念加以歪曲。我們看見神聖的世界，但只是外在地在表象中，在枯燥、空疏的抽象理智中。這樣一來，那神聖的世界，雖說按其性質是純粹思辨的對象，卻被抽象理智化了、被感性化了，並不是像藝術那樣的感性化，而是相反地作爲鄙俗的現實性的情形。經院哲學完全是抽象理智的紊亂，像在北日耳曼自然景象中多枝的枯樹那樣。我們在這裡看出有兩個世界：一是生的世界，一是死的世界。神聖的世界對於他們的想像和崇拜乃是住滿了天使、聖者、殉道者的。他們的超感性世界中是沒有自然，沒有思維的、普遍的、理性的自我意識的。他們當前的世界、感性的自然中是沒有神性的，因爲他們認爲自然只是上帝的墳墓，而上帝也是在自然之外。天國是死了的人居住的，只有死後才可以達到天國。自然的世界也同樣是死的，它只有透過天國的顯現和對於天國的希望才有生命，它是沒有現在性的。尋出一些中介性的東西，例如：瑪利亞、聖者、居住在彼岸世界的亡者等作爲聯繫的紐帶，是無濟於事的。天人的和合是形式的，不是自在自爲的，只是人的一種仰望，只有在另外一個世界裡才能得到滿足。

追求無限眞理的重負卻託付給一個野蠻的民族。如果我們要尋找一些正好與經院哲學和神學以及經院式的認識相對立的最容易找到的東西，我們可以說，那就是健康的常識、經驗（外在的和內在的）、自然觀察、人性、人道主義。例如：希臘的人道主義的精神、性格就是這樣的，一切具體的東西，一切對於精神、思維有興趣的東西，都體現或湧現在人的心坎中，都植根於人的情感和思想中。理智的意識和有教化的科學便以這些內容爲其眞實的素材，並且溶化了這素材，而從不脫離內容。認識處處都在致力於它的事情，而且認識的興趣皆以這種材料、皆以自然及其固定的法則爲標準，並據以決定自己的方向。認識忠實於它的自身，認識的嚴肅認眞和玩笑詭辯皆以它的材料爲標準。他們的錯誤思想在這個基礎上目的同樣在於以人類精神的自我意識爲堅固的中心，而他們那些錯誤思想本身也以自我意識爲根源，而在作爲根源的自我意識中去尋求辯護的理由。其缺點所在，僅在於片面地離開了這個根源的統一性及其具體根據和萌芽。與此相反，在中世紀，我們看見，應該表明爲精神的絕對無限的眞理被托付給野蠻的人們，這些人對於人的精神本性並沒有達到自我意識，他們雖說具有人的胸懷，卻還沒有具有人的精神。絕對眞理還沒有實現或現實化它自身於現實的意識裡。反之，人們卻陷於自身分裂；對於人們說來，精神的無限眞理、內容實質，還被放在一個異己的器皿中，這個器皿充滿了物質生活和精神生活的最強烈的衝動，但是那個精神的內容就好像萬鈞重的一塊石頭壓在他們頭上，他們只是感到它的巨大的壓力，還不能消化它，還不能用衝動去同化它。於是他們只有在完全離開自身，在本來應該使他們精神安靜和平和的對象中變得發狂的時候，才能找到安靜，才能找到和合。

這樣，宗教的範圍便局限在這種情況中，宗教的眞正的高貴和美麗的形象便只在很少的個別的人物裡，甚至只在那些棄絕世界、遠離世界、能夠克制情感的人裡，例如：在中世紀的婦女中，或在僧侶及別的隱遁者中，他們在心情和精神的收縮的、深閉固拒的內在性中保持其脫離現實世界的生活。那唯一的眞理是和人孤立絕緣的，它還沒有貫徹其作用於整個精神的現實界。只有那些生活在一個小天地中、局限其自身在宗教內的人們表現了一點點美。

但是另一方面又有一種必要，即作爲意志、衝動、情欲的精神於那樣孤寂禁閉的生活之外，還要求完全另外一個地位、開展和實現，亦即要求這世界是一個有限存在的廣大的天地，並要求這世界是在現實的關係和行爲中的個人、合理性和思想的現實的結合。但是精神的實現這一領域，人的生活這一領域，首先卻被上述眞理的孤立絕緣的精神世界所割斷了。主觀的道德本身大部分具有痛苦和禁欲的特性，倫理也只是這種逃避和遁世，而那對待他人的道德也僅只是一種慈善的行爲，一種短暫的、偶然的、孤立的道德。因此一切屬於現實界的東西都沒有爲這個眞理所貫徹影響；這個眞理只是在天上、在彼岸。那現實世界、那塵世的生活因此就是被神所遺棄的，從而也就是爲武斷的意志所支配的。所以就只有少數的個人是聖潔的，其他的人都是不聖潔的。這些其他的人，我們看見，只是當禮拜的時候，在一刻鐘之內算享有著聖潔性：而在其餘整個星期的期間都是過著最粗糙的自私自利、爭權奪利和最狂烈的情欲生活。當十字軍的隊伍出現在耶路撒冷的時候，全體都祈求著、懺悔著、痛徹肺腑地伏地痛哭並禱告著，看起來這似乎是很美的一幕。但這只是在一頃刻間如此，在這一頃刻之前，就有好幾個月之久在行軍進程中到處都表現出粗野，瘋狂、凶惡、愚蠢、卑鄙、情欲。他們用極大的勇敢摧毀了聖城，以致弄得他們在血液中洗澡，大逞禽獸的狂暴，於是他們又轉爲痛心疾首、懺悔祈禱。後來他們又從跪下懺悔中站立起來了，得到寬恕了，得到淨化了，於是轉瞬又沉陷於一切卑劣可憐的情欲之中，盡情放縱粗野、貪財、好利和好色等情欲。

眞理還不是現實界的基礎。因此整個生活被分裂爲兩部分；我們也就看見兩個王國，即一個精神的王國和一個世俗的王國，皇帝和教皇，彼此尖銳地對立著。教會不是國家，卻是一個王國，有其世俗的統治權，教會統治彼岸的世界，國家統治此岸的世界。兩個絕對的主要的原則彼此互相衝擊；世間的粗野性、個人意志的頑固產生了最堅牢、最可怕的對立。

同樣科學（在中世紀）也是缺乏基礎的。第一，由思維的理智去接近宗教的神祕；而宗教的神祕具有完全思辨的內容，具有只是理性的概念才能把握的內容。但是神祕、精神、這種理性的內容還沒有回復到思維；因此思維是脫離了神的，只是抽象的、有限的理智，本身只是形式的、無內容的思維，即使思維從事於考察神聖的對象時，也缺乏思辨的深度。理智完全是從這樣的對象獲取內容的，它對於那對象是極端生疏的，而那對象對於它也是極端生疏的。理智的抽象推論一般是沒有限制的，所以它毫無準則地做出許多的規定和區別，就好像一個人想要任意造出許多命題、名詞和聲音，並任意加以連綴，而並不要求這些詞句和聲音本身應表達什麼意義（因爲意義、意思是具體的），只求可以說得出來，除了（只在形式上要求）沒有自相矛盾的可能性外，沒有任何限制。

第二，就理智遵循一定的宗教內容而言，理智能夠對宗教的內容加以證明，證明其必然是如此；它證明宗教上的見解，正如證明幾何學上的定理一樣。但這種證明總覺得不夠，總還不能令人滿足。你儘管對宗教的內容加以證明，但我卻還是對它把握不住。安瑟莫的證明就是這樣，從他的證明中人們可以一般地看到經院式的理智思維的特性，[81]只是對於上帝的存在的證明，不是對於它的把握。對於這種理智的見解，我得不到最後的滿足，得不到我所要求的東西；它缺乏自我、缺乏內在的紐結、缺乏思想的眞正的內在性。這種思想的內在性只包含在概念中、個別與一般的統一中、存在與思維的統一中。要想把握住這種統一性，必須認識到，存在〔有其自身特有的辯證法〕，[10]它自己就要歸結到概念。因此思維和存在是同一的。這是思想的內在性，並不是從一個假定必然推論得來。但是在經院哲學裡，思維和存在的本性並不是研究的對象，它們的性質只是被假定的罷了。

第三，但是當理智從經驗、從給予的具體內容、從一定的自然直觀或人的心情、權利、義務出發，因爲這些東西也同樣是人的內在性——發現它的規定可以說是適合於這個內容，從這內容再做出一些抽象概念，例如：像物理學中的物質與力量的範疇時，雖說它的形式具有那樣的一般性，還不足以充分表達內容，但它卻在這些範疇裡得到一個堅牢的據點，可據以決定自己研究的方向，並作爲反思的界限，若不然反思就會漫無準則地馳騁。或者又如人們對於國家、社會、家庭具有具體的直觀，則推理作用也可以拿這個內容作爲堅牢

81　參看本書邊碼 166-168。

[10]　根據俄譯本，第二卷，第一五七頁增補。——譯者

的據點來指導自己，這內容是一種表象，這是主要的事情。這種認識作用的形式方面的缺點是可以被掩蓋住、被忘記的，因爲著重之點並不在形式方面。但是經院哲學卻並不是從這樣的基礎出發。在這種經院哲學的抽象理智裡，他們所接受的乃僅是傳統所留下來的一些理智的範疇。稍後，這種缺乏精神性的理智找到了亞里斯多德的哲學。但亞里斯多德的哲學是一把兩面口的刀子；它是高度明確、清晰的理智，而這理智同時又是思辨的概念。在這種思辨的概念裡，脫離了內容的抽象的理智規定本身是站不住腳的，是轉化著的，是辯證的，只有在它們的結合中才具有眞理性。因此在亞里斯多德那裡，思辨的概念是存在著的，思辨的思維是不會沉陷在形式的反思裡面的，而永遠是以對象的具體本性爲內容的。這種本性就是事情的概念。事情的思辨的本質是一個指導性的精神，它不會讓抽象反思的規定自由地胡亂推論。

經院哲學家把亞里斯多德的哲學作爲外在的事物接受過來。他們並不是從那些足以指導考察的對象出發，而只是從那裡跳到外在的理智，並據以展開抽象論證。因爲這種理智進行思考時並沒有準則，既不以具體的直觀、亦不以純粹的概念本身爲準則，因此這種理智無規範地停留在它的外在性中。他們把抽象的理智規定加以固定化，以致永遠不適合於它的絕對的材料，甚至每一個例子都是從日常生活中採取來作爲材料的：由於每一個情況或具體的事物都與這些理智的規定相矛盾，所以它們只有透過規定、限制才能堅持下去，於是他們就糾纏在無限多的區別之中，這些區別本身同樣應該保持在具體事物之內，並應該透過具體事物而保持下去。所以在經院哲學家的那樣的研究裡並沒有健康的常識。健康常識是不反對思辨的，但必定要反對沒有基礎的反思。亞里斯多德的哲學是這種沒有基礎的反思的反面，正因爲如此，它本身是很不同於這種抽象的研究的。他們的超感官世界的一些表象如天使等等也同樣是固定的，沒有任何標準，他們以野蠻的方式對於這些材料予以進一步的加工，並且用有限的理智、有限的表象、關係同樣地予以考察、加以豐富化。在經院哲學家那裡，思維本身沒有內在的原則，反之，他們的抽象理智卻得到了一套現成的形上學，卻感不到有與具體的內容相關聯的需要。這種形上學被他們勒死了，形上學的各部分是毫無生氣地被支解了、孤立化了。關於經院哲學家，我們可以說，他們是沒有表象、亦即沒有具體內容地而在那裡做哲學思考；因爲眞實的存在、形式的存在、客觀的存在、本質都被他們轉變爲抽象討論的對象了。人們的健康常識是一種基礎和準則，可以代替抽象的理智規定。

第四，於是這種粗糙的理智由於它以它的抽象普遍性爲有效原則，同時就把一切事物都等同、平列了。同樣在政治方面，它也趨向於政治上的一切平等。這種粗糙的理智並沒有否定掉它自身和它的有限性，所以當這種理智被運用來思考天、理念和靈明的、神祕的、思辨的世界時，它把它們都完全加以有限化了。因爲它分辨不出來，它的規定在這裡究竟可以適用還是不適用呢？也分辨不出來，哪裡可以適用有限的規定？哪裡不可以適用？因此就產生了那些毫無意識的問題，產生了毫無意識的努力去解決那些問題。把一些規定應用到和它們毫不相干的範圍裡面（即使在形式上這些推論是正確的），乃是毫無意識的、毫無趣味的，而且是令人起反感的。同樣他們也沒有法子決定應該做出什麼樣的結論；所做出的結論乃基於幻想的表象，是模糊不清的。抽象的理智分辨不出來（也不能分辨出來），爲了進一步明確規定哪些規定應該屬於哪些範圍，以便對於具體的內容加以普遍性的把握。關於天堂中的蘋果，抽象理智便問道，那蘋果是屬於哪一類的蘋果。它找不到從普遍過渡到特殊的橋梁。譬如，法律被區分爲民法與刑法等，其區分的根據並不是從普遍概念本身得來的，因此究竟哪一個特殊規定隸屬於哪一個普遍的對象，是很不確定的。就上帝這個對象來說，例如：在上帝變成了人這個命題裡，上帝和人的關係就不是從他們的本性得出來的。因爲上帝既然一般地要顯示其自身，它就可以用任何一種方法顯示其自身。於是就很容易得出這樣的推論，即在上帝那裡任何事物都是可能的；所以也很可以推論出上帝可以變成南瓜。因爲那普遍的概念是那樣的不確定，無論你用哪一個規定去說明它，都是沒有差別的。

現在我們必須說一說中世紀一般精神的進一步的進展。在學者中間所表現出來的，是對於理性對象的無知和完全令人驚訝的精神生活的缺乏，同樣，在其餘的人中、在僧侶中也表現了最可怕的完全無知。知識的破壞引起了一種變化。由於天、神聖者被那樣地降低了。於是精神便失掉其超出世俗的崇高性，並喪失其對於世俗的精神的優越性了。因爲我們看見，眞理的超感官的世界、宗教（作爲表象的世界）皆爲理智等同一切的看法所破壞了。一方面我們看見用哲學的方式研究教義，但也只是發展了形式邏輯的思想，對自在自爲地存在著的、絕對的內容予以世俗化。同樣，那實際的教會，即所謂存在於地上的天國，卻又和世俗的事物妥協了。它（教會）同時是令人起反感地墮落腐化了、被世俗化了。世俗的事物只應是世俗的事物，但是這個世俗的教會卻同時要享有神聖的事物的尊嚴和權威。所以不僅就知識方面說，同樣就現實方面看來，教會的統治是完全世俗化了，轉而爲爭權奪利享有財富和土地所有權的機構了。於是世俗的事物和神聖的事物兩者開始妥協，區別便模糊了，但並不是採取合理的方式，就教會說來，乃是採取墮落腐化的方式。令人厭惡的習慣和卑劣的情欲、任性妄爲、歡樂無度、賄賂公行、淫蕩、貪婪、犯罪逞兇樣樣都曾經在教會中出現；教會並且建立和確立了一套統治的機構。正是這種超感官的世界在抽象理智方面和在實際教會方面遭受毀壞，不可避免地迫使人離開那個褻瀆了至高神聖的廟宇。

爲了理解由中世紀到近代的歷史的過渡，並理解哲學的觀點起見，我們必須進一步指出經院哲學家所採取的並且相互對立著的那些原則以及它們的發展。因爲精神的理念在這一種以及相似的方式下，它的心臟好像是被刺穿了，遺留下沒有靈魂、沒有生命的肢體在那裡，就那樣由抽象的理智加以處理。這樣一來，思維由於爲外在性所束縛，也就被歪曲了，而精神在思維中也不復爲了精神而活動。那作爲基督在地上的統治而存在的教會，是較高的、統治著的力量，有一個外在的存在與它相對立著；因爲宗教應該統治那有時間性的事物。教會由於征服了世俗的力量，便成爲神權政治，教會本身因而就是世俗的事物，並且是世間上最凶狠、最野蠻的現實。因爲國家、政府、法律、財產、社會秩序，這一切都成爲宗教性的合理的特徵了，亦即成爲本身固定的法則了。世間的等級、階級、各階層以及它們不同的職業，以及善和惡的等級和階段，皆被認作有限性、現實性和主觀意志的表現的形式。只有宗教性的事物才被當成無限性的形式。教會對於一切人間的善的法則皆拋棄不顧，而對於惡和對於惡的懲罰加以永恆化。教會單就其外在的存在而言，也被當成神聖不可侵犯的；對於教會稍有抵觸的，都是異端、都是對於神聖事物的侵犯。與教會有不同的意見，便被處以死刑：就這樣對付異端，對付非正統的基督徒，只要他們對那無限多的最空疏、最抽象的教條規定稍有違反，便被處死刑。這種把聖潔的、神聖的、不可侵犯的事物與世俗的利益混合在一起的作風（而那些世俗利益由於不受規律的拘束，便發展成完全任意妄爲，犯罪逞凶、毫無限制的荒淫無恥），一方面產生了迫害狂，像在土耳其人那裡那樣，另一方面在普通人之中產生了一種對這種恐怖勢力的卑謙和被動的服從。

另一方面，和這種兩重化的趨勢相反，世俗的成分便自在地精神化起來；換言之，它自在地確立起來，甚至採取透過精神以辯護其自身的方式。宗教所缺乏的，是它的頂點的實際存在，它的首腦的實際的現實性；實際和現實性所缺乏的，是思想的、理性的、精神的事物。在十世紀的時候，基督教世界中興起了建築教堂的普遍要求，上帝本身並不出現在教堂中，也不能被看見。基督教於渴望贏得現實性的原則作爲它本身固有的事物時，提高了它自己。這本身固有的原則並不完全眞實地體現在教堂的建築裡、外在的財產裡、教會的權力和統治裡，也不體現在僧侶、教士、教皇身上；它們都不能充分表達那精神的事物。教皇或皇帝並不是達賴喇嘛，教皇只是基督的代辦。基督既然是已經過去了的存在，便只存在於人們的記憶和希望之中。因此基督教藉尋求這眞正的首腦而提高自己；這就是十字軍的主要推動力量。基督徒尋求基督的現在，在迦南地尋求他的外部事物、他的足跡、他受難的山、他安葬的墳墓；他們都尋得了，但墳墓就只是墳墓。「但是你不讓他被埋葬在墳墓裡，你不願意一個聖潔的人肉體腐朽。」不過他們想錯了，他們誤以爲在那裡面可以得到滿足，誤以爲這就是他們所眞正尋求的事物；他們實在不了解他們自己。這些聖潔的地方：橄欖山、約旦河、拿撒勒，作爲空間的外在的感性的現在，而沒有時間的現在，只是過去了的事物、（單純的）記憶，並不是直觀、直接的現在。他們在這裡所尋到的只是他們自己的死滅、自己的墳墓。他們向來就完全是野蠻人，他們所尋求的不會是普遍的眞理，而只是敘利亞和埃及的世界重鎭、地球上的中心點和商業的自由往來；拿破崙就是這樣做的，當他那時人類已變得合理性了。所以這些十字軍透過他們與回教徒的鬥爭，並且透過他們自己殘暴、苦難和令人厭惡的行爲，漸漸意識到在這個問題上他們是欺騙了自己。他們所尋求的事物，他們應該在他們自身之內、在當下的理智中去認取；思維、自己的認識、意願才是神聖的事物親臨的地方。只要他們所做的事、他們的目的和利益是正當的，他們便可以把它們提高成爲普遍的對象，因而它們的實現也是合理性的。世俗的事物是本身就有其普遍性和固定性的，這就是說，它包含著思想、公正、理性在自身之內。

就這個時代一般的歷史情況而論，必須指出：一方面我們看見，精神喪失其自我意識的情況、精神不在自身之內、人們精神上居於分裂不安的狀態，另一方面我們又看見，政治局勢非常穩定，因爲它建立在獨立性的基礎上，而這種獨立性已不復僅僅是野蠻的、自私的了。在前面所說的那一種獨立性裡包含著野蠻的成分，需要使其有所恐懼和畏懾。但是後來法律和秩序出現了。封建制度、農奴制誠然是占統治地位的秩序；但是在其中一切都有一個公正的固定的基礎，這就是說，包含著自由的固定的基礎。法權是以自由爲根本的，有了法權個人便有其存在，他的地位才得到承認。公正就這樣確立起來了，雖說有許多本來應屬於國家的東西，仍然被當作私有的財產。這種私有的關係現在就起來與教會的抹殺自我的原則作對。封建君主誠然把出身認作固定不移的，主要的權利都按照出身來規定；但這卻與印度人的種姓制不同，而在教會的等級制裡每一個出身於最下賤階級的人都可能達到最高的地位。在義大利和德國，有些城市曾贏得作爲「市民共和國」的權利，並且得到了世俗政權和教會權力的承認。在尼德蘭、佛羅倫斯和萊茵河上的各自由城市都富庶繁榮起來。這樣，人們便開始從封建制度擺脫出來，capitani 就是這樣的例子。此外在封建制度內，也逐漸出現權利、社會秩序、自由、法律秩序。語言也採用了「世俗的語言」（lingua volgare），但丁的《神曲》就是這樣。科學也從事於研究當前的材料。

時代的精神曾經採取了這個轉變；它放棄了那靈明的世界，現在直接觀看它的當前的世界、它的此岸。隨著這樣一個變革，經院哲學便消沉了、消失了，因爲它和它的思想是在現實界的彼岸。這樣一來商業和藝術就結合了。在藝術中包含著人從他自身創造出神聖的事物；因爲那時的藝術家是如此地虔敬，他們曾經以無我作爲他們個人的原則：從主觀能力之內產生出藝術表象的也就是他們。與這點相聯繫，世間的事物也意識到它有其本身存在的理由，它也在主觀自由的基礎上確立了自己的原則。個人發揮其積極性於工商業方面；他本人就是自己的證實者和創造者。於是人們就來到了這樣一個階段，自己知道自己是自由的，並爭取他們的自由得到承認，並且具有充分的力量爲了自己的利益和目的而活動。

精神又重新覺醒過來，它能夠深入看見自己的理性，就像看見自己的手掌一樣。教會從前自以爲掌握著在外的、神聖的眞理，而結果卻被束縛在外在性之中，即被束縛在採取任意性、世俗性及一切卑劣的情欲的形式之中。但是當世俗的政權自身獲得了秩序和權利，並且從服役（於教會）的艱苦的訓練中發展起來時，它就感覺到它自己有充分的理由、能得到上帝的支持在當前體現那神聖的事物，並且有理由反對教會包辦神聖的事物、排斥普通人不使分享的作風。世俗的權力、世俗的生活、自我意識已經把那較神聖的、較高的教會原則吸收進自身之內了；因而原來那種尖銳的對立也隨之消失了。但是教會的權力正使得教會粗俗化，因此教會不應該按照現實界、在現實界之內發生效力，而應該在精神中發揮作用。於是在世俗生活中立刻就意識到抽象概念也充滿了當前的實在性，而世俗生活也不復是虛幻的，而是本身具有眞理性的了。這樣精神便恢復了它自身。

這種再生被標誌爲藝術和科學的復興，這是這樣一個時代，在其中精神獲得了對自己本身和自己的存在的信賴，並且對它的現在發生了興趣。眞正講來精神是和世界相調解了，不是潛在地，在空洞思想的彼岸中，在世界的最後裁判那一天，亦即當世界已不再是現實性的時候，而是直接與這世界相關聯，而不是與一個已毀滅了的世界相關聯。那被推動著去尋求倫理和公正的人，不能再在那樣的虛幻的基地上去尋求，而必須向自己的周圍看一看，力圖在別的地方去找到它。他應該去尋找的地方就是他自身、他的內心和外界的自然；在對自然觀察時，精神預感到它是普遍地存在於自然之中。那有限的天國，那被當成無宗教意味的內容，曾經推動它去尋求有限的事物、去掌握現在。

第三篇

文藝復興

以前，比較深刻的興趣沉溺於那無生氣的內容之中，思考迷失於無窮的細枝末節之中，精神現在擺脫了這種狀況，振作起來，挺身要求在超感性的世界和直接的自然界發現和認識自己，成爲現實的自我意識。精神的這種自然的覺醒，就帶來了古代藝術和科學的復甦，表面看來這好像是一種返老還童的現象，但其實卻是一種向理念的上升，一種從出自本身的自發的運動，（而在這以前），靈明世界對於精神毋寧說只是一個外在的現成世界而已。從這裡面就產生出了所有的努力和發明，引起了美洲的發現和東印度航線的發現，特別是對於所謂異教的科學的愛好又復甦了：人們轉而面向古人的作品。這些作品變成了研究的對象。這些作品被當作人文科學（studia humaniora），在其中人的興趣和行爲都受到了認許，而與神聖的東西對立起來；但是它們卻是神聖的東西在精神的現實性中。因爲人本身就是有意義的東西，這一點就使得人們對於人，也就是對於作爲有意義的事物的人，發生了興趣。

與此相連的還有另一方面：由於經院哲學家的那種形式上的精神教養變成普遍的東西，結果必定是思想在自身之內發現和認識自身；由此就產生了理性和教會學說或信仰之間的對立。有一種看法變得很普遍：教會所斷言的東西，理性可以認爲是錯誤的。這一點是很重要的，即理性已經這樣認識了自己，雖然與一般固定的東西處於對立地位。

壹、對古代思想家的研究

要在科學知識方面找尋人的因素，這個願望，最初表現的方式乃是：在西方發生了一種興趣，即接受古人明朗美麗的作品；認識古人，已引起了大家的興趣。但是，科學藝術的復興，特別是古代哲學文獻的研究的復興，最初部分地只是早期原始形態的古代哲學的復興；新的東西還沒有出現。對於希臘作家的研究特別得到復興。西方對於希臘作家原著的認識，是與外在的政治情況緊密聯繫著的。西方人曾經透過十字軍東征，義大利人又透過商業，與希臘人經常接觸；在一部「法典」（corpus juris）尚未被偶然發現之前，西方也是從東方得到羅馬法的，〔但是西方和東方之間〕並無外交關係。現在，在拜占庭帝國不幸顛覆的時候，逃到了義大利的那些極其高貴卓越的希臘人，又使西方和希臘人的東方發生了接觸。這之前，當希臘人的帝國受到了土耳其人的壓迫的時候，已經有過使節派遣到西方來，他們是來請求援助的；這些人都是學者，他們大部分總是在西方住下來，由於他們，這種對古代的愛好就在西方種植下來了。彼得拉克就是這樣從巴爾拉安學習了希臘文的；後者是卡拉布里亞地方的一個僧侶，這地方住著許多像他一樣的人，都屬於聖巴錫耳教派，這個教派在義大利南部有許多寺院，它們用的是希臘的禮拜儀式。這個僧侶在君士坦丁堡認識了一些希臘學者，特別是克呂索羅拉，後者選擇了義大利作爲永久的居留地。這些希臘人使西方認識了古代人的作品、柏拉圖的作品。[1]當人們說（中世紀的）僧侶爲我們保存了古代人的作品的時候，人們實在是給了他們過分的榮譽；這些作品其實是來自君士坦丁堡，至於那些拉丁文的作品當然是在西方保存下來的。現在人們才在這裡初次接觸到亞里斯多德的眞正的作品，因而那些古代哲學也復活了，雖然不免混雜著大量異想天開的成分。

於是，人們一方面尋求古代的柏拉圖哲學的本來面目，一方面又尋求新柏拉圖學派哲學的本來面目；還有亞里斯多德、伊比鳩魯以及西塞羅的通俗哲學首先得到強調，與經院哲學處在矛盾之中；不過，這些努力之值得注意，與其說是由於它們的哲學產品有創見，毋寧說是由於文化的要求。我們還保有這個時期的一些作品，從它們的內容我們可以看出，古代希臘思想家的每個學派，亞里斯多德學派，柏拉圖學派等等，都在那個時候找到它的信徒，但是與古代的信徒完全不同；我們從這些努力上面學不到什麼新的東西。它們只是與文學史和文化史有關。

一、滂波那齊

滂波那齊是亞里斯多德學派中特別出名的一個，他寫了許多著作，其中有一種討論靈魂不死的問題；他遵照一種完全爲當時所特有的方式，指出靈魂不死這回事，他作爲基督

---

[1] 布勒，《哲學史教程》，第六部，第一節，一二五頁—一二八頁；坦納曼，第九冊，第二十二—二十三頁。

徒雖然信仰，但根據亞里斯多德卻是不能證明的。[2]亞維羅伊派斷言幫助思維的普遍理性（νοῦς）乃是非物質性和不朽的，靈魂作爲個別的事物時才是不免於死的：阿芙羅狄的亞歷山大也認爲它是不免於死的。這兩種意見都被一五一三年雷奧十世所召開的貝內文特宗教會議認爲異端。[3]植物靈魂和感覺靈魂滂波那齊認爲是有死的，[4]等等。此外還有許多別的純粹的亞里斯多德學派，特別是到了後來；在新教信徒中間成了很普遍的現象。經院哲學家曾被錯誤地稱爲亞里斯多德學派；因此宗教改革反對亞里斯多德，其實卻是反對經院哲學家們。柏拉圖的、亞里斯多德的、斯多噶學派的和（就物理學方面而言的）伊比鳩魯的哲學都被重新抬出來了。

二、費其諾

人們現在開始特別注意研究柏拉圖；他的主要的作品從希臘來到了西方；希臘人，從君士坦丁堡來的逃亡者，開課講授柏拉圖的哲學。曾任君士坦丁堡大長老的紅衣主教特拉培宗

---

2 滂波那齊，《靈魂不朽論》，第九、十二、十五章；坦納曼，第九冊，第六十六頁。

3 費其諾，《柏羅丁引論》，第二頁；坦納曼，第九冊，第六十五—六十七頁。

4 滂波那齊，《靈魂不朽論》，第九章；坦納曼，第九冊，第六十七頁。

特人貝薩里翁使柏拉圖在西方被人認識了。[5]例如：費其諾就是很卓越的，他於一四三三年生於佛羅倫斯，死於一四九九年，是一個很有才幹的柏拉圖的翻譯者；特別是藉他之力，普羅克洛和柏羅丁的新柏拉圖哲學才復活過來。費其諾還寫了一部《柏拉圖神學》。的確，佛羅倫斯的美第奇家族中的一員，科斯謨二世，甚至於建立了一個柏拉圖學園，這事發生在十五世紀；[6]這些美第奇家族中人，特別是較早的科斯謨、羅棱索、雷奧十世、克雷門七世等，都曾經是藝術和科學的保護者，在自己的宮廷裡面收容研究古典希臘作品的學者們。還有兩個米蘭朵拉的比柯伯爵，即老佐萬尼及其侄子佐萬尼·弗朗索，則毋寧是藉他們的特殊人格和出眾才華而發生影響的；前者曾經提出九百個論題（其中五百個是從普羅克洛那裡拿來的），邀請了一切哲學家來進行一次嚴肅的辯論；他以王侯的風度，負擔起遠道而來的人們的一切費用。

三、伽桑狄、李普修、諾伊希林

稍後，伊比鳩魯哲學（原子論）被復興了，特別是伽桑狄用來反對笛卡兒；從其中引出

5 布魯克爾，《批評的哲學史》，第四冊，第一篇，第四十四—四十五頁。

6 費其諾，《柏羅丁引論》，第一頁；布魯克爾，《批評的哲學史》，第四冊，第一篇，第四十九、五十五、四十八頁。

來的關於分子的學說，在物理學中一直存在到現在。由李普修宣導的斯多噶哲學的復興，就比較薄弱些。卡巴拉學派神祕哲學在諾伊希林（卡普尼奧）身上找到了一個信徒。他於一四五五年生於史瓦本的普弗爾茲海姆，[7]他還翻譯了阿里斯托芬的一些喜劇。他想要把眞正的畢達哥拉斯學派哲學再建立起來，但是一切都混上了許多模糊神祕的事物。當時正有一種計畫在進行著，企圖由帝國頒布一道命令把日耳曼所有的希伯來書籍都加以銷毀，像人們在西班牙所幹的那樣；諾伊希林的功績就在於阻止了這件事的實行。[8]由於字典根本缺乏，希臘文的學習遭遇到極度困難，以致諾伊希林不得不前往維也納，以便在那裡從一個希臘人學習希臘文。稍後，我們在英國的赫爾蒙特（生於一六一八年，死於一六九九年）那裡發現了許多深刻的思想。所有這些哲學，都是與教會的信仰並存而又對它無害地研究的；它們並不具有古代原有的那種意義。這是一大堆的文獻，其中包含著許多哲學家的名字，但都是過去了的，並不具有高級的原則所特有的那種充沛精力，這實在不是眞正的哲學。因此我不再在這上面多談了。

7　坦納曼，第九冊，第一六四—一六五頁；提德曼，《思辨哲學的精神》，第五冊，第四八三頁；布魯克爾，《批評的哲學史》，第四冊，第一篇，第三五八頁。

8　李克斯納，《哲學史手冊》，第二冊，第二〇六頁；布魯克爾，《批評的哲學史》，第四冊，第一篇，第三六五—三六六頁。

四、西塞羅的通俗哲學

西塞羅那種哲學思考方式，一種很普通的方式，也特別被復活了；這是一種並沒有什麼思辨價值的哲學思考方式，但是從一般的文化教養方面來說，卻也具有這樣的重要性，即人以這種方式更多地從作為一個整體的自己、從自己的經驗來說話，一般地說，就是從自己的現時性中來說話。這是一種通俗的哲學思考方式，是從內部的和外部的經驗中吸取來的。有一個懂事的人說了這句話：

「生活教給他的東西，是在生活中幫助他的東西。」

應該指出，在這裡，人的感情被認為是有價值的了，這是與那種自我犧牲的原則相對立的。有許多這樣的著作產生了出來，其中一部分是正面說明自己的觀點的，一部分則是反對經院學者的。雖然許多這樣的哲學著作（例如：彼得拉克的、愛拉斯謨的許多著作就屬於這一類）都已經被忘記了，並且它們也極少有什麼眞正的價值，雖然如此，但在經院哲學那種空洞無物、盡在抽象中作無根據的絮聒之後，這些著作卻也是有極大的用處的；我之所以說「無根據的」，是因為經院哲學根本沒有把自我意識作為基地。彼得拉克是作為一個有思想的人憑他自己、憑他的良心來寫作的。

這種西塞羅式的體裁，從這方面來說，也屬於新教所實行的那種教會改革的範圍。新教的原則就正是把人引回到他自己裡面去，把對他生疏的外物揚棄了，特別是把語言上的生疏的東西揚棄了。如日耳曼的基督徒便把他們所信仰的書翻譯成他們本國的語言，這是可能發生的最大的革命之一；同樣地，義大利，用本國語言來寫詩的時候也獲得了偉大的詩藝傑作：例如：但丁、薄伽丘、彼得拉克等人；不過後者的政治著作還是用拉丁文寫出來的。只有用本國語言表達出來的，才算是自己的東西。路德和美蘭希敦完全拋開了經院哲學的東西，而從聖經、信仰和人的心靈中吸取思想。美蘭希敦給我們端出了一種安詳的通俗的哲學，其中人是很突出地存在著的；這與無生氣的、貧乏的經院哲學形成一個強烈的對照。在極不相同的流派和形式裡面，人們對於經院哲學的方法進行了攻擊。所有這些，毋寧應該說是屬於文學方面、文化史和宗教史方面，而不是屬於哲學史方面的。有許多的著作，是以對古代哲學進行加工爲任務的。這不外是把一些已被遺忘的東西恢復過來；本身不能算造成了什麼進步。同樣地，蒙田和沙隆的通俗著作也包含著文雅、機智和有益的東西；但它們不能算眞正的哲學，它們是屬於健康常識之類的東西。人再次觀看了自己的心靈，強調了它的地位；接著，個人與絕對本質的關係的本質，就被歸結到他自己的心靈和理性、他自己的信仰。雖然還是一個分裂的心靈，但是這種分裂、這種渴望已經是他自己的分裂；他感覺到了自己裡面的這種分裂，感覺到了回想自己的那種安寧。眞正的哲學的教訓，人們應當去在源頭那裡、在古人那裡去找尋。

貳、一些獨特的哲學的嘗試

當時出現的第二類作家們卻更與哲學方面一些獨特的嘗試有關，這些嘗試也永遠只是嘗試，只是這個洶湧沸騰的不平凡的時期所特有的。在那個洶湧沸騰的時期裡面，有許多人感到自己已經抛棄了以前那個內容、那種信仰、那一直支持維護他的意識的東西所離棄了。在這種古代哲學的和平出現的同時，另一方面又有一大群極度不安靜的人物出現，在他們身上，那種對認識、知識和科學的渴望是以一種洶湧沸騰極爲暴烈的方式表現出來的。他們感覺到自己被一種衝動所支配，要去憑自己創造出一個世界，發掘出眞理；他們是些爆發性的人物，帶著不安定的和狂放的性格，懷著熱切的心情，而這是不能獲致那種知識的寧靜的。因此在他們身上可以發現偉大的創造性，可是內容卻是極爲混雜和不均衡的。這個時期有一大群人物，他們由於精神和性格的力量而成爲巨人，但在他們身上同時卻存在著精神和性格的極度混亂：他們的命運正像他們的著作一樣，只標示出他們的生命的這種不穩定和對於現存生活和思想的內心反抗，以及離開它們達到確定性的那種渴望：在他們身上，那種想要有意識地去認識最深刻的和具體的事物的熱切渴望，卻被無數的幻想、怪誕念頭、想求得占星術和土砂占卜術等祕密知識的那種貪念所破壞了。這些特殊的人物本質上很像火山的震動和爆發；這種火山在自己內部醞釀一切，然後帶來新的展露，而且它的展露還是狂野而不正常的。這就產生了這樣的人物，在他們身上，那種主觀的精神能力是應當加以珍視的，他們那種令人敬佩的對於眞正有價值的偉大事物的見識，也是不應當抹殺的。那個時代有很多這樣的人物，他們在思想方面和心靈方面，正如在外表的起居行事方面一樣，都是過著一種極暴烈和放蕩的生活的。這種人中最著名的是卡爾丹、布魯諾、梵尼尼，和康帕內拉、拉梅等；他們乃是最能表明這個過渡時期的時代特點的人物。

一、卡爾丹

卡爾丹是其中之一；他是一個有世界聲譽的特殊人物，在他身上，他的時代的解體和醞釀作用表現得極其支離破碎。他的作品有十大冊。他於一五〇一年生於巴維亞，一五七五年死於羅馬。[9]他的名字是吉羅尼謨。他曾把自己的歷史和性格寫下來，即他的《自傳》，其中他極爲坦率地敘述了自己的罪過，並以一個人盡可能最最嚴厲的譴責加在自己身上。以下所說的，可以使我們窺見這些矛盾。他的生平乃是一系列各種各樣家庭以內和家庭以外的不幸事件的交替。他最先談到他出世以前的命運。他說，當他母親懷孕的時候，曾經飲過藥汁企圖墮胎。到了他在乳母懷中吃奶的時候，瘟疫出現了，他的乳母死於疫病，而他仍活

9 布魯克爾，《批評的哲學史》，第四冊，第二篇，第六十三—六十四、六十八頁；布勒，《哲學史教程》，第六部，第一篇，第三六〇、三六二頁。

下來。他的父親對他是很嚴厲的。[10]他有時受著極度的貧困、有時生活得過度地奢侈；君主們邀請他、尊敬他，特別是因爲他善於占星術。後來他專心致志於科學，成爲一個醫師，旅行了許多地方，他聲名遠播，被人邀請到各處，曾到過蘇格蘭幾次；他說不出究竟人們曾送給他多少錢。他在米蘭當數學教授，後來又當醫學教授；以後他在波侖亞很艱苦地坐了兩年牢，還得忍受極爲可怕的酷刑。[11]他有深刻的占星術的學問，並且爲許多王侯占卜。在數學方面他是著名的，現在我們還有他那個解三次方程式的定律，這是至今我們所有的唯一關於這方面的定律；它就稱爲「卡爾丹定律」，按照他的說法，這乃是關於三次方程式的解法的。

他的整個生命都是在內心和外界的不斷的風暴中度過的。他說，他曾經受了心靈的極大的折磨。在受著這種內心的痛苦的時候，他的最大的快樂就是去折磨自己和他人。他鞭打自己、咬自己的嘴唇、死勁掐自己、扭自己的手指，以便把自己從折磨著他的精神的不安裡面解脫出來，並且放聲大哭，因爲哭一哭就會使他好受一些。他外表的舉止也是同樣矛盾的，有的時候很安靜規矩；有的時候行徑卻像瘋狂和精神錯亂的人一樣，並且是完全由於最無謂的小事、完全沒有受到外界的什麼刺激就發生的。他有時穿得頗講究，把自己弄得很

10 卡爾丹，《自傳》，第四章，第九—十二頁；布勒，《哲學史教程》，第六部，第一篇，第三六〇頁；提德曼，《思辨哲學的精神》，第五冊，第五六三—五六四頁。

11 布魯克爾，《批評的哲學史》，第四冊，第二篇，第六十六—六十八頁。

整齊乾淨；有時則衣衫襤褸。他會沉默寡言、勤勉、不停地用功；接著，他就開始揮霍無度，尋歡作樂，把他所有的一切、家裡的東西和妻子的首飾都花得精光。有時候他慢慢地走路，像其他人一樣；有時候他就奔跑起來，像一個瘋狂的人。[12]在這種情況之下，他的兒女的教育自然是很差的。他遭到這樣的不幸：他們都墮落了。他的一個兒子毒死了自己的妻子，被處死了；他叫人把他的第二個兒子的耳朵割掉，因爲這個兒子荒淫無度。[13]

他自己就有最狂暴的性情，它能深深地藏在內心中去胡思亂想，又能猛烈地以最矛盾的方式向外爆發出來；在他身上不停地激蕩著那種可怕的內心錯亂不安。我現在把他關於他自己的性格的描寫引一點（我摘出其中一段）：「我本性上具備一個哲學的、宜於從事科學的頭腦；我是機智的、文雅的、有教養的、放縱的、快樂的、虔敬的、忠誠的；我是智慧的愛好者、是省內的、有進取心的、勤勉好學的、樂於幫助他人的、充滿競爭心的、有創造性的、自學成功的；我熱望做出奇蹟，我是奸詐的、狡猾的、辛辣的、蓄滿密謀的、清醒的、用功的、小心翼翼的、多口舌的；我是宗教的鄙夷者，我熱衷於報復，忌妒他人，憂

---

12 布勒，《哲學史教程》，第六冊，第一篇，第三六四—三六五頁；提德曼，《思辨哲學的精神》，第五卷，第五六五頁；布魯克爾，《批評的哲學史》，第四冊，第二篇，第七十一—七十四頁。

13 卡爾丹，《自傳》，第二六章，第七十頁；布勒，《哲學史教程》，第六冊，第一篇，第三六二—三六三頁。

鬱、惡毒、陰險；我是一個巫師、一個術士；我是不幸的，對待家人凶暴的，禁欲的、難對付的、嚴酷的；我是占卦者，是忌妒成性的、說淫穢話的、誹謗他人的、順從人意的、變化無定的；在我身上有著這種本性和舉止的矛盾。」[14]他在《自傳》一書中就是這樣說的。

他的著作中有許多地方也正像他的性格一樣極不均衡，在這些著作裡面，他把他那沸騰的心情儘量暴露出來。裡面包含著一切占星術和相掌術的迷信的雜拌，但同樣地又出現著深刻光輝的精神識見：有亞歷山大里亞學派和卡巴拉學派的神祕性因素，又有極度清晰的對自我的心理觀察。他的作品是狂亂的、不一貫的、矛盾百出的。他常常在極度貧困的情況之下寫作。他從占星術的觀點處理基督的生平事蹟。他的積極方面的功績則在於他給予人們的那種鼓動，鼓動人們從自身中去找創造的源泉；他對於他的同時代人發生了一種極大的影響。他很自誇他的思想的創造性和新穎。這種企求創造的欲望，乃是復甦的、精力充沛的理性在它的自發行為中所採取的第一個步驟；他這樣做是為了與別人不同和新穎，以顯得他對科學有了自己的一份。這種想出眾不凡的衝動，驅使卡爾丹做出許多最怪誕的事來。

---

14 卡爾丹，《論創造性》，第十二卷，第八十四頁；布勒，《哲學史教程》，第六冊，第一篇，第三六三—三六四頁；提德曼，《思辨哲學的精神》，第五冊，第五六四—五六五頁。

二、康帕內拉

托馬索·康帕內拉同樣也是一個各種可能的性格的混合物；他的生活和命運也同樣地支離破碎、荒唐無稽。他於一五六八年生於卡拉布里亞的斯提羅，於一六三九年死於巴黎。我們還擁有他的許多著作；他曾在拿坡里過了二十七年艱苦的牢獄生活。[15]（他的著作卷帙浩瀚）。[1]像他這樣的人物，曾經引起了巨大的騷動，冒犯了別人，但他本身卻並沒有帶來什麼有收穫的結果。屬於這個時期的，我們卻還需要提起布魯諾和梵尼尼。

三、布魯諾

喬爾達諾·布魯諾也同樣有一個這樣的不安而沸騰的性格。他大膽地摒棄了一切天主教官方信仰。在近代，他是透過耶可比而被人記起的。耶可比在他自己談論斯賓諾莎的信札[16]

15 布魯克爾，《批評的哲學史》，第四冊，第二篇，第一〇八頁，第一一四—一二〇頁；坦納曼，第九冊，第二九〇—二九五頁。

[1] 此句與前面不連貫，英譯本也無此句。——譯者

16 耶可比，《全集》，第四卷，第二篇，第五—四十六頁。

後面，附上了布魯諾的一篇著作，[17]並把布魯諾和斯賓諾莎平列對比；這樣一來，布魯諾就獲得了一種超過他實際應得的聲名。他比卡爾丹安靜些，可是在這個世界上他也沒有一個固定的住處。他生於拿坡里省的諾拉，是十六世紀的人；他何年出生，未詳。他周遊歐洲的大部分國家，義大利、法國、英國、日耳曼，講授哲學；他離開義大利，在那裡他曾一度是一個多明我派僧侶，並曾對若干天主教教條——如「變體說」和聖母「潔淨懷胎說」——給以辛辣的批評，又批評了僧侶們的驚人的無知及其荒淫的生活方式。以後，他於一五八二年在日內瓦居住，但在那裡他跟加爾文和貝茲也決裂了，他無法和他們在一起生活；他又在其他的法國城市居住過，例如：里昂；他從那裡到巴黎，一五八五年在巴黎鄭重地起來反對亞里斯多德的信徒們。按照當時人們所慣於採取的方式，他提出了一系列的論題出來公開討論。[18]他的論題是特別地針對著亞里斯多德的；但是他並沒有成功，亞里斯多德的信徒們勢力太鞏固了。布魯諾又曾到過英國（倫敦），日耳曼；曾到維頓堡（一五八六）、布拉格和別的大學和城市。在赫爾姆士泰德（一五八九）他很受布倫士維格呂尼堡的公爵們器重；他

17　布魯諾，《論原因、原則和太一》，威尼斯，一五八四年八月；但此書正像那本《論無限、宇宙和世界》一樣，並不是在威尼斯刊印的，而是在巴黎出版的；這兩本書都是對話體。

18　參看本書邊碼 216；諾拉人喬爾達諾．布魯諾，《在巴黎爲反對逍遙學派而提出的各個論題的理由》，一五八八年維登堡版，札哈爾．克拉敦編。

離開那裡到了美因河畔的法蘭克福，在那裡刊行了幾種著作。他到處作公開演講、寫作；正因爲如此，要完全獲悉他所有的著作就很困難。最後，他於一五九二年回到了義大利，在巴杜亞不受騷擾地住了一些時候之後，終於在威尼斯受到宗教裁判所的逮捕，被投入牢獄，送往羅馬；一六〇〇年在羅馬因爲不願收回自己的學說，被加上異端的罪名焚斃；據目擊者（例如：西奧披烏）所報導，他以極度安寧鎮定的氣概對待自己的死亡。在日耳曼時他已經改信新教，撕毀他以前的教派的誓約。[19]

在天主教徒和新教徒中間，他的著作都被認爲是異端和無神論，因此被燒掉、毀掉和查禁。他的著作極難蒐集，其中最大部分存於哥廷根的大學圖書館裡面；關於它們的最詳盡的說明，可以在布勒所著的《哲學史》中找到。他的著作很少見，常常是被禁止的；在德來斯登它們一向就是在禁書之列，所以在那裡找不到它們。不久以前他的一部著作[20]準備用義大利文出版，[21]但該書結果恐怕並未出現；布魯諾也寫了許多拉丁文著作。布魯諾每到任何一個地方，就在那裡從事寫作和出版著作；他在該地稍停一個時候就離開，他是一個周遊各地

19 布魯克爾，《批評的哲學史》，第四冊，第二篇，第十五—二十九頁。

20 這是黑格爾一八二九—一八三〇年的演講。

21 《諾拉人喬爾達諾．布魯諾文集》，阿爾封索．瓦格納第一次蒐集出版，一八三〇年萊比錫威德曼版（義大利文）。

的教授和作家。因此他的著作都是內容很相同、只是形式不同；因而在他的思想的演進中事實上從未有過什麼很大的進步和發展。

但是，他的著作中的主要的特點，從一方面說，實在是自我意識的美麗的靈感，這個自我意識感覺到精神居住在它自己裡面，認識到它自己的存在和一切存在的統一性。在這個自我意識的這種覺識裡面，有一種酒神祭的氣氛；它溢出來了，爲了表達這種豐富，因此變成了自己的對象。但是，只有在知識裡面，精神才能夠把整個的自己呈現出來。如果精神還未曾達到這種科學的教養，那麼它就只能追逐一切形式，而沒有把這些形式加以適當的安排。布魯諾顯露了這種無秩序的多種多樣的豐富；從而他的論述就常常有了一種夢幻的、紊亂的和寓言式的外貌，神祕的幻想虛構。他爲那種內心的靈感而犧牲他個人的生活，因而他片刻不寧。我們可以說「他是一個不安寧的人，不能與人相處」。但是，這種不安寧是從哪裡來的呢？他不能容忍有限的、壞的、庸俗的事物；這就是他不安靜的原因。他已經升高到統一的、普遍的實體性裡面，已經把自我意識和自然的割裂、把那種對它們的貶低取消了。神固然是在自我意識裡面，但那是從外在來的，同時又是與自我意識有異的，是另一個實在性：自然是神所創造的，是他的產品，不是他的肖像。神的美德只是外在地在目的因和有限目的裡面表現出來：蜜蜂爲了人的營養而釀蜜，軟木樹爲了使瓶子有木塞才生長。[22]

22　這裡說神的性質或美德的話，不是指布魯諾的思想，而是指他所反對的那種思想。——譯者關於布魯諾的思想本身，耶可比最近[23]曾鼓動人們給他以極度的注意。耶可比認爲布魯諾學說中的「總體」，就是斯賓諾莎的一和一切，或者簡直就是泛神論。他把以下一點說成好像是布魯諾所特有的思想，即：一個有生命的事物、一個世界靈魂彌漫著整個世界，它是一切的生命。布魯諾提出(1)世界靈魂的、生命的統一性、普遍性；(2)當下的、內在的理性。但是，事實上這個學說不外是亞歷山大里亞學派的一種回聲，在這裡面布魯諾絲毫沒有什麼創見。但是，在他的著作的內容方面，卻有兩個突出的特點：(甲)一個是關於他的體系方面的，就其主要的思想而言，他的哲學的基本原理是把觀念看成實體的統一性；(乙)另一個特點是與第一個相聯繫著的，這就是他所要強調的觀念裡面的那些差別；這就是他的「魯路斯的藝術」，[24]他對於這個事物十分重視，他常常盡力要使人認識它。

甲、**哲學思想**。他所應用的概念，有一部分是亞里斯多德的概念。在他許多的著作裡面，思想和他整個生活的熱情很特殊地呈露出來；他的哲學證明了他具有一個奇特的、優異的和極不平凡的心靈。他的一般哲學思想的內容，就是那種對上面提到的自然生命性、神性和自然裡面理性的存在的陶醉。所以，他的哲學大體上是斯賓諾莎主義、是泛神論。這種把人跟神或自然割離，所有這些外在性的關係，都被拋到他那統一一切的活生生的理念裡面

23　這是黑格爾一八〇五—一八〇六年的演講。

24　參看本書邊碼 197-198，論魯路斯部分。——譯者

去。布魯諾說出生命的統一性，因而備受讚賞，這種統一性是絕對的普遍的統一性。他的論述的主要形式是這樣的：一方面他對物質給予了一般的規定，另一方面他對形式給予了一般的規定。

(1)他把這個普遍的統一性規定爲「普遍的、能動的理性（νοῦς），這種理性顯現爲宇宙的形式，把一切形式統攝在自己裡面；並且，正如人的理性形成許多概念一樣，這種普遍的理性也有形成和組織的作用。它對於自然物的產生的關係，正如人的理性〔對於概念的產生的關係〕一樣；它是內在的藝術家，從內部把物質形成各種東西。它從根或種子內部使幼芽產生出來，然後又從幼芽產生出樹幹，從樹幹產生出枝椏，從枝椏內部產生出苞蕾、樹葉、花朵等等。一切都是已經在內部規劃好、準備好和完成了的」。[25]這是作爲形式的理性，也就是目的因、目的；但它同樣也是產生作用的理性（動力因），正是產生者。[26]中介因和目的因的區別是很重要的。內在的形式作爲形式，按照布魯諾的說法，乃是概念，目的因、亞里斯多德的目的，但同樣地也是中介因。自然和精神不是分開的；形式的理性中包含

25 耶可比，《全集》，第四冊，第二篇，第七—九頁；坦納曼，第九冊，第三九一—三九二頁；布魯諾，《論原因、原則和太一》，第二篇對話（瓦格納編輯刊行的文集第一冊），第二三五—二三六頁。

26 耶可比，《全集》，第四冊，第二篇，第七頁；坦納曼，第九冊，第三九一頁；布魯諾，《論原因、原則和太一》，第二篇對話（瓦格納編輯刊行的文集第一冊），第二三五頁。

的概念不是作爲人心中的主觀概念，而是作爲純然自由的概念，這個理性乃是統一性，乃是在自己裡面一貫繼續存在的理性，但同時也是起作用的、向外表露出來的理性。

「同樣地，它又從內部把它的液汁從果實和花朵召回枝椏裡面去」等等。[27]在普羅克洛那裡，同樣地，理性也是實體性的東西，它在自己的統一性中包容著一切：生命就是創建者、產生者：具有這個資格的理性同時也正是這個發出召回命令者，它把一切都收回到統一性裡面去。事物的那種形式乃是事物的內在的理性原則，事物的產生原因；但是兩者不是不同的，正相反，形式本身就是原因，正由此才是目的因，在亞里斯多德那裡它被稱爲不動者、原則、純粹的概念、隱德來希。宇宙是一個無限性的動物，在其中一切以極爲多種多樣的方式生活著和運動著。[28]那個按一定的目的發揮作用的理性乃是一個形式：不斷被產生出來的東西是符合於這個形式的，是包含在這裡頭的；產生出來的東西也就是形式潛在地規定了的東西。在講到康德哲學的時候，我們還不得不再提到這種最後目的的規定。那種具有有機生命的東西，那種原則即是生命的東西，那種在自身裡面具有作用性並且只有在這種作

---

27 耶可比，《全集》，第四冊，第二篇，第九頁；坦納曼，第九冊，第三九二頁；布魯諾，《論原因、原則和太一》，第二篇對話（瓦格納編輯刊行的文集第一冊），第二三六頁。

28 耶可比，《全集》，第四冊，第二篇，第十—十八頁；坦納曼，第九冊，第三九二—三九四頁；布魯諾，《論原因、原則和太一》，第二篇對話，第二三七—二四三頁。

用性中才繼續保持自己的形成者，就是目的。目的就是活動性，但卻是自身規定自身的活動性，它在對別的東西的關係上，不是作爲單純的原因，而是回到自己裡面，保持著自己。可是，這就是形式。

(2)布魯諾把目的因視爲宇宙的直接起作用的、內在的生命，同時他又進而把它看成也是實存的、也是實體。（因此他是反對那種斷言一個純然外在的理性的看法的。）在一定程度上布魯諾在實體上區別出物質和形式；實體乃是上面所說那種活動性和理性（理念）的統一，是形式和物質合在一起。他思想裡面的主要之點就是：他堅持形式（發揮作用的東西）和物質的統一，堅持物質本身就是有生命的。在現實界裡面，我們看到無窮的流轉變化。在這些流轉變化的事項裡面、在這些形態的差別裡面永存的東西乃是物質；它是原初的、絕對的物質。抽象地說來，物質只是無形式的東西，但卻是一切形式的母親，是能具備一切形式的東西。形式是內在於物質裡面的，是和物質同一的：所以正是物質自己設定和產生了這些變化、這些變形；物質貫穿在一切裡面。但形式和物質是絕對不能彼此孤立的。既然物質不是沒有最初的一般形式的，所以它本身就是原則或本身就是目的因。只有在有限的事物和有限的理智範疇裡面，才存在著這種形式和存在（物質）的區別。同一物質貫穿在一切變化裡面：「最初是種子的東西，變成了草，然後變成穀穗，然後變成麵包、營養液、血、動物精子、胚胎、人、死屍，然後又再變成泥土、石頭或別的東西」等等；從沙和水變成了青蛙。「所以，在這裡我們看到有某種東西，雖然挨次變成所有這些東西，但本身卻永遠保

231

持同一不變。」[29]「因爲它是一切，所以它不是任何特殊物」：不是氣、水，正是那抽象的東西。「Materia nullas habet dimensiones, ut omnes habeat」〔「物質沒有尺度，所以有一切尺度」〕。[30]「這物質既不能是物體，因爲物體是有形式的；它也不能屬於我們稱之爲特質、屬性或性質的那些東西裡面，因爲這些東西是會變的。這樣，除了物質之外，似乎就沒有什麼別的東西是永恆的、配得上稱爲原理的。因此有很多人甚至把物質認爲唯一實在的東西，而把一切形式認爲是偶然的。」[31]但是這個絕對的形式是和那個普遍的物質同一的，因此物質在它自身裡面就具備了作用原則和目的因原則。因此它正是一切有形者的前提，從而本身就是可理解的，就是一個普遍的東西，或者說是那永遠回復的持久的東西本身，本身就是目的因自身；它是一切東西的原因和目的因。操作的理性跟物質、跟一個可理解的東西是同一的，作爲與它不同而顯現著的事物，乃是它的變形；兩者都是可理解的。物質的諸形式

---

29 耶可比，《全集》，第四冊，第二篇，第十九—二十二頁；坦納曼，第九冊，第三九四—三九五頁；布魯諾，《論原因、原則和太一》，第三篇對話，第二五一—二五三頁。

30 耶可比，《全集》，第四冊，第二篇，第三十—三十四頁；坦納曼，第九冊，第三九八—三九九頁；布魯諾，《論原因、原則和太一》，第四篇對話，第二七三—二七四頁。

31 耶可比，《全集》，第四冊，第二篇，第二十二—二十三頁；坦納曼，第九冊，第三九五頁。

就是物質自身的內在能力；物質作爲可理解的東西，本身就是形式的總和。[32] 布魯諾的這個體系完全是客觀的斯賓諾莎主義；人們可以看到他深入事物到如何的程度。

他問道：「但是，這最初的普遍形式和這最初的普遍物質，它們是如何結合而不可分的呢？它們是如何既有分別卻又是同一個存在呢？」他答道：「物質應當視爲潛能；這樣一來，一切可能的形式在某種意義上而言，就都包含在物質概念裡面了。」在這裡，他是利用亞里斯多德可能性和現實性那兩個範疇。他說：「物質的被動性必須認爲是純粹的、絕對的。可是，要賦予一個缺乏存在的性能（力）的東西以存在這個屬性，卻是不可能的。但是可能性和現實的樣式是如此顯著地發生關聯，以致從這裡就能清楚地見到，其中之一是不能離開其他而存在的，而卻是彼此互爲前提的。因此如果從來就存在著一種作用、產生、創造的性能，那麼，必定從來也就存在著一種被作用、被產生、被創造的性能。」物質作爲與形式對立的東西，就只是潛能、δύναμις，可能性。如果物質是無規定的，人們如何能達到有規定的事物呢？物質的這種同一性、單純性本身只是形式的一個規定、一個環節。因此當人們要想把物質與形式割裂開來的時候，人們同時就是把物質放在一種規定裡面；但是這樣一來，形式立刻就被設定了。「事物的存在的完全可能性」（物質）「不能夠先於事物的眞實

32 耶可比，《全集》，第四冊，第二篇，第二十八—三十頁；坦納曼，第九冊，第三九八頁；布魯諾，《論原因、原則和太一》，第四篇對話，第二六九—二七二頁。

存在而存在，同樣地，它也不能在事物眞正的存在已經消失之後仍然存在。那最初的和最完全的原則，把一切都包攝在自身裡面，能夠是一切，並且是一切。因此活動性的力和潛力，可能性和現實性，在它裡面乃是一個不分開的和不可分開的原則」。[33]這裡面包含著一個非常重要的規定：如果設定一種起作用的力，那便是同時設定了一種被作用的能力、物質的被創造的能力。但這個物質離開了活動性就等於烏有；形式乃是物質的能力和內在生命。

對於布魯諾，絕對就是這樣規定的。「別的」——有限的——「東西就不是這樣，它們可以存在，也可以不存在，能夠有這樣的規定，也能夠有那樣的規定。一個個別的人，在每一個時候，能夠是他那個時候的那個樣子，但卻不能是他一般能夠有的，他的實體所能夠有的一切的樣子。但是宇宙、非被創造的自然在同一個時候卻是一切事實上它能夠是的那些東西，因爲它在它自己裡面統攝著所有的物質，以及它那些變遷的東西的永恆不變的形式。但是，在它的繼續發展的各階段中；在它的特殊部分、性質、個別的東西裡面，一般說來，即在它的外表顯現中，它就只是它實際所是和可能是的東西；但是，一個這樣的部分，只是那最初原則的肖像的影子而已。」[34]所以他也寫了一本書叫做「*De Umbris idearum*」。〔《論

33 耶可比，《全集》，第四冊，第二篇，第二十三—二十五頁；坦納曼，第九冊，第三九六頁；布魯諾，《論原因、原則和太一》，第三篇對話，第二六〇—二六一頁。

34 耶可比，《全集》，第四冊，第二篇，第二十五—二十六頁；坦納曼，第九冊，第三九七頁；布魯諾，《論原因、原則和太一》，第三篇對話，第二六一頁。

理念的影像》〕

(3)這就是布魯諾的基本思想。認識一切裡面形式和物質的這種統一性，這乃是理性努力的目標。[35]但是爲了深入到這種統一性裡面去、爲了「探究自然的全部祕密，我們就必須研究事物的對立的和矛盾的極端，即『至大』和『至小』。」正是在這兩個極端裡面，它們才是可理解的，並且在概念中結合起來；而這種結合就是無限的自然。現在他說：但是「發現結合之點，卻並不是最重要的事，最重要的是從同一的東西裡面發展出它的對立面來；這才是這門技藝的眞正的、最深刻的祕密」。[36]這是一句內容豐富的話，即這樣來認識理念的發展，把它看作一種必然性——諸規定或範疇的必然性。我們後面就將會看到，布魯諾是如何做這件事的。

關於這種「至小」和「至大」的對立，布魯諾曾寫了幾本專門的書：De Triplici Minimo et Mensura, libri V, Fraucofuri apud Wechelium et Fischer, 1591, 8，〔《論至小的三個方面和度量》，五卷，法蘭克福版，威雪爾、費舍爾編，一五九一年八月。〕書

---

35 耶可比，《全集》，第四冊，第二篇，第二十八頁、第三十二頁；坦納曼，第九冊，第三九八頁，第三九九頁；布魯諾，《論原因、原則和太一》，第四篇對話，第二七五頁。

36 耶可比，《全集》，第四冊，第二篇，第四十五頁；坦納曼，第九冊，第四〇三—四〇四頁；布魯諾，《論原因、原則和太一》，第五篇對話，第二九一頁。

的文本是用六步句詩體寫成的，附有注腳和注釋（布勒的哲學史中，這書的名稱是：De Minimo, libri V〔《論至小》，五卷。〕）；De Monade, Numero et Figura liber: Item de Innumerabilibus, Immenso et Infigurabili: seu de Universo et Mundis libri VIII, Fraucof. 1591, 8.〔《論單元、數目和圖形》附《論不可數、無窮大、無定形：或論宇宙和世界八卷》，法蘭克福版，一五九一年八月。〕他把根本原理（在別處叫做形式）表述爲「最小」這個概念，它同時又是「最大的」，它是一，而一同時又是一切。[37]宇宙就是這個一切中的一。「在宇宙裡面」，他說，「體積與點無別，中心與周邊無別，有限者與無限者無別，最大者與最小者無別。一切都是中心點；或者說，處處都是宇宙的中心點，一切東西都是中心點。古人是這樣表達這種思想的，他們說，諸神之父在宇宙的每一處實際上都有他的駐地。」是宇宙最初給予事物以它們眞正的實在性，它是一切事物的實質，是單子、原子，是灌注在一切裡面的精神，是最完全的本質、純粹的形式。[38]這就是布魯諾的基本思想，它表明了一個高尚的靈魂和一種深刻的思維的興奮陶醉。這種自然的生命性被他用極大的熱情表述出來了。他的許多著作是用詩體寫成的，其中包含著幻想和寓言式的東西。有一部著作的

37 布魯諾，《論至小》，第十、十六—十八頁。

38 耶可比，《全集》，第四冊，第二篇，第三十七—三十九頁；坦納曼，第九冊，第四〇一—四〇二頁；布魯諾，《論原因、原則和太一》，第五篇對話，第二八一—二八四頁。

名稱是《凱旋的動物》。他說，應當用別的東西來代替星辰。[39]

乙、與此有關的第二方面的研究對象，即布魯諾特別獻身研究的，是所謂「魯路斯藝術」，它是由它的最初發明人經院哲學家雷蒙．魯路斯而得名的。[40]布魯諾採用了這種藝術，制定了一個類似的，並把它弄得更爲完善。從某一方面來說，這門藝術和我們在亞里斯多德那裡所見到的「正位法」有點相似；[41]這是一大堆的「場所」、規定，我們把它們記在腦海裡，像一張分成許多格子的表一樣，以便把這些項目應用於我們碰到的一切事物上面。古人利用一種這樣的方法來幫助記憶，因爲這種記憶法和它很近似，這種東西近來已經又被人再搬出來了；布魯諾採納了這種方法，這是一種記憶的藝術。關於它的詳細的敘述，可以在「Auctor ad Herennium」（《赫勒紐指南》）（第三卷，第十七章以下）中找到。舉個例：我們在想像裡面給自己安裝上若干個格子（例如：十二個，每組三個，排成四行），各給以名稱，例如：稱之爲阿倫、阿比墨勒、阿基里斯、山、樹、赫爾庫勒等等；在這些格子裡面，譬如說，我們把要記住的東西裝進去了，把它弄成好像一系列的圖畫，這樣一來，等到我們要背誦它時，我們就不必像我們平時習慣做的那樣從記憶中說出它們，不必

39　瓦格納編輯刊行的布魯諾集子：導言 XXIV-XXV 頁。
40　參看本書邊碼 196-198。
41　參看本書邊碼 408-409。

那樣缺乏表象的幫助從頭腦中把它們說來，而卻是好像只是從一張表格上面把它讀出來一樣。可是，需要記住的話，必須和這個圖表密切聯繫起來。困難就在於：在我所有的內容和圖畫之間造成一種巧妙的聯繫；這就引起了那種極爲駭人的胡亂拼湊，所以這不是一個好方法。亞里斯多德的「正位法」卻不是爲了幫助記憶的，而是爲了理解和規定事物的各個不同方面的。

布魯諾以這種方式做了些工作，寫了許多關於這種方法的著作。布魯諾關於專案記憶法的最早的著作是：*Philotheus Jordanus Brunus Nolanus De compendiosa architectura et complemento artis Lullii*, Paris.ap.Aeg. Gorbinum, 1582. 12. —— J.Brunus No1.De Umbris idearum, implicantibus Artem quaerendi etc. Paris. ap.eund.1582.8〔愛神者諾拉人喬爾達諾．布魯諾：《簡述魯路斯的藝術的結構及補充》，巴黎版，艾．戈爾賓編，一五八二年十二月。諾拉人喬．布魯諾：《論理念的影像，包括研究的藝術等等》，巴黎版，同人編，一五八二年八月〕。第二部的名稱是：Ars memoriae〔記憶術〕—— Ph.Jord.Bruni Explicatio XXX sigillorum etc.Quibus adjectus est Sigillus sigillorum etc〔愛神者喬爾達諾．布魯諾：《三十個記號的說明等等。附記號的記號等等》〕，從獻辭可以看出，這書是布魯諾在英國出版的，因此是在一五八二—一五八五年之間。Jordanus Brunus: De Lampade combinatoria lulliana, Vitebergae, 1587, 8〔喬爾達諾．布魯諾：《魯路斯組合的火炬》，維登堡版一五八七年八月〕——在此地他還寫了：De Progressu et lampade Venatoria Logicorum, Anno 1587，〔《邏輯家的進程和獵炬》，一五八七

年）這本書是獻給維登堡大學校長的。——Jordanus Brunus De Specierum scrutinio et lampade combinatoria Raym.Lullii.Pragae, exc.Georg. Nigrinus 1588, 8〔喬爾達諾·布魯諾：《屬的研究和雷·魯路斯的藝術的火炬》，布拉格版，喬治·尼格林編，一五八八年八月〕；並蒐集在Raymundi Lullii operibus〔《雷蒙·魯路斯文集》〕裡面。——還有De imaginum, signorum et idearum compositione Libri III, Fraucofurti, ap.Jo.Wechel et Petrs Fischer.1591.8〔《論圖像、符號和觀念的組合》，三卷，法蘭克福版，約·威雪爾、彼得·費舍爾編，一五九一年八月〕——布魯諾不久就放棄了這玩意兒，本來是關於記憶的東西，竟變成了想像的東西；這當然是一種退化墮落。「魯路斯藝術」是和這種記憶法聯繫著的：但是，這種聯繫在布魯諾那裡卻有這樣的情形，即圖表對於他不僅是外界圖像的繪畫，而是一個思想範疇、一般性觀念的系統；這樣，布魯諾就賦予這種技術以一種較深刻的內在的意義。

(1)布魯諾是從那些已有的普遍觀念過渡到這門藝術去的。既然有一個爲一切所共有的生命、理性，他就起了一個模糊的希望，希望去把握這個普遍理性的全部規定，把一切事物統攝在它裡面，在其中建立一種邏輯性的哲學，使它適用於一切事物。[42]其中的「研究對象

42 布勒，《近代哲學史》，第二冊，第二篇，第七一五（七一七）頁；喬·布魯諾，《簡述魯路斯的藝術的結構及補充》（《諾拉丁喬爾達諾·布魯諾拉丁文全集》，格弗婁勒編，斯圖加特一八五三年版，第二冊），第一章，第二三八頁。

是宇宙，眞的、可認識的和合理的方面的宇宙」。他像斯賓諾莎一樣區別了理性的、可理解的東西和實在的東西。「正如形上學以分爲實體和偶性的普遍的東西爲對象，同樣地，也必定要有一門唯一的和普遍的藝術，能夠把理性的東西和實在的東西聯繫起來、統括起來」，並且認識到它們彼此互相契合，「藉此使許多不管是什麼種類的東西都能歸結到簡單的統一性。」[43]

(2)對於布魯諾，這裡面的原則就是普遍的理性：恰恰就是「那活動越出自身之面的理性」（它把感性的東西展開，它就是感性世界）；「它對於精神的照明的關係，正像太陽對於眼睛一樣」，它與許許多多的現象發生關係，照亮它們，而不是照亮自己。另一個則是「那在本身中活動的理性，它對於那些可認識的種類的關係，正像眼睛對於可見的東西的關係一樣」。[44]無限的形式、活動的理性乃是第一性的、是基礎；它發展著。它的形式有點像新柏拉圖學派的那樣；它的發展過程頗似普羅克洛那個方式。可見理性是內在於物質之中的。現在，布魯諾主要的工作就是必須更詳細地理解和證明這個活動的理性的組織形態。

43 布勒，《近代哲學史》，第三冊，第二篇，第七一七—七一八頁（719，a—718，b）；喬．布魯諾，《簡述魯路斯的藝術的結構及補充》，第五章，第二三九頁。

44 布勒，《近代哲學史》，第三冊，第二篇，第七一七頁（719，a）；喬．布魯諾，《簡述魯路斯的藝術的結構及補充》，第二一三章，第二三八—二三九頁。

238

(3)這一點，他用下面的方式更詳細地敘述出來：「人只是接近那純粹的眞理本身，那絕對的光；人的存在不是那絕對的存在本身，只有太一和太初才是絕對的存在。他僅僅停留在理念的陰影之下；一個這樣的理念，它的純粹就是光，但它卻也分有了黑暗。實體的光從這個純粹的原始的光流出：偶性的光又從實體的光流出。」這在普羅克洛那裡也就是那第一個三位一體中的第三個環節。[45]這個絕對原則的統一性，對於布魯諾就是最初的物質（materia prima），這個原理的第一個動作他稱爲原始的光（actus primus lucis）。「但是那」很多的「實體和偶性卻是不能夠接受全部的光的，因此它們只能被包裹在光的影子裡面；它們的觀念同樣地也是影子」。[46]自然的發展是從一個環節發展到一個環節；創造出來的東西只是最初的原則的影子，不再是最初原則本身。

(4)「從這個超級本質」（superessentiale，普羅克洛的 *ὑπερουσία*）「的進程是向著本質進行的，從本質又進達存在的東西，從存在的東西又進達它們的痕跡、肖像和影子」，並且這是有兩個方向的：「一部分是向物質進行，以便在物質內部被創造出來」——這些東西

---

45 參看本書邊碼 87。

46 布勒，《近代哲學史》，第二冊，第二篇，第七二三—七二四頁；喬爾達諾·布魯諾，《論理念的影像》（《諾拉人喬爾達諾·布魯諾拉丁文全集》，格弗婁勒編，第二冊）：影像的三十種傾向，第一—四種傾向，第三〇〇—三〇二頁。

後來就以自然物的形式存在；「一部分是向感覺和理性進行，以便藉它們的力量被認識。」又說：「事物離開原始的光而趨向黑暗。但既然宇宙中的一切事物乃是互相密切聯繫著的，下面的和中間的、中間的和上面的、複合的和簡單的、簡單的和更簡單的、物質的和精神的，這一切都彼此聯繫著，以便有一個宇宙，以便有宇宙的秩序和體制，以便有一個原則和目的，一個最初者和一個最後者：既然是這樣，所以，按照普在的亞波羅的豎琴的聲調」——這是赫拉克利特的話[47]——，「下面的事物能夠逐步複歸到上面，猶如火凝縮而爲空氣，空氣爲水，水爲土，反過來也一樣。上面那個下降的進程和這個回歸的過程是同一的」，是一個循環。「自然在自己的範圍內能夠從一切中產生出一切，同樣地理性也能從一切中認識一切。」[48]

(5)對立面的統一被更詳細地說明如下：「影子的多樣性絕不是眞正的矛盾。」各種對立面，「美和醜、適當的和不適當的、完善的和不完善的、善和惡等等乃是在同一個概念裡面被認識的。不完善、惡、醜等，並沒有自己的特殊觀念可爲依藉；它們是在另一個概念裡面被認識的，不是在一個它們所特有的概念裡面被認識的，因爲這樣的概念是空無內容的。 239

47 參看本書第一卷，邊碼 336。

48 布勒，《近代哲學史》，第二冊，第二篇，第七二四—七二六頁；布魯諾，《論理念的影像》，第五—九種傾向，第三〇二—三〇五頁。

因爲它們所特有的事物只是存在物中的不存在物，盈中的虧（nonens is ente, defectus in effecto）。」[49]——「最初的理性是那原始的光；它從最內部把它的光流溢到最外邊，又把它從最外邊收回到自己裡面去。宇宙中的每一成員都能按照自己的能力而捕捉到這光的一點點。」[50]

(6)「事物的這種純粹的光，就是它們的可知性，它是從那最初的理性出來的，並且又是向著它回去的，而這理性是陪伴著這可知性的」，[51]不存在的事物是不被認識的。「事物身上眞實的正就是」那可理解的事物，「不是那感性的」、被感覺到的、「或別的事物」；任何其他被稱爲眞實的事物、感性的事物，都只是無。「所有在太陽底下發生的事物，所有屬於物質的事物，都落在『偶然與虛妄』這個概念之下」（有限性）。「如果你是明白事理的人，那就該去從理念那裡尋取你的表象的穩固基礎。」[52]「在這裡是對比和差異的，在原始的理性那裡其實是和諧和統一。因此你還是去竭力尋求（tenta igitur）能否把所獲得的意象

49 布勒，《近代哲學史》，第二冊，第二篇，第七二七頁；布魯諾，《論理念的影像》，第二十一種傾向，第三一〇頁。

50 布勒，《近代哲學史》，第二冊，第二篇，第七三一頁；布魯諾，《論理念的影像》，論理念的三十個概念，第十個概念，第三一九頁。

51 布勒，《近代哲學史》，第二冊，第二篇，第七三二頁；布魯諾，《論理念的影像》，第三一九頁。

52 布勒，《近代哲學史》，第七三〇—七三一頁；布魯諾，《論理念的影像》，第七個概念，第三一八頁。

加以等同、調和、統一：這樣你就不致使你的精神疲勞、思維模糊、記憶混亂不清了。」[53]所以眼前所有的差別，並不是什麼差別；一切都是和諧。因此發展這個就成爲布魯諾的企圖；而那些在神聖的理性中自然存在的規定，就符合於那些在主觀理性中出現的規定。「藉那在理性中的理念，比起藉自然物本身的形式，能夠更好地理解某一事物，因爲自然物的形式是帶有物質性的；但是，最透澈的理解則要藉存在於神聖的理性中的那種關於對象的理念。」[54]現在布魯諾的這種藝術就在於規定出普遍的形式的圖式，這個圖式能把一切事物都統攝在自己之中，並且在於指出這圖式的諸環節如何在各個不同的存在範圍內把自己表現出來。布魯諾的最大的企圖之一，就是把那個「大全」和「太一」按照「魯路斯藝術」表述爲一個由有規則的規定的種類所組成的系統。

在這上面他定出三個範圍：「（一）那原初的形式（ὑπερουσία）、一切形式的創造者；（二）物理世界，它把觀念的形跡印刻在物質的表面上，並在無數對置著的鏡子裡面，把那原初的肖像複製出許許多多來；（三）合理的世界的形式，它爲感覺而把那些觀念的影子各

53 布勒，《近代哲學史》，第二冊，第二篇，第七三二頁；布魯諾，《論理念的影像》，第八個概念，第三二〇頁。

54 布勒，《近代哲學史》，第二冊，第二篇，第七三三—七三四頁；布魯諾，《論理念的影像》，第二十六個概念，第三二三—三二四頁。

加以個體化」（使各成爲一），「又爲理性而把它們昇華爲普遍概念。原初形式的環節是存在，善」（自然，生命）「和統一性」；這些事物我們在普羅克洛那裡也差不多是看見過的。「在形而上的世界裡面，原初形式是物、善、多的原理（aute multa）；在物理的世界裡面它顯現於諸事物、諸善物、諸個體之中；在合理的世界」（認識）「裡面它乃是從諸事物、諸善物、諸個體中抽取出來的。」[55]統一性是使一切回歸於根源的動因，於是布魯諾區分了自然的和形而上的世界；他企圖把這些規定建立成一個系統，並企圖指出這如何在一種方式下顯現爲自然物，在另一種方式下則顯現爲思維對象。

現在，當布魯諾企圖更詳盡地來把握這種聯繫的時候，他「就把思維認爲是一種」主觀的「靈魂的藝術」（活動），「在心中」（用他的意象）「好像用一種內心的書法似的表達出自然在外界好像藉一種外界的書法所表達出的事物」；而思維乃是一種能力，它「既能把這種自然的外界的寫作加以接納，又能把那內在的寫作加以外化顯現出來、加以實現。這種內心的思維和按照它而對外界加以組織，並把它倒轉過來的過程的藝術，這種人的靈魂所具有的藝術，布魯諾把它跟宇宙的本性所具有的藝術」跟絕對的「宇宙普遍原理的」活動性，「緊密地聯繫起來，這種宇宙原理的活動性是形成和製作萬物的」；它是同一個形式的自身

55 布勒，《近代哲學史》，第二冊，第二篇，第七四五頁；喬爾達諾·布魯諾，《三十個記號的說明：記號的記號》，第二部，第十一頁。

發展。是同一個宇宙原理使金屬、植物和動物形成起來，是它在人裡面思維著，越出自己而組織外界，只是以無限多不同的方式顯現在它的作用中罷了，[56]即在整個宇宙中表現出來。因此無論內界或外界，都是同一個原則的同一個發展。

這些「靈魂的各種不同的書寫方式，即從事組織的宇宙原則也藉以來顯現自己的那些書法」，布魯諾曾想把它們組織成一個系統。這各種書寫方式正是他企圖要規定的。布魯諾的另一方面的活動，即他的「魯路斯藝術」就是要來把這些不同的書寫方式表述出來。在這裡面他「採取了十二種」主要的書寫方式、即自然形式的種，作爲他的出發點：「外形、形式、似形、意象、現象、理想、指標、記號、標誌、文字、象徵。有幾種書寫方式是有關外界感覺的，例如：外部形式、意象和理想（extrinseca forma, imago, exemplar），這些是由繪畫和造型藝術來代表的，因爲這幾門藝術模仿自然母親。有些是與內部感覺有關的，在其中它們在分量、存在的時間和數目等方面被誇大了，在時間上被延長了，並且被複雜化了；這種事物乃是幻想的產物。有些是與幾種事物之間的共同點有關的；有些是這樣地不同於事物的客觀性質，以致它們完全變成幻想的。最後，有些好像是藝術所特有的，例如：記號、標誌、文字和象徵；憑藉這些事物，藝術的力量變得如此巨大，以致好像能離自然而獨

56 布勒，《近代哲學史》，第二冊，第二篇，第七三四頁；參看布魯諾，《論理念的影像》，第一—十一節，第三二六—三三〇頁。

立，能超越自然，並且需要的時候甚至能違反自然。」[57]

到此爲止，事情很順利；問題在於把這個圖式在一切方面加以制訂發揮。這種企圖無疑是可貴的，即把那個內在的藝術家、那能產的思想的邏輯系統如此表達出來，使得外在自然界的形式能與之相符相應。但是雖然布魯諾的方式在別的地方是輝煌的，可是在這裡這些規定卻變成淺薄的，變成僵死的形式，正如近來自然哲學的那種抽象格式一樣；那種三一體，都是在每一範圍本身之內被視爲絕對而加以發展的。以後，正是那進一步的事物或那些更確定的環節，布魯諾反而只是把它們湊起來；當他企圖用數字和分類來表達它們時，一切就都陷於混亂了。那十二種形式被當作基礎，但是每一個都不是在邏輯上推出來的，不是被結合成一個完整的事物或一個系統的，那進一步的複多化過程也不是推論出來的。關於這方面，他寫了幾種著作（De sigillis〔《論記號》〕）；事物的現象是字母、符號，它們符合於一種思維。在他的各種著作中，這種表述也不盡相同。他的這種思想，比亞里斯多德和經院哲學那種支離破碎的辦法、即把每種規定性都只是一般地加以固定的辦法來，是值得稱讚的。不過，他只是把各個矛盾、圖式的各環節列舉出來而已。至於詳細的發揮，部分地只是跟著畢達哥拉斯的數，極爲紊亂和任意，比喻的、寓言的結合和配對，在那裡我們完全不能

57 布勒，《近代哲學史》，第二冊，第二篇，第七三四－七三五頁；布魯諾，《論理念的影像：記憶術》，第三三〇－三三一頁。

跟著他走；在企圖把一切加以有秩序的組織的時候，一切都極度混亂地拋在一起了。

能夠思考到統一性，這已經是一個巨大的發端；其次的一點，就是這種想在發展中、在諸規定的系統中把握宇宙的企圖，以及想指出外界如何是理念的符號的企圖。這就是必須加以注意的布魯諾的學說中的兩個方面。

四、梵尼尼

我還要談一談尤里奧·凱撒·梵尼尼，他也是屬於這個時期的；他的第一個名字其實是魯其里奧。他和布魯諾有許多相似之處；像布魯諾一樣，他也是一個哲學的烈士，也有那種被燒死的命運。他於一五八六年生於拿坡里省的陶羅扎諾。他到處漂泊，到過日內瓦、里昂，他爲了逃避宗教裁判所而從里昂逃往英國。他在熱那亞講授阿維羅伊的自然哲學，但是不受歡迎；在他的旅行中他經歷了好些危險，參加了各種關於哲學和神學的辯論。他愈來愈成爲懷疑的對象，逃出了巴黎，他被控告了，罪名是無神論而不是異端。控告他的人弗蘭哥諾賭咒說梵尼尼曾經說了褻瀆神靈的話。梵尼尼爲自己辯解說，他一向都是忠實於天主教教會的，並且從未背棄他對三位一體的信仰；爲了回答無神論的指責，他當著審判官面前從地下拾起一根穀草，說，就是這根穀草就足以說服他相信上帝的存在。但這並沒有什麼效果；他於一六一九年在法國都魯斯被判處火刑，在行刑之前，他的舌頭先被劊子手割掉。不過他受審判的經過如何是不清楚的；對他的控訴，毋寧說是由於私人的仇恨，由於都魯斯僧侶們的宗教迫害狂。[58]

梵尼尼主要地是受了卡爾丹的創造性思想的啟發的。在他身上，我們看見理性和哲學思維採取了一個與神學敵對的方向，而經院哲學本來是被認爲應當符合於神學，並且用來證實神學的。天主教教會拒絕承認科學，把自己和科學敵對起來。在天主教教會內部，藝術曾經獲得了發展，但是自由思想卻離開了天主教教會。在布魯諾和梵尼尼身上，天主教教會替自己報了仇；自由思想離開了天主教教會之後就一直和它處於敵對的地位中。

梵尼尼的哲學並不深遠；他讚頌的是自然的生命力。他的推理在哲學上說並不是深刻的，反而是由於充滿幻想而無斤兩的。他總是採取對話的形式，因此很難看出哪種意見是他自己的。他寫了關於亞里斯多德的物理學著作的評注。我們還有兩種梵尼尼的著作，是很罕見的。其中一部書是：*Amphitheatrum aeternae providentiae divio-magcum, christiano-physicum, nec non astrologo-catholicum, adversus veteres philosophos, Atheos, Epicureos, Peripateticos et Stoicos.* Auctore Julio Caesare Vanino, Lugd.1615〔《神聖魔術師、基督教物理學家以及天主教占星術士的永恆天意的鬥獸場，反對古代哲學家，無神論者，伊比鳩魯學派，逍遙學派和斯多噶學派》，作者尤里奧·凱撒·梵尼尼，里昂，

58　布魯克爾，《批評的哲學史》，第四冊，第二篇，第六七一—六七七頁；布勒，《近代哲學史》，第二冊，第二篇，第八六六—八六九頁。

一六一五年版。〕；這是一部駁難無神論者、伊比鳩魯學派……等等的著作，在其中他對他們的哲學和他們的基本原理做了很雄辯的陳述和說明，但是他那駁難他們的方式卻是極爲軟弱無力的。第二部書是：《論凡人的女皇和女神——自然——的神奇的祕密》（*Ejusdem: De admirandis Naturae, reginae Deaeque mortalium arcanis Libr.* IV, Lutetiae, 1616）；這本書是得索爾邦神學院同意出版的，索爾邦神學院最初在書中並沒有發現什麼「跟天主教教皇和羅馬的宗教矛盾和敵對的事物」。這是用對話形式寫出來的科學研究，但是其中沒有確定地標出哪個人物是梵尼尼自己的意見的發言人；形式上這是些關於物理學和博物學方面特殊的材料研究。在這本對話錄裡面他並未做出結論。裡面只有一些保證：他說，他會相信這個或那個學說，要不是他已經接受了基督教教義的話。他的傾向是自然主義，他指出自然就是神，一切事物都是機械地發生產生出來的。他用機械的、動力的原因而不是用目的的原因來說明整個宇宙的聯繫；但是這些意見是用這樣的方式說出來的，作者本人的結論如何我們看不出來。[59]

這樣，就出現了信仰和理性之間的對立。這種情形以前已經在滂波那齊，一個亞里斯多德學者那裡發生過，滂波那齊證明說，從亞里斯多德的學說中，可以推斷出靈魂有死，因爲

246

59 布勒，《哲學史教程》，第六部，第一篇，第四一〇—四一五頁；布魯克爾，《批評的哲學史》，第四冊，第二篇，第六七七—六八〇頁；布勒，《近代哲學史》，第二冊，第二篇，第八七〇—八七八頁。

亞里斯多德把植物性靈魂和動物性靈魂認爲是合一的。因此理性是不能夠證明靈魂的不朽的；他之所以還相信靈魂不朽，乃是因爲基督教啟示了這點。他奉令到宗教裁判所受審，但是紅衣主教們袒護他，因此這件事就被放過了。[60]梵尼尼和別的人又使理性跟信仰即跟教會和教會教義處於對立的地位。他們一方面用理性證明了這一個或那一個都是與基督教信仰正相矛盾的教條，同時卻也宣稱他們是讓自己的信仰聽任教會支配的，正如後來貝爾在新教教會裡面所做的那樣，基督徒應當服從，因此他服從教會的信仰。或者，他們提出了所有種種與神學教條相矛盾的原理和論據，說它們是理性所不能解決的，同時他們卻又同樣地讓這些理性所不能駁倒的事物屈從於教會的信仰之下。就是這樣，梵尼尼提出了許多論據和理由來證明自然是神。但是既然人們堅信理性是不能與基督教教條矛盾的，並且由於人們並不相信這些人這樣放棄他們由理性說服的事物來屈從於教會是具有誠意的，所以伽利略就只好跪在地上取消自己的學說，因爲他擁護過哥白尼的學說，而梵尼尼也只好被燒死了。他們兩人都曾徒然地採取對話體來作爲他們著作的形式。

梵尼尼確曾透過他的對話錄裡面一個人物來證明甚至「從《聖經》的經文中看來，魔鬼也是比上帝更強有力的」，神並不統治著宇宙。在他所提出的理由中，有這樣的理由：「亞當和夏娃違背了上帝的意旨而犯了罪，因此而使整個人類犯罪墮落（reluctante Deo

60 參閱本書邊碼215；布魯克爾，《批評的哲學史》，第四冊，第二篇，第一六四頁。

Adamum et Evam totumque genus humanum ad interitum duxit）；基督也是被黑暗勢力釘死於十字架上的（morte turpissima damnatus）。」此外，「上帝極願一切人都得救。但是和其他的人比較起來，天主教教徒人數甚少，而猶太人還常常背教；天主教傳布所到之地只限於西班牙、法國、義大利、波蘭和日耳曼的一部分。如果再除去那些不信神者、褻瀆神者、異端、賣淫婦、通姦者等等，那麼剩下的天主教徒就更少了。」[61]因此，魔鬼是比上帝更強的。這些都是理智、理性的理由，是駁不倒的，但是人們卻願服從教會的信仰，而他也這樣做了。値得注意的是，人們並不曾相信他這一點。人們不相信梵尼尼否定他自己認爲合理的事物而宣稱服從於教義這件事乃是出自誠意。誠然，他的否定是無力而主觀的；但是這並不應該使人懷疑他的眞誠，因爲貧乏無力的理由對一個人也可能是很有說服力的，正如在客觀的事物方面，一個人也有自己的選擇的權利。梵尼尼所以被控的主要原因乃是：（人們認識到）如果一個人認識到了理性所不能駁倒的事物，這樣一個人就不能不堅持這些事物，他就不能相信與它們矛盾的事物；人們不能相信這樣一個人的信仰會比他的這些識見更強有力。

這樣，天主教會就陷進了一種很奇異的矛盾裡面：它因爲梵尼尼發覺它的教義不符合理性，同時卻自願服從教義而對他判罪，這樣一來，它的要求（並且是用火刑來支持的一種要

---

61 魯其里奧・梵尼尼，《論自然的神奇祕密》，第四二〇頁。

求）就好像它的教義宜不高於理性而宜於符合於理性了。教會的這種易怒是違背它自己的原則的；以前它曾承認理性不能夠理解啟示，並曾認爲理性自己提出駁難又自己加以反駁和加以解決，這種事是無關緊要的。現在天主教會陷入矛盾了。它不容許信仰和理性之間的這種矛盾被當作眞的來看待，而把梵尼尼當作異端燒死了；這當中就有了這樣的含義，即教會的教義不能違反理性，同時人們卻應當讓理性屈從於教會之下。〔梵尼尼所採取的〕這個方向在貝爾的《歷史批判辭典》中也占據統治地位。貝爾觸及許多哲學觀念，例如：在「摩尼教」那一條中就是如此。貝爾說，這些人斷言有兩個原則……云云。貝爾說這些主張是駁不倒的，但是人們在這上面卻應當服從教會。用這個方式，人們把一切反對教會的可能的論據都提出來了。

在這裡，理性和所謂天啟之間的鬥爭燃起來了，在這個鬥爭中天啟與理性對立起來，理性獨立了，天啟與理性分開了；在這以前，兩者是合一的，或者說，人的眼光就是上帝的眼光，人並沒有自己的眼光，他的眼光被認爲就是神的眼光。經院哲學完全沒有自己的、具有自己的內容的知識，而只有宗教的內容；哲學始終限於形式上的加工。但是，現在它已得到了一種自己的內容，這個內容是與宗教的內容對抗的；或者說，理性至少已感覺到有自己的內容，或把合理性的形式跟那個直接現成的內容對立起來。

這種對立在過去曾經獲得一種不同於今天的意義；這個舊時的意義就是：信仰乃是基督教的教義，這種教義是現成的眞理，人必須永遠承認它。所以這裡所有的乃是對現成內容的信仰，又再加上些別的觀念。藉理智、理性而獲得的信念是與這個處於對立地位的。現在這種信仰已被移置到思維著的意識自身裡面去了：信仰乃是自我意識對於它在自身裡面所發現的那些事實的態度，而不是對於教義的客觀內容的態度。關於更早的那種對立，可以這樣說，信仰、客觀的信條（credo）就是內容。這個內容有兩個部分，必須加以區別。其中一部分是那些作爲教條的教會教義，關於上帝的本性的說法，上帝三位一體的說法；其中包括上帝在世間的顯現、在肉體中的顯現，人對於這個神聖本性的態度，人的得救，神聖性質等等。這是關於永恆眞理的部分，它對於人們是有絕對的意義的；這一部分就其內容而言本質上是思辨的，只能夠是思辨的概念的對象。另外一部分也是要求加以信仰的，乃是與外部事物的觀念有關的；這裡面包括了全部歷史性的事物，例如：新舊約裡面的歷史、教會的歷史等。這些有限性的事物也是要求人們加以信仰的。例如：假使一個人不相信鬼，他就會被認爲是自由思想者、無神論者；如果一個人不相信亞當在天堂裡面吃了禁果，也會有同樣的遭遇。兩部分都被置於同一的水準上。但是，當對於這兩部分的信仰都被同樣要求時，對於教會和教會的信仰是有害的。那些曾被譴責爲基督教的敵人和無神論者的人（一直包括到伏爾泰），他們的注意點主要地就是集中在這些關於外部事物的觀念上面的。當這樣的關於外部事物的觀念被堅持時，不可避免地就會有人把其中的矛盾指出來。

五、比埃爾．拉梅

托馬索．康帕內拉和別的一些人是亞里斯多德的研究者——其中比埃爾．德．拉．拉梅是特殊的，他住在巴黎；他於一五一五年生於維爾曼多瓦，他的父親是該地的一個短工。他很早就到巴黎去，以便滿足自己的求知欲，但是有幾次因爲無法糊口不得不又離開巴黎；以後，他在「那瓦爾學院」當了一名助教。在這裡他獲得了增廣他的知識的機會，他從事研究數學和亞里斯多德的哲學，並且獲得了一種出色的演說術和辯證法的本領。他公開地提出了一個極聳動視聽的論點：「亞里斯多德所說的一切，都不是眞的」，這是在他的博士學位辯論會中提出來的；他辯贏了，取得了學位。[62]

做了博士之後，他尖銳猛烈地攻擊起亞里斯多德的邏輯學和辯證法來了。政府注意到這件事。他被控告用他的反亞里斯多德的意見毀壞宗教和科學的基礎；這個控告被他的敵人當作刑事案件提到巴黎的法院裡面去。由於法院要公正地來處理這案件，並且似乎對拉梅懷有好意，控訴就被撤回了，案件提到國王的御前會議去處理。御前會議決定：組織一個由五個裁判員組成的委員會，其中兩位由拉梅提名選出，兩位由他的敵人哥維安提名選出，一位擔任主席的則由國王任命；拉梅和哥維安應當在這個委員會面前進行辯論，然後由這五位裁判員擬具意見提請國王作最後決定。這件事引起了公眾的極度關心注意。（民眾一般地對於這種爭論都有很活躍的興趣。以前已經有過許多次像這樣的關於學術問題的爭論。例如：一

62　布勒，《近代哲學史》，第二冊，第二篇，第六七〇—六七二頁；布魯克爾，《批評的哲學史》，第四冊，第一篇，第五四八—五五〇頁。

些皇家學院的教授們，就曾和索爾邦神學院的神學家們發生過爭論，那次的問題是：應該說「quidam, quiquis, quoniam」呢？還是應該說「kidem, kikis, koniam」？這個爭論引起了一個案件被提到法院去，因爲博士們把那個說「quisquis」的教士的終身俸取消了；訴訟就是因此引起的。還有另一次相持不下的劇烈爭辯被提到官廳來，那次的問題是：說「ego amat」是否和說「ego amo」一樣正確？這次爭論終於不得不由官廳加以禁止。）這次爭論是以高度的學究方式來進行的。第一天拉梅斷言：亞里斯多德的邏輯學（辯證法）是不完善的，有缺點的，因爲《工具論》沒有從一個定義開始。委員會決定說：一個辯論、一篇論文誠然需要一個定義，但是在辯證法中這不是必須的。第二天，拉梅批評亞里斯多德的邏輯學缺乏安排組織；他說，這是必須的。裁判員中多數人想要把至此爲止的審察取消，用另一種方式來進行，因爲拉梅的發言使他們陷入了困難；這個多數是由三個委員構成的，其中一人即國王所任命的，兩人是哥維安所提名的。拉梅提出抗議，向國王上訴。國王駁回他的上訴，認爲裁判員的意見應當作爲最後的決定。那三個裁判員說出不利於拉梅的意見，他就被判罪了；但是另外那兩人並未參加決定，他們辭職了。判詞公開張貼在全巴黎的街道上，被寄發到全歐洲的大學學院去。嘲諷拉梅的戲劇在戲院上演，博得了亞里斯多德信徒們的熱烈喝彩。[63]

---

63 布勒，《近代哲學史》，第二冊，第二篇，第六七二—六七六頁；布魯克爾，《批評的哲學史》，第四冊，第二篇，第五五〇—五五七頁。

不過，他終於還是獲得了一個教師職位，在巴黎當了一名教授；但是由於他已成為一個於格諾派新教徒，所以有幾次當國內發生不安情況時就不得不離開巴黎；有一次，他甚至到了日耳曼。最後一五七二年拉梅也死於「巴托羅繆之夜」；他是被他的敵人雇人殺死的；他的一個同事、他的一個最堅決的敵人沙爾本德雇了幾名凶手來進行這件事；拉梅被他們可怕地加以折磨之後從視窗抛到了街上。[64] 拉梅以他對亞里斯多德的攻擊，特別是對一直存在到當時的那個樣子的亞里斯多德辯證法的攻擊，引起了人們巨大的興趣；他在簡化辯證法則的範式這件事上，做了許多貢獻；使他特別聞名的，是他那對於經院哲學的邏輯的極端敵視，以及他曾提出了「拉梅邏輯」來和它對抗；這一種對抗傳布得如此深廣，以致甚至在德國文學史裡面，也出現了拉梅派、反拉梅派、半拉梅派這些名稱。拉梅特別以他的辯才著名。

在這個時期中，還有許多別的值得注意的人，他們照習慣也常在哲學史中提到，例如：蒙田、沙隆、馬基雅弗利等。這類人都是很著名的；但是他們實質上並不屬於哲學範圍內，而是屬於一般的文化範圍內。這些人是從自己本身裡面、從他們的意識中、從他們的生活中找尋思想的源泉的，就是在這一點上，他們的努力和他們的著作才也算與哲學有關。這

64 布勒，《近代哲學史》，第二冊，第二篇，第六七六—六八八頁；布魯克爾，《批評的哲學史》，第四冊，第二篇，第五五八—五六二頁。

樣的推理、認識乃是和前此的經院哲學的認識直接對立的。在他們那裡，有許多很好的、優雅的、機智的關於自我、關於人生和社會關係、關於正義和善的思想；那是一種從人的經驗得出來的人生哲學，從那在世間、在心靈中和人的精神中發生的事物得出來的人生哲學。這種經驗他們曾經加以琢磨並拿來傳給別人；因此他們是頗能引人入勝並富於教育意義的，而按照他們據以從事工作的原則看來，他們是完全拋棄了前此那種認識方式的源泉和方法的。但是由於他們並沒有把哲學所關心的最重要的問題作爲他們研究的對象，並且不是從思想中來進行推理，所以他們實際上不屬於哲學史之內。他們曾經對這件事有過貢獻：人對於有關自己的事物、對於人的經驗、人的意識等等發生了興趣，對自己有了信心，這種信心對於人是有價值的。這就是他們的最大的功勞。

但是，現在應當來談談那一個過渡時期了，我們之所以關心這個過渡，是因爲普遍原則在這個時期裡面在較高的程度上並在它的眞正的根據中被認識了。

參、宗教改革

偉大的革命是在路德的宗教改革中才出現的，出現在這個時候：從無休止的衝突裡面、從頑強的日耳曼性格經受過並不得不經受的那種可怕的管教裡面，精神解放出來了，意識達到了與自身和解，並且這種和解是採取了這種不得不在精神裡面來完成的形式的。人從「彼岸」被召回到精神面前；大地和它的物體，人的美德和倫常，他自己的心靈和自己的良知，開始成爲對他有價值的事物。例如：在以前，在教會範圍內，雖然婚姻不完全是不道德的事，但無論如何節欲和獨身總是被認爲更高尚，而現在呢，婚姻已成爲神聖的制度。以前貧困被認爲高於有財產，靠他人施捨來過活被認爲高於靠自己雙手勞動來正直地過活；現在卻已經認識到，貧困不是目的、不是更有道德性的，正相反，靠自己勞動來過活、從自己所創造的事物中取得快樂，才是更合乎道德的。盲目的服從，那種壓抑人的自由的服從，先前是〔僧侶們宣誓履行的〕[2]第三種品德，相反地，現在同婚姻和財產兩者一樣，自由也被認爲是神聖的了。

同樣地，在知識方面，人也從外界的權威回到了自己裡面；理性被視爲絕對具有普遍性，被認爲是神聖的。現在已經認識到宗教應當是在人的精神中存在的，並且得救的整個過程也應當是在他的精神裡面進行的，他的得救乃是他自己的事情，他藉它而與自己的良心發生關係和直接面對上帝，而不需要那些自以爲手中握有神恩的教士們來做媒介。誠然，現在也還有一種媒介，還得憑藉教義、識見、對自己和自己的行爲的觀察來做媒介；但是這是一種不成爲阻隔的牆壁的媒介，而先前則有一道銅牆鐵壁把俗人和教會分開著。因此，上帝的

[2] 根據英譯本，第三卷增補。——譯者

精神必定是居住在人心之中，並且是在他之中活動的精神。

雖然先前威克里夫、胡斯、布勒西亞的阿諾德也曾爲相似的目的而離開了經院哲學走出來，但是他們都未曾具備那種能夠樸素無華、不帶博學的學者信念，而只把精神和心靈留下的性格。是路德才開始有這種精神的自由，但是這種精神自由仍然只是在胚胎狀態中，並且他是採取了那個把它老保留在胚胎狀態中的形式的。這個自由的發揮和自我反思對它的理解，乃是後來的事，正猶如在教會本身裡面基督教義的發揮也是後來的事一樣。

布魯諾和梵尼尼也屬於宗教改革時期；宗教改革是在這個時期發生的。這個原則的發端是早已被注意到了的，即人自己的思維的主觀原則，自己的知識、活動、權利、財產、對自己的信心等等的主觀原則，以便人能夠在他的活動、理性、幻想等等、在他的產品裡面取得滿足，使他能夠在他的作品上獲得一種快樂，使他的工作被認爲可容許的和正當的，使他對它可以並且應當發生興趣。這是人跟他自己和解的初步，神性被帶進了人的現實生活中，它統治著現實生活；這只是初步的原則。

這種認識到的主觀的價值，現在需要一種更高的和最高的認可，以便成爲完全合法，甚至成爲絕對的義務；爲了能夠獲得這種認可，它就必須在它的最純粹的形態中來加以把握。可是對原則的最高的認可是宗教的認可：因此這個自己的精神性、獨立性的原則就與神發生了關係並且成了神；這樣，它就由宗教加以認許了。單純的主觀性、單純的人的自由，即他具有一個驅使他去做這件事或那件事的意志這件事，還沒有構成正當的理由；那只從事於滿足那些在理性面前站不住腳的主觀目的的野蠻人的意志，是不能被認可的。

但是，即令意志具備了這種符合理性的目的，例如：正義、我的自由（不是作爲這個特殊主觀者的自由，而是作爲人的一般的自由，作爲合法的權利，作爲同樣爲別人所具有的權利），即是說，即令自我意志已取得了普遍性的形式，這當中也依然只有那種可容許的因素；固然，當它已被認爲可容許，而不是絕對的犯罪的事的時候，已經是很大的進步了。藝術和工藝藉這個原則而獲得了新的活動力，因爲現在它們可以正當地活躍起來了。但是這個原則最初只是按照它的內容限於應用在特殊的對象範圍之內。只有當這個原則被置於與那絕對地存在著的對象中、亦即置於對上帝的關係中來加以認識和承認，從而對它的完全的純粹性不帶欲望和有限的目的來加以理解的時候，它才獲得對它的最高的認可，人對自己的確信才在對上帝的關係中獲得它的有效性。

所以，這就是路德的宗教信仰，按照這個信仰，人與上帝發生了關係，在這種關係中，人必須作爲**這個人**出現、生存著：即是說，他的虔誠和他的得救的希望以及一切諸如此類的事物都要求他的心、他的靈魂在場。他的感情、他的信仰，簡言之全部屬於自己的事物，都是所要求的，他的主觀性，他內心最深處對自己的確信；在他對上帝的關係中只有這才眞正值得考慮。人應當在他自己心中作自己的懺悔，痛悔前非，他的心必須充滿聖靈。這樣，在這裡，主觀性的原則、純粹對自己的關係的原則、自由，就不只是被承認而已，而簡直是有了這樣的要求，即在禮拜裡面、在宗教裡面只有它才是重要的。這就是對這個原則的最高的認可：它現在在上帝眼中是有價值的，只有個人自己心靈的信仰、自己心靈的克服才是需要的；這樣一來，這個基督教的自由原則就被最初表達出來，並且被帶進了人的眞正意識中。由此，在人的內心中就設定了一個地方，它才是最重要的，在其中他才面臨著他自己和上帝；而只有在上帝面前他才是他自己，在他自己的良心中，他能夠說是他自己的主宰。他的這種當家做主的感覺應當不能被別人所破壞；任何人都不應唐突冒犯而去插足其間。對我的關係裡面的一切的外在性都被驅逐了，像聖餅的那種外在性那樣；只有在享受神人感通時和在信仰中，我才與上帝有接觸。俗人和僧侶之間的區別因而就被廢除了，再也沒有所謂俗人了，因爲每一個人都受到指示在宗教中有關自己的場合中認識宗教是什麼。責任不是可以避免的；善的行爲如不具有精神的實在性在其中，就不再是善的，正如心靈必須本身直接地和上帝發生關係，而不必有媒介、不必有聖母和聖徒。

這就是那個偉大的原則，即：在和上帝發生絕對關係的地方，一切外在性都消失了；一切奴性服從也隨同這種外在性、這種自我異化消失乾淨了。與此相關，那種用外國語來祈禱和用外國語文來從事科學工作的習慣也被廢除了。在語言的運用中，人是在從事生產的：語言乃是人們給予自己的最初的一種外在性；它是生產的最初的、最簡單的形式，生存的最初最簡單的形式，這種形式是他在意識中所達到的：人所想像的事物，他也在心中想像成爲已用語言說出了的。如果一個人用外國語來表達或意想那與他最高的興趣有關的事物，那麼這個最初的形式就會是一個破碎的生疏的形式。因此，這種對於進入意識的第一個步驟的侵害，首先被取消了；在這方面，這種在有關自己的事務中做自己的主宰、這種用自己的語言說話和思維的權利，同樣是一種自由的形式。這是無限重要的。如果沒有把聖經翻譯成德文，路德也許未必能完成他的宗教改革；並且如果缺少這個形式，不以自己的語言去思維，那麼主觀的自由就會不能存在。因此，現在主觀性原則已變成了宗教本身的一個環節；這樣一來，它就獲得了那種對它的絕對承認，並且大體上它是以這樣的形式被把握了的，即：在這種形式中它只是宗教的一個環節。在精神裡面禮拜上帝，這個命令現在已完成了；精神是只能在主體有自由的精神性這個條件下才能存在的。因爲只有主體的自由的精神性才能與精神發生關係；一個充滿不自由的主體，是不能與人發生精神關係的，不能在精神裡面對上帝作禮拜的。這就是這個原則的基本意義。

可是這個原則最初只是在宗教的範圍內被理解到，透過這個，它獲得了對它的絕對的認許，但是它最初*卻*好像只是被置於對宗教事務的關係之中，還沒有被推廣應用到主觀原則本身的另外的進一步的發展裡面去。不過人已經意識到跟自己和解了，並且意識到只有在他自己的眞實存在中才能跟自己和解。就是從這一點上來說，人在他自己的實在性中同樣也得到了另一個形式；那本來很快活而且精力充沛的人，當他享受著生命中的事物時，也能夠問心無愧、心安理得地享受；以生活本身爲目的而加以享受，已經不再被認爲是應當禁止的了，正相反，僧侶式的遁世絕欲倒是被人摒棄了。但是，這個原則最初還沒有引申應用到進一步的內容上面去。

但是*其次*，這個宗教的內容又特別地被當作具體的內容而加以把握，亦即就其在表象、記憶中所採取的形態來加以把握，或者說，就它所採取的歷史上的形式來加以把握；而這樣一來，一種非精神性的對待事物的方式的開端和可能性，就進入這種精神的自由裡面來了。因此，舊時的教會的信仰（credo）就被容許存在；這個 credo 的內容，不論它如何具有思辨性質，乃是有其歷史的一面的。它就在這個枯乾的形式裡面被人所接受和認許了，以致它竟被認為應當在這個形式中加以信仰，應當被主觀視爲良心、眞理、最高的眞理。於是就引起了這樣的結果，即：那種思辨的認識、那種以思辨的方式對教條內容的發揮，就完全被棄置不顧了。所要求的只是人們內心中對於他自己的解脫、得救的確信，即主觀精神對於絕對的關係，亦即作爲渴望、懺悔、皈依等等的主觀性的形式。這個新原則被認爲壓倒一切，因而眞理的內容顯然是重要的；但是那關於上帝的本性和〔顯現〕過程的教義，卻是以這樣一種形式被把握的：採取它最初對普通表象顯出的那種形態。被拋棄的不僅是所有這些有限性、外在性、無精神性和經院哲學的形式主義，這樣做自然也是正當的；但是另一方面對於教會教義的哲學發揮也被放棄了，而這樣做乃是與下面這件事有關的：主觀已經深入到自己裡面、到自己的心靈裡面去了。這種深入於自我中、它的這種懺悔、痛悔，它的這種皈依，主觀的這種念念不忘自己，現在變成了首要的環節了。主觀沒有深入到內容裡面去，並且以前那種精神的深入其中也被撇開拋棄了。直至今日，我們還可以在天主教教會和它的教條裡面找到亞歷山大里亞學派哲學的回聲，或者，比方說，遺產；在那裡面比在新教教義裡面有著多得多的哲學性的、思辨性的事物，哪怕在新教教義學中，也還有一些客觀性的事物，並且還不是完全被弄成空虛的；在新教教義裡面，內容毋寧只是歷史地、即以歷史事件的形式被保存著的，這樣一來，教義就變成空虛無味。哲學和中世紀神學的聯繫，就其主要之點而言，是曾經在天主教教會內被保存著的；反之，在新教裡面，主觀的宗教原則卻與哲學分開了，只有後來在哲學中這個原則才又以眞正的方式再現。

這樣，在這個原則裡面，基督教教會的宗教內容一般地被保存了，因而它藉著精神的見證而獲得對它的認可，亦即就它在我的良知、我的心靈中起影響而言，它對於我是有效的。這就是這句話的意義：「你若聽從我的吩咐行事，你就將知道我的教言是眞言。」眞理的標準是：它如何在我的心中被認可、被證實；我判斷、認識我認爲眞的事物是不是眞理，這件事必須向我自己心中顯示出來。眞理在我的精神裡面是怎麼樣的，眞理就是怎麼樣的；反之，我的精神只有當眞理存於其中而它自己也這樣存在於內容之中時，才是正當地和眞理發生了接觸。兩者是不能各自孤立起來的。所以，內容並不是本身就具有他由哲學的神學而獲得的那種認許，由思辨的思維而獲得的、亦即由於思維的理念在它裡面發揮了作用而賦予它的那種認許；它也沒有那樣的一種認許，這種認許是一個內容由於有其歷史的外在的一面而由人賦予它的，即是說，聽取歷史的見證並據以判斷內容的正確性。教義必須以我的心靈的情況、以懺悔、以心靈的皈依於神和樂於皈依於神來證實自己。如果教義是從外在的內容開始的，那麼它就只是外在的；但是，這樣的教義，不管它與我的精神、我的心靈的關係如何，眞正說來是沒有任何意義的。現在，這個開端採取著基督教洗禮和教育的形式，乃是一種對心靈的熏陶，同時又是用外界的熟知的事物來做的。福音和基督教教義的眞理，只有在對這些事物處於眞正的關係中時才存在；這實質上可以說是內容的一種利用，目的在於使它有教育意義。而這正就是已經說過的那一點，即心靈在自己裡面建設自己，在自己裡面淨化自己，並且又被淨化；正是對於這種淨化過程來說，內容乃是一個眞正的內容。除了藉以使心靈受到啟發，藉以使心靈覺醒達到確信、歡悅、懺悔皈依，引起心靈自己裡面的那種過程之外，這個宗教內容沒有別的用處。對於這個內容的另一種不正確的態度，就是以外在的方式來對待它，例如按照這個偉大的新注經原則而對待《新約》各篇，像對一個希臘作家或拉丁作家或別的作家的作品一樣，加以批判，作文字的考證和歷史的考證等等。那種眞正的精神的態度，是僅僅保留給精神的。以這種不相干的考據學的方式來證明基督教的眞理，像正統派的人們所曾幹的那樣，乃是一種麻木不仁的注解的一個錯誤的開端；這樣一來內容就會變成無精神性的。所以，這就是精神對於這個內容的初步關係；在這裡內容誠然是重要的，但同樣重要的是那神聖的和發揮淨化作用的精神必須與這個內容發生關係。

其次，這個精神實質上同樣又是一個有思維的精神。思維本身必須也在其中發展，並且本質上應當是作爲精神與它自身的最內在的統一這種形式：達到能對這個內容加以識辨、考察，並且轉化爲精神與它自身的最純粹的統一這種形式。思維最初只是抽象的思維，並且也只顯出是如此；這個抽象的思維包含著一種對神學、對宗教的關係。這裡所說的這個內容，即使它只是被當作歷史的、外在的事物來對待，也還應該是宗教性的；上帝的本性的說明必須包含於其中。這裡就有了進一步的要求，亦即以上帝的內在本性爲對象的思想必須也使自己與這個內容發生關係。但是既然思想最初只是理智或理智的形上學，所以它勢必會從這個內容中把合理的理念逐出，把這內容弄成如此空虛，以致只有那些無味的外在的歷史留下來。

最後第三種態度乃是具體的思辨思維的態度。按照剛才所說的那種立場，以及規定宗教事務及其形式的方式，一切眞正的思辨內容及其發揮最初都被拋棄了；至於基督教的各種觀

261

262

念如何由於古代哲學的寶庫和所有早期東方宗教的深刻的思想等等而更爲豐富，這一切就都被拋棄了。這個內容是有客觀性的；但是這只是表示這個客觀的內容乃是一個開端，不是可以獨立存在的，這只應當是一個這樣的開端，在其中心靈應當開始在自身裡面精神性地教養自身並淨化自身。對內容的豐富使內容變成哲學的內容，因而都被放棄了；只有到了後來，精神才作爲思維的精神再深入到自身裡面去，從而成爲具體的、合理的。

成爲宗教改革的原則的，是精神深入自身這個環節、自由這個環節、回歸於自己這個環節；自由正意味著：在某一特定的內容中自己對自己發生關係，精神的生命，就在於在顯得是他物的東西裡面回歸於自身中。那種在精神中作爲他物而繼續存在的東西，或者是未被消化，或者是死物；如果精神讓這種東西作爲外物存在於自身裡面，那麼精神就是不自由的。因此這個規定，即精神應當實質上是本身自由的、是在自身之內的——這個抽象的環節，就構成了基本規定。可是既然現在精神正在向知識邁進，向精神性的範疇邁進，左顧右盼地進入一種內容裡面去，它在其中行動就會好像是在自己的國土裡面行動一樣，並且本質要在其中堅持著並且擁有它自己的東西。當它在這個內容中像在自己的國土中一樣活動並向知識邁進時，它將是以具體的形式活動的；因爲它就是具體的存在。這個國土一方面採取有限的、自然物的世界的形式，另一方面卻也採取內在的所有物的形式、採取神祕的、神聖的、基督教的存在和生命的形式。

知識的這種具體的形態，這種在開端時還只是模糊暗淡的形態，現在我們必須來加以考察；這就是我們要進而論述的哲學史的第三個時期。

譯後記

這一本黑格爾的《哲學史講演錄》第三卷，是根據格洛克納本德文版《黑格爾全集》第十八卷（亦即米希勒第一版本第十四卷）第四二三頁至卷末第五八六頁，及第十九卷（亦即米希勒第一版本第十五卷）自篇首第三頁起至第二六二頁中世紀哲學結束止。至於第十九卷的其餘部分，即黑格爾《哲學史講演錄》的第三部，關於近代哲學史部分，將歸入中文譯本的第四卷。

我們譯這第三卷時，還參考了霍爾丹的英譯本（即根據米希勒第二版翻譯）。個別地方還參考了俄譯本，俄譯本也是依據米希勒第二版翻譯。我們曾根據英譯本及俄譯本做了一些校訂和補充的工夫，這散見於本書中譯者的小注和按語裡。

本卷的翻譯工作是由北京大學哲學系外國哲學史教研室主導的。第一部第二篇中斯多噶學派哲學、第三篇中普羅克洛、普羅克洛的繼承者，及第二部第二篇經院哲學整篇是賀麟譯出的。第二部的導言及第一篇阿拉伯哲學、第三篇文藝復興是方書春譯出的。此外，其餘各篇章都是王太慶譯出的。全書大部分篇章都曾經宗白華校閱一遍。三位譯者對於全部譯稿又曾互校一遍。譯文有錯誤和不妥當的地方希望能得到讀者們的指正。

索引*

*編按：因詞條多次出現，索引頁碼只列首次出現頁碼。

五畫

六畫

七畫

八畫

九畫

十畫

十一畫

十二畫

十三畫

十四畫

十五畫

十六畫

十七畫

十八畫

十九畫

二十畫

經典名著文庫 199

哲學史講演錄　第三卷

Vorlesungen über die Geschichte der Philosophie：Dritter Band

作　　者 — 黑格爾（Georg Wilhelm Friedrich Hegel）
譯　　者 — 賀麟、王太慶等
導　　讀 — 楊植勝
發 行 人 — 楊榮川
總 經 理 — 楊士清
總 編 輯 — 楊秀麗
文庫策劃 — 楊榮川
本書主編 — 蔡宗沂
特約編輯 — 張碧娟
封面設計 — 姚孝慈
著者繪像 — 莊河源
出 版 者 — 五南圖書出版股份有限公司
地　址 —106 臺北市大安區和平東路二段 339 號 4 樓
電　話 —02-27055066（代表號）
傳　眞 —02-27066100
劃撥帳號 —01068953
戶　名 —五南圖書出版股份有限公司
網　址 —https://www.wunan.com.tw
電子郵件 —wunan@wunan.com.tw
法律顧問 — 林勝安律師
出版日期 — 2023 年 9 月初版一刷
定　　價 — 550 元

國家圖書館出版品預行編目資料

哲學史講演錄 / 黑格爾 (Georg Wilhelm Friedrich Hegel) 著；賀麟，王太慶等譯 . -- 初版 -- 臺北市：五南圖書出版股份有限公司，2023.09
冊；公分 . --（經典名著文庫；199-）
譯自：Vorlesungen über die Geschichte der Philosophie, dritter band
ISBN 978-626-366-533-0（第 3 冊：平裝）

1.CST: 黑格爾 (Hegel, Georg Wilhelm Friedrich, 1770-1831)　2.CST: 學術思想　3.CST: 哲學史

109　　112013954